Dossiers et Documents

Du même auteur

Le Guide du travailleur autonome, Montréal, Québec Amérique, 2000, (2014, pour la troisième édition).

The Story of Spanish, New York, St. Martin's Press, 2013.

Le français, quelle histoire!, Paris, Le Livre de Poche, 2012.

La Grande Aventure de la langue française, essais, Montréal, Québec Amérique, 2007.

Pas si fous, ces Français!, Paris, Seuil, traduction de *Sixty Million Frenchmen Can't Be Wrong*, Naperville (Illinois), Sourcebooks, 2003.

Les Français aussi ont un accent, Paris, Payot, 2002.

Écrire pour vivre

Conseils pratiques à ceux
qui rêvent de vivre pour écrire

Conception graphique : Isabelle Lépine
Mise en pages : André Vallée – Atelier typo Jane
Révision linguistique : Diane Martin
Illustration en couverture : Marie-Eve Tremblay, colagene.com

Québec Amérique
329, rue de la Commune Ouest, 3ᵉ étage
Montréal (Québec) Canada H2Y 2E1
Téléphone : 514 499-3000, télécopieur : 514 499-3010

Nous reconnaissons l'aide financière du gouvernement du Canada par
l'entremise du Fonds du livre du Canada pour nos activités d'édition.

Nous remercions le Conseil des arts du Canada de son soutien. L'an
dernier, le Conseil a investi 157 millions de dollars pour mettre de l'art
dans la vie des Canadiennes et des Canadiens de tout le pays.

Nous tenons également à remercier la SODEC pour son appui financier.
Gouvernement du Québec – Programme de crédit d'impôt pour l'édition
de livres – Gestion SODEC.

**Catalogage avant publication de Bibliothèque et Archives nationales
du Québec et Bibliothèque et Archives Canada**

Nadeau, Jean-Benoît
Écrire pour vivre
(Dossiers et documents)
ISBN 978-2-7644-0541-3 (Version imprimée)
ISBN 978-2-7644-1575-7 (PDF)
ISBN 978-2-7644-1953-3 (ePub)
1. Art d'écrire - Orientation professionnelle. 2. Édition. 3. Livres -
Commercialisation. 4. Art d'écrire - Aspect économique. I. Titre.
II. Collection : Dossiers et documents (Éditions Québec Amérique).
PN147.N32 2007   808'.02023   C2006-942234-6

Dépôt légal : 1ᵉʳ trimestre 2007
Bibliothèque nationale du Québec
Bibliothèque nationale du Canada

Réimpression : juin 2014

Écrire pour vivre

Conseils pratiques à ceux
qui rêvent de vivre pour écrire

Jean-Benoît Nadeau

Québec Amérique

Avertissement

Le contenu du présent ouvrage témoigne des expériences et des connaissances de l'auteur. Toute référence à des dispositions légales ne peut servir qu'à titre indicatif et ne constitue en aucun cas un avis juridique.

Préface

Claude Robillard
Secrétaire général de la Fédération professionnelle des journalistes du Québec (FPJQ)

Ce livre, je l'ai souvent « entendu » avant qu'il soit écrit. Par sa seule existence, il prouve que Jean-Benoît Nadeau pratique ce qu'il prêche. Les bonnes idées, comme il l'explique plus loin, peuvent se recycler et se révéler fort profitables. Pour lui et pour ceux qui prennent la peine de les écouter.

Jean-Benoît a d'abord exposé ses bonnes idées sur la pige dans les nombreuses sessions de formation qu'il a données pour nous à la Fédération professionnelle des journalistes du Québec sur le thème « Faire carrière à la pige ». Certaines vont choquer. Il aborde le journalisme à la pige avec l'esprit de l'homme d'affaires. Il veut amener le pigiste, journaliste ou auteur, à se percevoir comme une entreprise et à agir comme une entreprise qui contracte avec des clients.

Loin des discours victimaires, Jean-Benoît explique comment s'y prendre pour faire de l'argent (oui, oui, le gros mot est lâché, faire de l'argent) avec le journalisme à la pige et l'écriture de livres, ce qui, ma foi, n'est pas le lot de tous.

Ce livre reprend ici les règles à suivre qui ont fait le succès des sessions. L'ingénieur qu'a voulu être Jean-Benoît n'est jamais loin. Il a mis au point un système cohérent, presque scientifique, pour arriver à un but défini. Mais il y ajoute une bonne dose d'ingénuité (d'exhibitionnisme?) qui lui fait raconter en toute franchise autant ses bons coups que ses mauvais coups. L'important pour lui est d'en tirer les leçons utiles, qu'il partage généreusement.

Il a quand même pris soin de garder un chapitre pour lui seul, celui qui s'intitulerait *Comment avoir du talent*. Au fond, Jean-Benoît nous parle ici du fameux 99 % de transpiration qui fonde tout projet créateur réussi. La petite touche supplémentaire, celle qui permet de se démarquer, le non moins fameux 1 % d'inspiration, il se le réserve. Il peut ainsi enseigner les règles du succès en toute quiétude. Il n'engendrera pas pour autant des milliers de clones de lui-même, avides d'occuper son terrain dans la jungle hyper concurrentielle du journalisme.

Ce livre nous apprend tout ce qu'un individu peut faire pour négocier par lui-même les conditions les plus avantageuses dans l'univers de la pige. Mais le portrait qui se dégage de cet univers est troublant. On y voit en filigrane une industrie du journalisme qui nous ramène aux premiers temps de la révolution industrielle du XIXe siècle. À l'époque, les ouvriers devaient eux aussi, comme les pigistes-entreprises d'aujourd'hui, négocier individuellement leurs conditions de travail, qui restaient par ailleurs toujours précaires et toujours à la merci de la bonne volonté de l'employeur. Il est paradoxal de constater que bien des médias écrits, si prompts à dénoncer toute situation inéquitable dans la société, imposent dans leur propre cour des conditions tout aussi inéquitables. Ils ont cependant le très grand avantage sur les autres industries de ne pas avoir les médias sur le dos pour se faire clouer au pilori.

Claude Robillard

Préface

Stanley Péan
Écrivain et journaliste
Président de l'Union des écrivaines
et des écrivains québécois (UNEQ)

Tous connaissent la formule usée « si on m'avait donné un sou chaque fois que… », mais j'ose espérer que nul ne me tiendra rigueur de la reprendre à mon compte, parce qu'elle s'applique ici avec une rare justesse.

Si l'on m'avait effectivement donné un sou chaque fois qu'un aspirant romancier, qu'un aspirant journaliste ou même qu'un professionnel aguerri m'avait posé une question sur des aspects techniques élémentaires des métiers de l'écriture, je serais déjà riche à millions.

Mais puisque je n'ai pas touché ces sous proverbiaux et puisque je n'ai jamais eu réponse à toutes les questions, qu'il me soit permis de remercier d'entrée de jeu Jean-Benoît Nadeau de nous offrir cet ouvrage qui tombe à point et qui vient combler un vide dans le milieu éditorial québécois.

En effet, depuis la refonte en 1993 du guide *Vivre de sa plume*, réalisé sous l'égide de l'Union des écrivaines et des écrivains québécois initialement en 1981, aucun ouvrage de ce type n'avait été publié chez nous. Qui plus est, il faut bien le reconnaître, *Écrire pour vivre* de Jean-Benoît Nadeau offre un panorama beaucoup plus exhaustif de l'horizon ouvert aux écrivaines, écrivains, journalistes et autres artisans de la plume.

D'abord, au contraire de l'ouvrage antécédent, son propos ne se limite pas simplement à l'industrie québécoise, ce qui saura réjouir ceux et celles qui rêvent de faire carrière au-delà de nos frontières.

Ensuite, l'auteur d'Écrire pour vivre aborde de plein front le métier de pigiste dans la presse écrite, une réalité que bien des écrivaines, écrivains et journalistes connaissent déjà intimement et sont appelés à connaître encore plus intimement dans un marché livré à la loi prétendue irréversible de la concentration et où les emplois permanents sont de plus en plus rares.

Enfin, Nadeau tient ici des propos aussi valides que lucides sur les notions de droit d'auteur et de copyright, deux notions qu'on a tort de considérer comme synonymes, et qui sont ces temps derniers devenues d'importants chevaux de bataille pour l'UNEQ, à plus forte raison à l'heure où le gouvernement canadien réfléchit à une éventuelle réforme de sa loi sur le droit d'auteur dont certaines dispositions porteraient atteinte aux conditions de vie de tous les artisans de l'écriture de ce pays.

Il n'y a pas à dire, ce livre, nourri des expériences multiples et diversifiées de son auteur, farci de conseils pratiques et de gros bon sens, tombe à point. À n'en pas douter, il constituera dans les années à venir une référence incontournable pour les novices comme pour les vieux routiers. Et c'est pourquoi j'en applaudis la publication, même si Jean-Benoît Nadeau me coupe une éventuelle source de revenus : ces sous proverbiaux que je pourrais toucher chaque fois qu'on me pose une question dont la réponse est désormais consignée dans ces quelque quatre cents pages.

Chapeau bas, donc.

Stanley Péan

Remerciements

Ce livre est le fruit de vingt ans d'expérience professionnelle comme journaliste et auteur. Il me serait futile de tenter de remercier tous les collègues, clients et amis avec qui j'ai entretenu une relation suivie, et qui ont suscité nombre d'anecdotes racontées dans ce livre. À ceux qui sont nommés et aux autres que l'espace imparti a confinés à l'anonymat, je dis un grand merci collectif.

Quatre d'entre eux, toutefois, ont apporté une contribution directe à cet ouvrage. D'abord, j'aimerais remercier Claude Robillard, le directeur de la Fédération professionnelle des journaliste du Québec, qui m'a invité à donner un premier séminaire sur la pige en 1995 et qui m'invite deux fois par année à renouveler l'expérience. C'est grâce à lui que j'ai pu mettre pour la première fois mes idées en ordre.

Je voudrais également remercier Anne-Marie Villeneuve, mon éditrice chez Québec Amérique, qui m'a achalé pendant sept ou huit ans pour que j'écrive un livre sur l'écriture qui s'appliquerait également au monde du livre et du journalisme. Cela me paraissait une idée impossible au début, et sans son insistance tranquille et ses conseils avisés, le volume que vous tenez entre vos mains n'existerait pas.

Mon amie Patricia Richard, directrice des contenus chez Jobboom, a également été une aide précieuse à la révision du manuscrit. Elle ne me pardonnera pas cette boutade oiseuse : un œil d'aigle... dans un gant de velours.

Enfin, j'aimerais rendre un hommage spécial à ma partenaire dans le travail, en amour, en famille et dans le crime, Julie Barlow, avec qui j'entretiens une relation aussi vieille qu'avec l'écriture. Sans elle, ce livre n'aurait pas été. À tout le moins, il serait totalement différent. *Écrire pour vivre* est une manière de tribut payé à la femme de ma vie.

Table des matières

Introduction

Où l'on met quelques points
sur quelques z'i

Chaque fois que mon banquier me demande ce que je fais dans la vie, j'ai un instant de panique : « Mais je ne fais rien ! » Et puis je me reprends : « Ah oui ! je suis journaliste. » Mais en fait, ça, c'est le nonosse que je donne à gruger au banquier : je sais qu'il ne me croira pas si je lui dis que je gagne ma vie en écrivant des livres et des articles à mon compte. Car la raison de mon désarroi est que je suis en vérité mi-journaliste, mi-auteur, mi-promoteur.

Pas facile d'être trois moitiés de quelque chose ! Mais c'est un peu la condition de ceux qui, comme moi, ont toujours vécu pour écrire – dans mon cas, d'abord comme écrivain, puis comme dramaturge, ensuite comme journaliste, et enfin comme auteur. Seulement, si j'en vis depuis près de vingt ans, et plutôt bien merci, c'est aussi parce que j'ai décidé très tôt que j'écrirais pour vivre – ce qui n'est pas la même chose. Il faudra bien un jour que je dise à mon banquier ce qui en est, et que je fasse mon *coming out* !

Je me suis amusé récemment à additionner le nombre de personnes qui ont suivi mon séminaire *Faire carrière dans la pige* que je donne depuis 1995, et qui a servi de base de réflexion pour la rédaction de ce livre, et j'ai eu la surprise de découvrir qu'il y en avait mille. Mais cela me rend mille fois insatisfait. C'est que je n'ai jamais apprécié cette approche compartimentée de l'écriture. Rien de plus différent qu'un livre et un article ? Du point de vue du lecteur, oui. Mais pas nécessairement du point de vue de celui qui l'écrit. Or, l'expérience m'a montré que les passerelles sont nombreuses entre le livre et le journalisme, à tel point que j'en suis venu à me dire que ces deux facettes de l'écriture ne sont au fond que les deux versants d'une même montagne. Car du point de vue de celui qui écrit, le processus est le même du début à la fin : qu'il s'agisse d'un livre ou d'un article, la recherche d'idée, la négociation, la révision se ressemblent, même si la quantité de boulot peut différer grandement à chaque étape. Par exemple, les journalistes plus que les auteurs doivent générer un grand nombre d'idées ; par contre les auteurs, plus que les journalistes, doivent s'impliquer fortement dans la mise en marché de leur création. Mais le processus est le même. Si j'ai mis plus de dix ans à me décider à écrire ce livre, c'est que j'ai mis dix ans à distinguer le quoi du comment.

Cet exposé est tellement basé sur mon expérience personnelle – mes bons coups et les mauvais, je ne vous cacherai rien – que je dois maintenant un peu me raconter. Autant commencer ainsi puisqu'au fond tout procède de là. Les petits malins de pop-psychologie y voient déjà une sorte d'égocentrisme profond : c'est exactement cela, mais je ne vois pas comment on peut devenir écrivain sans *ego*. (Si ça vous énerve, allez directement à la page 18. Si vous passez go, réclamez 200 dollars.)

Aussi loin que je me souvienne, j'ai toujours voulu être ingénieur, mais j'ai toujours écrit. C'est une pulsion. Il y en a qui démontent des tondeuses. Moi, je montais des saynètes et de petites pièces de théâtre, et je lisais sans arrêt, n'importe quoi – j'avais pratiquement ma chambre à la bibliothèque municipale.

C'était sympathique et informe. Je raffolais tellement du journal que dès huit ans, je lisais déjà *La Tribune* (je suis de Sherbrooke, oui) chaque matin. À dix ans, je découpais les articles qui m'intéressaient. L'autre jour, en faisant le ménage de mes classeurs, j'en ai retrouvé une vieille coupure toute jaunie.

J'étais tellement nul en sport que les capitaines d'équipes s'obstinaient pour décider qui ne m'aurait pas.

« Je prends Nadeau, mais tu me donnes une fille en plus.

— Non, Nadeau plus trois filles. »

Dernier choix au repêchage, j'étais néanmoins populaire parce que bouffon et *bolé*. Je faisais les recherches en science. J'étais aussi le genre qui écrivait les pièces de théâtre de la classe, et qui montait des spectacles – en sixième, on avait découvert la vidéo, et j'avais même réalisé un film intitulé *Les Planètes unies*, qui racontait un conclave des planètes pour décider du sort de la Terre. Le truc.

Toujours est-il qu'à douze ans j'ai écrit mon premier roman, *La Cité sous les eaux*, que j'ai tout fait pour placer aux Éditions Paulines, auxquelles je suis maintenant reconnaissant pour leur refus. J'ai commencé à en écrire un autre, que je n'ai jamais fini, puis il y eut une sorte de hiatus entre treize et dix-sept ans, qui s'explique sans doute par le fait que j'étais ado dans un collège de garçons où il n'y avait que les cours et le sport. Comme j'étais bon en science, je voulais devenir ingénieur, comme tout le monde et en particulier comme mon père. Alors, je lisais aussi de la science, en plus des romans et des biographies d'écrivains.

L'écriture m'est revenue au collégial – je suis allé dans les classes collégiales du séminaire de Sherbrooke, qui étaient heureusement mixtes, elles, et qui rassemblaient les gars du séminaire et les filles des collèges de filles des alentours. Les filles, ça aime l'art, ce qui est un excellent encouragement, quand on est dernier choix au repêchage, pour se remettre au théâtre et à écrire des piécettes. Nous avions un très gros festival de théâtre au collégial, et c'est ce qui m'a amené à écrire ma première vraie pièce, *Il faut battre l'enfer quand il est chaud.*

C'est aussi à cette époque que je suis devenu Benoît. Le détail a son importance. Mon vrai nom, celui que mes vieux amis utilisent, c'est Jean. Mon baptistaire dit Joseph-Benoît-Jean, comme mon père est Joseph-Émile-Yvan. Mon père signait à l'époque Yvan E. Nadeau – pour Émile – alors, je me suis mis à signer, vers seize, dix-sept ans, Jean B. Nadeau. Quand les filles sont arrivées dans le décor, elles se sont vite demandé :

« B pour quoi ?

— Benoît.

— C'est joli !» (Personne alors ne s'appelait Benoît.)

J'ai donc commencé à signer Jean-Benoît au long pour me donner une personnalité dans le but évident de me taper une ou deux filles et de me faire une jolie partouze... Malheureusement, ça ne m'en a pas donné une, de fille, et encore moins de partouze, mais je suis resté tout Benoît.

Ma première vraie blonde m'est arrivée à dix-huit ans, Brigitte, étudiante en beaux-arts à l'UQAM et de deux ans mon aînée, qui a tout de suite vu que j'étais bien plus artiste qu'ingénieur. Entre le cégep et l'université, je jouais dans une pièce d'un obscur théâtre d'été de Coaticook, quand je suis tombé gravement malade – une tumeur dans la colonne vertébrale. C'est donc de mon lit d'hôpital, pendant ma convalescence, durant laquelle j'écrivais tout le temps, que j'ai pris conscience que la vie est une belle mais courte histoire qui se termine toujours mal, et qui ne vaut la peine que si on a vraiment essayé – pas réussi, dis-je, mais essayé. Bien évidemment, je me suis demandé ce que j'allais foutre dans une école d'ingénieurs. Ce que je voulais vraiment, c'était devenir écrivain. Mais comme je venais d'un milieu assez conventionnel où l'on étudiait pour devenir ingénieur, médecin ou avocat à la rigueur, je m'étais toujours dit que je gagnerais ma vie comme ingénieur et que j'écrirais pour le *fun* – forcément, puisque personne ne vit de l'écriture, *right* ?

J'ai donc commencé mes études d'ingénieur à l'Université de Waterloo, en Ontario. Je voulais – j'avais voulu, devrais-je dire – faire du génie civil, ouvrir des routes dans la jungle de Bornéo, dynamiter des montagnes et tout le tintouin. Pourquoi Waterloo ? Parce que c'était la seule université du temps, outre Sherbrooke, à offrir un programme coopératif université-entreprise, qui garantit des stages en entreprise. Pourquoi pas Sherbrooke ? Parce que je rêvais du monde, tout simplement. Mais c'est durant la troisième semaine de classe, un vendredi après-midi pendant l'insupportable cours de dessin technique, que j'ai allumé. Devant les difficultés que présentaient les exercices, les 150 élèves de la classe montraient des signes de rébellion, mais le prof ne s'est pas laissé démonter : «Si vous trouvez que c'est de l'ouvrage, attendez un peu quand vous serez ingénieur. Là, vous allez en avoir de l'ouvrage !» Et c'est alors que j'ai réalisé que je ne pourrais jamais être un bon ingénieur *et* un bon écrivain.

Pendant le congé d'Action de grâce, je suis revenu à Sherbrooke pour annoncer à mon vieux père et à ma vieille mère que mon rêve d'ingénieur avait trouvé son Waterloo et qu'à la fin de ma session j'opérerais un savant repli sur Sherbrooke. Mon calcul, que j'ai exposé à mes parents exactement dans les mêmes termes, était le suivant : s'il faut cinq ans de misère et de pauvreté à un étudiant en génie pour devenir un ingénieur junior qui n'a même pas le droit de signer ses propres plans tout seul avant deux ans, je peux devenir un écrivain qui gagne sa vie dans le même temps si je me donne les mêmes contraintes : il faut apprendre. Cela se passait à la fin de 1984, et je puis dire que je touchais au but en mai 1990.

La vie est une chose compliquée, mais j'avais vu clair. Le chemin fut un peu moins droit que prévu, et il m'aura fallu six ans au lieu de cinq pour le parcourir, mais bof. J'ai d'abord cru que je serais dramaturge – toujours le théâtre. Alors, je suis entré à l'École nationale de théâtre, section auteur. J'ai tenu une session, avant qu'on me renvoie, ce qui a été mon premier grand revers et celui que j'ai mis le plus de temps à accepter. Ont suivi deux ans de galère. J'ai tout de même réussi à écrire, monter ou faire jouer cinq ou six pièces pendant ces années, mais je devais travailler dans une raffinerie de l'est de Montréal pour vivre. J'ai alors pris une autre tangente : le journalisme. Vers 1986-1987, j'ai commencé à publier dans un tout nouvel hebdo prometteur, *Voir*. Comme je n'avais aucune expérience, j'ai même offert d'abandonner complètement mon boulot misérable pour travailler gratuitement comme stagiaire pendant six semaines. Excellent calcul, qui m'a permis de faire mes premières armes et d'entrer dans le sérail. Bon véhicule et bonne école ! J'ai publié comme ça quelques articles.

À la même époque, j'avais fait une demande pour reprendre mes études universitaires. J'avais alors pris conseil sur le métier de journaliste auprès du rédacteur en chef du journal *La Tribune*, de Sherbrooke. Je lui avais demandé s'il fallait que je fasse un bac en journalisme. Il m'avait plutôt conseillé de faire un bac en n'importe quoi d'autre que le journalisme et de le faire en anglais. J'ai donc décidé de faire un bac en sciences politiques et en histoire, et j'ai choisi McGill plutôt que Concordia parce que c'était plus proche de chez nous. Trois semaines avant la rentrée, *Voir* me pose un dilemme : Jean Barbe, le rédacteur en chef, me propose d'entrer à la rédaction comme permanent, ce qui est très flatteur. J'ai dû lui apprendre que je retournais aux études et que, par ailleurs, je serais moins disponible pour les piges, même si j'étais disposé à en faire d'autres. Il m'a répondu : « C'est un choix. »

Je n'ai jamais regretté ce choix. D'abord parce que j'ai rencontré ma future épouse le premier jour, première classe, première heure. Le détail n'est pas qu'anecdotique puisque Julie aussi est devenue journaliste et auteure par un chemin différent du mien, et qu'elle est également devenue ma partenaire d'écriture, avec laquelle j'ai signé de nombreux articles et des livres. De plus, j'ai continué de placer des articles dans la presse tout au long de ma scolarité – il n'était pas question que je me limite à la presse étudiante. Si bien qu'à la fin de mes études, j'avais un bac en poche, une bonne centaine d'articles payés à mon actif, et de bons contacts. Cela s'était fait au prix d'une moyenne très moyenne (j'excellais dans les cours qui m'intéressaient, et je me contentais de la note de passage ailleurs). Mais c'est à l'université que j'ai vraiment appris à penser de façon structurée, et à le faire en anglais aussi bien qu'en français.

À *Voir*, je me rappelle avoir dit très tôt que j'ambitionnais de publier dans *L'actualité*. Jean Barbe, qui m'avait déjà surnommé Grandes-Dents à cause de mes ambitions, m'avait répondu que c'était une chapelle impénétrable. J'ai tout de même placé mon premier article à *L'actualité* dès 1988, et de façon plus fréquente à partir de 1991. Entre-temps, j'avais commencé à publier pour *Commerce*, qui était alors une sorte de club-école pour *L'actualité*. Puis je me suis mis à gagner des prix, et les choses sont allées en s'améliorant. En parallèle, j'ai entrepris d'écrire un roman, que j'ai écrit et réécrit pendant toute la décennie, sans jamais lui trouver un éditeur. Ce roman, qui s'appelle *Sierra Negra*, est devenu une sorte d'épine assez douloureuse dans mon *ego*. Mais j'ai bien mérité mes ennuis de romancier en herbe, car j'ai fait des efforts consciencieux pour n'appliquer au roman aucun des conseils que je donne dans ce livre !

Pendant ce temps, j'ai continué d'apprendre le journalisme sur le tas. Vers 1993, je me suis mis en tête de réaliser un vieux projet et de percer à Toronto. J'ai donc suivi un cours d'écriture en anglais à Concordia, et Julie m'a appuyé : notre entente pour les six années suivantes serait que je lui apprendrais le métier de journaliste et que je l'aiderais à publier à *L'actualité*, si elle m'aidait à publier en anglais ! Il s'avère que Julie était une brillante écrivaine, dont la qualité d'écriture était assez bonne pour une publication aussi prestigieuse que le *Saturday Night Magazine*. Notre relation professionnelle a donc été aussi féconde que notre relation personnelle – métaphoriquement parlant.

L'une des raisons pour laquelle je m'étais mis à l'anglais était que je voulais sortir du Québec. Vers 1991, j'avais été approché pour devenir rédacteur en chef d'une revue naissante... au Gabon! La même année, Julie et moi avions envisagé d'aller vivre au Mexique, comme correspondants, mais j'avais mis le frein – en québécois : fourré les *breaks* – en réalisant que, pour vivre comme correspondant, il faudrait que je devienne une sorte d'homme-orchestre qui fait aussi bien du quotidien, que du magazine, que de la radio, que de la télé, alors qu'il était évident déjà que ma spécialité était plutôt le magazine. Or, si je voulais faire du magazine, le Québec n'était pas un assez grand marché pour un correspondant québécois au Mexique : je devais donc publier ailleurs, en France, ou en anglais. Pour citer Bernard Landry, grand amateur de citations latines : *Quod erat demonstrandum*[1].

Or, par une sorte de retournement bizarre, c'est en France que l'anglais m'a plutôt mené! C'est que, vers 1996, j'ai découvert l'existence d'une intéressante fondation américaine, *The Institute of Current World Affairs*, qui envoyait des jeunes de moins de trente-cinq ans pendant deux ans n'importe où dans le monde, aux frais de la princesse, pour aller étudier un sujet de leur choix. J'ai entrepris les démarches en 1998 et, plutôt que de leur proposer un projet au Mexique ou à Cuba, qui était mon premier choix, je leur ai proposé un truc sur la France. Si bien qu'en juin 1998, le directeur m'appelait pour m'annoncer que j'étais reçu comme *fellow* (boursier), et pour me demander quand je partirais! Julie et moi avons donc vendu la maison, le char et le chat, et nous sommes partis pour Paris en janvier 1999 avec l'assignation vague d'écrire un bulletin de 5 000 mots chaque mois sur un sujet de notre choix, avec le mandat d'expliquer « pourquoi les Français résistent à la mondialisation ».

Ce fut une expérience humaine extraordinaire. La fondation vise avant tout le développement intellectuel et personnel de ses boursiers. Comme il ne s'agit pas d'une bourse académique, elle les encourage à modifier leur hypothèse de départ si elle s'avère

---

1. En français : ce qu'il fallait démontrer – CQFD.

inexacte et ne s'attend pas à ce qu'on prouve l'idée que l'on avait en partant. En tant que boursier, j'avais assez peu de contraintes : l'une d'elles était de ne pas travailler à un livre, mais de me concentrer sur les bulletins mensuels et mon apprentissage au sens le plus large. Moi, vous me connaissez, j'ai la dent longue et j'ai vite constaté que mes idées et mes observations suscitaient assez d'intérêt pour alimenter un livre et même plusieurs. Comme je leur faisais un excellent boulot, le directeur ne s'est pas opposé à l'idée que j'entreprenne des démarches pour vendre un livre avant la fin de mon contrat. Alors, Julie et moi avons monté un projet de livre sur les Français et nous nous sommes ensuite mis à la recherche d'un agent littéraire américain.

En mai 2001, Julie et moi avons quitté Paris pour revenir au Canada... à Toronto. Nous y avons passé une année malheureuse. Ce n'est pas tant que Toronto soit plate, mais les Torontois, en revanche... Par-dessus le marché, nous avions très peu d'argent, car nous avons passé l'année 2001-2002 à écrire non pas un, mais trois livres à nous deux, tout en publiant de-ci de-là des articles dans des magazines torontois et montréalais, dont plusieurs m'ont valu des prix. Nous sommes revenus à Montréal pour de bon en juin 2002.

L'un des buts de la bourse américaine que j'avais obtenue est de changer la vie du boursier. Paris produit cet effet. Encore que, professionnellement, ce sont les deux livres que j'ai écrits qui ont accompli le plus. Il s'agit de *Les Français aussi ont un accent*, publié chez Payot en 2002, et *Sixty Million Frenchmen Can't Be Wrong*, publié chez Sourcebooks de Chicago – et traduit sous le titre *Pas si fous ces Français* (Seuil et France Loisirs). Le premier constitue la chronique humoristique de mes deux années en France. Le second (cosigné avec Julie) explique pourquoi les Français sont si « français ». Ce dernier s'est vendu à 200 000 exemplaires en quatre langues (anglais, chinois, néerlandais et français) et il me fournit une petite rente. Mais je suis aussi très fier de l'autre, qui a tiré à 30 000 exemplaires et m'a permis de développer le genre de la chronique humoristique, qui me vient bien plus naturellement que le roman.

Quelques mois après la parution de *Sixty Million Frenchmen Can't Be Wrong*, qui nous a valu quelques belles critiques, dans le *New York Times* entre autres, Julie et moi avons décidé de poursuivre sur cette lancée. Nous avons proposé à notre agent américain un autre projet de livre sur la langue française dans le monde, *The Story of French*, ou *La Grande Aventure de la langue française*, que nous avons placé simultanément chez trois éditeurs anglo-américains dans des marchés différents, et que nous avons aussi vendu en traduction française et japonaise. Ce sont les avances qui ont financé nos deux années de recherche et de rédaction, et nous envisageons une série documentaire.

Tout cela pour vous dire que le journalisme mène à tout.

Cette très longue présentation biographique me paraissait nécessaire pour vous expliquer d'où je viens avec mes conseils. J'ai appris sur le tas – un gros tas, assez haut pour que je me casse la gueule deux ou trois fois. Ce livre vise à aider les petits malins qui l'ont acheté à éviter certains écueils. Même si le métier d'écrivain est une chose qui s'apprend, mais qui ne s'enseigne pas, il n'est pas nécessaire de réinventer la roue chaque fois : on peut quand même profiter des conseils des autres.

Si vous voulez seulement « écrire pour écrire », vous n'avez absolument pas besoin de ces conseils. Mais si vous voulez écrire pour être publié, et *a fortiori* si vous voulez écrire pour vivre, je suis votre homme. Ce livre vous parlera de mes bons coups et de mes mauvais coups, et de ceux des autres, de façon assez candide. Il n'y a pas de fricotin là-dedans, et je vous dirai les choses telles qu'elles sont ou ont été. C'est parfois assez cru, mais vous n'avez pas de temps à perdre, ni moi d'ailleurs. Je vais même parfois faire une horrible chose et vous parler d'argent. Cela peut en valoir la peine : saviez-vous qu'il y a des publications qui paient un dollar le mot pour vos écrits ? Les grands magazines paient bien davantage.

D'ailleurs, mes deux derniers livres ont bien marché, alors mes redevances se rapprochaient du un-dollar-le-mot. Il faudrait que j'explique les choses de la vie à mon banquier, tiens !

Au fil des ans, j'ai compris deux ou trois vérités fondamentales que je vous expose ici parce qu'elles sont les fondations de ce livre.

D'abord : la personne qui gagne 100 000 dollars par an ne travaille pas dix fois plus que l'autre qui en gagne 10 000. Elle travaille peut-être un peu plus, mais peut-être moins aussi. L'expérience joue pour beaucoup, sans doute. Surtout : cette personne *pense* son métier différemment. Elle a trouvé des façons de se multiplier autrement qu'en travaillant plus. J'ai longtemps cru à mes débuts, quand je gagnais 33 000 dollars à tout casser, que je pourrais gagner 66 000 dollars en travaillant deux fois plus. Si l'on fait 50 heures par semaine pour 33 000 dollars, on peut effectivement doubler son revenu si l'on fait 100 heures par semaine, mais on ne tiendra pas une seule année. Cela vous éclaire donc sur plusieurs choix que j'ai effectués, que vous devinez dans l'histoire de ma vie, et que je vous exposerai plus en détail au fur et à mesure que cela se présentera dans le livre.

Cette vérité fondamentale – qu'on ne gagne pas plus en travaillant davantage –, je l'ai sans doute comprise intuitivement assez tôt dans ma carrière. C'est bien ce que je voulais dire à mon ami Yves-André du haut de mes dix-neuf ans quand je lui ai annoncé que je serais « ingénieur littéraire ». Les implications pratiques ne sont pas devenues claires pour moi avant 1997-1998, c'est-à-dire un bon dix ans après mes vrais débuts. Même après vingt ans de métier, je redécouvre chaque jour cette idée dans ses multiples facettes.

Mais comment se multiplier et se déployer ? Quels sont les leviers secrets qui feront qu'on pourra écrire pour en vivre de mieux en mieux ?

La réponse à cette question m'est venue, bizarrement, quand j'ai fait mon premier article pour la revue *Commerce* en 1989. J'arrivais de *Voir* et mon rédacteur m'avait commandé un papier sur la business des théâtres d'été. Sujet banal, jusqu'à ce que je rencontre un certain monsieur Dallaire, qui enseignait les affaires aux HEC, et qui gérait non pas un seul théâtre d'été mais cinq! J'ai été fort impressionné, car les autres producteurs me disaient qu'ils en avaient par-dessus la tête avec un seul. Alors, monsieur Dallaire m'a dit : « C'est parce qu'ils ne connaissent pas les parties d'une entreprise. Vous, en tant que travailleur autonome, le dépanneur du coin, Esso, moi aussi, nous avons tous les mêmes fonctions fondamentales d'entreprise. Il s'agit un peu d'espèces d'organes vitaux, mais souvent négligés – fatalement. Ces parties sont : *la vente, le financement, la production, la recherche et l'administration.* »

Je mets ces éléments en italique pour souligner que c'est l'autre vérité fondamentale que j'ai comprise et qui sous-tend tout ce livre : écrire est une entreprise, dans tous les sens du mot. Et pas n'importe laquelle, mais votre *buznuss* à vous. Certes, écrire est aussi un art – à tout le moins au sens d'artisanat. Mais vous devez vous libérer de cette idée romantique et idiote qu'il ne faut pas mêler l'art et l'argent. Foutaise que cela. C'est une idée stupide qui va à l'encontre des intérêts des créateurs, qui en sont les premiers responsables.

Au contraire, si l'on veut écrire pour vivre, il faut pouvoir penser et parler marchés, négociations, représentation, contrat et effectuer ses choix d'artisan en connaissance de cause. Une bonne négociation (qui fait l'objet de plusieurs chapitres ici), ce n'est pas qu'une affaire de sous : cela touche aussi bien la nature de ce que votre éditeur attend de vous que votre capacité à livrer la marchandise – personne ne vit d'amour et d'eau fraîche.

Autre exemple, la « recherche » citée plus haut parmi les cinq parties de l'entreprise ne s'applique pas tellement à celle que l'on fait pour un article, les interviews et le baratin : cela relève de la production de l'article. Cette recherche-ci est plutôt l'équivalent de la Recherche et développement, la fameuse R&D. C'est une recherche assez intuitive, qui combine la connaissance brute, la réflexion et l'observation, et qui vous permet de trouver les idées fortes que vous serez capable de vendre à deux, trois, quatre publications au lieu d'une. Le même type de réflexion vous permet de dégager les concepts de livres forts qui intéresseront des agents littéraires, mais aussi trois, quatre, cinq éditeurs distincts en même temps ! Pour y parvenir, il faut certes une connaissance forte du marché, des lecteurs, des éditeurs, de ce qui se publie – connaissance qui s'acquiert en s'informant, en y pensant et en la mettant en pratique.

Bref, les petits rapides qui lisent entre les lignes auront compris que ce livre vous permet d'écrire pour vivre parce qu'il vous montre comment vous multiplier. J'ai choisi ma méthode, j'en connais certaines que j'expose, mais il y en a d'autres (voir la bibliographie).

De façon générale, ce livre est destiné à deux publics : les débutants, qui n'ont jamais publié, et les vétérans, qui veulent améliorer leur sort. Un troisième public pourrait être composé des conjoints, parents, amis, et autres *mononques* et *matantes* harassés ou inquiets de voir leur conjoint, fille, amie, nièce écrire en catatonique et qui cherchent à comprendre de quoi on leur parle.

J'ai mis beaucoup de temps à comprendre qu'*Écrire pour vivre* devait vous parler du processus de création tel qu'il se présente quand vous êtes dedans. Il aurait été tentant, et beaucoup plus facile pour moi, de tout découper selon des fonctions comme la production, la recherche, la vente, le financement et l'administration – les parties de la *business* que j'ai évoquées plus haut. Mais cela fait un peu trop HEC à mon goût. Une telle approche serait artificiellement carrée et difficilement applicable à vous. La réalité de l'écrivain est que la négociation n'est pas qu'une question de sous, mais qu'elle a toutes sortes d'implications tant sur la production, que sur la vente et le financement. De même, la production peut avoir des implications sur la recherche et le financement, et peut même forcer une renégociation ! Et puis, au contraire de la plupart des livres sur l'écriture, qui parlent tous fort mal du droit d'auteur (du bout des lèvres, en s'excusant, en fin de livre, voire en appendice), j'ai intégré ce sujet assez tôt dans le livre, au chapitre 9. La raison en est simple : une meilleure compréhension de cette question peut vous aider à concevoir des idées qui ont un meilleur potentiel et que vous négocierez plus intelligemment !

C'est bien davantage le processus qui m'intéresse. J'ai vu trop de gens se casser la gueule à écrire sans avoir réfléchi. (Allez, les violons.) Moi-même, j'ai gossé plus de douze ans sur un roman de 627 pages qui n'a jamais trouvé un éditeur malgré quatre réécritures en profondeur et de multiples sous-versions. Je vous dirai plus loin pourquoi j'ai fait avec le roman des erreurs de débutant que je n'ai pas commises en journalisme ou dans l'écriture de mes autres livres. La réponse simple est : on apprend. Ce que j'ai appris, c'est qu'il me fallait réfléchir avant d'écrire. (Silence, les violons.) C'est tellement important qu'un gros tiers de *Écrire pour vivre* porte en fait sur la création et le développement de vos idées – ce qui vous simplifiera la tâche au moment d'écrire. Comment les trouver, ces idées ; comment les présenter ; à qui ; comment les rendre intéressantes ; comment vous approprier les idées des autres ; comment utiliser le droit d'auteur. Tout cela pour vous permettre non seulement de trouver les bonnes idées, mais d'aller au bout de votre idée et de mieux l'exploiter. Il y a aussi quatre chapitres sur la négociation, un temps fort de la mise en œuvre de votre idée où se décident les conditions de sa réalisation. Le dernier tiers porte sur la production et la post-production de votre idée. Mais l'une des raisons pour laquelle je n'ai pas réparti les chapitres en sections est que ces divisions sont artificielles. Par exemple, le chapitre sur la communication, qui fait partie de la production, vous explique que l'exécution de votre idée (sa production) constitue en réalité l'objet d'une négociation presque continue entre vous et votre rédacteur en chef ou votre éditeur.

Il peut paraître étrange que je parle si peu de l'écriture et autant des préparatifs. Ne suis-je pas écrivain ? En fait, comme vous le verrez aux chapitres 3, 4, 5, 16 et 17, il y a deux sortes d'écriture :

une qui fait partie de la recherche et qui vous sert de moyen de réflexion pour appréhender votre sujet, et une autre écriture qui vous sert à livrer la marchandise. Donc, rassurez-vous, vous écrirez beaucoup, mais vous saurez pourquoi et pour quoi vous écrivez !

Il y a une chose que ce livre ne sera pas : un guide du travailleur autonome. J'ai publié en 1997 *Le Guide du travailleur autonome*[2], dont la troisième réédition coïncide avec la parution de *Écrire pour vivre* – on se demande pourquoi, il y a de ces coïncidences. Ce livre ne s'adressait pas aux écrivains, mais à tous les travailleurs autonomes, tant plombiers que livreurs, graphistes ou coiffeurs pour chiens. Ce livre-là complète celui-ci. Ceux qui cherchent des conseils sur la partie strictement administrative, comme les déductions, la comptabilité, les assurances, et autres machins du genre plan d'affaires, doivent consulter *Le Guide du travailleur autonome*. Nous n'y ferons qu'allusion ici, car ce livre-ci est écrit pour ceux qui cherchent à écrire pour vivre, à ceux qui veulent publier beaucoup et bien, et qui veulent être rétribués pour leurs efforts. La seule partie qui s'en rapproche un peu se compose des trois chapitres sur la négociation, mais ils ne s'appliquent ici qu'aux seuls écrivains, auteurs et journalistes, et les exemples ne portent que sur le journalisme et le livre.

À ceux qui veulent devenir écrivains, le célébrissime Stephen King ne donne qu'un conseil : écrivez. King est un maître de l'horreur, et ce conseil est à mon avis franchement horrible par son laconisme. C'est vrai qu'il faut écrire, mais c'est un peu court. Stephen King, comme tous les petits génies dans son genre, écrit en gardant tous ces principes en tête, qu'il tient pour tellement évidents qu'il ne les mentionne même pas. King est un génie dans son genre, qui applique intuitivement – et peut-être inconsciemment – la plupart des conseils que j'explique ici. Or, si vous voulez vivre de votre écriture ou améliorer votre condition, il y a des

---

2. *Le Guide du travailleur autonome : tout savoir pour faire carrière chez soi*, édition enrichie, Montréal, Québec Amérique, 2000, 278 pages.

moyens à prendre qui sont autres que ceux de simplement écrire en catatonique de l'écriture. Il vous faut un but, des idées claires (et des idées précises sur les différentes *parties* d'une idée). Il faut savoir comment les présenter. Quand je donne mes séminaires, bien des vétérans sont surpris d'apprendre qu'ils peuvent vendre plusieurs fois le même texte, qu'ils peuvent lire et négocier leur contrat. Certains ne s'imaginent même pas qu'ils peuvent écrire avec un objectif en tête, autre que celui de simplement finir leur maudit roman! Si vous n'êtes pas Stephen King, vous gagnerez du temps et de l'argent à écrire en réfléchissant à ces questions et à bien d'autres qui font l'objet de ce livre.

On peut être pianiste pour jouer du piano, auquel cas il faut simplement jouer du piano. On peut également être pianiste pour en vivre, et il faut alors faire bien plus que simplement jouer du piano. Vous aussi, vous pouvez écrire pour écrire, c'est nécessaire d'ailleurs, car cela entretient le feu sacré. Même les plus grands écrivains s'astreignent à écrire tous les jours, ce qui équivaut à faire ses gammes. Mais si vous voulez écrire pour vivre, vous devrez aussi écrire avec discernement et avec un ou des objectifs en tête.

Ces choses étant dites, nous pouvons commencer par le commencement.

Chapitre 1

Pour boire, il faut vendre

Pour penser différemment l'écriture

Si vous voulez écrire pour vivre, la première chose que vous devez vous mettre en tête est que vous vendez quelque chose. Si vous le savez déjà, c'est déjà ça de fait.

Vendre quoi, à qui, comment? Tout est là.

Par exemple, si vous êtes dans le domaine du livre, vous vendez à au moins trois personnes : le lecteur, mais pour vous rendre au lecteur, vous devez avoir atteint un éditeur, à moins de publier à compte d'auteur, auquel cas vous devrez convaincre votre banquier. Si vous êtes malin, vous aurez aussi vendu votre livre à un agent auparavant, qui vous trouvera un ou des éditeurs, qui eux vous trouveront des lecteurs. Si vous voulez écrire des articles, vous vendez aussi à des lecteurs, mais pour atteindre les lecteurs, il faut passer par un éditeur représenté par son rédacteur en chef, entouré d'un comité éditorial. Ça fait du monde.

Qu'est-ce que vous vendez? (Ça, c'est une question ouverte, et je demande des réponses dans la salle. Suce, pense.)

Si vous me répondez : « Un livre » ou « un article », vous avez vraiment besoin de lire ce livre. En réalité, vous devez vendre autre chose qu'un livre ou un article. En fait, vous vivrez bien mieux de votre écriture, et pour beaucoup moins de travail, si vous pouvez vendre cette autre chose-là.

Cette autre chose-là qui n'est pas le livre ou l'article, se compose de trois éléments :

1) *Des idées.* Il faut beaucoup moins de travail pour vendre l'idée d'un reportage que le reportage en entier. À plus forte raison quand il s'agit d'un livre. Et en plus, vous pouvez être payé plus cher parce que vous avez commencé par vendre l'idée plutôt que la tartine au complet. Cela couvre à peu près les chapitres 1 à 11, et même 1 à 15, mais mon éditrice me dit que tout le livre est là-dessus en réalité.

2) *Du droit d'auteur.* Si vous pensez que le droit d'auteur est un truc à simplement protéger, comme les droits de la personne, vous faites fausse route. Le droit d'auteur, quand il est bien compris, est un ressort commercial puissant qui vous permettra de multiplier votre force de vente et d'effectuer du bon travail à plusieurs endroits en même temps. Le chapitre 9 porte sur le droit d'auteur, mais il y en a plusieurs autres qui vous expliquent comment bien exploiter votre idée, et comment négocier votre propriété.

3) *Du bon travail.* Cela dépend de votre capacité de livrer la marchandise. Mais une fois que vous avez vos galons, il est probable que vous serez sollicité et que vous aurez beaucoup moins besoin de faire les premiers pas. Les lecteurs qui débutent auront une impression de vertige : comment accomplir du bon travail quand on est nouveau dans le métier ? Les chapitres 12 à 21 couvrent ce terrain.

Si vous lisez les biographies des grands génies littéraires, vous constaterez qu'ils ont tous un sens prononcé des affaires, ou à tout le moins de leur affaire – j'exclus ici les poètes maudits morts de *delirium tremens* à trente et un ans. Relisez bien la vie d'un Zola, d'un Camus ou d'un Hugo. Ces gars-là savaient où ils allaient dans leur art, certes, mais ils avaient aussi un sens aigu du marché, du public, de la vente. C'est aussi vrai des grands reporters comme Albert Londres, Jean-François Lisée (avant qu'il ne fasse de la politique) ou René Lévesque (pareil).

Pour vous en convaincre, analysez donc vos réactions quand vous lisez *L'actualité*, *Québec Science* ou ce livre si tentant sur les plantes afghanes. Pourquoi c'est plate ? Pourquoi c'est bon ? Qu'est-ce qui est plate au juste ? Qu'est-ce qui est bon ? Pourquoi est-ce que je ne finis pas cet article ? Pourquoi est-ce que j'achète ce livre ? Pourquoi est-ce que je ne manque jamais de lire la section sport ? Pourquoi j'accroche ? Pourquoi je décroche ? Y aurait-il une manière de refaire ça qui serait encore meilleure ?

Les bons journalistes, comme les bons auteurs et les bons cinéastes, ont au moins une compréhension intuitive de ces questions, mais la plupart peuvent en parler longuement. Et ils sont capables de vendre parce qu'ils en raffolent et que cela les habite ; toutefois, cela fait longtemps qu'ils ne lisent plus comme des valises que l'on remplit de n'importe quoi. Cela devrait être votre premier devoir. L'instinct, le fameux instinct « naturel », n'existe pas de façon innée : il se cultive par la lecture. On parlera plus tard de l'inspiration.

Ceux qui veulent écrire sont en général des lecteurs férus et voraces. Or, si vous voulez écrire, vous devrez faire le deuil d'une partie de vous-même : votre côté lecteur-spontané-et-naïf-consommateur-au-premier-degré-que-l'on-bourre-comme-une-valise. Ce temps-là est fini : vous n'avez plus de poignée dans le dos. Vous devez lire en auteur, en journaliste, en éditeur, en rédacteur en chef. Vous devez analyser ce que vous lisez en vous demandant pourquoi c'est bon, pourquoi c'est mauvais. Depuis que j'écris pour vivre, je ne suis plus capable de lire *L'actualité*, *La Presse*, ou un livre sur la France et les Français le soir avant de me coucher : c'est mon travail. Quand je lis, je me pose tout un tas de questions : est-ce que je pourrais faire pareil ? Qu'est-ce que cela m'inspire? Est-ce que ce type-là vient de me couper l'herbe sous le pied? Pas reposant! Mes lectures de chevet s'appellent Astérix ou Stephen King ou *Der Spiegel* (je suis des cours d'allemand, alors je peux lire ce magazine pour la langue). Ça, ça repose.

Jean Paré, qui a fondé *L'actualité* et l'a dirigée pendant plus de vingt ans, sera souvent cité dans ce livre, car il fut l'un de mes mentors. Je me rappelle qu'il disait que ceux qui veulent s'exprimer n'ont pas de place en journalisme. Réflexion surprenante de la part d'un démocrate comme lui, mais il parlait de bien autre chose que de l'expression des valeurs démocratiques. J'ai beaucoup médité sur cette affirmation, et j'en suis venu à distinguer entre l'expression et la communication. *L'expression*, c'est l'action de dire ce que l'on pense ou ressent. Mais pour qu'il y ait *communication*, il faut être reçu, c'est-à-dire qu'il faut être en phase avec le récepteur. Pour être reçu, l'émetteur doit donc vibrer à la même fréquence que le récepteur : c'est vrai sur le plan de la physique ondulatoire, c'est aussi vrai au sens des idées. C'est précisément pour cela qu'il vous faut lire non plus en lecteur mais en producteur – journaliste, auteur, cinéaste, rédacteur en chef, éditeur, diffuseur.

L'opposition entre l'expression et la communication est une vue de l'esprit, car en réalité, pour vous distinguer, il vous faut ET exprimer ET communiquer selon un dosage savant qui varie. Une communication qui n'exprime rien de pertinent sonnera creux. Une expression sans souci de réception ne touchera personne. D'ailleurs, vous le savez spontanément : qui lit le courrier des lecteurs? Ils s'expriment. C'est gentil. Certains le font avec un meilleur sens de la communication que d'autres. Mais en général, c'est nul et c'est pour cela que personne ne les lit, sauf ceux qui veulent se lire.

Si vous êtes un génie, vous pouvez vous permettre de vous exprimer sans vous soucier de la réception de vos œuvres. Vous êtes un génie, après tout, et vous êtes sans doute spontanément en phase avec votre public. Mais si vous étiez un génie, vous ne liriez pas ce livre. À moins que vous soyez un de ces génies incompris, beaucoup plus nombreux, et tous très malheureux. La façon de devenir un génie compris est de s'arranger pour l'être, et cela passe par une bonne compréhension de ce que les autres veulent, ou peuvent entendre. Cela ne signifie pas que vous devez tout réduire au plus petit commun dénominateur, bien au contraire. Si vous vouliez être poète au XVIIe siècle, il fallait que ça rime. Si vous voulez être poète aujourd'hui et connaître le succès, cela n'a pas besoin de rimer, mais cela doit « fitter dans une toune de deux minutes trente ». Certes, il existe un public d'élite, plus étroit, pour la poésie-pas-de-toune. Pareil pour la danse : vous pouvez bien danser sans musique, mais cela vous restreint – ce qui n'est pas un mal en soi, comprenez-moi bien. Le choix est le vôtre, et tant mieux si vous prenez votre pied à écrire pour un très petit nombre, mais vous n'en vivrez pas – ou, plutôt, vous vivoterez, au mieux, à moins d'être prof d'université. Et même parmi ce public restreint, vous pouvez choisir de n'intéresser que douze personnes ou, au contraire, de devenir un incontournable – si bien sûr vous en avez la capacité.

Dans vos multiples tentatives, vous manquerez souvent la cible. Mais dites-vous bien que même les meilleurs frappeurs de baseball ont une moyenne de 300, c'est-à-dire que pour chaque balle frappée, ils en ratent deux. Ce sera pareil pour vous, sauf qu'il y a des moyens de choisir ses balles pour frapper des coups de circuit.

Lectures utiles

Il y a quelques publications qui sont des incontournables et dont le contenu, comme celui du livre que vous tenez entre les mains, est tellement général qu'elles pourraient en illustrer plusieurs chapitres.

Écrire et éditer. Équivalent francophone du *Writer's Digest.* Publié par le Calcre, Association pour l'information et la défense des auteurs, Vitry, France. Malheureusement, cette association a été mise en faillite et son magazine est dans les limbes. Mais si vous avez la chance de mettre la main sur cette publication et ses numéros hors série, nombre de ses conseils sont encore valables. Comme le montre le cas de la plaquette de Pauline Morfouace.

HAMPE, Barry, *Making documentary films and reality videos : a practical guide to planning, filming and editing documentaries of real events,* New York, Henry Hold and Company, 1997, 342 pages.

LAPOINTE, Pascale et Christiane DUPONT, *Les Nouveau Journalistes, Le Guide : entre précarité et indépendance,* Québec, Presses de l'Université Laval, 2006. J'ai à peine eu le temps de le parcourir avant de mettre sous presse, mais ce livre sera sans doute un incontournable, même si je ne partage pas toutes les vues de ses auteures – le livre oscille entre le guide et l'essai. Si l'insistance des auteures sur l'idée de précarité agit comme un éteignoir, leur livre n'en constitue pas moins un excellent survol du métier de pigiste.

MORFOUACE, Pauline, *Les comités de lecture,* hors série n° 2, mars 1998, 50 pages.

PERKINS, Lori, *The Insider's Guide to Getting an Agent : The Definitive Writer's Resource,* Cincinnati, Writer's Digest Books, 1999, 244 pages.

ROSENTHAL, Alan, *Writing, Directing, and Producing Documentary Films and Video,* 3ᵉ édition, Carbondale, Southern Illinois University Press, 2002, 392 pages.

The Writer's Digest. Ce magazine, disponible dans n'importe quel comptoir à journaux le moindrement étoffé, est indispensable pour la qualité de ses conseils qui touchent tous les domaines de l'écriture – j'ai le souvenir d'y avoir lu un excellent article sur la rédaction de cartes de souhait ! Ils publient fréquemment des manuels spécialisés – sur le synopsis, sur l'écriture de magazine, la vente de livre – qui sont tous indispensables dans leur domaine de spécialité. Un bon exemple est le livre de Perkins.

Union des écrivaines et des écrivains québécois, *Le Métier d'écrivain : guide pratique*, Montréal, Boréal, 1993, 188 pages. Ce livre n'a jamais été réédité, alors qu'il comporte de très utiles références aux éditeurs et aux prix. Mais il s'agit davantage d'un livre de conseils que d'un annuaire.

ZUEHLKE Mark et Louise DONNELLY, *Magazine Writing from the Boonies*, Ottawa, Carleton University Press, 1992, 142 pages. Ce livre est sans doute l'une des meilleures références sur la façon de concevoir des idées fortes et d'en développer le potentiel.

Chapitre 2

Eh bien, dansez maintenant

Ce qui distingue les idées intéressantes
des idées plates

Dans le bureau du mythique Jean Paré, à *L'actualité*, le plus
gros objet, outre son bureau, était sa poubelle. C'est dans ce réci-
pient apparemment sans fond qu'étaient déposés les articles inin-
téressants, mal faits, mal exploités, pleins de fautes. Les maisons
d'édition, plus respectueuses de l'écrit, rangent les manuscrits
dans un placard. Cela part enfin vers le pilon, le recyclage ou la
carrière Miron souvent sans être lu au-delà du premier paragraphe.
Une maison d'édition comme Québec Amérique reçoit plus de
1 200 manuscrits et tapuscrits non sollicités par an. Mille deux cents !
Un magazine comme *L'actualité* reçoit plusieurs milliers d'articles
du même type par an. Le *New Yorker* en reçoit dans les 4 000 par
mois ! Pensez-vous qu'ils ont le temps de tout lire ? Ils considèrent
tout, certes, mais ils ne liront que les textes dans lesquels ils ont de
bonnes raisons de croire qu'ils trouveront ce qu'ils cherchent.

M'enfin, que cherchent-ils alors ?

Ce qu'ils cherchent, c'est une chose infiniment plus simple
qu'un long article ou qu'une brique de 627 pages. Ce qu'ils
cherchent d'abord et avant tout, c'est une idée – ou, pour être

exact, *l'idée*. Quand ils savent ce que c'est, l'idée, là ils peuvent enfin vous lire la conscience tranquille. Après cela, ils voudront voir comment vous manipulez l'idée – idéalement, avec maîtrise et originalité. Mais avant tout, c'est l'idée qu'ils veulent. Si l'idée n'est pas claire, ils ne liront pas. C'est tout. Ils n'ont aucune sympathie envers les idées niaiseuses. Pourquoi en auraient-ils ? En avez-vous, de la sympathie, pour les idées niaiseuses des autres ? Alors, il ne faut pas s'étonner qu'ils ne répondent pas à 90 % de ce qu'ils reçoivent, même pour dire non.

Ce n'est pas parce que vous aimez votre idée qu'elle intéressera forcément. Des idées, il y en a pour les fins et les fous, comme le dit ma vieille mère. D'ailleurs, même les fous ont des idées. Ils en ont même plusieurs dont certaines les ont rendus fous. Le rédacteur et l'éditeur peuvent avoir des raisons idéologiques, politiques, religieuses, intellectuelles, philosophiques de ne pas aimer votre idée. Mais le monde est bien fait dans sa complexité : il y a sans doute quelque part une maison qui aimera vos idées. La niaiserie est donc un concept relatif, pas absolu. Une idée géniale pour le *National Enquirer* est nulle pour *Atlantic Monthly*. Je laisse à ce cher San Antonio, qui avait le sens de la formule, le soin de le dire autrement : « On est toujours le con de quelqu'un. »

Encore faut-il que votre idée se distingue. Si vous avez des idées ordinaires, qui a intérêt à vous lire, vous ? Si vous saviez combien d'articles de voyage les rédacteurs en chef reçoivent chaque semaine, vous n'essayeriez même plus d'en écrire. Le voyage, c'est l'idée de tout le monde ; si votre idée, c'est : « Ah ! c'est-tu beau Cuba ! » oubliez ça. C'est une idée de tout le monde. Ça ne veut pas dire que l'idée n'est pas bonne pour vous, mais elle ne se distingue pas. Il faut donc que vous ayez une bonne idée. Il y a de bonnes idées qui peuvent prendre plusieurs années avant de trouver chaussure à leur pied : parce qu'elles sont trop avant-gardistes, trop crues, trop ceci, pas assez cela. Comme journaliste ou auteur, il vous appartient de sauter dans la réalité de votre idée brute et de tailler dans les mauvaises herbes pour trouver ce qui là-dedans constitue la substantifique moelle, comme le disait Rabelais. Il peut vous falloir plusieurs années avant de trouver la bonne façon de la formuler, cette bonne idée.

Qu'est-ce qu'une bonne idée ?

Là, je me prépare à vous asséner la plus grosse tautologie de mon catéchisme. Mais avant de vous donner la réponse, je vous rappelle que des journalistes et des auteurs chevronnés tombent constamment dans le panneau.

Une bonne idée, c'est une idée intéressante (encadrez ce mot et accrochez-le au-dessus de votre bureau : IN-TÉ-RES-SAN-TE). Et une idée qui n'est pas intéressante est une idée inintéressante – bref, pas bonne. Ce raisonnement est totalement circulaire – c'est plate parce que c'est plate –, mais on peut l'approfondir.

Je suis tombé sur ma première vraie idée intéressante alors que j'étais journaliste à *Voir* depuis six mois. Je faisais surtout du remplissage, terme à moi pour décrire l'action de se sentir obligé de commenter l'actualité. De toute façon, j'apprenais le métier et j'étais bien content de me borner à nourrir le Monstre de l'Information. Pendant l'été, j'avais participé à un dossier « Vacances en ville » de *Voir*, et j'avais pondu plusieurs articulets, dont un sur la petite grotte de Saint-Léonard. J'ai toujours aimé les sujets bizarroïdes, et la spéléologie en est un. Quelques mois plus tard, la fille qui s'occupait des visites de la grotte, Francine, me rappelle pour me dire qu'elle et un groupe d'amis spéléos partent en expédition dans la Sierra Negra, au Mexique, à la recherche de grottes inconnues et inexplorées. Elle me demande si je ne leur écrirais pas un petit *artik* – un tartik – sur l'expédition. Mais dans *Voir* ?

« Tu sais, Francine, même si j'essayais avec *La Presse*, ça n'aurait pas beaucoup de chance de passer. Vous ne savez pas très bien ce que vous allez chercher, personne ne vous connaît, il se peut que vous ne trouviez rien. Même si je plaçais l'article, ça irait en page C-20, et ça sauterait au moindre tremblement de terre en Iran.

— Tu penses ?

— Certain. Par contre, ça aurait beaucoup plus de chance sous forme de reportage : un journaliste vous accompagne, prend des notes, raconte l'histoire. Et je connais un journaliste...

— Qui ?

— Moi, par exemple. »

C'était couillu comme proposition. À trois semaines du départ, le groupe a accepté de me prendre comme membre à part entière, même si je n'avais aucune expérience de la spéléologie sportive. Dans notre très brève conversation, j'avais tout de suite vu le potentiel de cette idée : les grottes de la Sierra Negra, forêt pluviale d'altitude, zone difficilement accessible par mulet, et peuplée d'Indiens Nahuatl, descendants des Aztèques. Tous les ingrédients d'un bon reportage étaient réunis : l'exotisme, le mystère, l'aventure. Mon instinct ne m'a pas trompé : je suis revenu de cette expédition avec du matériel (notes et photos) non seulement pour un article, mais pour plusieurs et même un roman (raté). Les spéléos m'ont même fait la faveur de battre un record de profondeur – un gouffre de 329 mètres de plein vide (deux fois la hauteur du mât du Stade olympique), qu'ils ont baptisé le Petit Québec. Du bonbon.

Parce qu'il s'était passé quelque chose et parce que j'avais du matériel de première main, j'ai donc publié mon premier grand reportage – une pleine page avec photos dans *La Presse* en mars 1988 (un an après mes débuts à *Voir*). Et j'ai même placé mon premier articulet dans *L'actualité,* cette chapelle impénétrable au dire de mes collègues. Finalement, je suis retourné dans la Sierra Negra et j'ai publié un autre reportage dans *La Presse.* J'ai aussi raconté l'aventure dans *Sélection du Reader's Digest*, article qui m'a valu un prix de l'Association des éditeurs de magazines. J'ai aussi placé un article dans *Québec Science* (la spéléologie est une discipline scientifique et sportive). J'ai en outre commencé à écrire un roman, car j'avais un sujet en or. Vous voyez qu'une bonne idée intéressante se vend toute seule. Elle peut faire pas mal de chemin.

Votre but dans la vie est évidemment de repérer cette idée, ce qui n'est pas bien difficile si vous êtes à l'écoute de votre lecteur intérieur. Ce lecteur intérieur s'appelle aussi l'instinct et ce n'est pas une chose innée : c'est lui qui est développé par vos lectures. Cela vient parfois de façon fulgurante.

Un jour je visitais la fonderie Horne, à Rouyn-Noranda, aussi connue sous le nom de Loin-Noranda. Je faisais alors un reportage pour *Québec Science* sur le centre de météorologie de la fonderie Horne. Car la Horne pollue et doit maintenant gérer son panache de fumée. Son centre de météo peut donc prévoir pour une période de plus de dix jours, et avec un taux de fiabilité très élevé, si le panache s'élèvera ou non, et s'il ira sur la ville ou non – et le centre a l'autorité pour arrêter la production. Intéressant pour un public assez spécialisé, sans plus. Mais en visitant la fonderie avec l'attachée de presse, voilà-ti pas que je passe dans le centre de recyclage de la fonderie et que j'aperçois une grue qui agrippe une palette d'ordinateurs et qui te balance le paquet dans le broyeur. Crouche! L'attachée m'explique que c'est pour le recyclage d'ordinateurs.

Car figurez-vous que le recyclage des métaux précieux contenus dans un ordinosaure n'est pas fait par des petites fourmis avec des tournevis. Trop long. Non. Les machines sont simplement broyées, fondues, mêlées au minerai en fusion, dont on extrait de toute façon les métaux précieux et moins précieux par séparation, catalyse, électrolyse et appelez-moi-Lise. Et toujours est-il que la fonderie Horne draine environ les trois quarts des vieilles machines sur tout le continent américain. J'ai découvert cette histoire en 1997, en pleine psychose du bogue de l'an 2000, alors qu'on s'imaginait qu'il fallait justement remplacer tous les ordinateurs du monde. Ne faisant ni une ni deux, j'ai interrompu ma visite pour passer un coup de fil au rédacteur en chef de *Québec Science*, qui m'a commandé un second reportage sur le sujet. *L'actualité*, en voyant l'article sur le recyclage d'ordinateurs, a demandé à le publier tel quel (moyennant deux ou trois modifications). Ensuite, j'ai tout repris pour le *National Post*, et ensuite une autre publication, *Canadian Mining*, m'a contacté pour pouvoir reprendre le papier. Cela se passait peu avant mon départ en France, mais j'aurais certainement pu faire le tour de l'Amérique avec ce reportage, si je n'avais pas eu d'autres chats à fouetter.

Bref, une idée intéressante effectue presque tout le travail pour vous : j'exagère, mais à peine. Après, il faut être à la hauteur, ce qui est une autre histoire. Mais une idée intéressante... intéresse. Cela se reconnaît de deux façons. D'abord, chez vous, elle produit toutes sortes de frissons, et même la chair de poule. Vous avez aussi un besoin viscéral de la conter et d'en parler. C'est plus fort que vous. Enfin, ceux à qui vous en parlez veulent vous entendre la raconter. Et vos clients – rédacteur en chef, éditeur – vous rappellent ou répondent à votre courrier. Parce que cela vaut la peine : ils viennent de détecter une pépite dans la gangue informe de machins dont ils sont inondés quotidiennement. Et, croyez-moi, ils n'ont que ça à faire : ils vendent de l'intérêt.

Au jeu de l'offre et de la demande, ils sont soudain demandeurs. Et quand ils sont demandeurs, ils sont plus intéressés à lire, à répondre, à payer, tout s'enchaîne. Ils sont demandeurs parce que vous avez trouvé ce qu'ils cherchent et que vous avez fait l'effort de bien le leur montrer.

Les ingrédients de l'idée

Pour comprendre ce qu'est une idée intéressante, on peut regarder la question de deux façons : sous l'angle des ingrédients et sous l'angle un peu plus anatomique de ses parties.

Commençons par les ingrédients. Les lecteurs (et en particulier vos premiers lecteurs que sont les rédacteurs en chef et les éditeurs) réagissent tous à quatre ingrédients, qui sont toujours les mêmes : l'histoire, l'actualité, la nouveauté et la personnalité.

1) *L'histoire.* C'est, je pense, la partie la plus difficile à saisir ; cependant, c'est aussi la plus importante, car elle a des répercussions

directes non seulement sur votre capacité de vendre, mais sur la forme que prendra votre idée et aussi sur sa réalisation une fois la commande passée. L'histoire, c'est ce qui vous pousse à raconter. Ces histoires sont souvent très simples, comme celle du ferraillage d'ordinateurs, qui raconte un processus de recyclage industriel insoupçonné. Pareil pour l'histoire de spéléologues québécois qui partent en expédition dans la forêt pluviale mexicaine et qui découvrent le gouffre le plus profond du monde : ça tient en deux lignes.

Quand vous trouvez une histoire, vous allez forcément trouver quelqu'un qui veut la publier.

Pourquoi l'histoire ? J'ai beaucoup réfléchi sur cette question et j'en parle fréquemment avec mes collègues, mes éditeurs et mes rédacteurs en chef. J'en suis venu à la conclusion que l'histoire correspond exactement à la structure de la pensée : elle consiste à dire quoi, qui, où, quand, et cela passe ensuite au comment et au pourquoi. Les journalistes appellent cela les cinq W de l'information : *who, what, where, when, why* – moi, je dis qu'il y en a un sixième, *how*, mais peu importe. L'histoire les organise naturellement. Cela paraît banal, mais quand vous êtes enfoui dans votre recherche ou dans votre rédaction, vous ne voyez pas le bout, vous êtes englouti dans les détails. L'histoire est le fil conducteur qui vous dit où se place le fait que vous êtes en train d'examiner. On dirait que le cerveau humain reconnaît une histoire parce qu'il pense comme cela. C'est Montesquieu qui écrivait : «Au pays des triangles, Dieu aurait trois faces. » Il disait ça pour critiquer la religion, qui est une construction humaine. Moi, je vous le dis parce que toutes les grandes religions du monde sont organisées autour d'une histoire que certains tiennent pour véridique, mais qui est belle et dont on ne se tanne pas (ceux qui y croient, *anyway*). Elles se sont structurées autour d'un archétype humain qui s'appelle l'histoire. C'est fort comme ça, une bonne histoire.

Je me rappelle que le rédacteur en chef de *Canadian Business*, Arthur Johnson, disait ne publier *que* des histoires. Il précisait : *It's not because a topic is worthy that you got a story* (ce n'est pas parce qu'il faut traiter le sujet qu'on a une histoire). Autrement dit, ce n'est pas parce que SNC-Lavalin obtient de beaux contrats que cela mérite un article de six pages dans son magazine. Il veut l'histoire. Et pas une histoire d'entreprise. Il veut le côté humain : la guerre de succession, la guerre de clans, la rédemption, la trahison, la cruauté. On peut raconter Céline Dion à la manière de *Cendrillon*, de *Frankenstein*, de *Pygmalion* ou de *La Belle et la Bête*. Johnson disait qu'au fond c'étaient toujours les mêmes histoires racontées dans des termes différents. Il a sans doute raison, je ne suis pas théoricien, mais il arrive de temps en temps que quelqu'un réinvente le genre. Peut-être serez-vous celui qui réinventera l'histoire de Céline Dion, mais pour y parvenir, il faut savoir reconnaître une histoire.

Autour de l'histoire, toute l'information s'organise miraculeusement et se lit comme un conte. Jean Paré – encore lui, mais je ne le re-citerai pas avant trois autres chapitres, c'est promis – s'emporta une fois en ma présence contre une mauvaise proposition d'article. Et il disait : Je ne veux pas de problèmes, & %#@$\sum\sqrt{}$, je veux des histoires ! » Longtemps, la devise du *Reader's Digest* fut « Des histoires pour tout le monde ». Que vous aimiez cette publication ou non, elle est l'une des plus lues dans le monde, et c'est certainement à cause de cette maxime appliquée systématiquement.

Heureusement pour vous, l'histoire peut être assez simple. Sur un papier de dix feuillets, l'histoire peut tenir en dix lignes, et tout le reste est du contexte, du bagage, de l'anecdote, des choses vues, de la mise en situation. Le bon journaliste sait ramener de temps à autre son reportage dans le fil de son histoire.

Dans le livre, ce n'est pas très différent. Il y a l'histoire, et les sous-histoires, les rebondissements et les historiettes. Tout cela participe de l'histoire. Prenez les monuments de la littérature et de la poésie depuis dix siècles. Tout le monde connaît les histoires, mais qui les a lues ? Ces monuments ont survécu pour la plupart grâce à une histoire que tout le monde se re-raconte d'un livre à l'autre, d'un film à l'autre. Il faut d'ailleurs être un génie incommensurable pour s'illustrer à travers les siècles sans raconter une histoire, même banale.

J'ai fait l'expérience de la force de l'histoire avec mes deux livres, *Pas si fous ces Français* et *La Grande Aventure de la langue française.* Le premier, dans son édition originale anglaise, a mis plus de six mois à trouver preneur, pour une avance correcte quoique médiocre – 11 000 dollars (je vous ai dit que je vous dirais tout). *Pas si fous ces Français* est une analyse assez originale des Français, et assez ambitieuse. Beaucoup de réflexions et d'anecdotes, des idées originales, mais pas d'histoire. Par contre, dans le cas de *La Grande Aventure de la langue française,* les éditeurs nous ont versé des avances considérables – au moins 15 fois plus, et le compteur n'est pas arrêté. Certes, nous avions désormais les ventes importantes du précédent livre pour prétendre à un public et à une réputation. Mais nous avions surtout pris grand soin de bien établir l'histoire. Ce livre explique comment la langue française se maintient dans le monde en dépit, et à cause, de l'ascendant de l'anglais. C'est au fond assez analytique. Mais Julie et moi, à force d'y songer, avons trouvé le moyen d'emballer ça dans une histoire de la langue qui va de Charlemagne à Jodie Foster (vous voyez comme je suis racoleur).

L'histoire, toujours l'histoire. Ce qui m'amène à l'autre caractéristique des bonnes histoires : certaines vieillissent très bien. Parfois, elles sont même meilleures parce qu'elles ont un peu dormi sur les tablettes. Cela leur donne de la rondeur, et cela renforce les autres ingrédients.

2) *L'actualité.* Tout est affaire de *timing*, comme cela se dit de plus en plus dans les cercles parisiens. Tout le monde veut être dans le coup, c'est normal. Vous n'avez pas tellement de contrôle sur l'imprévisible. Si vous sortez votre roman sur la spéléologie juste au moment où treize spéléologues québécois sont rescapés d'une grotte mexicaine après un suspense de trois semaines devant toute la presse mondiale, c'est du bonbon, mais cela reste aléatoire.

Par contre, l'actualité est bien faite parce qu'elle est cyclique et donc partiellement prévisible. Votre papier sur la biodiversité au Brésil est certes intéressant toute l'année, mais il suscitera davantage de curiosité parce qu'il y a un Sommet de la terre à Rio justement. Ou ce tout nouveau procédé de détection des ouragans est un sujet qui trouvera preneur pendant la saison des ouragans – si vous avez raté la saison, votre idée sera peut-être encore bonne la saison prochaine. Votre polar qui implique un meurtrier en série qui enterre ses victimes dans une fosse à purin est sans doute bon, mais il intéressera davantage l'été, quand les producteurs de porc se font crucifier sur la place publique à cause des mauvaises odeurs. Pour continuer dans le domaine de l'agriculture, votre sujet sur la dinde trouvera toujours preneur entre l'Action de grâce et le jour de l'An. À Pâques, c'est le jambon. La neige, c'est l'hiver. L'été, c'est « avec pas de neige », comme dirait Mario Tremblay. Souvenez-vous qu'à ce petit jeu, les publications et les éditeurs travaillent souvent sur de longues périodes. Dans le magazine, c'est au minimum trois mois ; dans l'édition, il est très rare que tout se fasse en moins de six mois. Dans la presse quotidienne, on ne considère rien au-delà d'un horizon de deux à trois semaines. Conséquence pratique : votre projet de reportage sur les scandales du Carnaval de Québec, vous avez intérêt à commencer à le vendre l'été ou l'automne, si vous voulez le publier au moment où il aura le maximum d'impact (avant le Carnaval). Votre projet de documentaire sur la guerre de

1914-1918, par contre, peut intéresser n'importe quand, mais ce sera mieux autour de 2012, 2013 – juste avant le centenaire. *Sixty Million Frenchmen Can't Be Wrong* est sorti aux États-Unis avec ce titre en avril 2003, en pleine guerre irakienne, et cela nous a plutôt servis. Quel à-propos! Or, ce titre, Julie et moi l'avions choisi trois ans plus tôt, en mars 2000. Et nous l'avions choisi parce qu'il y a toujours une controverse sur les Français : que ce soit au sujet des élections présidentielles, de la loi sur le voile ou des émeutes en banlieue. Et vous savez quoi? Nous avons même écrit le livre en fonction des prochaines crises – archi-prévisibles.

En ce qui concerne l'ingrédient d'actualité, l'une des anecdotes les plus intéressantes que je connaisse porte sur *Agaguk*. La première version du roman d'Yves Thériault se passait chez les Indiens séminoles de Floride, qu'il connaissait bien à titre de pilote de brousse. C'est l'éditeur qui, voyant l'intérêt que suscitait l'art inuit, demanda à Thériault de faire en sorte que cela se déroule chez les Inuits! Ce qui modifiait l'affaire quelque peu. Je ne crois pas que ni l'éditeur, ni l'auteur, ni sa descendance n'aient regretté la décision.

3) *L'originalité.* Personne n'en a parlé, personne ne l'a fait comme vous allez le faire. Il y a environ un million de banlieusards qui empruntent chaque jour un des 21 ponts permettant d'accéder à l'île de Montréal. Or, j'ai été le premier à proposer à *L'actualité* un reportage assez joli sur le tour de l'île de Montréal en canot – 120 km en quatre jours, puisque vous voulez tout savoir. Tout le monde veut écrire un livre sur Jean Coutu, mais vous, vous avez les témoignages de ses fils et de ses brus. Vous allez raconter Péladeau sous l'angle de sa fille Anne-Marie (celle qui s'est longtemps prise pour un aspirateur). J'ai une collègue, Chantal Dauray, qui a vendu à son éditeur un livre intitulé *Nos rituels*, et qui parle justement de la façon d'organiser un *shower*, une première communion, un enterrement, etc. C'était tellement évident que personne n'y avait

songé. Un des grands génies dans ce domaine est le journaliste Luc Chartrand, anciennement de *L'actualité* et maintenant à Radio-Canada. Luc a une façon bien à lui de monter des sujets originaux et forts. Dans les années 1990, il a publié un reportage sur les *blues* de la 20, dans lequel il décrivait la personnalité de l'autoroute 20. C'est un article qui a frappé tous ceux qui l'ont lu.

Tous les goûts sont dans la nature, et il est certain que ce qui plaît à l'un ne plaira pas à l'autre. Telle histoire est de l'histoire ancienne pour *Commerce*, mais ce sera neuf pour *L'actualité* ou *Québec Science*. Combien de best-sellers ont d'abord été refusés par des éditeurs, parfois en nombre invraisemblable ? À ce jeu, il faut de la ténacité.

4) *La personnalité* enfin se joue sur deux plans : celle du sujet et la vôtre.

Céline Dion suscite un intérêt spontané, et parfois passionné. À mon avis, c'est un peu court, mais même une revue comme *Commerce* s'intéresserait à Céline Dion si vous trouvez la bonne manière de présenter l'affaire. Par contre, la personnalité du sujet peut aussi vous limiter : tout le monde – dont moi – n'aime pas Céline Dion. Et votre portrait d'Anne-Marie Péladeau, s'il est peu flatteur, pourrait ne pas trouver preneur dans les publications du groupe Quebecor (propriété des Péladeau). Un concurrent serait cependant susceptible de s'y intéresser – à condition qu'il n'ait rien à se reprocher !

Outre la personnalité du sujet, votre personne peut être un ingrédient d'intérêt, surtout si vous avez une histoire personnelle qui renforce votre sujet. Cette question est particulièrement importante dans le livre, mais elle joue aussi dans la presse et le magazine : on porte bien davantage attention aux propositions de Carlos Fuentes ou de Georges-Hébert Germain qu'à celle du journaliste lambda. C'est normal : ces types-là sont pratiquement des marques en soi, leur nom est souvent plus gros que le titre sur la jaquette.

Personnalité ici ne doit pas nécessairement être pris au sens de vedette, bien au contraire. Votre projet sur la DPJ est sans doute bon, mais cela pourrait aider que vous soyez vous-même quelqu'un qui est passé par là – neuf foyers d'accueil, six mères, quatre pères, enfance terrible, etc. Les éditeurs sont très attentifs à ce genre de détail, qui ajoute forcément du piquant et de la crédibilité à l'idée, deux ingrédients auxquels la presse est extrêmement sensible : votre histoire personnelle fait qu'il y a une histoire à l'histoire. Wow ! Au cours de l'hiver 2003, Julie avait proposé un excellent dossier intitulé *Vivre avec un fou*, qui parlait des difficultés des gens aux prises avec un conjoint ou un parent atteint de maladie mentale. Or, elle n'a pas manqué de souligné que, comme par hasard, son beau-père et son frère souffraient justement de dépression profonde, psychotique dans un cas et suicidaire dans l'autre ! Et c'est justement cette touche personnelle qui a fait que l'article ne tombait pas dans le gnan-gnan de psy qu'on peut lire sur le sujet.

Si vous êtes habile, votre personnalité peut faire partie intégrante de votre idée, même si elle ne présente rien d'aussi dramatique qu'un enfant de la DPJ. Pour notre projet sur la langue française, Julie et moi avons fortement souligné que nous formons un couple de Montréalais bilingues, que nous écrivons et vivons dans les deux langues, que nous nous sommes même enseigné mutuellement notre langue maternelle par un système d'échange linguistique (une semaine en anglais, une semaine en français). Bon, ça peut faire une histoire intéressante en soi. Cette personnalisation montre que vous êtes capable d'une qualité d'observation supérieure.

Ces quatre ingrédients (histoire, actualité, originalité, personnalité) se combinent de toutes les manières, mais il est assez rare qu'on n'en trouve pas au moins un. Si votre idée réunit les quatre ingrédients à bonne dose, elle trouvera sans aucun doute preneur.

Mais il faut garder en tête que ces quatre ingrédients ne sont pas tous nécessaires non plus. Je dirais qu'une bonne histoire trouvera toujours preneur, mais vous ramerez davantage si elle n'est pas dans l'air du temps, si elle n'est pas originale et s'il n'y a pas un élément de personnalité là-dedans. Mon premier livre sur le marché américain, *Sixty Million Frenchmen Can't Be Wrong*, qui s'est vendu à 200 000 exemplaires, a mis plus de six mois à trouver preneur et notre agent a essuyé une bonne cinquantaine de refus : aux yeux des éditeurs, il y manquait de l'histoire et de la personnalité (nous étions des *nobody*), mais les deux autres ingrédients ont soutenu le projet.

Les parties de l'idée

Outre les ingrédients d'une idée, on peut examiner celle-ci sous l'aspect de ses parties : le sujet, l'angle et l'approche.

1) *Le sujet.* La sécurité aérienne est un sujet. La course à pied est un sujet. La santé est un sujet. Un sujet, c'est large en titi. La sécurité aérienne, c'est le mandat de l'Organisation de l'aviation civile internationale. La Santé, c'est un ministère. Un sujet, c'est un gros bloc de glace qui flotte : ce n'est pas une idée. C'est une masse brute dans laquelle vous allez vous tailler une idée. Qu'est-ce qu'un livre ? C'est un morceau de vérité brute que vous avez taillé dans la réalité et mis en boîte, et que vous allez vendre 24,95 $ l'unité !

2) *L'angle.* Votre idée, c'est la partie émergée de l'iceberg. Si vous prenez le bloc de glace et que vous le tournez, vous aurez le même bloc de glace, mais une autre partie émergera. L'angle change. Le sculpteur Rodin disait qu'une statue est la somme de tous ses profils. C'est l'angle qui vous donne le profil. Comme écrivain, vous faites du 2-D, pas du 3-D brut, alors inutile d'essayer de vendre à vos clients un sujet comme la sécurité

aérienne ou la santé si vous n'avez pas un angle. Quel point de vue choisirez-vous, qu'est-ce que vous allez leur montrer?

Dans mes séminaires, quand le temps le permet, je répartis souvent le groupe en équipes de deux ou trois. Je leur donne un sujet, mettons la course à pied, et je demande à chaque équipe de vendre ce sujet qui à *Commerce*, qui au *Bel Âge*, et ainsi de suite. Cela donne toutes sortes de résultats, mais en général ceci:

Commerce: l'industrie du soulier de course, le fabricant X qui a inventé le soulier révolutionnaire qui fait courir plus vite.

Affaires Plus: comment la course aide votre carrière.

Québec Science: l'ergonomie de la course, la physique du soulier, comment la course nuit à la santé.

L'actualité: les ultramarathoniens (c'est des types qui courent vingt-quatre ou quarante-huit heures).

Elle Québec: le kit qui fitte; comment la course aide la femme de quarante-cinq ans à avoir l'air de vingt-cinq.

Coup de pouce: comment s'aider à courir; ce que ça fait à votre bien-être.

Châtelaine: rester femme et courir.

Femme Plus: l'orgasme et la course; j'ai baisé dans le buisson.

Le Bel Âge: courir en groupe; vaincre la solitude par la course; courir pour faire de vieux os – ou de bons os.

Québec Chasse et Pêche: comment la course aide les chasseurs à l'arc à pister le lièvre.

Sélection du Reader's Digest: le pied de Georges; l'histoire de la joggeuse qui tombe dans un nid-de-dinosaure et qui y reste prisonnière une semaine, avec une fracture ouverte, retrouvée juste avant que les méchants cols bleus déversent l'asphalte brûlant et qui s'en sort par sa volonté et grâce à l'initiative conjointe des forces armées, de la police et d'un jeune scout joggeur équipé d'un GPS.

Ces exemples peuvent vous paraître caricaturaux, mais ils le sont à peine et plusieurs sont même véridiques. On peut refaire le même exercice avec le canot, le fleuve Saint-Laurent, Jean Coutu, Céline Dion ou la DPJ. Cela prend de la profondeur ou un coup d'œil original.

Cette question de l'angle est importante, car, encore une fois, même des journalistes et des auteurs chevronnés tombent dans le panneau et se lancent dans une recherche ou une rédaction parce qu'ils sentent le sujet sans avoir clairement défini l'angle. Il est possible, quand on sait ce que l'on fait, de raconter l'histoire sous deux ou trois angles différents. Encore faut-il savoir ce que l'on fait.

Vers le milieu des années 1990, *L'actualité* m'avait demandé un papier sur l'industrie du cochon. Cela puait dans les campagnes et on voulait savoir pourquoi. Cela a donné un papier moyen, car j'aurais dû voir plus tôt que l'industrie du cochon n'était pas le sujet mais l'angle d'un sujet beaucoup plus provocateur : la merde. C'était en définitive une histoire de caca et de puanteur, pas d'industrie. Cette nuance est parfois subtile et personne n'a vu le problème à la rédaction, ni moi d'ailleurs. Mais je pense que si j'avais mieux compris l'affaire, j'aurais pu persuader la rédaction – bien qu'un sujet comme la merde fasse mauvais genre.

3) *L'approche.* Même à partir d'un angle bien défini, le rendu change selon la lentille que vous utilisez. On peut observer le sujet au télescope, à la jumelle, à l'œil nu ou au microscope. Chaque lentille a ses propriétés et ses limites.

Mettons que vous vous intéressez à la DPJ (pour un livre ou un reportage, peu importe). Si vous regardez la DPJ au télescope, c'est pour voir comment elle orbite dans la galaxie du droit et de la justice en général. Si vous êtes à distance télescopique, cela peut donner de belles couleurs, mais il y aura une distance. À la jumelle, vous êtes déjà plus dedans, vous êtes capable de distinguer les étages de la DPJ et de voir ce qui se passe. À l'œil nu, vous êtes carrément dedans, votre traitement est quasi anecdotique, vous suivez pas à pas un jeune ou un travailleur social. Vous pouvez même alors faire un reportage au « je ». Au microscope, là, vous examinez en détail les comptes du directeur de la DPJ. Vous pouvez même choisir de tourner votre lentille ailleurs et considérer la DPJ indirectement pour l'effet qu'elle produit sur autre chose, un peu comme les ombres chinoises : par exemple, l'effet de la DPJ sur les familles ou sur le devenir du Québec. Dans un tel cas, ce n'est pas tant la DPJ que vous examinez que l'effet qu'elle produit sur le reste de la société.

La différence entre l'angle et l'approche est assez subtile. Prenons un exemple plus concret. Objet : Bombardier. Angle : les succès de leur avion d'affaires Global Express. Lentille télescopique : le Global Express de Bombardier dans la galaxie de l'aviation mondiale. À la jumelle : le Global Express dans Bombardier. À l'œil nu : vous suivez le Global Express de la conception au décollage. Au microscope : pourquoi le Global Express vole-t-il ? Pourquoi est-ce un succès d'affaires ? Qu'est-ce qui cloche dans la pinouche du bout de l'aile du Global Express ? Ou encore, vous pouvez examiner bombardier indirectement par ses effets : l'effet de Bombardier sur Montréal. Vous remarquerez que les bons journalistes ou les bons auteurs, comme les bons photographes et cinéastes, peuvent soit s'en tenir à une lentille et à un angle, soit varier l'angle et la lentille selon ce qu'ils veulent montrer. Cela prend de la maîtrise. Par exemple, dans un papier sur la querelle du cochon dans les campagnes, un bon journaliste peut, dans le même papier, traiter sous l'angle de l'industrie *et* de la merde, en examinant la question au télescope, à la loupe et au microscope, sans égarer le lecteur. Un artisan chevronné peut le faire parce qu'il sait ce qu'il fait : c'est ainsi qu'il parvient à ne pas mêler le lecteur. Mais s'il se lance sans savoir différencier le sujet, l'angle et la lentille, il produira un machin totalement illisible. Cela paraît bébête, dit comme cela, mais c'est l'un des problèmes les plus courants des débutants et même de vétérans chevronnés. Étudiez attentivement un article ou un livre ratés, et vous constaterez souvent ce problème qui pourrit tout à la racine. Il n'est pas nécessaire d'avoir pris conscience des ingrédients et des parties d'une idée pour vous mettre en quête d'idées, mais vous verrez que cela vous simplifiera torrieusement le tri. Car désormais, vous contemplez les idées en professionnel plutôt qu'en simple lecteur, et vous avez les outils pour développer des idées intéressantes qui ne finiront ni dans la poubelle du rédacteur en chef, ni dans le placard de l'éditeur.

Chapitre 3

Élémentaire, mon cher Watson

La méthode pour développer
son flair

Demandez à tous les grands auteurs ou journalistes ce qu'ils pensent de l'inspiration, et personne ne vous en dira de belles choses. « Une vraie girouette, l'inspiration ! Jamais là quand on en a besoin, toujours là quand on n'est pas prêt. Pas là pendant trois mois, puis elle débarque au moment de la vaisselle ! » Dans *Paris est une fête*, Ernest Hemingway raconte ses années d'apprentissage dans le Paris des années 1920, et il est bien évidemment question de l'imprévisible inspiration. La seule solution qu'il avait trouvée était d'écrire de façon routinière même si ce n'était pas très bon, pour se mettre en état de recevoir l'inspiration quand elle passait. Tous les écrivains s'accordent sur ce point : il faut être prêt quand cette putain d'inspiration passe. Cette philosophie a pour avantage qu'on s'applique ainsi à faire un boulot correct même sans inspiration. Ce travail de routine est donc un filet à inspiration.

On peut attendre l'inspiration, mais on peut aussi aller la chercher. Il en va de même des bonnes idées. Vous ne pouvez pas vous asseoir et attendre qu'elles passent : vous ne les saisirez même pas. Il faut être en état d'écoute active, les rechercher avec votre radar à idées. Les inspirations fulgurantes sont presque toujours le fruit du travail assidu et routinier. Heureusement, les bonnes idées se trouvent toutes dans un rayon de trois ou quatre kilomètres de l'endroit où vous êtes. Pour les repérer, il faut avoir du flair et travailler.

Ma meilleure histoire de flair provient du journaliste Richard Cléroux, un grand spécialiste des services secrets canadiens, qui fut le correspondant du *Globe and Mail* à Montréal dans les années 1970. Voilà donc que mon Cléroux, un beau matin, lit un entrefilet du *Montreal Star* où il est question du Prince Charles, de passage à Montréal. Il y fait une visite non officielle, ès qualités d'officier à bord d'un navire de guerre britannique qui mouille au port de Montréal. Pendant sa permission, Charlie est allé prendre deux ou trois bières chez sa mère, à l'hôtel Reine Elizabeth, avec ses copains officiers. D'humeur gaillarde, Charlie a demandé à une serveuse de danser. Elle a refusé et ils ont bien ri. Le gros *fun* noir. Finalement, les gars sont repartis se coucher sans serveuse sur le bateau, et ils sont encore à Montréal pour deux jours.

Cléroux, avec son œil d'aigle, voit tout de suite le truc : comment ça, la serveuse a dit non au Prince de Galles ? Est-ce à cause des oreilles ? Serait-il galleux ? Il est donc parti avec son calepin parler au personnel du restaurant et à la serveuse (une Canadienne française, comme de juste) pour savoir ce qui s'était passé – et si c'était les oreilles. Puis il a essayé de demander au Prince Charles. Charlie ne répond pas à ce genre de questions, mais ses petits amis du bateau se sont amusés à répondre à Cléroux. L'après-midi même, Cléroux rédige sa colonne qui reprend les faits tels que je vous les ai présentés, mais sous forme d'historiette sympa : la serveuse qui dit non à l'héritier de la Couronne.

Le surlendemain, Cléroux reçoit un appel enthousiaste du rédacteur en chef du *Times* de Londres, rien de moins. « Cendrillon qui dit non au Prince Charmant ? Peux-tu m'en faire deux pages ? » Deux pages ! (Nul ne sait comment la colonne de Cléroux s'est retrouvée sur le bureau du rédacteur en chef du *Times*, mais c'est le propre des bonnes histoires de se tenir debout et de marcher toutes seules : *they got legs*, comme on dit à Paris.) Alors, mon Cléroux ressasse ses notes, reparle à son monde, appelle au bureau du Gouverneur général du Canada pour documenter toutes les visites officielles et non officielles des membres de la famille royale au Québec depuis le début de la Confédération et les problèmes qu'ils ont eus avec les Canadiens français. Il fallait tartiner deux pages. Mon Cléroux écrit ses deux pages et met ça sur le télex. Le surlendemain, le rédacteur en chef rappelle : le papier de Cléroux est la grosse histoire dans le Royaume, on ne parle que de ça. Il demande à Cléroux s'il peut mettre le papier en *syndication* – il s'agit d'un système d'agence qui place le papier dans divers médias moyennant un pourcentage. Pas de problème. En deux semaines, le papier de Cléroux fait le tour de toutes les capitales européennes – il sera publié dans 15 journaux nationaux – et mon Cléroux reçoit un chèque de 4 000 dollars, en beaux dollars de ce temps-là.

Tout ça pour une anecdote repérée dans un papier du *Montreal Star* et que Cléroux s'est donné la peine d'étoffer et d'organiser. Je doute qu'il y ait eu un demi-kilomètre entre lui et l'histoire. Mais Cléroux est équipé d'un bon radar à idées en état de marche, et il était allumé. Vous aussi vous devez être allumé.

Quatre outils pour trouver des idées

Un bon radar à idées est un outil complexe qui repère les bonnes idées et les développe pour en rehausser les ingrédients essentiels et mettre en valeur les parties. Cet outil compte quatre composantes essentielles : le canif, le classeur, le calepin et l'écriture.

1) *Le canif.* J'en ai toujours un en poche. Un peu parce que je suis scout, mais surtout parce que je suis un véritable écureuil à idées, qui fouille, qui découpe et qui range sans arrêt. Au

début, j'avais un petit canif « Canadienne Tailleur » à deux piastres. Mais, avec le temps, je me suis donné la Cadillac des petits canifs, un suisse avec une lame, un tournevis-lime à ongles, un ciseau, un cure-dent et une pince à échardes (c'est une pince à cils pour homme).

Mon canif suisse est particulièrement redoutable en salle d'attente pour découper cet article si intéressant du *National Geographic* sur les chauves-souris des îles Somoa juste sous le nez de la réceptionniste, qui ne se doute de rien.

Je découpe quoi ? Pas tout ce que je lis, c'est certain. Je découpe les pièces informatives qui ajoutent à un dossier que j'ai découvert. Je découpe les bonnes histoires particulièrement bien écrites. Je découpe aussi les trucs qui m'inspirent, que je voudrais faire ou que j'aurais donc voulu faire. Je découpe mes rêves. Je suis mes pulsions. C'est très enfantin : je le veux, je le prends et je le garde. Par extension, je fais pareil avec les livres, que j'accumule de la même façon, presque sans raison. Dès mon jeune âge, j'avais l'habitude de tailler des fenêtres dans le journal – au grand déplaisir de mes parents, d'ailleurs, car au début je n'attendais pas qu'ils l'aient lu. Avec le temps, je me suis monté un système : j'indique le numéro de la page sur la couverture ou la une, et j'empile les journaux et les périodiques que je découpe alors chaque semaine quand ils sont lus.

Les petits malins vont dire : plus besoin de faire ça avec Internet. C'est un peu vrai, mais c'est très faux. Internet est un vaste foutoir assez désorganisé. On y trouve de tout, mais il n'est pas certain que cela y sera dans trois mois. Et puis, la meilleure façon de se rappeler les références de l'article précis que l'on recherche – titre, nom du journaliste, publication, sujet, etc. –, c'est encore de l'avoir sous la main ! Autant le prendre quand ça passe.

Tous les néophytes se demandent si cela n'équivaut pas à du plagiat. Pas du tout. Plagier, c'est s'approprier le produit d'un autre tel quel et mettre son nom dessus. Si vous partez du travail d'un autre pour faire votre propre travail, dont le rendu est différent du précédent, vous vous en êtes simplement inspiré. Et je parierais que votre prédécesseur s'est lui-même inspiré d'un autre – comme Cléroux avec le *Montreal Star*. La morale de l'histoire de Cléroux est celle-ci : ce n'est pas parce que c'est paru ailleurs que ce n'est pas une idée pour vous. Je dirais même que le fait que ce soit paru ailleurs prouve qu'il y a de l'intérêt pour le sujet. Considérez les livres de cuisine. On peut bien se dire, en défaitiste : « À quoi ça sert de sortir mon livre de cuisine ? Il y en a des milliers. » Mais mon expérience me dit que, au contraire, c'est parce qu'il y en a des milliers que cela prouve l'intérêt. La vraie question est de savoir comment votre idée se distingue des autres – par son originalité, son rendu.

Alors, ne vous castrez pas, et découpez !

2) *Le classeur.* C'est le pendant du canif. Tout est classé et reclassé. J'ai dans mon bureau quatre classeurs remplis de centaines de chemises, et il y en a autant dans la cave. En gros, j'ai deux tiroirs France, trois tiroirs Langue française, un tiroir Monde, trois tiroirs Québec et Amérique du Nord, un tiroir Affaires personnelles, deux tiroirs Affaires professionnelles et deux tiroirs Projets. J'y vais selon mes fantaisies : dans la section Québec, j'ai plusieurs chemises pour Montréal : Montréal-Administration, Montréal-Architecture, Montréal-Curiosité, Montréal-Économie, Montréal-Festival, Montréal-Histoire. J'ai aussi une chemise de photocopies, que j'exécute une fois par mois en général, où sont rangés temporairement les articles au verso d'un autre article intéressant, les articles à classer dans deux chemises. Quand les photocopies sont faites, je répartis le tout dans la nature.

Le gros des coupures vise simplement à documenter un dossier sur un aspect nouveau ou un développement. Mais il y a certaines coupures qui concernent une histoire que je voudrais absolument faire. Ces coupures-là, je les mets dans mes chemises à idées (Idées-Articles, Idées-Livres), que je ressasse quelques fois par année – pas plus, car il faut aussi laisser macérer. Ces deux-là, je les appelle mes chemises-douleurs, car elles contiennent plus de projets que je n'en pourrai jamais accomplir, et elles sont toujours en désordre. Ça bouillonne tellement là-dedans que ces chemises résistent à toute tentative de classement définitif. Quand je les ouvre, je les passe feuille à feuille, je reclasse selon mes priorités du moment. Parfois, je découvre qu'une idée est l'ingrédient d'une autre idée, qui devient encore meilleure. Parfois, je constate qu'une idée a perdu son ingrédient d'actualité, et elle devient moins bonne. En fait, la moitié des documents dans ces deux chemises ne sont pas des articles, mais des notes gribouillées, que je regribouille souvent à plusieurs reprises.

La seule logique d'ensemble est mon intérêt. À la fin des années 1970, mon père, qui avait sa firme de génie-conseil à Sherbrooke, avait embauché un jeune ingénieur junior du nom d'Yves Laforest, dont la passion était l'escalade. Mon père me racontait souvent les aventures de Laforest, et il me disait : « Tu verras : il ira loin. » Car Laforest rêvait de grimper l'Everest. Si bien que moi, pendant toutes les années 1980, j'ai découpé les entrefilets ou les articles où il était question des équipées de Laforest, généralement dans de petits hebdos régionaux. Et quand Laforest est effectivement devenu le premier Québécois à conquérir l'Everest, en mai 1991, j'avais une longueur d'avance sur les autres : je le suivais depuis une décennie !

De temps à autre, je fais un très grand ménage de mes chemises. Par exemple, avant de partir en France (pour au moins deux ans), j'ai tout ouvert et tout repassé au tamis : j'ai jeté ce qui était sans intérêt (dans le futur prévisible), et j'ai séparé ce qui resterait derrière de ce que j'emporterais en France. À mon grand étonnement, j'avais deux bonnes caisses d'articles rien que sur la France et les Français. Quand nous avons entrepris notre livre sur la langue française, Julie et moi avons tout repris une autre fois ensemble, et là nous avons été étonnés de découvrir que nous avions deux pleins tiroirs de papiers s'apparentant au sujet. Un beau fonds documentaire!

Je n'aime pas jeter, mais il faut bien élaguer de temps à autre. C'est un exercice périlleux. Je conserve certains dossiers pendant des années et, avec le temps, j'ai appris à jeter mes trucs avec discernement. La plus grande niaiserie que j'aie jamais faite fut de jeter mon précieux dossier Yves Laforest à l'automne 1990 – à peine six mois avant qu'il réussisse son exploit sur l'Everest! J'en ai été fort marri, comme disait ce bon La Fontaine, car j'avais amassé des articles rares. Cela ne m'a pas empêché de réaliser un excellent papier, mais j'ai certainement perdu du temps au départ. Désormais, quand je choisis d'élaguer ou non, je considère toujours s'il y a une histoire potentielle : c'est l'ingrédient minimal. Si oui, je garde, même si je ne vois pas très clairement ce que j'en ferai. Pour les autres ingrédients – l'actualité, l'originalité –, cela dépend davantage de mon intérêt. Et j'évite en général les grandes campagnes d'élagage, sauf quand je me lance dans un gros projet pour plusieurs années, genre La France ou La Langue française ou Les États-Unis ou La Langue espagnole. J'y vais plutôt par tiroir. Au moment où j'écris ces lignes, je m'apprête à faire un grand ménage du côté de mon tiroir France.

3) *Le calepin.* J'ai toujours un calepin et un stylo, à tel point que je ne choisis que des chemises avec poche. Cela m'attire quelques railleries.

« Tu fais très gérant d'épicerie! me reprochait mon attachée de presse au Seuil.

— Non, répondais-je, c'est le gérant d'épicerie qui fait écrivain! »

Moi, mon calepin m'aide à garder la raison. Quoi de plus irritant que d'avoir une bonne conversation avec quelqu'un et de n'avoir ni papier ni crayon pour griffonner : « Cléroux... Prince Charles... serveuse : non. » Ce n'est pas de la grande littérature, mais quand c'est noté, je ne l'oublierai pas, et je peux penser à autre chose. Je ne sais pas pour vous, mais quand une idée me trotte dans la tête, elle trotte pour vrai ! Quel vacarme ! Si je n'ai rien pour l'écrire, je deviens mauvais de l'entendre trotter. Elle se met à repasser en boucle dans mon cerveau pour ne pas se faire oublier et je m'irrite de ceux qui me parlent et qui cherchent à détourner mon attention et à me faire lâcher le morceau. Dès que je note, je redeviens parlable. L'idée est allée trotter ailleurs et ne viendra plus me déranger : elle sait que je ne l'oublierai pas.

Vous n'êtes pas obligé d'avoir un calepin dans une poche de chemise comme moi, mais il est bon d'avoir sur soi de quoi noter. À force, je m'y connais maintenant pas mal en calepins et j'ai mes préférés. Je n'aime pas les calepins américains à boudin, je préfère les calepins européens brochés à feuilles détachables. C'est une coquetterie. Variante : sur mon bureau, j'ai un bloc de papier, et j'en passe au moins deux chaque année.

Ce qui va dans le calepin n'est pas toujours intelligent – en fait, ce l'est rarement. Le gros de ces notes est constitué de numéros de téléphone, de contacts ou de listes de courses. Selon mon activité, il y a plus ou moins de citations, d'anecdotes ou de réflexions inspirées. Mais c'est noté et je peux penser à autre chose. Parfois, il me vient des idées très étoffées, notées sur plusieurs pages de calepin : cela m'arrive fréquemment chez la belle-mère quand je m'ennuie, ou quand je conduis sur l'autoroute. Ma belle-mère et la 10 sont zen. Parfois, je suis obligé de m'arrêter. Ou bien je demande au copilote de noter pour moi.

Seule règle en la matière : une idée, une feuille. Pour faciliter le classement, tout simplement. Qu'est-ce que vous allez faire si, sur la même feuille, vous avez mis : « serveuse dit non...

ferraille d'ordinateurs Noranda... musée du canot, Kirk Wipper, Peterborough»? C'est trois histoires différentes. De toute façon, si vous voulez en faire quelque chose, vous devrez les séparer, alors autant le faire au moment de les noter.

4) *L'écriture.* Toute cette affaire de calepin n'est au fond qu'un aspect spécialisé de cette composante du radar à idées : l'écriture. Car l'écriture est sans doute votre meilleur outil de documentation et de nettoyage. Écrire quoi? Quand j'entreprends un livre, je me mets souvent en mode «journal personnel» – c'est un truc que j'ai développé en France. Je tenais un journal quotidien de ma vie et de mes réflexions, de mes impressions, de mes idées, de mes coups de gueule. Cela m'affûtait les sens, et cela me permettait de voir plus clair. Depuis, je tiens un journal régulièrement.

Notez bien que je ne parle pas ici d'une écriture pour livrer la marchandise ou pour finir un projet. Je parle d'une écriture exploratoire.

L'écriture est, je pense, un outil suprême de réflexion. Essayez un moment de réfléchir sur une question précise sans rien écrire. Bien vite, votre esprit dérivera vers les petits, votre mère, le sexe, la vaisselle, les difficultés du Canadien, le sexe, la cave à rénover, le sexe, votre week-end de ski de fond, le sexe, le facteur qui arrive, le sexe... Si vous tenez cinq minutes, vous êtes un génie. Or, grâce à l'écriture, vous êtes capable de réfléchir intensément sur un sujet des heures durant sans même penser au sexe. Freud appelle ça la sublimation.

Une variante de l'écriture est la conversation et vous vous apercevrez que vous aurez souvent de très bonnes idées en discutant, tout simplement. La raison en est que la conversation est une manière de jeu de l'esprit qui cherche à organiser les pensées pour pouvoir les rendre intelligibles et intéressantes. Mais la conversation est le royaume du coq-à-l'âne, alors que l'écriture est celui de la concentration. L'écriture est une conversation solitaire, un monologue. On ne peut pas écrire distraitement. Je ne pense jamais plus clairement que quand j'écris. Combien de fois ai-je monté une bonne idée d'articles en travaillant sur d'autres idées : c'est dans l'acte d'écrire que mon cerveau est le plus à même de lier, de reclasser, de rassembler, de solliciter des idées qui dormaient quelque part.

Deux modes d'écriture

Les petits malins ont vu la faille : « Eh ! Chose, tu nous as pas dit qu'il fallait réfléchir avant d'écrire ? » Oui, avant d'écrire votre livre ou votre article. Parce qu'il y a deux sortes d'écriture : celle qui permet de rendre le livre ou l'article fini. C'est celle qui synthétise votre réflexion, vos découvertes. Mais il y a aussi une forme d'écriture préalable, une écriture analytique, qui permet de fouiller un sujet et de l'explorer. Si vous êtes un génie, vous pouvez faire les deux en même temps. Mais comme nous ne sommes des génies ni vous ni moi, il est plus prudent de distinguer l'une de l'autre. Je ne suis pas le seul d'ailleurs : Pierre Foglia, le journaliste vedette de *La Presse,* tient un journal permanent de ses réflexions, il travaille constamment de façon exploratoire. Son style a l'air frais et presque improvisé alors que c'est sans doute l'un des journalistes les plus méticuleux ; il met constamment ses réflexions à jour.

La confusion entre ces deux genres d'écriture – l'écriture d'exploration et l'écriture finale – est le plus grand problème des romanciers en herbe, dont je suis. Ce qui fait qu'un ouvrage de fiction se distingue, c'est un peu l'histoire, son actualité, son originalité, mais c'est aussi la personnalité de l'auteur (ce que l'on appelle sa « voix ») et la façon dont les divers ingrédients sont combinés. Or, cette voix ne se développe que par une longue pratique, habituellement, si bien qu'une large part de ce qui est écrit – les 13 ou 14 premiers jets du roman – vise à développer la voix. Et quand cette voix s'est trouvée, on est enfin prêt à écrire pour publier. Je parle d'un cas extrême.

L'une des raisons pour lesquelles j'ai échoué lamentablement comme romancier est que j'ai confondu longtemps cette écriture d'exploration et l'écriture finale. J'ai cru, à chacune des 12 ou 14 versions, que ça y était – alors que ce n'était pas ça du tout. Je m'obstinais à peaufiner chaque version comme si c'était la version finale, alors qu'il s'agissait d'écriture de recherche. À quoi sert la concordance des temps et l'imparfait du subjonctif, je vous le demande, quand le problème est encore un problème de narration, de développement de personnage, d'angle, de lentille, de sujet? Et j'ai réalisé bien tard que je n'étais pas un romancier naturel et que j'aurais eu beaucoup plus d'aisance à écrire une excellente chronique humoristique sur le même sujet. Bref, parce que je confondais le type d'écriture, je n'ai jamais bien saisi ce que je faisais et j'ai raté la cible pendant dix ans. Ce fut une bonne leçon et, heureusement, j'ai manifesté un bien meilleur sens commun pour mes autres projets – sans doute parce que je suis foncièrement journaliste et assez peu littéraire, finalement. (Mais je n'ai pas dit mon dernier mot sur le roman non plus.)

Il y a gros à parier que pour vos premiers articles, vous devrez également écrire beaucoup et même aller jusqu'à essayer d'écrire votre article pour pouvoir mettre vos idées en ordre et pondre l'idée intéressante. Avec le temps et l'expérience, vos sens seront plus affûtés, et votre écriture exploratoire sera plus efficace, mieux ciblée. Et le chemin vers l'écriture finale sera plus court.

Avec l'expérience, vous écrirez beaucoup de façon exploratoire – davantage même que pour le résultat final. Mais parce que vous ne mêlerez pas les deux, vous serez beaucoup plus efficace. Pour notre dernier livre sur la langue française, Julie et moi avons eu trois phases d'écriture qui correspondent à ces deux types. La première, qui a duré trois mois, visait à monter le projet. Nous avons donc écrit de façon totalement exploratoire, non pas dans le but de rendre un livre, mais dans celui de monter un projet présentable. Il fallait par conséquent que ce soit peaufiné, mais le gros était exploratoire. Pendant les quinze mois suivants, nous avons écrit pour fouiller. Nous menions nos recherches et écrivions les chapitres dans lesquels nous développions nos idées. Le résultat n'était pas un livre, mais une recherche bien écrite, assez crue. Puis, nous avons finalement écrit le livre en quatre mois, en repartant de notre recherche bien écrite et en y mettant notre voix et notre style à nous. Cela peut paraître beaucoup, mais parce que nous maîtrisons bien la différence entre l'écriture exploratoire et l'écriture finale, nous avons pu faire la recherche et la rédaction d'un livre de 425 pages en deux ans et un mois.

Cet acte d'écrire est tellement intense que vos meilleures idées vous viendront au mauvais moment, pendant que vous produisez votre livre ou votre article – pendant que vous écrivez autre chose. D'où l'intérêt du bloc-notes et du calepin.

L'écriture est donc une facette importante de l'élaboration de vos idées, mais ce n'est pas la seule. Sans canif, sans classeur et sans calepin, il y a de gros risques que votre esprit n'ait pas grand-chose à se mettre sous la dent. Mais l'écriture se démarque par son intensité et aussi par le fait qu'elle sera également votre outil de vente.

Chapitre 4

La rencontre du premier type...

Affûter ses synapses grâce
au synopsis type

Comme auteur ou journaliste, vous avez trois outils de vente. Pas encore des outils! direz-vous.

Le premier et le meilleur, c'est la réputation de faire du bon travail. Quand vous êtes reconnu pour accomplir du bon travail, les éditeurs et les rédacteurs en chef viennent à vous. Si vous débutez, cela ne vous avance guère! Mais je dis cela pour vous rassurer : dès que vous aurez parti la machine, elle se mettra à rouler. Cependant, elle roulera d'autant plus facilement que vous maîtriserez les préparatifs de l'écriture.

Un autre outil est la sollicitation en personne, dont il sera question au chapitre 6. Mais pour cela, il faut des contacts, il faut savoir à qui parler et quoi dire, bref il faut avoir non seulement des cordes et des flèches à son arc, mais quelques beaux trophées de chasse. Et comme nous le verrons, cette sollicitation en personne ne sera efficace que si vous avez du matériel écrit à présenter.

Ce qui nous amène au troisième outil, le plus efficace : la sollicitation écrite, qui s'appelle le *synopsis*, et que vous devez absolument maîtriser. Le synopsis est l'un des temps forts de ce que j'appelais l'écriture exploratoire au chapitre précédent. Sauf que là, vous n'écrivez pas pour vous-même, vous écrivez pour être lu. Mais ce n'est pas non plus l'écriture finale du truc : cela fait encore partie de vos préparatifs.

Le synopsis... Est-ce qu'ils n'auraient pas pu choisir un meilleur terme ? Sans doute : les anglophones disent *query letter,* ou simplement *query*, c'est-à-dire... une sollicitation, littéralement. Le terme synopsis remonte à 1611 et ce sont des Anglais qui l'employèrent d'abord, pour décrire la mise en parallèle des évangiles – et en particulier des trois versions de saint Matthieu, saint Luc et saint Marc, puisque vous voulez tout savoir. C'est l'adjectif *synoptique* qui est d'abord entré dans le français, par l'allemand *synoptisch*. En français, on parlait des *évangiles synoptiques*, ou *synopse*. Ce n'est qu'au XIXe siècle que le terme synopse a pris le sens de « vue d'ensemble d'une science ». Les voies du Seigneur étant résolument impénétrables, nul ne sait comment le synopsis passe de la science au cinéma, mais toujours est-il qu'en 1919, un gusse s'est mis à parler d'*une* synopsis, pour décrire le récit très bref du scénario d'un film. Puis un autre comique s'est avisé de dire *un* synopsis. Et d'autres farceurs ont élargi la portée du synopsis à tout texte de présentation qui donne une vue d'ensemble de votre idée. D'où le fait que vous êtes pris pour parler de « synopsis » au lieu de dire « présentation écrite » !

Le synopsis expose votre idée, ses parties et ses ingrédients : le sujet, l'angle, l'approche, l'histoire, son actualité, son originalité et sa personnalité. Tout doit y être. C'est forcément court : pour un reportage, cela tient dans une page, au plus. Pour un livre, cela en fait une dizaine, au maximum. Il a pour but d'amener l'éditeur ou le rédacteur en chef à vous commander le papier ou le livre et, idéalement, à vous proposer un contrat et même à vous payer une avance.

Il est évidemment possible de démarrer dans le métier sans avoir aucune idée de l'existence du synopsis – j'en suis la preuve vivante. J'ai mis environ quatre ans à réaliser qu'il y avait une telle chose. Vous, vous le savez maintenant, alors vous devriez économiser une demi-douzaine de cheveux blancs.

Vous souvient-il du temps merveilleux où nous étions ti-culs ou moyens-culs, et la maîtresse ou le prof nous demandait parfois de lui remettre une composition ET un plan? Ce devoir était souvent vu comme une corvée ou une punition, car il fallait en général se taper toute la composition pour ensuite pouvoir faire le plan! Maintenant que nous sommes tous grands-culs et gros-culs, il va falloir faire le plan (ou le synopsis) *avant* d'écrire l'article ou le livre. Si vous avez bien lu le chapitre précédent, vous avez compris que le synopsis est en quelque sorte la phase ultime de votre écriture exploratoire. Et que son but est de convaincre un éditeur ou un rédacteur en chef d'être demandeur de votre idée. « C'est pas possible, il doit y avoir un truc! » Oui, et il y en a même plusieurs...

Le synopsis type

On pourrait, en principe, soumettre un synopsis sous forme de fiche signalétique qui donnerait les trois parties et les quatre ingrédients telle une présentation Powerpoint. Mais le Power-point, c'est bon pour les chambres de commerce, pas pour les éditeurs et les rédacteurs en chef. Ce n'est guère plus appétissant qu'un mets qu'on présenterait en énumérant ses ingrédients. Certes, l'amateur averti reconnaîtra l'intérêt du 1) homard; 2) bouilli et décortiqué; 3) nappé de sauce Bercy; 4) moutardée; 5) saupoudré de fromage râpé et gratiné; 6) servi dans sa carapace. Mais c'est nettement plus chouette si cela s'appelle « Homard Thermidor ». Votre synopsis établit les ingrédients et la recette, tout en leur donnant autant de panache et de gueule que possible sans que vous ayez fait tout le travail.

Il y a donc une façon de présenter votre idée, le synopsis, qui a une forme particulière. Le synopsis type se compose invariablement de six éléments : l'accroche, la justification, le développement, la discussion, le style et la signature.

1) *L'accroche.* C'est le premier paragraphe. C'est la partie pyrotechnique. Celle qui fait que votre lecteur dit : « Wow ! »
Murielle Desjardins déjeunait tranquillement lorsque le lampadaire devant sa maison s'est rallumé. Soudain, sa serviette sur la corde s'est mise à battre furieusement au vent. Le vent a arraché son toit. Le grand chêne que son arrière-grand-père avait planté a traversé la salle à manger et aurait broyé Murielle si elle ne s'était réfugiée, par réflexe, dans la cheminée.

2) *La justification.* Elle situe le cadre. Combien de gens seront touchés ? Pourquoi ce sujet a-t-il de l'importance ?
Rassurez-vous : cette tornade, plus vraie que nature, est une pure invention, une image virtuelle, créée par la compagnie de logiciels Softhard de Saint-Roch-de-Mékinac. Elle paraîtra dans le prochain film de Steven Spielberg, Tornade, *qui sortira en mai prochain et qui promet de faire revoler les vaches et les camions-citernes.*

3) *Le développement.* Il établit plus clairement de quoi il sera question. Il donne du coffre, du corps, en étalant plus de détails.
Softhard est au cœur du nouveau réseau multimédia québécois, qui rivalise avec les grands studios d'effets spéciaux de Hollywood et New York. Son président, Mathieu Mathusalem, un ancien cascadeur, a eu l'idée de son logiciel pendant une convalescence pénible à la suite du film Cliffhanger *de Sylvester Stallone – il a dû doubler la vedette pour une chute de 1 000 mètres enroulé dans du câble bungie. Mathusalem a cherché à pratiquer son métier en chaise roulante et il a trouvé.*

4) *La discussion.* Ici, vous opérez un retournement. Si votre synopsis est convaincant, votre rédacteur en chef a pratiquement eu l'impression qu'il lisait un article. Là, vous allez lui dire, finement : « Wo, Chose ! L'affaire reste à faire ! » C'est ici que vous mettez en valeur votre compétence particulière pour ce

sujet, si vous en avez une, ou d'autres détails pratiques qui montrent que vous connaissez le métier (par exemple que vous voyez un papier de six feuillets ou de 1 500 mots). *J'ai découvert le logiciel de Softhard par un client de mes amis, qui m'a permis de l'essayer et de créer mon propre ouragan dans mon salon. Le film* Tornade *doit sortir dans six mois, et c'est l'angle le plus intéressant pour parler de façon originale du multimédia, mais aussi du film qui risque de faire sensation.*

5) *Le style.* Si vous visez une publication précise, prenez bien soin de traiter le sujet comme elle le ferait. Vous y allez de façon anecdotique s'ils aiment l'anecdote. Vous déblatérez s'ils aiment les sparages. Vous y mettez du moi s'ils aiment le je. Le titre fait partie de cette catégorie : il n'est pas nécessaire, mais j'aime personnellement en donner un qui soit vivant et original, genre *Sweet Celeen goes glow-ball* est moins « drab » que *Céline Dion*. Si vous êtes subtil à ce jeu du style, vous utiliserez les mêmes codes que la publication : par exemple, les mêmes guillemets, ou la même façon de rendre les chiffres et les nombres. Les rédacteurs en chef lisent des centaines de pages chaque semaine et ils reconnaissent par ces petits gestes ceux qui sont familiarisés avec leur publication. Le synopsis doit être écrit dans une langue vivante mais, de grâce, sans fautes. La grammaire est une politesse et le rédacteur en chef qui voit des phôte se met à douter de vous – s'il est poli. Il doutera aussi du mérite de votre idée. Son raisonnement est simple : si quelqu'un oublie de vérifier sa grammaire et son dictionnaire, quoi d'autre a-t-il oublié de vérifier ?

6) *La signature.* Ce n'est pas compliqué, vous signez avec votre nom, la date et le moyen de vous joindre (adresse postale, téléphone, télécopieur, courriel). Cette signature doit venir à la fin, pas au début, à moins que vous soyez déjà une plume célèbre – ou du moins connu à la rédaction.

Tout cela doit tenir dans une page recto. Les petits malins auront compris que les trois premiers éléments sont les mêmes que ceux de n'importe quel bon article de magazine. (D'autres petits malins auront vu qu'il ne s'agit ici que d'un synopsis type et qu'il y a en fait bien des façons de présenter le sujet. C'est vrai : quand vous aurez un peu d'expérience, vous vous rendrez compte que ce sera votre idée qui vous dira comment écrire le synopsis. Nous en reparlons plus loin dans la section sur les variantes.)

Tout cela paraît évident présenté comme ça, mais vous verrez que vous allez vous tromper souvent, surtout au début, et tout au long de votre carrière. Les deux erreurs types que vous commettrez sont celles-ci : vous ne définirez pas correctement ce qui est intéressant et vous n'ordonnerez pas adéquatement vos idées.

Je vous fournis ici un cas réel de synopsis nul, gracieuseté de bibi. Celui que vous allez lire, *Les Illustres Inconnus* (voir ci-contre), m'est venu en 1993. Je l'avais écrit pour je ne sais trop qui – soit *Commerce*, soit *L'actualité*. C'est tellement mauvais, je ne sais pas ce qui m'a pris. Cela porte sur la sous-traitance industrielle, ce qui est nul en soi. La sous-traitance industrielle, ce n'est pas compliqué comme concept : une entreprise confie à une autre le mandat de faire une partie de son travail au lieu de le faire elle-même. J'avais découvert le sujet en réalisant une commande pour un autre magazine, *PME* – tout ça pour vous dire que l'idée de départ ne venait pas de moi. On se dédouane comme on peut. Néanmoins, au cours de ma recherche, j'avais trouvé quelques bonnes petites histoires sympa qui méritaient mieux.

Chaque fois que je relis ce synopsis, j'en pleure de rire. Je le lis parfois pour me requinquer. C'est intensément médiocre. Je pars avec des généralisations abusives ; je mets une parenthèse de cinq mots au premier paragraphe ; je fais une phôte à la quatrième ligne. Nulle part je ne définis la sous-traitance ou, plutôt, j'essaie de le faire indirectement en parlant du « faire faire », ce qui ne nous avance nullement. Puis j'y vais de comparaisons chiffrées illogiques (quatre fois et demie *moins*). C'est inintéressant à souhait.

Les Illustres Inconnus

Pendant que s'effondrent de grands pans de l'industrie cana-dienne (mines, papier, forêt, raffinage, automobile), un changement profond se produit surtout en région : la sous-traitance. Les compagnies commencent à comprendre l'intérêt du « du faire faire ». Il était temps, l'absence de la sous-traitance indus-trielle au Québec (c'est pire en Ontario) est l'une des raisons qui expliquent la montée du chômage chronique. Le mot d'ordre est maintenant : sous-traite ou meurt. Au Québec, la sous-traitance représente 5 % de la production industrielle, trois fois moins qu'en France, deux fois et demie moins qu'aux États-Unis, quatre fois moins qu'au Japon ou en Italie.

Ces sous-traitants sont souvent peu connus, invisibles, comme Camoplast, qui fabrique des produits de caoutchouc ; ou Industries Ling, qui fabrique des emballages de carton pour les General Food et Post. Sans compter C-Mac de Sherbrooke, sous-traitant de Northern Telecom, qui vogue allègrement vers le demi-milliard de dollars de chiffre d'affaires d'ici 5 ans. Il y en a bien d'autres, mais ils ont tous pour caractéristiques d'exploiter des niches très pointues, de l'exploiter à fond, de faire énormément de sous-traitance et de R&D. Ce sont les industries qui résistent le mieux au libre-échange.

Un cas illustre à merveille le mérite de cette formule : Lacasse et frères, de Saint-Pie-de-Bagot. Guy Lacasse a décidé il y a 10 ans de décentraliser sa production. Il a créé un parc industriel privé, s'est mis à lever des hangars et a créé son propre réseau de sous-traitants pour faire des tiroirs, des supports en métal, de la peinture et même des machines industrielles. Les affaires de Lacasse ont ralenti avec la récession et le libre-échange, mais Saint-Pie-de-Bagot vit bien et le chômage y est absent, parce que ses sous-traitants se sont depuis longtemps affranchis de Lacasse. Et du long de la route, à Saint-Pie-de-Bagot, les petits hangars bourdonnent d'acti-vité, et vendent leurs pattes de chaises à d'autres fabricants de meubles.

-JBN, 11 mai 1993

Le lecteur patient a déjà décroché au troisième paragraphe, quand je commence à montrer de quoi il est question. Et celui qui aurait tenu le coup découvrirait l'histoire, mal racontée, au dernier paragraphe. Mais rendu là, il n'y a plus personne. Au fond, ce synopsis ne fait que rapporter mon processus de recherche avec *PME* : je pars d'une commande à n'y rien comprendre et j'en arrive aux affaires intéressantes. Mais le lecteur ne veut rien savoir du processus : il veut l'histoire.

Et pourtant, l'histoire contenue dans le dernier paragraphe était tellement intéressante que j'ai conservé pendant près de deux ans non seulement les papiers sur la compagnie Lacasse et Frères, mais mon entrevue avec Guy Lacasse. Or, toute la belle histoire était là : l'entrepreneur pas très instruit, qui se tanne de tout produire à l'interne et qui sort progressivement toutes les fonctions de fabrication de son usine, fonctions qu'il confie à des PME privées, qu'il loge et démarre, et à qui il donne pour mission de ne pas dépendre de lui, mais de lui garantir la livraison des pièces. Tant et si bien qu'il crée son petit parc industriel privé en bordure de la route 168 et qu'il y a plus de gens qui travaillent à Saint-Pie qu'il n'y a d'habitants, dans ce petit village qui en arrachait jadis. Et Lacasse peut faire du commerce en se concentrant sur son métier de base, qui est de concevoir et d'assembler des meubles.

C'est d'ailleurs ce que je raconte dans l'autre synopsis, *The Miracle of St. Pie de Bagot* (voir ci-contre). Ça, c'est un synopsis assez carré, qui était écrit pour la revue *Profit* de Toronto. J'avais rencontré le rédacteur en chef, Rick Spence, et il m'avait dit qu'il aimerait bien voir quelques idées. Il m'avait surtout beaucoup expliqué son style de revue et le genre d'histoire qu'il cherchait – des histoires instructives. C'est en écrivant des propositions pour quatre ou cinq idées de cet acabit que l'histoire de Lacasse est remontée à la surface et s'est écrite presque machinalement. Cela montre ce qui se passe quand on entre en processus d'écriture exploratoire. Finalement, parmi les cinq synopsis proposés, c'est celui de Lacasse que Spence a pris.

The Miracle of St. Pie de Bagot

The little village of St. Pie de Bagot is known as the birth place of premier Daniel Johnson. However, St. Pie is turning somewhat Japanese because of Gérard Lacasse. Indeed, Lacasse et Frères Inc, a large manufacturer of bedroom and office furniture, is applying technique of decentralized production. Seven years ago, the company undertook to reduce costs by sub-contracting nearly all its production (except assembly, marketing and design). But to whom?

Gérard Lacasse bought 100 acres of land in the vicinity, built some hangars and sub-contracted most of his production to small businesses he created. The small businesses (paint shop, machine shop, polishing shop) were all heavily dependent on Lacasse at first, but their business plan required that they find other clients. Lacasse financed 20 such small businesses, most of which now stand on their own and successfully sub-contract to other clients. For half of them, Lacasse now counts for less than 40 % of business. These companies went from being satellites to being their own planet, and St. Pie new attracts labour from other nearby towns.

The gist of the story is how an off-shoot company becomes independent of the mother company. To discuss this process, we could concentrate on the 20 satellites of Lacasse et Frères, or expand the case to other companies like Camoplast, an off-shoot of Bombardier in Richmond, Quebec.

-Jean-Benoît Nadeau, May 20, 1994
514-523-1860

Ce fut mon premier papier placé en anglais, à 75 cents le mot : je croyais que c'était une fortune, et j'en reste très fier, mais l'histoire de cette histoire ne s'arrête pas là. Car *Profit* publiait cette année-là pour la première fois, conjointement avec *L'actualité*, une édition spéciale *Champions de la croissance*. Au lancement, Rick Spence et Jean Paré se retrouvèrent donc ensemble, et Spence a raconté à l'autre qu'un des journalistes de *L'actualité* écrivait pour lui. « Ah oui ? » Et Spence lui a parlé de moi et de mon histoire de Lacasse et Frères. Une heure plus tard, Paré m'appelle pour me dire qu'il veut le papier de Rick Spence et j'ai finalement gagné un autre 50 cents le mot, ce qui doublait presque mon tarif original. J'ai donc appris deux choses ce jour-là : une bonne idée est une idée intéressante ; une bonne histoire se vend presque toute seule ; et c'est l'histoire qui est l'histoire. Cela fait trois choses, finalement, alors je vous donne la dernière en prime.

Quelques variations sur le thème

Vous constaterez que les bons synopsis, s'ils ont des points communs, peuvent être assez différents. Cela vient de la nature du sujet. Car une fois que vous maîtriserez le genre du synopsis, vous allez vous rendre compte assez vite que votre idée vous parle et qu'elle a une voix, une forme particulière.

Mon accroche de synopsis la plus originale fut celle d'un portrait que je proposais pour un papier sur Pierre Falardeau, le cinéaste et auteur du film *Octobre* sur la crise d'Octobre, en... octobre 1970. En tête à tête, Falardeau est du genre exquis mais rugueux, quoique assez loin de son personnage public un peu extrémiste. Comme son attitude était un peu celle d'une sorte de Cyrano de Bergerac des temps modernes, j'avais donc amorcé mon synopsis, intitulé *Cyrano de Falardeau*, en reprenant la fameuse épitaphe de Cyrano dans la pièce éponyme :

Cinéaste, frondeur, souverainiste,
Et sympathisant felquiste,

Grand riposteur du tac au tac,
Éternel adolescent – pas pour son bien ! –
Pierre Falardeau veut faire exploser une bombe dans un cinéma
près de chez vous.

Le reste du synopsis est assez carré dans le genre.

Il arrive que le sujet requière une accroche beaucoup plus longue : c'est arrivé dans le cas d'une histoire sur laquelle ma femme est tombée, celle d'un peintre copiste de Deux-Montagnes qui publiait un livre prétendant percer les secrets de la plus célèbre toile de Rembrandt, *La Garde de nuit*. Quoi qu'il en soit, l'analyse du copiste était considérée comme faisant autorité dans certains cercles rembrantiens, ma chère. Or, le copiste en question était également copropriétaire d'une toile du peintre hollandais Benjamin Cuyp, élève de Rembrandt. (Tiens ?) Notre copiste et ses copains affirmaient que les petits anges dans le coin étaient peints de la main de Rembrandt lui-même, ce qui fait que cette croûte achetée 100 dollars pourrait en valoir 20 millions à l'encan. (Tiens, tiens !) À condition de convaincre les acheteurs. D'où l'intérêt d'être considéré comme un spécialiste de Rembrandt ! (Ben quins !) Or, un important collectionneur, Serge Joyal, ancien secrétaire d'État du gouvernement Trudeau, avait porté plainte, car cette toile avait été volée à son chalet dans les années 1980. La police a donc saisi la toile, mais le copiste a pu la reprendre après quatre ans de bagarre devant les tribunaux. Du roman !

Dans un tel cas, l'accroche ne couvrait pas seulement dix lignes, il fallait trois paragraphes pour bien expliquer cet imbroglio de trois histoires. Naturellement, à sa première tentative, Julie s'est plantée en commençant son synopsis par un long paragraphe sur le livre et les conclusions de notre copiste, et en révélant les éléments de l'histoire tout au long de la page, ce qui ne marchait pas. Elle a donc changé de cap et réécrit son synopsis pour lui donner sa forme naturelle : une accroche de trois paragraphes, rien de moins, qui dévoile les multiples pelures de l'oignon telles que je vous les ai racontées précédemment. Et voilà que *Saturday*

Night Magazine lui commande l'histoire complète en 20 feuillets – 5 000 mots à 1 dollar du mot, faites le compte.

(Elle a proposé ce sujet à *L'actualité*, qui n'en a pas voulu – sans doute parce qu'ils trouvaient que, sous forme d'histoire, cela faisait beaucoup trop le jeu du copiste. À la réflexion, cette histoire compliquée du copiste aurait dû servir de toile de fond pour un reportage beaucoup plus large sur le curieux monde de l'art, ses galeristes galeux, ses copistes copains, ses encanteurs coquins et ses collectionneurs collusifs.)

En lisant ces lignes, vous allez vous dire : « Eh ! c'est du travail, ça, un synopsis ! » Ce n'est pas pour rien que certains les appellent des « sti-nopsis ». Cela représente un certain travail, mais beaucoup moins que de faire une recherche complète pour un article sans perspective de publication.

Il arrive que certaines publications, si elles croient que vous n'êtes pas assez fort pour réaliser l'idée, vous achètent celle-ci pour une somme forfaitaire, 75 dollars, ce qui est très peu, mais assez juste finalement, car le gros du travail vient après. Cela vous montre aussi l'importance de la discussion dans votre papier, où vous montrez que vous êtes la personne qui peut réussir à écrire ce papier mieux que quiconque – c'est l'ingrédient personnalité. Bon nombre de débutants voient un sujet leur échapper ou ratent la cible parce que cet ingrédient n'est pas assez relevé dans le synopsis.

Mon agent américain m'a un jour dit une chose que son propre prof de journalisme de Columbia lui disait jadis : « *Work with what you've got (Fais avec ce que tu as).* » Pour réussir à faire un bon synopsis, vous n'avez pas à vous engloutir dans une recherche monstre. Je base souvent mon synopsis sur des articles déjà parus, parfois sur une rencontre ou des on-dit de bonnes sources, je fais des déductions et certains recoupements, et je devine le reste. *Qu'est-ce qui fait courir Jacques Lamarre* (voir ci-contre) vous montre que je ne cherche pas midi à quatorze heures. L'introduction est très travaillée, mais je n'ai pas interviewé 56 personnes

Qu'est-ce qui fait courir Jacques Lamarre ?

Il y aura un peu de lui dans la grande rivière artificielle de Libye. L'autoroute 407 à Toronto, c'est aussi lui. Le barrage des gorges du Yangtsé, c'est encore lui. Le monorail de Kuala Lumpur, c'est re-lui. L'hôpital général d'Aiman aux Émirats arabes unis, c'est toujours lui. Le redéploiement du réseau Mexitel du Brésil, c'est lui, lui, lui.

Jacques Lamarre, le P.D.G. de SNC-Lavalin, court toujours d'un continent à l'autre. La multinationale québécoise, l'un des plus gros joueurs mondiaux du génie-conseil, transporte son expertise sur les cinq continents et dans toutes les langues. Nucléaire, transport, hydro-électricité, agro-alimentaire, mines, construction clé en main, PPP, gestion d'hôpitaux, aqueduc, SNC-Lavalin ne fait que 5 % de ses affaires localement au Québec, mais la moitié de ses 4 500 ingénieurs sont ici à Montréal et au Québec. C'est dans le petit gratte-ciel de la rue Saint-Alexandre que se prennent parfois les graves décisions qui décideront de l'emplacement d'une raffinerie indonésienne, d'un barrage indien ou d'une usine de pilules belge.

Longtemps connu comme le « frère de l'autre », Jacques Lamarre s'est depuis longtemps affranchi de la réputation un peu sulfureuse de son Bernard de frère, le flamboyant de la famille. En 1991, il fut parmi le petit groupe qui a opéré le sauvetage de Lavalin en la fusionnant à SNC – une tâche difficile, car il fallait réconcilier tous les échelons des deux ex-rivales. Opération réussie : SNC-Lavalin fêtera son 95e anniversaire cette année. Lamarre, qui en est devenu le P.D.G. en 1996, a fait passer SNC-Lavalin du stade de la survie à celui de géant mondialisé et payant, favori des grands actionnaires institutionnels.

SNC-Lavalin, par la largeur de ses intérêts, est naturellement au cœur des grands débats de la société québécoise, du noble au moins noble, en partant de la mondialisation du génie québécois, jusqu'à la sous-traitance, en passant par les fameux PPP (Partenariat public privé) et l'octroi de grands contrats publics (dont la construction d'hôpitaux). Comme je suis assez bien branché sur le milieu québécois du génie, je vais tâcher d'en apprendre comment on manœuvre dans les coulisses du pouvoir.

JBN – Le 7 mars 2006
514-728-0357 – nadeaujb@sympatico.ca

pour avoir quelque chose à dire. J'avais rencontré Lamarre une heure pour un autre article en 2002, mais cela ne m'a donné aucune des informations que je reprends ici, sauf une idée d'ensemble du personnage. L'essentiel du matériel est repiqué de quelques articles et de leur rapport annuel. Cependant, il faut faire attention au petit jeu des devinettes : si j'avais écrit ce même synopsis pour *Commerce* ou *Report on Business Magazine*, j'aurais dû davantage documenter les chiffres et ne pas faire trop de devinettes sur les faits – SNC embauche-t-elle 4 500 ou 6 000 ingénieurs ? Ouf ! Quant à savoir si Jacques Lamarre est *vraiment* le petit frère ou le grand frère de Bernard, il suffit de laisser entendre qu'il vient après parce qu'il est moins connu – on n'appellera pas mémère Lamarre pour vérifier, pas maintenant en tout cas.

Bien sûr, un synopsis sur un sujet familier représente forcément moins de travail que sur un autre auquel vous ne connaissez fichtre rien. Ceux qui ont plusieurs cordes à leur arc sont naturellement avantagés à ce jeu. En science comme en économie ou en affaires et en affaires publiques, j'ai toujours eu beaucoup d'aisance et je peux tourner un synopsis en deux coups de cuiller à pot. Il en va très différemment de sujets artistiques ou sociaux (comme les mariages gais ou les dessous de la dernière série télévisée), sur lesquels je dois faire davantage de recherche préalable, ce qui est tout à fait normal. Cela dit, je ne m'empêche pas de monter des synopsis sur des sujets pour lesquels je suis en train de développer un intérêt, même si je n'y connais pas grand-chose. Autrement dit : un gars s'essaye. Par exemple, le synopsis *Écoles d'immersion* (voir ci-contre). Dans ce cas-ci, ce n'est pas le plus brillant synopsis, c'est même boiteux. Mais j'y ai réuni quelques chiffres intéressants et quelques questions provocatrices, et cela a donné une commande, que je n'ai pas pu exécuter avant plusieurs années. Ce sont les aléas de la vie. Il va sans dire que six ans après avoir effectué une recherche de deux ans pour un livre sur la langue française, je peux rédiger un bon synopsis autour du sujet de la langue française en quelques minutes. C'est une nouvelle corde

Écoles d'immersion

Toutes les statistiques le montrent : le français régresse au Canada – en proportion, mais pas en nombre absolu. Cela en fait le seul endroit du monde où cette langue progresse, et cela tient en grande partie aux 600 000 parents anglophones qui envoient leurs rejetons dans une école d'immersion.

Il se trouve que ma belle-sœur envoie mes deux nièces dans une école d'Hamilton et que deux de mes bonnes amies ont suivi ce même canal au Manitoba et à Calgary il y a vingt ans. Ceci nous assure une excellente perspective entre le passé et l'avenir. Comme par hasard également, j'ai fait la connaissance en France de l'inventeur du concept des écoles d'immersion, Jean-Marie Bressand, qui est également un héros de la Résistance. Comme par hasard, j'ai rencontré également le directeur exécutif de l'Alliance française, qui est radicalement contre ce concept.

Pourquoi envoie-t-on ses enfants dans une école d'immersion ? Souvent, c'est parce que le français a remplacé le latin comme langue des élites canadiennes. Il détermine aussi les chances de promotion dans la fonction publique, ce qui expliquerait qu'on compte plus d'élèves en Ontario qu'ailleurs.

Le directeur de l'Alliance française de Toronto, Patrick Tordjmann, n'est pas d'accord avec cette pratique et favorise l'apprentissage tardif. Ces écoles font-elles de vrais francophones, de simples francophiles ou de futurs frustrés du français ?

Un reportage à commencer en septembre et qui aurait l'avantage de ne pas concerner que l'Ontario.

JBN – Le 3 juillet 2001

à mon arc, mais pendant ce temps, la corde économique est un peu moins tendue. Encore les aléas de la vie.

Pour chacun de mes synopsis, je travaille autant que possible mes accroches, mais sans devenir fou. Il arrive parfois que j'essaie le synopsis avec une accroche que je sais faible : le cas du document « Écoles d'immersion » vous montre que ça peut toujours marcher. De même, si vous avez concocté une brillante accroche de synopsis qui ne tiendra pas la route en cours de recherche, ne vous inquiétez pas : en vingt ans de carrière, il ne m'est pas arrivé une seule fois qu'un rédacteur en chef ou un éditeur me reproche que l'ultime version de l'accroche soit différente de celle du synopsis. Les miracles de la recherche font que l'on trouve presque toujours mieux : les rédacteurs en chef et les éditeurs sont des professionnels expérimentés qui ne regardent pas en arrière, mais recherchent toujours la nouveauté.

Cette pratique de baser un synopsis sur des articles déjà parus constitue-t-elle un plagiat? Nullement. Nous le verrons au chapitre 9, mais les règles sur le droit d'auteur ne protègent pas une idée, seulement sa formulation précise. C'est donc une courtoisie de citer ses sources, mais les faits n'appartiennent à personne. Toute la jurisprudence le démontre et il y a eu de très grands procès sur cette question – dont le plus récent, celui de deux écrivains qui poursuivaient l'auteur du *Code Da Vinci*, Dan Brown, pour avoir repris des « idées » et des « faits » qu'ils présentaient dans leur propre livre. La cour a jugé que les idées et les faits appartiennent à tout le monde, et que seule leur formulation précise est protégée par le droit d'auteur. C'est d'ailleurs pourquoi la source première d'information des journalistes est le travail des autres journalistes. Donc, tant que vous vous fondez sur l'idée d'un autre mais que vous effectuez votre propre recherche et que le résultat est formulé différemment, il n'y a absolument pas de plagiat. Et tant mieux si en plus vous y développez de nouvelles idées!

Il m'est déjà arrivé de baser un synopsis sur un seul article. J'avais lu un articulet du *Globe and Mail* sur un chercheur américain ayant découvert le moyen d'utiliser les ondes sonores pour produire de la réfrigération – je passe sur les détails. Le synopsis, intitulé *Le frigo qui hurle*, faisait exactement la moitié de la longueur de l'unique article dont il s'inspirait. Comme il n'était pas très bon et que j'avais conscience d'étirer la sauce, j'avais bien pris soin de préciser à la fin du texte que cette proposition était tirée d'un article du *Globe and Mail*. J'ai mené toute ma recherche, j'ai interviewé le spécialiste en question et d'autres aussi, mais j'ai eu un problème au moment de la rédaction. C'est que l'accroche du papier original était excellente : « Quand votre crème glacée se met à fondre, essayez donc de crier après. » Il était tentant de la reprendre telle quelle, mais là, je risquais le plagiat, même si 99 % du papier était différent. J'ai eu bien du mal à trouver mieux – finalement, je n'ai pas trouvé mieux mais différent. Au *finish*, les deux articles étaient très distincts non seulement pour la forme et pour le fond, mais j'ai eu du mal à me dépêtrer de ma source d'origine pour en rédiger un papier totalement original.

La morale de cette histoire est qu'il faut faire avec ce qu'on a. La morale de cette morale est qu'il faut en subir les conséquences quand on étire un peu trop la sauce !

Chapitre 5

C'est vous, le troisième type?

Comment adapter le type de synopsis selon le projet

Le synopsis type dont nous avons parlé est en fait un mini-article, qui met en valeur tous les ingrédients d'une idée intéressante et sollicite votre talent d'écrivain. Cette capacité de mettre toute la gomme sur une page vous servira toute votre vie et pour tous les genres littéraires.

Par contre, il importe de garder en tête les contraintes du média auquel vous l'adressez. Un synopsis pour un article de nouvelle est beaucoup plus succinct que le synopsis type, alors que pour un livre ou un film documentaire il est beaucoup plus élaboré. Cela tient aux besoins spécifiques de chacun de ces médias et à leur fonctionnement.

Du côté de la presse quotidienne

La presse quotidienne publie toutes sortes d'articles et la plus grande partie du contenu est produite à l'interne par les employés (éditorial, enquête, potins, etc.). Les pigistes contribuent à trois genres d'articles : le reportage, la nouvelle et l'article d'opinion (qui n'est pas une lettre des lecteurs). Comme les gens de la presse quotidienne sont toujours très pressés, la sollicitation directe en personne (au téléphone) marche mieux. Une semaine dans leur métier est une éternité, alors que dans le magazine, c'est généralement le temps qu'il faut à votre synopsis pour passer du bureau du secrétaire de rédaction à celui du rédacteur en chef. Ce besoin de rapidité est tel dans la presse quotidienne que la tentation est grande de leur écrire un article avant même de les avoir contactés. Mais il est toujours préférable d'avoir déblayé le terrain pour vérifier l'intérêt.

Si vous souhaitez proposer un article de style reportage (qui est au fond très proche de l'article de magazine), alors le synopsis style magazine est valable, mais il doit être plus concis. Si vous voulez proposer des articles de nouvelle, ne présentez pas un synopsis d'une page. Tout ce que les rédacteurs en chef veulent savoir, c'est : quel est le *lead?* Dans le jargon, le « lead », c'est l'accroche, autrement dit le premier paragraphe. Dans le cas d'un article de nouvelle, c'est ce paragraphe qui dit le qui-que-quoi-où-quand de l'affaire, et sa justification ultime est que ça se soit passé. Quand le rédacteur en chef aime votre *lead,* il ne vous commande pas 5 feuillets ou 1 200 mots. Dans la presse quotidienne, ils vont plutôt vous dire : fais-moi 18 pouces.

La raison de cette fixation sur l'accroche tient à la nature et à la structure de la nouvelle. Un reportage ou un article de magazine s'articulent bien souvent autour d'une histoire, parfois très simple : le journaliste se fait passer pour un gueux et explore les coulisses de la mendicité. Dans le cas de la nouvelle, l'information est hiérarchisée par ordre décroissant : on part du plus pertinent et on descend au moins pertinent. Par exemple, si votre premier paragraphe est : « Une jeune Québécoise de vingt-sept ans, Annyck Tremblé, a été victime d'un meurtre sordide au Sommet de la Terre à Rio. », votre information doit être hiérarchisée en fonction du meurtre. Donc, les informations annexes sur le Sommet de la Terre viennent en fin d'article ; même si, au fond, le Sommet de la Terre est bien plus important, philosophiquement parlant, que la vie ou la mort d'Annyck Tremblé – c'est elle, la nouvelle. La raison de cette hiérarchisation est bien simple : les gars de la presse quotidienne sont pressés et si votre article est plus long que l'espace à remplir, le pupitreur va couper tout simplement par le bas, parfois sans trop lire. Pourquoi regarderaient-ils, puisque l'information est hiérarchisée ? Dans le cas d'un reportage ou d'un article de magazine, il est plus délicat de couper : comme c'est une histoire ou une thèse, on ne peut pas commencer à couper par le bas. Il faut enlever des phrases ou des paragraphes ici et là sans nuire à l'histoire et à la thèse développée. Ce genre de travail d'écriture est plus subtil, et c'est pourquoi il sera accompli par un rédacteur ou un réviseur plutôt que par un simple pupitreur, qui n'a pas le temps ; c'est aussi pourquoi le reportage est payé plus cher.

Le troisième genre d'article de journal est l'article d'opinion ou article à thèse, qui vise à donner un point de vue documenté et informé sur un aspect de la nouvelle. Par exemple, j'ai publié mon livre sur les Français aux États-Unis en pleine guerre irakienne, en 2003. J'étais justement la personne pour formuler des opinions informées et expliquer pourquoi les Français sont français. Le rédacteur de la section opinion ne veut pas savoir votre *lead*, mais plutôt l'idée que vous voulez faire valoir, la thèse de votre article d'opinion – en 20 mots. L'autre aspect qui l'intéresse est votre personnalité : on veut vérifier si vous avez « rapport », c'est-à-dire si vous êtes un spécialiste de la question dont vous allez traiter (comme chercheur, comme auteur, ou parce que vous avez une expérience particulière qui vous donne un point de vue unique). Ce n'est pas pour rien que ces articles sont toujours publiés avec un petit texte de présentation qui dit qui est l'auteur. La raison de cette contrainte est simple du point de vue du lecteur : le fait que vous ayez une thèse et la crédibilité pour l'émettre fait que le lecteur vous lira. J'ai toujours proposé mes articles d'opinion en tenant compte de ces deux points, et les rédacteurs intéressés me répondent sur-le-champ. Si vous n'avez pas de personnalité, votre thèse a besoin d'être solide en chien et joliment bien tournée. Autrement, vous irez dans la section du courrier au lecteur. Si vous n'avez ni l'un ni l'autre, pensez-y encore un peu.

Du côté du livre

La contrainte pour le livre ou le documentaire est exactement l'inverse de celle de la presse quotidienne : vous devez faire la démonstration que votre idée est assez riche pour nourrir un livre de 300 pages ou une série de trois émissions. Ces gars-là ne se contenteront pas de 20 lignes. Encore que : peu importe la longueur de votre projet de livre, les éditeurs y verront plus clair si vous êtes capable de ramener l'essentiel à une page. Ce qui ressemble drôlement au synopsis classique !

Comme c'est fatigant de produire un synopsis de 90 pages, il est possible de sauter cette étape et d'écrire le livre de 300 pages d'une traite, mais la tartine ne trouvera pas nécessairement preneur. Il est bien plus rentable (mais moins romantique) d'utiliser l'approche synoptique pour intéresser un éditeur. Car si l'éditeur dit : « J'aime ton idée, envoie-moi ça », alors, il l'attendra et il la lira. Votre idée a déjà une meilleure chance, car elle s'est distinguée parmi la masse obscure des tapuscrits non sollicités et indistincts.

Un projet de livre se compose de six parties qui sont toujours les mêmes : une vue d'ensemble, une analyse du marché, une description de l'approche, une notice biographique de l'auteur ou des auteurs, une table des matières et le découpage en chapitres, et un échantillon des deux premiers chapitres. Pour ménager mon éditeur, je n'ai mis en fin de chapitre que l'abrégé d'un projet de livre, les quatre premières parties.

1) *La vue d'ensemble.* Appelée *overview* en anglais. C'est la partie du projet de livre qui ressemble le plus au synopsis type. Elle tient en une page ou deux, et dit de façon succincte et intéressante en quoi consiste votre projet de livre. Elle doit commencer autrement qu'avec une phrase du genre scolaire : « Moi, mon projet de livre, après avoir fait de nombreuses recherches, s'article autour d'une idée-force qui est très bonne. » L'éditeur est largué. Votre accroche doit être aussi forte que pour un article de magazine. Par exemple, pour notre livre sur la langue française, Julie et moi avons commencé par parler de tous les préjugés sur la langue française, sans la nommer de tout le premier paragraphe. Pour ensuite asséner : voilà le français. Le second paragraphe est venu révéler une suite d'informations-chocs sur la langue française – beaucoup plus parlée et apprise qu'on ne le croit. Et tombe la conclusion : voilà aussi la langue française. Cette accroche montrait très bien le paradoxe et posait la question. Le reste de la présentation résumait les idées générales du livre, en termes intéressants et imagés.

   Ce texte de présentation expose également les idées fortes sur le marché potentiel de votre livre, son public cible, votre approche et votre personnalité d'auteur. Ces considérations doivent être évoquées très tôt – seulement évoquées, car les explications viendront un peu plus loin. Dans l'industrie du livre, tout se résume au tirage potentiel. Contrairement à l'article de magazine, qui s'insère dans une politique éditoriale globale et qui sera l'un des 12 ou 20 articles que la publication assemblera ce mois-ci, votre livre doit se tenir tout seul sur les tablettes et attirer l'attention parmi 20 000 autres.

2) *L'analyse du marché.* Là, vous montrez en quoi votre livre se distingue des autres bouquins sur la question – vous nommez ces livres, vous citez leur tirage, vous dites en quoi ils sont bons et pas bons. Ne vous gênez pas à ce stade pour vous comparer aux plus gros noms et dire ce que vous faites qu'ils ne font pas.

Ce n'est pas le moment d'être modeste. C'est ici également que vous mettez toute la gomme sur les publics cibles, les marchés de niches, les associations. Si vous connaissez tout le monde dans le domaine, c'est le temps de le dire. Pour notre livre sur la langue française, qui a trouvé preneur chez trois éditeurs anglophones, Julie et moi avons brodé avec beaucoup de soin cet argumentaire en mettant l'accent sur les niches – 300 000 enfants en immersion française au Canada, donc au moins autant de parents, associations militantes, langue la plus enseignée aux États-Unis après l'espagnol, etc.

3) *L'approche* ou *le traitement*. Là, vous dites de quoi le livre aura l'air (x feuillets), et le type d'écriture que vous utiliserez : narrative, anecdotique, déclamatoire, poétique, et pourquoi ça va être bon. Dans le cas d'un roman, c'est sans doute la partie la plus étoffée.

4) *La notice biographique*. Elle explique qui vous êtes comme auteur et pourquoi vous êtes la bonne personne autant pour écrire ce livre que pour le défendre quand il paraîtra. Si vous avez de l'expérience comme conférencier ou si vous avez fait des apparitions à la télé, il est pertinent de le dire, pour qu'on voie que vous n'êtes pas le genre à vous enfarger dans les fleurs du tapis. Cet élément de la personnalité est tellement important que certains auteurs vont s'adjoindre un coauteur célèbre pour s'assurer d'un tirage consistant. Souvent, cela vient de l'éditeur, qui va demander à une personnalité de signer une préface. Par contre, dans le cas de la biographie de Guy Lafleur, de Georges-Hébert Germain, Lafleur était coauteur, en partie pour la compensation mais aussi pour une large part parce qu'il fait vendre. De même, si vous avez une idée de livre sur le rock'n'roll, le fait de dire que Robert Charlebois le signe avec vous (ou qu'il accepte simplement de l'endosser dans une préface) est un argument gagnant.

5) *La table des matières* et *le découpage*. Si vous êtes encore au stade de l'écriture où vous dressez votre plan après avoir écrit votre composition, vous allez découvrir qu'il y a une autre méthode. Ici, l'erreur à éviter est de décrire trop brièvement les chapitres. Au contraire, vous devez y aller chapitre par chapitre en développant les idées et les anecdotes pertinentes. Le but de l'exercice est de montrer que vous êtes capable d'écrire un livre intéressant du début à la fin. Votre description ne devrait pas faire moins d'un paragraphe, mais guère plus d'une page. Et vous devriez travailler vos titres pour qu'ils soient accrocheurs, sans toutefois être cabotin : l'éditeur doit avoir l'impression que vous maîtrisez toute l'affaire.

6) *L'échantillon*. Ce spécimen d'écriture peut être n'importe quoi que vous avez déjà écrit, mais il est préférable que ce soit un ou deux chapitres du livre, et idéalement les deux premiers (ou le premier chapitre et l'introduction si elle ne sert pas seulement à remercier votre mère). Là, vous mettez toute la gomme : ça ne doit pas être à moitié bon.
Ce document peut représenter plus de 70 pages. Cela peut paraître beaucoup, mais c'est beaucoup moins qu'un livre au complet. Surtout, votre projet de livre bien tourné peut susciter un fort intérêt de l'éditeur. Julie et moi avons travaillé trois mois à temps plein pour monter le projet de notre livre sur la langue française, et cela nous a valu quelques bourses et des à-valoir de l'ordre de 160 000 dollars de nos éditeurs – puis, il nous aura fallu deux ans pour la recherche et l'écriture.
Malgré cette longue présentation de 70 pages, tout se joue quand même sur la première page – on en revient toujours au synopsis. Si la première page est inintéressante, ils ne liront certainement pas le reste.

Cette description du projet de livre est valable pour du livre documentaire (ce que l'on appelle de la *creative non fiction*), une catégorie large qui englobe aussi l'essai fouillé, la biographie de personnage, le livre de cuisine ou de pop-psychologie grand public.

Pour le roman, c'est un peu différent : la différence entre un bon et un mauvais roman est parfois subtile, et les réactions du public sont beaucoup moins prévisibles que pour le livre documentaire. Les ingrédients habituels sont les mêmes (histoire, actualité, originalité, personnalité), mais la question du style et vos antécédents littéraires sont beaucoup plus importants. Votre description dans ce cas ne devrait pas faire moins d'un paragraphe, mais guère plus d'une page.

Ici, contrairement au livre documentaire, une part importante de votre projet consiste à préciser le *genre* de votre roman. Si votre roman tombe dans une catégorie claire, genre polar, roman jeunesse, roman d'aventures, etc., alors vous aurez moins de mal à le vendre. D'une certaine façon, presque toute votre description du livre se rapporte à son genre. Si vous faites dans le genre littéro-littéraire, on veut savoir si vous avez une plume. Si vous faites dans le genre roman historique, on veut que vous sachiez mener une histoire.

Les cas de figure sont nombreux. Pensez à J.K. Rowling, l'auteure de *Harry Potter* : succès mondial, inouï. Or, elle a bâti sa métahistoire en sept romans pendant trois ans sans même en écrire une ligne. Les raisons qui ont fait que c'est devenu un succès d'une telle envergure sont difficilement compréhensibles. Personne n'avait prévu ça. Son éditeur y a tout de même vu un potentiel plus que raisonnable car le premier tirage était bien plus important que seulement 3 000 exemplaires.

Même dans le meilleur des cas, le spécimen que vous aurez à produire sera beaucoup plus long, les cent premières pages, voire la première moitié du roman. Si votre seul ingrédient d'intérêt est l'originalité de votre style, il y a gros à parier qu'on ne vous répondra pas ou bien qu'on vous demandera de tout voir – à moins bien sûr que vous vous soyez déjà illustré comme un brillant nouvelliste. Là, vous avez un choix artistique à faire et il est difficile : soit vous modifiez votre idée pour intéresser un éditeur assez fort pour qu'il morde (en tombant dans un genre précis, en changeant de sujet, etc.) ; soit vous ne changez pas votre idée, vous l'écrivez dans l'ombre et vous trouvez un éditeur ensuite. Bon nombre de romanciers ont réussi dans cette dernière approche, mais un nombre bien plus grand encore a échoué à divers stades de la réalisation – j'en suis. C'est un choix et je dois admettre qu'il est cruel : j'ai commis toutes les erreurs possibles avec mon premier roman – trop long ; pas de genre clair ; traitement qui oscille entre le récit et le roman ; histoire emberlificotée – et je ne l'ai jamais publié. J'ai écrit ça pendant toutes les années 1990 et je ne sais pas exactement ce qui m'a pris. L'écriture n'est pas une science exacte et je faisais une expérience : elle a échoué.

Du côté du cinéma

Reste la variante cinéma. Par contre, dans le cas d'un film docu-mentaire, l'approche synoptique est très marquée, beaucoup plus que dans les autres genres. Cela tient à la structure industrielle du cinéma. Parmi toutes les formes d'art de masse, le cinéma est la plus coûteuse à produire (et le livre est la moins chère). Pour être rentable, un film doit joindre des millions de spectateurs, et ces spectateurs, qui sont tous assis ensemble pour une expérience de deux heures, sauront après une minute ou deux de film si c'est bon ou pas. Pour y arriver, il faut de lourds investissements : même un film minuscule ne coûte guère moins de deux ou trois millions de dollars, à moins de produire du film à mini-petit-budget.

Votre but dans la vie est d'intéresser un producteur. Votre synopsis sert à ça. Le producteur se charge de développer votre synopsis pour convaincre Téléfilm Canada et la SODEC de lui accorder une subvention de développement, mettons 50 000 dollars, dont le gros sera utilisé pour monter un scénario. Ensuite, le pro-ducteur colporte le scénario chez les grands diffuseurs, coproduc-teurs et investisseurs, qui s'engagent financièrement à diffuser le film, à le coproduire ou simplement à y mettre des sous dans l'espoir d'un retour sur l'investissement. Quand ce montage financier a eu lieu, le producteur convainc Téléfilm et la SODEC de fournir la plus grosse partie des fonds de tournage, qui a alors lieu. Finalement, on le vendra au cinéphile!

Pour intéresser le producteur, il faut encore pouvoir mettre toute son idée sur une page. Et ensuite faire valoir les points forts de votre idée, selon ce qu'ils cherchent, eux. Donc à quel public cela peut s'adresser (sophistiqué, populaire), comment vous voyez le traitement (narré par une personnalité, par vous). Si c'est une série, le producteur voudra aussi voir comment cela se découpera par volets : par émissions si c'est une série, ou par sections si c'est un documentaire. Il est rare qu'un producteur vous demande le scénario au début, parce que la subvention de Téléfilm et de la SODEC vise justement à développer ce scénario. Mais votre synopsis doit être assez fort pour convaincre. Il suffit, encore ici, de 4 à 12 pages. Mais au fond, tout se joue sur votre page 1, qui est votre synopsis. On n'en sort pas.

Un exemple de projet de livre

LA GRANDE AVENTURE DE LA LANGUE FRANÇAISE
Julie Barlow et Jean-Benoît Nadeau

Présentation

De Londres à Sydney en passant par New York, Washington ou Toronto, la grande presse anglo-américaine se moque régulièrement, et souvent à très gros traits, de cette langue policée par une quarantaine d'«immortels», et dont les règles sont si complexes qu'il faut des années pour la maîtriser. Une langue en déclin, disent-ils, qui perd pied dans la diplomatie, la science et le commerce international depuis deux siècles.

Une langue aux locuteurs si incertains qu'il leur faut dresser des barrières contre l'anglais et dépenser des millions pour sauvegarder leur littérature, leur musique et leur cinéma.

Ces faits troublants, souvent relayés par la presse française, sont présentés comme la sentence définitive sur l'avenir de la langue française.

Mais sait-on seulement que le français n'a jamais compté autant de locuteurs – plus de 175 millions ? Que le français figure même au second rang – après l'anglais – pour le nombre de pays où on le pratique ? Que le quart de tous les profs de langue de la planète enseignent le français chaque jour à 80 millions d'élèves des cinq continents ? Que cette langue, officielle dans deux pays du G-8 et trois pays européens, et que défendent les 53 pays membres de la Francophonie, figure comme langue de travail dans la plupart des institutions internationales ? Et que ces francophones de partout sont en train de réussir une vaste entreprise de métissage culturel ?

Telle est pourtant la situation réelle du français.

Cette situation paradoxale, méconnue même des Français, forme la toile de fond de *LA GRANDE AVENTURE DE LA LANGUE FRANÇAISE*. Ses auteurs, la Canadienne Julie Barlow et le Québécois Jean-Benoît Nadeau, révèlent comment et pourquoi la langue de Rabelais a maintenu son influence dans le monde malgré l'ascendant de l'anglais.

Comme toute bonne histoire, *LA GRANDE AVENTURE DE LA LANGUE FRANÇAISE* est faite de bouleversements et de retournements spectaculaires. L'audace d'un Guillaume le Conquérant, la ténacité d'un Richelieu, l'extrémisme d'un Robespierre, l'entêtement d'un De Gaulle, la poésie d'un Senghor, les conflits de personnalité d'un Trudeau et d'un Lévesque, l'activisme d'un Boutros-Ghali – tous ont ouvert de nouveaux chapitres d'une aventure de 15 siècles qui s'étend de Charlemagne à Abdou Diouf.

Combinant leur talent d'observateurs polyglottes, leur sens de l'analyse historique, et profitant de leur perspective biculturelle et non hexagonale, Nadeau et Barlow dévoilent des facettes ignorées d'une histoire mal comprise. Ainsi apprend-on que 1763, 1815, 1870, 1940 et 1954, dates funestes dans l'histoire de France, furent l'occasion de rebondissements inattendus dans l'histoire de la langue. Ils dévoilent le rôle secret des Belges dans sa dissémination. Et ils démontrent noir sur blanc comment l'idéologie débridée de la classe intellectuelle et la doctrine du Nouveau Roman ont davantage nui au français au vingtième siècle que tous les mass media américains réunis !

Forts de leur précédent succès international (*Sixty Million Frenchmen Can't Be Wrong*, qui paraîtra en 2005 au Seuil et chez France Loisirs sous le titre *Pas si fous ces Français !* – préface de Patrick Poivre d'Arvor), les auteurs ont parcouru les cinq continents pour documenter cette formidable aventure.

« Ma patrie, c'est la langue française », écrivait Albert Camus, résumant d'un trait fulgurant cette nouvelle dimension qu'est la « géopolitique des langues ». *LA GRANDE AVENTURE DE LA LANGUE FRANÇAISE* décrit le paysage mental que partagent 230 millions de francophones et de francisants – la politisation de la culture et de la langue, la puissance de la norme, le sens de l'exceptionnalisme, la centralité de la métropole et l'influence étonnante du français sur... les anglophones !

Car à l'encontre des tribuns du « déclinisme », *LA GRANDE AVENTURE DE LA LANGUE FRANÇAISE* a encore quelques beaux chapitres devant elle.

Le traitement

LA GRANDE AVENTURE DE LA LANGUE FRANÇAISE sera un ouvrage de 100 000 mots (400 feuillets) divisé en

18 chapitres se développant chronologiquement sur une période de 15 siècles. Cette narration combinera l'analyse historique, les observations et l'anecdote – dans ce style fluide que les auteurs ont développé et perfectionné dans leur précédent succès, *Sixty Million Frenchmen Can't Be Wrong* (*Pas si fous ces Français!*, Seuil et France Loisirs, sept. 2005).

La grande originalité de *LA GRANDE AVENTURE DE LA LANGUE FRANÇAISE* tiendra à la perspective inusitée des auteurs – journalistes, politologues, francophones sans être français. Partant du point de vue que la situation réelle du français est meilleure qu'on le croit, les auteurs expliquent dès le premier chapitre pourquoi le français maintient son influence non pas en dépit, mais à cause, de l'influence de l'anglais. C'est que le français demeure encore aujourd'hui une langue de prestige dans des pays aussi variés qu'Israël, le Brésil, l'Inde et les États-Unis en grande partie à cause de la profondeur de la marque qu'il a laissée non seulement dans la langue anglaise, mais dans la culture anglophone.

Bien plus qu'une relecture de l'histoire de France, *LA GRANDE AVENTURE DE LA LANGUE FRANÇAISE* recadre tout le propos général sur la place du français dans le monde. L'exception culturelle? Cela remonte à François 1er. La centralité de Paris dans la culture? C'est un peu la faute à Voltaire et, pour beaucoup, celle de l'échec de la Nouvelle-France. On y apprend une masse d'information nouvelle – comment l'Éducation nationale a délogé l'Académie française comme foyer de la norme; comment les guerres napoléoniennes ont essaimé trois autres foyers, la Belgique, la Suisse et Haïti, qui jouèrent un rôle considérable malgré leur petite taille; comment les Québécois ont créé la première politique d'aménagement linguistique. On y apprend que la langue française est presque belge par ses origines; qu'elle fut sauvée à l'ONU grâce à Haïti; que le français est encore la troisième langue en importance aux États-Unis; que l'Algérie demeure plus française qu'elle ne veut l'admettre; que c'est un Québécois de Saint-Damase qui a créé le mythe du Far West; et que le célèbre trappeur Davy Crockett était le petit-fils de David de Croquetagne!

«Une langue, c'est un dialecte avec une armée et une marine», disait le maréchal Lyautey. Il aurait pu ajouter: avec une industrie, une diplomatie, des idées et un peu de chance! Car le français n'est pas devenu une langue internationale pour ses qualités esthétiques. La série de facteurs sociaux, économiques, culturels, philosophiques et militaires qui ont contribué à la diffusion du français forme une trame de 15 siècles qui est loin d'être finie.

Depuis l'écroulement de l'empire soviétique, la «mondialisation» a rejoint la «géopolitique» dans le palmarès des concepts à la mode. Mais la dimension «géoculturelle», elle, demeure une sphère inexplorée, mal comprise. Voilà le sens profond de cette idée de «patrie de la langue française» si chère à Camus, et qui nous rappelle qu'il existe de grandes patries linguistiques, qui transcendent les nations.

Véritable géopolitique de la langue, à la convergence de plusieurs genres (socio-linguistique, politique étrangère, politique culturelle), *LA GRANDE AVENTURE DE LA LANGUE FRANÇAISE* traitera dans un cadre narratif des grands enjeux, mais aussi des personnages et des lieux qui ont façonné cette aventure. En compagnie des auteurs, les lecteurs descendront donc le Mississippi pour aller danser le two-step avec les chanteurs cadiens de Louisiane, redécouvriront l'Algérie et le Sénégal avec des yeux de Canadiens, et visiteront une école de l'Alliance Israélite Universelle à Tel-Aviv.

LA GRANDE AVENTURE DE LA LANGUE FRANÇAISE s'attachera à montrer non seulement l'histoire de cette évolution, mais le paysage mental des francophones. Elle élucidera les raisons, souvent obscures, qui amènent les francophones à politiser leur langue et à la corseter dans une norme contraignante. Les auteurs en profiteront pour écorner quelques images d'Épinal, telles que l'influence supposée de l'Académie française, l'origine dite «francienne» du français ou le soi-disant «génie» de la langue française. Et ils mettront en scène la part des Québécois, des Canadiens, des Belges, des Ivoiriens, des Algériens, des Libanais, des Haïtiens dans la mise en place d'une véritable économie de la culture francophone, mais aussi dans la défense et la promotion du français dans les instances internationales.

Sixty Million Frenchmen Can't Be Wrong avait reçu les louanges de la critique et du public parce qu'il expliquait de façon lucide et sans romantisme pourquoi les Français sont tels qu'ils sont. C'est le même esprit qui présidera à *La Grande Aventure de la langue française*, afin de montrer les ressorts secrets de cette langue qui a encore un bel avenir.

Analyse du marché

LA GRANDE AVENTURE DE LA LANGUE FRANÇAISE comporte tous les ingrédients pour devenir LE prochain livre sur la langue. Il n'existe aucun livre qui raconte la géopolitique de la langue française dans un cadre narratif, et pour un public non spécialisé. Sa visibilité internationale est d'ailleurs assurée du fait que *LA GRANDE AVENTURE DE LA LANGUE FRANÇAISE* est le prolongement de *Sixty Million Frenchmen Can't Be Wrong* (*Pas si fous ces Français!* Seuil et France Loisirs, sept. 2005), vendu à quelque 200 000 exemplaires, dont 30 000 en français, et dont le succès international ne se dément toujours pas deux ans après sa sortie.

La version anglaise de *LA GRANDE AVENTURE DE LA LANGUE FRANÇAISE, The Story of French*, paraîtra en septembre 2006 chez les éditeurs Knopf Canada, St. Martin's Press (New York) et Robson (Londres) – la livraison du manuscrit est prévue pour le 15 septembre 2005. La sortie de *LA GRANDE AVENTURE DE LA LANGUE FRANÇAISE* coïncidera avec le 20e anniversaire de la Francophonie institutionnelle. L'expérience du précédent livre a convaincu ces éditeurs anglo-américains que l'appareil diplomatique français de même que des institutions comme l'Alliance française sont des ressorts puissants pour joindre les cercles francophiles et francisants de par le monde.

Cependant, *LA GRANDE AVENTURE DE LA LANGUE FRANÇAISE* ne se veut pas une simple traduction de la version anglaise, mais bien un livre sur mesure pour les francophones, avec des chapitres propres, mais aussi, et surtout une argumentation qui tient compte de leurs connaissances.

LA GRANDE AVENTURE DE LA LANGUE FRANÇAISE touchera deux publics distincts : les Français et les autres francophones. On compte dans le monde 120 millions de francophones natifs, 110 millions de francophones partiels, et environ 150 millions de francophiles et de francisants – le quart des professeurs de langue de la planète enseigne le français à quelque 80 millions d'élèves.

Comme le montre la masse de livres de pop-linguistique et de politologie, l'intérêt pour la langue est certain dans toute la francophonie. Les auteurs, qui ont participé au congrès de la Fédération internationale des professeurs de français à Atlanta en juillet 2004, ont pu vérifier que l'intérêt pour ce sujet est universel – comme le montre aussi l'intérêt des éditeurs étrangers. Le marché est colossal. Les attentes sont énormes. *LA GRANDE AVENTURE DE LA LANGUE FRANÇAISE* répond à un besoin longtemps ressenti et jamais comblé.

LA GRANDE AVENTURE DE LA LANGUE FRANÇAISE soutiendra à merveille la comparaison avec d'autres ouvrages célèbres, comme *Le Français dans tous les sens* d'Henriette Walter, mais aussi l'œuvre entière des linguistes Claude Hagège (*Le Français et les siècles, Histoire d'un combat*) et Louis-Jean Calvet (*La Guerre des langues, Le Marché aux langues*).

La plupart des livres sur la langue française ont le défaut d'être écrits par des linguistes ou des profs d'université assez peu sensibles aux règles de la narration et à ce qui intéresse le grand public. Leur formation et leur origine les emmènent à ne considérer que des points de vue étroits, ou encore à faire des « États du monde francophone » hyper horizontaux, ou enfin à rédiger des collectifs éparpillés qui manquent d'unité de ton. Par manque de perspective ou d'ambition, aucun auteur ne se risque à des explications sur le pourquoi du comment – car si le français est devenu une langue parlée sur cinq continents par quelque 230 millions de locuteurs, cela ne tient pas seulement à la beauté du e muet, aux règles de l'accord du participe ou à la loi Toubon, tant s'en faut.

Ainsi, une Henriette Walter, dans ses livres destinés au grand public, s'oriente avec compétence vers la pop-linguistique, mais élude les grands enjeux géoculturels. Un Claude Hagège tient un discours crypto-revanchard sous couvert de « pluralisme » qui ne sert pas son propos. Quant à Jean-Louis Calvet, il est en général plus clair, ses talents d'observateur sont indéniables, mais il vise surtout à établir un cadre technique pour une politique d'intervention linguistique. *Le Français dans tous ses états* est un collectif, dirigé par B. Cerquiglini, J.-C. Corbeil, J.M. Klinkenberg et B. Peeters, qui présente beaucoup d'idées originales, mais qui s'éparpillent. Quant à la *Nouvelle histoire de la langue française*, dirigé par Jacques Chaurand, cet ouvrage collectif savant est particulièrement lisible bien qu'échevelé entre plusieurs auteurs, avant tout préoccupés de l'évolution interne de la langue et de changements récents de prononciation en France. D'autres livres récents ont aussi attiré l'attention, mais avec un succès mitigé. Sans compter la masse des nostalgiques du bon parler (Maurice Druon, pour ne citer que lui), dont la conception de la langue, très Grand Siècle, ne tient aucun compte de la réalité du français tel qu'il se pratique.

Tous ces auteurs ont le défaut d'avoir, sur la langue, une perspective strictement française alors que le français est sorti de France depuis quatre siècles. Malgré quelques efforts pour élargir le propos, ils n'arrivent en général pas à se libérer de leur spécialité ou de leurs *a priori*. Si bien que personne ne parvient à dissiper l'impression que les arbres cachent la forêt – la plupart s'enferrent dans un genre, les exercices de linguistique, la pédagogie, la politologie, l'anthropologie – mais aucun ne présente un portrait équilibré de la question dans une forme narrative pertinente pour le profane.

Or, ce qui reste à écrire, c'est une géopolitique de la langue française qui répondrait aux questions essentielles, et qui abattrait quelques arbres pour montrer la forêt, qui est luxuriante. Ainsi, le mouvement actuel des auteurs, des chanteurs, des cinéastes venus de partout et qui entrent dans le grand courant francophone non seulement est indicateur d'une vitalité indéniable, qui fait partie du portrait d'ensemble de l'influence de la langue française, mais illustre une plus vaste politique de promotion culturelle, multilatérale, elle-même héritière d'une tradition de plus de cinq siècles. La langue française est rock'n'roll. Mais qui le dit?

C'est le défi que relève *LA GRANDE AVENTURE DE LA LANGUE FRANÇAISE*. Les auteurs, deux journalistes canadiens, appuient leur analyse justement sur une perspective pluriculturelle, qui leur est naturelle. Ni normaliens, ni énarques, ni X, ni germanopratins, ils auront parcouru plusieurs dizaines de milliers de kilomètres entre la Nouvelle-Orléans et Bucarest, s'arrêtant à Beyrouth, Tel-Aviv, Tunis, Moncton et Dakar, ajoutant à leurs vastes connaissances des perspectives diverses. Dans une telle approche, la linguistique jouera un rôle anecdotique, mais elle ne sera pas le propos.

Le français est une langue importante, mais il ne s'est jamais écrit un livre comme *LA GRANDE AVENTURE DE LA LANGUE FRANÇAISE* – en 1987, des journalistes britanniques avaient publié un livre équivalent en anglais, *The Story of English*, inspiré de la série de la BBC du même titre et qui avait connu un succès mondial. Rares sont les auteurs qui intègrent à la fois une compréhension intime de la culture anglophone, une perspective francophone réelle allant au-delà du prêchi-prêcha habituel sur le « génie de la langue » contre « la pensée unique », et la crédibilité pour soutenir ce point de vue de façon convaincante.

Sur ces trois points, Nadeau et Barlow tiennent la route. Peu d'auteurs ont, comme eux, la capacité de soutenir des idées surprenantes, inédites et parfois iconoclastes grâce à une combinaison d'observations solidement documentées et un sens de la narration inusité. Dès la première page de *LA GRANDE AVENTURE DE LA LANGUE FRANÇAISE*, vous ne verrez plus la langue française du même œil.

Les auteurs

À la fois journalistes et auteurs, travaillant en duo ou en solo, Julie Barlow et Jean-Benoît Nadeau ont, à eux deux, publié 5 livres, remporté 30 prix de journalisme, et signés plus de 1 000 articles, en français et en anglais, dans la presse québécoise, canadienne, américaine et française.

Né en 1964 à Sherbrooke, dans la province de Québec, Jean-Benoît Nadeau est diplômé en sciences politiques et en histoire de l'Université McGill à Montréal. Journaliste depuis 1987, il est collaborateur régulier au magazine *L'actualité*. Lauréat de nombreux prix de journalisme, il s'est signalé en 2003 en recevant le titre de Journaliste de l'année de l'Association québécoise des magazines. En 1998, il devenait fellow de la Fondation Crane-Rogers, qui l'a envoyé à Paris étudier les Français. Il a également signé deux autres livres : *Les Français aussi ont un accent* (Payot, 2002) et *Le Guide du travailleur autonome* (Québec Amérique, 1997).

Née en 1968 à Ancaster, dans la province de l'Ontario, Julie Barlow est diplômée en sciences politiques de l'Université McGill et détient une maîtrise en littérature anglaise de l'Université Concordia, à Montréal. Journaliste depuis 1994 et trois fois finaliste aux National Magazine Awards de Toronto, elle a publié dans les plus grands magazines canadiens, dont *Saturday Night Magazine* et *L'actualité*, en plus de travailler comme rédactrice en chef aux Éditions Ma Carrière. Avec deux autres auteurs, elle a cosigné *Same Words, Different Language* (Londres, Piatkus, 2002) et le guide de voyage *Montreal and Quebec City for Dummies* (New York, John Wiley and Sons, 2004).

Ensemble, ils ont signé *Sixty Million Frenchmen Can't Be Wrong* (Chicago, Sourcebooks, 2003), qui analyse la mentalité et les valeurs des Français. Largement couvert par la presse américaine et canadienne, notamment dans le *Wall Street Journal*, le *New York Times* et le *Globe and Mail*, *Sixty Million Frenchmen Can't Be Wrong* est maintenant un succès confirmé en librairie – plus de 100 000 exemplaires vendus. Avant même sa traduction française, il a fait l'objet de commentaires élogieux en France – *Le Magazine littéraire* a salué un ouvrage qui « éclaire les Français sur eux-mêmes ». Il est maintenant publié en Grande-Bretagne et aux Pays-Bas (en néerlandais), et les traductions françaises, chinoises et italiennes sont prévues pour 2005. En janvier 2005, sur le site Amazon.fr, il figurait même en troisième position après *Da Vinci Code* et le dernier *Harry Potter*. En septembre 2005, France Loisirs et Le Seuil ont pubié la version française, sous le titre *Pas si fous ces Français!*, écoulé à 30 000 exemplaires à ce jour et qui leur a valu une centaine d'entrevues et des critiques très positives, notamment de Bernard Pivot.

Mariés, les auteurs habitent à Montréal et ont résidé trois ans à Paris en 1999-2001. Ils ont donné plusieurs conférences à Washington, Londres et Paris. L'Alliance française leur a également organisé une tournée de conférences dans une douzaine de villes américaines dont Boston, Kansas City, Miami et Atlanta. Par agrément ou aux fins de reportage, ils ont également voyagé au Mexique et en Amérique centrale, dans le Maghreb, en Turquie et en Israël, dans le Caucase et en Nouvelle-Zélande.

Découpage détaillé

Introduction

Chapitre 1 et 2

Chapitre 6

Une grenouille vit un bœuf...

La méthode risquée
pour intéresser les autres

Ce n'est pas un hasard si je vous parle seulement maintenant de la sollicitation en personne, c'est-à-dire après la recherche d'idées et le synopsis. Les contacts, c'est important dans la vie, mais jamais autant que ce qui précède (et même ce qui suit). Il y a quelques années, un sondage d'opinion sur la réussite montrait qu'un fort pourcentage du bon peuple est convaincu que les causes principales du succès sont la chance et les contacts. Alors le bon peuple continue d'aller au dépanneur gratter des gratteux et d'appeler leur beau-frère qui travaille à la Ville pour lui demander de les « faire rentrer staff ». Il y a aussi l'autre solution qui consiste à s'instruire et à ramer dur – et il se trouve que la tranche de la population qui réussit le mieux est aussi celle qui plaçait la chance et les contacts au second rang après l'éducation et le travail.

En ce qui concerne l'écriture, un grand nombre de gens s'en remet également à la chance et aux contacts, alors qu'il y a d'autres facteurs comme l'étude et le travail qui peuvent faire lourdement pencher la chance et les contacts en votre faveur. L'étude ici étant comprise non pas comme l'apprentissage scolaire (ça, c'est supposé être réglé) mais comme l'étude de votre sujet, de vos idées.

Les contacts, c'est «aidant», comme on dit dans les CLSC, mais ce n'est pas l'essentiel. C'est tellement juste «aidant» que ce chapitre aurait pu être entièrement intégré au chapitre 21. La seule raison pour laquelle j'aborde cette question maintenant est que vous êtes tous convaincus que c'est important – alors allons-y, quand y faut, y faut.

J'ai en tête un rendez-vous presque catastrophique que j'avais pris en 1989 avec Pierre Duhamel, qui était alors journaliste à *Commerce* et dont la tâche, dans la cuisine interne, était de s'occuper des nouveaux pigistes et des jeunots tels que moi. Comme une amie m'avait recommandé à lui, Pierre m'avait alors fort courtoisement invité au restaurant. Nous avons donc mangé ensemble, Pierre et moi, mais je n'étais pas du tout préparé. Je ne connaissais pas sa publication, je n'avais pas d'idées qui pouvaient l'intéresser, je n'avais rien à lui dire, et à la fin, je lui ai remis mon dossier de presse et je l'ai quitté avec l'impression très forte que je lui avais fait perdre son temps. Heureusement, quand je suis revenu à la maison, il y avait un message de Pierre, qui avait lu mon CV et mes articles découpés. Or, il était justement un fan de *Voir* et il avait adoré mon grand reportage, *Les Drogués de Dieu*. «C'est toi qui as fait ça, et tu ne l'as pas dit? Qu'est-ce que tu veux faire?» Et je lui avais exposé comme ça mon idée sur la business des théâtres d'été, et il m'avait commandé un papier sur-le-champ. L'histoire finit bien : nous nous sommes trouvé des atomes crochus et nous sommes devenus amis.

C'est donc une réalisation passée qui avait sauvé ce rendez-vous catastrophique, mais il y a bien des choses que j'aurais pu faire également si j'avais su.

Il n'y a pas de règles d'or sur l'art de la sollicitation en personne, outre le fait que l'ingrédient «personnalité» joue à plein. Vous devez avoir quelque chose à dire et ne pas avoir l'air téteux. Or, vos qualités relationnelles et votre bagou n'ont rien à voir avec l'écriture : vos démarches en personne porteront fruit si vous êtes capable de présenter des idées intéressantes et de livrer la marchandise. Depuis ma quasi-mésaventure avec Pierre Duhamel, j'ai compris qu'il était bien plus efficace pour moi de mettre le pied dans la machine grâce à mes synopsis et à mes idées, pour casser la glace.

Les rencontres personnelles servent davantage à la prospection ou à l'établissement d'une relation qu'à la vente proprement dite. Autrement, j'ai l'impression de mettre la charrue devant les bœufs. Par exemple, lorsque Julie et moi étions à la recherche d'un agent littéraire, nous nous sommes bornés au début à envoyer une sollicitation écrite à 48 personnes : par souci d'efficacité, certes, mais aussi parce que de toute façon 95 % auraient refusé de nous voir à moins que nous ayons quelque chose à dire. À la fin, trois nous ont présenté un contrat, et ce sont ces trois-là que nous sommes allés rencontrer : pour mieux juger de leur personnalité. Après tout, il s'agissait d'établir une relation qui pouvait potentiellement durer des années et ce n'était pas le moment de se tromper. Mais si j'avais essayé de demander une rencontre à mon agent sans même lui avoir dit en quoi j'étais intéressant, je doute fort qu'il aurait trouvé le temps. Si d'aventure je l'avais forcé, il en aurait été mécontent au départ et il ne serait jamais devenu mon agent.

Mais si vous, vous tenez absolument à vendre vos idées et à solliciter vos clients éventuels en personne, vous gagnerez à maîtriser déjà le synopsis et à penser «synoptiquement» – c'est-à-dire à être capable de faire valoir verbalement les ingrédients et les parties de votre idée. (Les petits malins qui ont sauté ce qui précède en pensant s'épargner la lecture de cinq chapitres auraient intérêt à rebrousser chemin.) L'utilisation des contacts et des réseaux est utile, mais elle ne donne rien si vos idées sont nulles : jamais mon agent n'aurait accepté de me voir si je ne l'avais convaincu avant de l'intérêt de mon idée. La rencontre, c'était la charrette, après le bœuf, qui était l'idée, qui tire tout finalement.

Même si vous êtes à la hauteur, votre sollicitation en personne connaîtra des ratés si vous n'avez rien d'écrit à remettre. Votre écrit est d'abord un aide-mémoire. Il n'est pas certain que la personne à qui vous avez parlé se rappellera même votre nom une minute après votre départ. Une carte de visite peut vous être utile, ici, mais que voulez-vous que votre interlocuteur fasse avec une carte s'il ne se rappelle pas ce que vous lui avez dit ? Votre meilleure carte de visite est encore une bonne idée bien formulée, avec votre nom écrit dessus. L'autre raison de la nécessité de l'écrit se trouve dans la façon dont se prennent les décisions éditoriales : à plusieurs. Si, à la prochaine réunion éditoriale, votre interlocuteur se rappelle par miracle votre idée non écrite, soyez assuré qu'elle sera déformée et transformée au-delà de toute vraisemblance. C'est le jeu du téléphone arabe. Par contre, si votre idée géniale est écrite, votre rédacteur ou votre éditeur passera le synopsis à ses collègues, qui liront directement vos idées telles que vous les exposez. Ainsi, même dans un contexte de sollicitation en personne, le synopsis vous aide à maîtriser la communication à l'interne. Autrement, vous dépendez totalement de la bonne foi, de la mémoire et de la fiabilité de gens que vous ne connaissez ni d'Ève ni d'Adam. Ça fait beaucoup.

On en revient toujours au synopsis, mais bon : vous avez bien le droit de mettre la charrue avant les bœufs.

À faire et À ne pas faire

Si vous demandez un rendez-vous, gardez bien en tête que c'est une arme à deux tranchants. Tout bon éditeur ou rédacteur en chef peut détecter en quelques secondes ou quelques minutes une idée intéressante si elle est bien présentée sur synopsis. En sept ou huit minutes, il aura lu vos six ou sept synopsis et il se sera formé une opinion. Mais si vous voulez le voir une heure, vous allez le déranger une heure au lieu de sept minutes. Si vous êtes nul, vous aurez été nul une heure, et le principal intéressé se souviendra davantage de vous. Si vous avez produit une mauvaise impression en personne, il peut être difficile de corriger le tir. Le synopsis est plus impersonnel, mais aussi moins dangereux. Je connais des tas de collègues qui ont soumis un synopsis ou un projet de livre, qui se sont fait dire non, et qui l'ont resoumis quelques mois plus tard après l'avoir amélioré (ou après que l'actualité a évolué dans le bon sens) et les rédacteurs l'ont accepté – sans même se souvenir qu'ils avaient refusé six mois plus tôt. Par contre, si ces mêmes collègues avaient commis l'erreur d'ennuyer le rédacteur pendant une heure, je parie que la rédaction se serait souvenue d'eux et de leurs idées « niaiseuses » et les aurait définitivement écartés.

Au préalable, il faut savoir à qui parler et quoi lui dire. Un rédacteur en chef, un éditeur, un producteur sont des gens pressés, qui rêvent de finir à 17 heures, et qui voient à la production d'une quantité effroyable de pages et de détails chaque mois. Ils ont la tête pleine. Dans le cas des publications, étudiez bien le cartouche, qui vous dit qui fait quoi. On y indique souvent à qui soumettre les idées. Fréquemment, dans les grands magazines, les idées passent d'abord par un secrétaire de rédaction. Jadis, chez *Commerce*, un seul des trois journalistes de l'interne était assigné à traiter avec les pigistes débutants. Le rédacteur en chef se gardait les habitués.

Cela peut valoir la peine de passer un coup de fil au secrétaire de rédaction ou à l'éditeur de livres pour savoir à qui soumettre votre idée ou sous quelle forme (courrier, courriel, télécopie). Vous ne leur demandez pas un cours de journalisme ou de création littéraire : vous leur demandez simplement la meilleure façon de les joindre. Ils vont vous répondre. Il se peut, si votre interlocuteur est disponible, qu'il discute avec vous de vos idées – d'où l'intérêt d'y avoir réfléchi un peu. Votre interlocuteur pourrait vous passer une commande sur-le-champ s'il aime ce qu'il entend. Mais il est plus probable que la personne à qui vous parlerez n'aura pas l'autorité de rien décider par elle-même. Elle vous donnera peut-être des conseils sur les points à faire valoir, mais ses opinions n'engagent ni le rédacteur en chef ni l'éditeur.

L'une des choses à éviter pendant une rencontre est de donner l'impression que vous voulez une job – un peu comme moi avec Duhamel, quand je n'avais pas d'idée à lui soumettre, seulement un CV et des copies d'articles publiés ailleurs. Vous ne voulez pas un emploi. Vous voulez publier des articles ou un livre chez eux. C'est très différent. Votre personne ne les intéresse que moyennement : ce sont vos idées qu'ils veulent entendre. À cet égard, tout dépend du style de chacun. Je me rappelle, au début de *Voir*, qu'il était passé une jeune et brillante journaliste, de quelques années mon aînée et qui commençait à faire sa marque, une certaine Marie-France Bazzo. Elle était venue discuter avec le rédacteur en chef et j'en avais entendu des échos parce que la discussion s'était déroulée bizarrement. Il semble que la journaliste avait donné des conseils au rédacteur en chef sur la façon de faire sa revue, sur la couverture générale, sur la une. Et je me rappelle le commentaire du rédacteur en chef : « Elle me parlait comme si elle voulait ma job. » Alors que lui voulait d'abord entendre ses idées d'articles, pas nécessairement ses idées sur la publication. Bref, Marie-France, dont le travail est inestimable comme animatrice, s'était trompée d'entrevue. Elle n'a jamais collaboré avec la revue, ou si peu, et il ne fait aucun doute que l'entrevue ne lui a jamais rien donné.

L'autre chose à éviter, particulièrement en personne, est d'essayer de faire semblant que vous êtes au-dessus de vos affaires parce que vous avez publié trois, six ou deux douzaines d'articles ! Mon expérience dans le domaine est que vous serez un journaliste débutant pour au moins deux ans et que vous ne serez pas vraiment un vétéran avant cinq ans de métier ! Pour le livre, l'échelle est bien différente, mais j'en suis à mon cinquième ouvrage, et je sens tout juste que je commence à contrôler l'affaire – j'ai aussi acquis la certitude que je ne saurai jamais tout et qu'il y aura toujours une surprise quelque part !

Enfin, évitez les publications que vous n'aimez pas lire et les maisons d'édition dont vous n'aimez pas les livres. Vous aurez un meilleur contact personnel avec un éditeur ou un rédacteur en chef que vous estimez parce que vous aimez réellement ce qu'ils produisent. D'abord parce que vous comprendrez bien ce qu'ils veulent, mais aussi parce que, pendant l'heure où vous serez avec le rédacteur en chef ou l'éditeur, il vous parlera beaucoup de son travail et il sera flatté de votre connaissance. Même si vos idées ne sont pas tout à fait ce qu'il cherche, il vous passera peut-être une commande sur-le-champ pour une idée à lui, histoire de vous essayer. Et si vous avez un bon rapport, il voudra peut-être vous entendre commenter ses unes ou ses choix rédactionnels – et il recevra mieux vos commentaires s'il sait que vous appréciez la publication. Les atomes crochus dépendent de peu de chose. Parfois, un bon contact ne compensera jamais l'absence d'atomes crochus avec une publication. J'ai un excellent rapport avec la rédactrice en chef de *Châtelaine*, Lise Ravary, mais je n'ai placé qu'un seul article dans cette revue – cinq ans avant l'arrivée de Lise. La raison est simple : je n'ai jamais rien compris à cette publication et elle ne m'intéresse pas – c'est un problème de gars, je pense. Alors, je n'embête pas Lise dans le cadre de son travail et j'attends de la voir aux congrès, où nous rigolons toujours beaucoup.

Aller vous faire voir

Si vous débutez, vous n'avez même pas de contacts à utiliser. Le mieux est encore de travailler vos idées et d'essayer de les vendre. Mais si vous tenez absolument à vous faire des contacts et que vous n'avez aucune référence, la voie royale est celle des associations, qui jouent un rôle vital tant pour vous former que pour vous informer et vous permettre de créer des liens avec vos pairs et vos futurs clients.

Les principales associations qui vous concernent sont :

- La Fédération professionnelle des journalistes du Québec (FPJQ) ;
- L'Union des écrivaines et des écrivains québécois (UNEQ) ;
- L'Association canadienne des journalistes (ACJ) ;
- L'Association des journalistes indépendants du Québec (AJIQ) ;
- L'Association des communicateurs scientifiques (ACS) ;
- L'Ordre des traducteurs, terminologues et interprètes agréés du Québec (OTTIAQ) ;
- La Société des auteurs de radio, télévision et cinéma (SARTEC) ;
- The Writers' Union of Canada (TWUC) ;
- Professional Writers Association of Canada (PWAC) ;
- Editors Association of Canada (EAC) ;
- L'Association québécoise des éditeurs de magazines (AQEM) ;
- L'Association nationale des éditeurs de livres (ANEL).

(Rassurez-vous, toutes les coordonnées de ces associations se trouvent sur le web ET en fin de chapitre !)

Il en existe d'autres aux États-Unis ou en France. Les trois associations anglophones dans le lot ont également des sections montréalaises. Ces associations organisent toutes des séminaires de formation et des 5 à 7 qui vous permettent de vous former et de côtoyer vos pairs – et, dans certains cas, vos futurs clients. Quant à moi, j'adore ces formations, qui me permettent à bon prix de réviser mes compétences d'intervieweur, de recherchiste, de réviseur. Je me rappelle entre autres avoir suivi une formation sur la rédaction d'articles de magazine avec Luc Chartrand, qui était alors un des journalistes vedettes de *L'actualité*. Ma présence l'avait surpris, car je faisais alors un peu partie du sérail, mais je lui avais expliqué que ma compréhension formelle du processus d'écriture était assez faible, même si je réussissais à me tirer d'affaire – autrement dit, je ne comprenais pas toujours pourquoi ça marchait ou pas. Le stage de Luc m'avait beaucoup instruit non seulement sur ses méthodes, mais sur les attentes d'une grande publication comme *L'actualité*.

Ne ratez pas ces occasions de vous former et de montrer votre sérieux. Certaines associations organisent même des séminaires-rencontres avec des rédacteurs en chef – par exemple, les rédacteurs en chef de revues féminines ou d'affaires – qui viennent expliquer dans le détail ce qu'ils cherchent.

Ces associations publient toutes un bulletin interne, d'intérêt inégal, mais qui vous montre ce qui se passe dans le milieu, qui fait quoi, et qui colle des visages sur des noms, avec qui vous aurez peut-être l'occasion d'échanger dans un stage ou dans un congrès.

Les congrès de ces associations, en particulier, sont à ne pas manquer : ils permettent de rencontrer des collègues et des clients dans une ambiance de formation et d'information dépourvue de hiérarchie, et parfois empreinte de franche camaraderie. Cela vous permet de les entendre, mais aussi de leur parler ou même de manger à leur table. L'avantage des rencontres de congrès ou des rencontres associatives est leur brièveté. En quelques minutes seulement, l'essentiel a été dit et on passe à autre chose – c'est beaucoup plus « économique » qu'une rencontre d'affaires au bureau ou au restaurant, où il faut se taper une demi-heure ou une heure de conversation.

Dans un tel cadre, les éditeurs et les rédacteurs en chef baissent la garde et sont en général plus disponibles pour accueillir des demandes du genre : « Pouvez-vous m'expliquer au juste ce que vous cherchez ? » Ou encore : « De quel type de sujet manquez-vous actuellement – humour, commerce, développement personnel ? » C'est le genre de questions, très professionnelles et pas téteuses, auxquelles ils aiment répondre parce qu'ils y ont un intérêt. Dans un tel cadre, vous pouvez même les titiller en leur disant que vous avez telle idée à leur présenter, mais que vous cherchez encore la bonne façon de l'amener : ils voudront vous entendre et ils vous parleront de ce qui les intéresse dans cette idée. Si vous avez un bon rapport, ils ne se gêneront pas pour vous donner des conseils plus généraux sur le métier. Dans ce contexte de congrès, un journaliste peut également vous fournir des éléments de réponses et s'il vous trouve une bonne tête, vous présenter au rédacteur en chef ou au secrétaire de rédaction, qui passe justement par là. Tous les journalistes et auteurs d'expérience sont passés par là et certains s'en souviennent mieux que d'autres.

Les congrès d'associations comme la FPJQ et l'ACJ sont particulièrement efficaces, car leurs membres sont tout autant les simples journalistes que les rédacteurs en chef ou les cadres, qui sont également des journalistes *a priori*. On y rencontre donc un grand nombre de clients potentiels. Ces associations ont souvent assez de prestige pour inviter des rédacteurs en chef ou de grands journalistes étrangers – j'ai en mémoire le passage du vice-président de CNN au congrès de l'ACJ à Edmonton, entre autres. Les autres associations sont plus spécialisées – l'OTTIAQ est carrément un ordre professionnel où seuls les traducteurs agréés sont les bienvenus. Chez celles qui sont pour les journalistes ou les auteurs (genre AJIQ ou UNEQ), les seuls rédacteurs ou éditeurs qu'on y trouve sont ceux qui sont invités par les organisateurs à titre de conférenciers ou de panélistes, pas comme membres. Quant aux associations d'éditeurs de livres ou de périodiques (AQEM et ANEL), elles concernent surtout les éditeurs et les rédactions, mais les auteurs et les journalistes sont souvent les bienvenus, surtout dans le cadre du congrès annuel.

Dans le domaine du livre, les éditeurs sont particulièrement joignables dans le cadre d'événements tel le Salon du livre – surtout celui de Montréal, mais aussi quelquefois dans les autres salons du livre régionaux. Ils sont évidemment très sollicités, mais ils sont là en chair et en os. Et il y a aussi des dizaines d'auteurs, également disponibles et qui accepteront peut-être de parler métier avec vous, et qui pourraient vous présenter à leur éditeur, et ainsi de suite. Le succès de ce démarchage en personne reposera sur votre capacité à être intéressant et intéressé sans paraître téteux. Qu'est-ce qu'un téteux? Concept fort intéressant quoique mou.

Le téteux n'a rien à dire, il est inintéressant, mais il est là, il tète ; quand on le critique, il est d'accord, il plie et ne casse pas ; il est mou, il attend, il pousse en tétant. Le grand défaut des personnes téteuses est d'être là. Un téteux est toujours moins téteux s'il n'est pas là. Remarquez que c'est exactement pareil pour la téteuse.

Pour les auteurs, il existe aussi de très grandes foires internationales du livre que je vous invite à visiter au moins une fois dans votre vie – il y a la foire du livre de Londres (London Book Fair) ou BookExpo America, mais la plus ancienne et la plus intéressante par son côté très multiculturel est la Foire du livre de Francfort, la célèbre *Büchermesse*. Il y a aussi le Salon du livre de Paris, dont la soirée inaugurale est réservée aux éditeurs, aux auteurs et à la presse : c'est la plus courue, celle où tout le monde se saoule, et celle où vous avez le plus de chance de vous faire présenter à des éditeurs.

J'ai assisté trois fois au Salon du livre de Paris, mais je ne suis allé qu'une fois à la Foire de Francfort, sous couvert de journalisme. C'était en 2000 et cela m'a ouvert les yeux. Les foires de Francfort, Londres et BookExpo sont bien différentes de celles de Paris ou de Montréal. Ce n'est pas tant une question d'échelle que de but : les dernières visent avant tout le public en général, alors que celles du premier groupe visent l'industrie. À Francfort, ils sont des milliers d'éditeurs qui tiennent kiosque et qui visitent ceux des autres pour voir quels livres ils ont, quelles collections ils ont montées. Là, les éditeurs n'achètent pas un exemplaire d'un livre, mais les droits sur le livre, parfois sur des collections entières – et, plus rarement, la maison d'édition au complet. Ils remplissent non pas une Place-Bonaventure, mais *dix*. Un seul hall, de la taille de celui de la Place-Bonaventure, est consacré à la presse et aux agents littéraires ! À Francfort, j'ai constaté qu'il y avait là une cinquantaine d'éditeurs québécois, qui étaient tous ravis de voir traîner un compatriote et qui m'ont parlé de leurs bons coups et de leurs mauvais coups comme si je faisais partie du club. Cela m'a donné également de bonnes réserves de conversation pour mes futures rencontres avec les éditeurs. Cela m'a donné des armes pour mes prospections futures, en plus de me faire comprendre comment la partie se jouait au plus haut niveau.

Adresses utiles

La Fédération professionnelle des journalistes du Québec (FPJQ)
1012, avenue du Mont-Royal Est, Bureau 105
Montréal (Québec) CANADA H2J 1X6
Téléphone : 514-522-6142 Télécopieur : 514-522-6071
info@fpjq.org

L'Association canadienne des journalistes (ACJ)
Algonquin College
1385 Woodroffe Avenue, B224
Ottawa, ON K2G 1V8
Telephone : 613-526-8061 Fax : 613-521-3904
The Canadian Association of Journalists

L'Association des journalistes indépendants du Québec (AJIQ)
1601, avenue De Lorimier
Montréal (Québec) H2K 4M5
Téléphone : 514-529-3105
info@ajiq.qc.ca

L'Association des communicateurs scientifiques (ACS)
1124, rue Marie-Anne Est, Bureau 12
Montréal (Québec) H2J 2B7
Téléphone : 514-844-4388 poste 250 Télécopieur : 514-844-8407
acs@acs.qc.ca

L'Ordre des traducteurs, terminologues et interprètes agréés du Québec (OTTIAQ)
2021, avenue Union, Bureau 1108
Montréal (Québec) H3A 2S9
Téléphone : 514-845-4411 ou 1-800-265-4815

Télécopieur : 514-845-9903

info@ottiaq.org

La Société des auteurs de radio, télévision et cinéma (SARTEC)
1229, rue Panet
Montréal (Québec) H2L 2Y6
Téléphone : 514-526-9196 Télécopieur : 514-526-4124
information@sartec.qc.ca

L'Union des écrivaines et des écrivains québécois (UNEQ)
3492, avenue Laval
Montréal (Québec) H2X 3C8
Téléphone : 1-888-849-8540 Télécopieur : 514-849-6239
ecrivez@uneq.qc.ca

The Writers' Union of Canada (TWUC)
90 Richmond Street East, Suite 200
Toronto ON M5C 1P1
Telephone : 416-703-8982 Fax : 416-504-9090
info@writersunion.ca

Professional Writers Association of Canada (PWAC)
215 Spadina Avenue, Suite 123
Toronto ON M5T 2C7
Telephone : 416-504-1645 Fax : 416-913-2327
info@pwac.ca

Editors Association of Canada (EAC)
502–27 Carlton Street
Toronto ON M5B 1L2
Telephone : 416-975-1379 Fax : 416-975-1637
info@editors.ca

L'Association québécoise des éditeurs de magazines (AQEM)
4316, boul. Saint-Laurent, Bureau 200
Montréal (Québec) H2W 1Z3
Téléphone : 514-499-9847 Télécopieur : 514-842-4886
info@magazinesquebec.com

L'Association nationale des éditeurs de livres (ANEL)
2514, boulevard Rosemont
Montréal (Québec) H1Y 1K4
Téléphone : 514-273-8130 Télécopieur : 514-273-9657
info@anel.qc.ca

Chapitre 7

Gaston y a l'téléfon qui son

Comment évaluer les commandes et les idées des autres

Je n'oublierai jamais la première commande de ma carrière : je n'étais même pas journaliste, ni même journaleux, j'arrivais du théâtre et le rédacteur en chef de *Voir*, Bernard Faucher, me commande un papier en trois feuillets sur le sida. J'estime beaucoup Bernard, qui a tenu le coup six ans comme rédacteur en chef adjoint à *L'actualité* avant de passer chez Christiane Charette, mais à l'époque, il apprenait le métier de rédacteur en chef comme moi j'apprenais celui de journaliste. Naturellement, je suis tombé dans le panneau et je me suis lancé dans une commande qui était n'importe quoi.

Le principal défaut des commandes est l'imprécision. Ce problème est généralisé et c'est le principal piège qui menace les écrivains, en particulier les journalistes. Ce qui m'avait sauvé, dans le cas de cette commande sur le sida, était que je m'étais auto-proclamé stagiaire à *Voir* et Bernard m'avait carrément montré comment interviewer et rédiger un tel papier.

C'est flatteur, un commande. Imaginez : un jour, enfin, le téléphone sonne. La rédactrice en chef de *Elle Québec* a beaucoup aimé votre synopsis et vous passe la commande. Variation sur le thème : elle a beaucoup aimé votre attitude au congrès, et elle veut vous essayer sur quelque chose. Ça fait un petit velours. Le problème est que la commande est souvent un piège à cons.

Jusqu'à présent, nous avons parlé de vos idées, de la façon de les présenter, mais aussi de les considérer et de les trouver. Mais avec la commande, les rôles sont inversés. C'est vous qui êtes en position d'examiner l'affaire et de dire : oui ou non – ou peut-être.

Il y a en fait deux types de commandes. Celle qui vient d'un synopsis que vous avez proposé ; et celle qui émane de la tête du rédacteur en chef ou de l'éditeur. Très souvent, la commande qui part de votre synopsis vous revient déformée : vous avez proposé un portrait de René Angélil et on veut vous commander un papier sur Maman Dion. Quant aux commandes qui viennent de la tête des éditeurs ou des rédacteurs en chef, elles ne sont pas toujours très bonnes, et elles sont souvent nulles – « le sida », en trois feuillets ; « Ramdam », en quatre. De même que 90 % des idées que vous avez ne feront jamais de bons synopsis, il n'y a souvent rien à faire avec 90 % des idées de vos éditeurs. La seule différence est que le client la veut, et le client a toujours raison, *right* ?

Gardez bien en tête que, dans sa démarche de commande, le client n'est pas en train d'essayer de vous enfirouaper. Il est presque toujours de bonne foi, mais presque toujours aussi, il essaie de faire entrer des ronds dans des carrés.

Autant vous avez l'obligation d'être précis dans votre synopsis, autant vous allez constater que vos clients peuvent être vagues ou franchement nuls quand ils passent une commande. Les chapitres 12 et 13 parlent de la façon dont on peut négocier les attentes du client, mais nous n'en sommes pas encore là. Ce chapitre-ci se contente d'aborder la commande du point de vue de l'idée que le rédacteur en chef ou l'éditeur vous soumet ou vous renvoie, et de l'intérêt que *son* idée suscite ou peut susciter.

Dans le cas du magazine, on peut s'essayer à quelques entrevues et voir ce que cela donnera. Pour le livre, c'est plus délicat, car il peut falloir quelques mois de travail pour être en mesure d'écrire un chapitre ou deux. Tout dépend donc du temps que vous êtes prêt à mettre au début pour clarifier la commande plate ou bizarre – on en parle davantage aux chapitres 12 et 13.

Les commandes nulles sont légion, mais il est en fait assez rare que l'on en trouve un exemple écrit (voir page suivante).

Cet exemple de commande nulle m'embête sur un point : son auteur, Raymond Lemieux de *Québec Science*, est un des meilleurs rédacteurs en chef du Québec. Il a accepté de bonne grâce que je donne l'exemple de cette commande écrite, car nous avons toujours eu une relation d'amitié et Raymond est l'une des rares personnes que je connaisse qui a la candeur d'admettre ses erreurs. Il est un rédacteur en chef très concurrentiel qui veut faire une des meilleures revues qui soit et il y réussit malgré un manque évident de moyens comparativement aux *Science & Vie* et *Popular Science* de ce monde. Bref, si j'en prends un qui rit de lui à cause de cet exemple, il aura affaire à moi.

Ce qui ne veut pas dire que Raymond n'a pas dû apprendre son métier de rédacteur en chef, et cette commande vous montre que ce qui vient de la tête d'un rédacteur en chef n'est pas toujours brillantissime.

Lisez bien cet exemple de commande : celle-ci a tous les défauts d'un mauvais synopsis mal cuit. Le sujet est la sécurité aérienne, mais il n'y a aucun angle précis, même si le rédacteur en suggère six ou sept, et donne deux ou trois exemples précis qui pointent dans des directions différentes. On commence avec des généralisations de tout acabit – on tire dans toutes les directions et on ne se branche pas. La seule chose qui est précise est la longueur, la date de remise et le prix, ce qui est déjà beaucoup.

Ce document est précieux, car il est très rare que vous ayez une commande écrite aussi détaillée – Jobboom est un cas assez rare du contraire, mais ils ont longtemps eu le défaut de faire des commandes trop longues et trop détaillées. La plupart des

Un exemple de commande

Montréal, le 5 septembre 1995

Jean-Benoit Nadeau
4654, rue Boyer
Montréal (Québec)
H2J 3E4

Bonjour,

Je vous confirme la commande d'un article portant sur la sécurité aérienne.

Considéré comme un moyen de transports des plus sécuritaires (il s'agira de fournir des données pour démontrer cela), l'avion continue cependant à susciter des peurs. Pourrait-on, en fait, améliorer davantage la sécurité des appareils ? Comment ? Puis, l'augmentation des vols aériens et la libéralisation du marché - ce sont des éléments contextuels à ne pas oublier) augmenteront-ils les risques ?

Il serait intéressant de montrer comment un moteur tombe en panne, quelle est la part des ennuis mécaniques qui provoquent un accident comparativement aux fameuses erreurs humaines. (chiffres à l'appui et quelques exemples révélateurs)

Enfin, y a-t-il des différences en ce qui concerne la sécurité des appareils qu'ils soient des petits avions et les gros porteurs. Lesquelles ? Pourquoi ?

Sources suggérées :
* Conifair (qui a subi la perte de deux petits avions cet été a certainement quelque chose à dire)
* Boeing
* AirBus
* OACI (Pour les normes de sécurité et leur mise en application)
* Air Canada
* Canadien

En encadré : Contre le mal de l'air, Air France offre à ses passagers des thérapies afin qu'ils puissent surmonter leur peur de l'avion. (Je pense que c'est la seule compagnie aérienne à le faire)
Décrire sommairement cette thérapie.

L'article devra avoir une longueur entre 10 et 12 feuillets et devrait être remis le 6 octobre 1995. Il vous sera payé 1100 $ (montant forfaitaire)

Raymond Lemieux

425, rue De La Gauchetière Est, Montréal (Québec) H2L 2M7 • Téléphone : (514) 843-8888 Télécopieur: (514) 843-4897

rédacteurs en chef ne se donnent même pas la peine d'écrire ce qu'ils veulent et leur idée change tout le temps. Une partie du problème des commandes nulles est en réalité que si peu de rédacteurs en chef essaient de les écrire! C'est vous dire à quel point vous devez vous méfier d'une commande. L'avantage de cette commande écrite était que je pouvais demander au rédacteur en chef de relire sa commande, dont la nullité lui est vite devenue évidente. C'est l'avantage de l'écrit et l'une des raisons principales pour lesquelles les rédacteurs en chef écrivent rarement leurs commandes. Souvent ils n'en ont pas le temps, certes, mais il y a aussi le fait que l'écrit met en valeur la nullité d'une idée, et cela dérange.

Heureusement, quand la commande de *Québec Science* m'est tombée dessus, j'avais huit ans d'expérience et j'ai dit « wo! ».

La première chose à faire est de ne rien faire ou, pour être précis, de ne pas trop en faire. Dans le cas de la commande sur la sécurité aérienne, j'avais l'impression assez nette que le rédacteur en chef me commandait un livre – et un livre potentiellement plate par-dessus le marché. Impression qui s'est d'ailleurs confirmée lorsque j'ai appelé l'une des sources suggérées, l'Organisation de l'aviation civile internationale (OACI), dont le bureau nord-américain est à Montréal. Le responsable des relations avec les médias, un ex-journaliste chevronné, a tout de suite vu la faille :

« La sécurité aérienne, ce n'est pas un article, c'est notre mandat. C'est l'immeuble au complet ici. Il y a un étage sur la sécurité dans les aéroports. Un autre étage sur le pilotage. Un autre sur l'entretien. Un autre sur le contrôle aérien. Les avions tombent pour cause de panne, de terrorisme ou d'erreur humaine. Je pense que ton rédacteur en chef devrait clarifier ce qu'il veut, car le terrorisme, ce n'est pas l'entretien. »

Je me suis donc entretenu des questions générales avec lui. J'ai aussi appelé quelques personnes-ressources pour débroussailler le sujet. Finalement, il est apparu que l'angle le plus intéressant serait celui du « rôle de l'informatique dans le pilotage et le contrôle aérien », et qu'on aurait suffisamment de matériel. Le texte ne ferait qu'allusion au reste, au mieux. J'ai donc rappelé le rédacteur en chef pour lui expliquer la situation et il était très content. Ayant précisé un angle intéressant, là, je pouvais me lancer à fond.

Une question de feeling

Au fond, le pigiste débutant est un peu comme de la chair à canon : on l'envoie sans préparation attaquer une position imprenable, et s'il la prend sans se faire tuer, on lui donnera une médaille et on le renverra à l'attaque !

Or, l'erreur à éviter est de croire que la « commande » est une « commande » parce qu'elle est présentée comme telle – même quand elle est écrite et parfois très (trop) détaillée, comme celle de Raymond. La plupart des rédacteurs en chef sont de bonne foi et vous utilisent en fait comme caisse de résonance, pour voir si leur idée a du sens : la plupart des débutants font l'erreur de tomber dans le piège et de partir avec la « commande » sans la questionner, alors qu'au contraire le but de la commande était de susciter une discussion ouverte. Autrement dit, ne soyez pas intimidé : N'AYEZ JAMAIS PEUR DU RÉDACTEUR EN CHEF OU DE L'ÉDITEUR. Si l'idée manque d'intérêt, vous devriez le dire, et pourquoi.

Mais les débutants n'ont en général pas le luxe de refuser ou de dire platement au rédacteur en chef que sa commande est nulle. Que faire quand on vous commande un papier sur « le marché de la réassurance au Québec », « la sous-traitance industrielle au Québec », « Céline Dion » ou « le téléroman *L'Épopée Rock* » (cas vécus par bibi)? C'est plate en soi et ce sera à vous d'en développer l'intérêt. Heureusement, il y a peut-être quelque chose d'intéressant là-dedans. Si vous ne voyez pas, c'est la première chose à demander au rédacteur en chef : « En quoi est-ce intéressant? » Vous allez bien voir si cela présente un potentiel. Si votre interlocuteur pédale dans la choucroute, vous feriez bien de refuser.

Il arrive fréquemment que cette conversation soit compliquée par le fait que nombre de rédacteurs en chef sont d'ex-journalistes chevronnés catapultés dans un poste où ils font leurs dents ou qui n'est tout simplement pas fait pour eux. Le principe de Peter est à l'œuvre! De même chez les éditeurs. Le résultat est le même : votre interlocuteur n'a pas les idées très claires et commande tout et son contraire.

Comme pour les idées que vous proposez par synopsis, le problème de la commande se ramène à une question d'intérêt. Mais vous avez le droit de ne vous intéresser qu'à ce qui vous intéresse, et donc de juger la commande selon son intérêt. Moi, je suis une nature curieuse et je me suis longtemps fait une spécialité de trouver la façon intéressante de raconter un sujet foncièrement plate – la Caisse de dépôt et placement du Québec, par exemple, ou le Fonds de solidarité FTQ. Ce n'est pas un petit talent. Je m'intéresse spontanément aux affaires compliquées que personne ne comprend. Je suis comme ça. Ce sera forcément différent pour quelqu'un d'autre, mais l'essentiel est que vous y preniez votre pied.

Cette question de l'intérêt, ou de l'intérêt potentiel, est vitale. De même que votre synopsis doit être captivant pour captiver et susciter une commande, de même la commande devrait être intéressante – en soi, ou potentiellement, pour vous-même. Car ce sera à vous d'en montrer les points d'intérêt. Si vous prenez une commande et que vous n'êtes pas foncièrement ou potentiellement intéressé par le sujet, et si en plus vous sentez que cela ne vous touchera jamais, danger! Autant refuser – car si vous acceptez, vous aurez pour mission de trouver ce qui est intéressant là-dedans, ce qui est plus facile à faire si l'on est intéressé que si on ne l'est pas.

Si votre intérêt n'est que pécuniaire, méfiez-vous : il est légitime d'écrire des articles alimentaires, mais si votre *seul* intérêt est l'argent, vous traiterez le sujet en fonctionnaire, il n'y aura rien de passionnant là-dedans, le rédacteur sera déçu et vous ne serez pas payé, ce qui ne vous aura avancé en rien !

Si vous avez l'impression que mon raisonnement est circulaire, vous avez parfaitement raison. De même qu'une bonne idée est une idée intéressante, une bonne commande est une commande intéressante – du moins potentiellement, pour vous, et pas seulement parce qu'elle sera payante.

Bref, ce n'est pas parce qu'il y a commande que l'affaire est dans le sac. Heureusement, comme nous le verrons aux chapitres 12, 13 et 14, il y a des trucs et des méthodes qui vous faciliteront énormément la tâche pour négocier le travail et réaliser la tartine. Mais avant la négociation même, il importe que vous sachiez mesurer également le potentiel de vos idées (et de celles de votre rédacteur en chef ou de votre éditeur), tant au point de vue des publics auxquels elles peuvent s'adresser, qu'à celui des multiples façons de les exploiter.

Chapitre 8

Mais où va-t-il chercher tout ça?

Comment aller au bout de son idée
en exploitant son véritable potentiel

Rien ne me désole plus que d'entendre un journaliste ou un auteur me dire qu'il n'a rien fait avec son article ou son livre. «Rien fait?» direz-vous. «Mais l'article ou le livre ne sont-ils pas un accomplissement en soi?» Oui, certes, mais là n'est pas la question : vous n'écrivez pas seulement pour vous accomplir ou vous réaliser mais pour en vivre. Or, si vous voulez en vivre, vous devez trouver une façon de vous multiplier, on l'a dit. Dans ce cas, le véritable enjeu est de pouvoir *exploiter* son travail, c'est-à-dire de reprendre sa recherche pour en produire de nouveaux articles sous le même angle ou sous des angles différents, ou faire en sorte que le livre trouvera preneur sur d'autres marchés, ou donnera un documentaire. Car votre idée ne s'arrête pas nécessairement à l'article ou au livre, et la plupart des journalistes et des auteurs ne vont jamais vraiment *au bout de leur idée*. Et c'est justement ce territoire mystérieux, le bout de votre idée, qu'explorent ce chapitre sur le potentiel de vos idées et le suivant sur le droit d'auteur.

Car une fois que vous maîtrisez le synopsis, le monde est à vous. Mais pour pouvoir vraiment aller au bout de votre idée, il faut que vous sachiez reconnaître sa dimension véritable et que vous preniez la mesure de l'univers que cette idée vous ouvre. En effet, votre idée pourrait convenir à un autre type de média ou de public que ceux auxquels vous songiez. Rien n'interdit non plus, j'espère que vous l'avez compris, que votre idée de magazine donne aussi une excellente idée de livre, d'article d'opinion ou de documentaire. Votre idée peut se décliner dans chacun de ces quatre genres ou une combinaison diverse – et c'est d'autant plus possible que votre idée est intéressante, et que vous savez tourner un synopsis !

Ma collègue Chantal Dauray, à qui j'ai servi de mentor dans un programme de mentorat organisé par la Fédération professionnelle des journalistes, doit maintenant vivre avec l'heureux problème d'avoir mis le pied « dans une bonne talle », comme on dit. S'étant intéressée à la question des rituels de la vie quotidienne (mariage, enterrement, *shower*, première communion, etc.), elle a écrit un livre, *Nos rituels*, qu'elle décline maintenant à la télé et dans la presse. C'est pour elle une source quasi intarissable, dont elle peut parler sous l'angle de l'organisation du rituel, ou de la sociologie ou de la philosophie. Si elle ne s'en tanne pas, et si elle continue de nourrir son sujet par sa curiosité, elle pourrait en parler toute sa vie. C'est un peu comme un agriculteur qui cultive un bon champ : il peut y faire pousser bien des choses s'il y travaille. Chantal a découvert, assez tardivement, que son livre est unique non seulement au Québec, mais partout : il n'y a rien de tel nulle part. Le monde est à elle. Ce ne sera pas *Harry Potter*, on s'entend, mais elle pourrait en vivre toute sa vie.

On ne tombe pas sur un tel filon tous les jours, mais il y a quand même de belles pépites un peu partout dans un rayon d'un kilomètre. Il faut savoir les trouver (c'est le chapitre 3), mais il faut aussi savoir éviter le gaspillage et reconnaître leur véritable potentiel. Cela relève de la question du média, dont on a parlé à propos des diverses approches synoptiques. Mais le public de votre idée joue pour beaucoup également.

Ce n'est pas parce que vous venez de La Tuque et que votre idée concerne un personnage de La Tuque que votre idée est juste bonne pour *Le Foulard* de La Tuque ou LaTuk-TV. Il y a bien d'autres publics :

- Local,
- Régional,
- Provincial,
- National,
- International,
- Étranger.

Ces six paliers se passent d'explication, sauf le dernier, que j'appelle « étranger » faute de mieux. Quossé ça ? C'est un peu du local, mais ailleurs. Par exemple, vous faites un article sur un fabricant de souffleuses à neige de Saint-Ferréol-les-Neiges, et en lisant le CV du président, vous découvrez qu'il a grandi en plein désert, à Tucson en Arizona, et qu'il a fait ses études à Denver, et qu'il est mormon. Cela vous fait trois « ailleurs ». Le *Santa Fe Reporter* pourrait bien trouver intéressante cette histoire d'un gars de la place, qui a grandi dans le désert et qui vend des souffleuses à neige. De même, la revue des diplômés de l'Université du Colorado voudra peut-être raconter les aventures d'un des leurs, *a fortiori* s'il est un généreux donateur. Et, bien sûr, le *Morning News* de Salt Lake City pourrait bien vouloir se faire raconter l'histoire d'un entrepreneur mormon, surtout si, en plus, il est prophète ou fils de prophète.

De même pour votre petite biographie sympa du trappeur local, *La Vie de Bison Teint, le nouveau coureur des bois*, publié chez ce petit éditeur abitibien. Si votre trappeur ou vous-même êtes natifs de Besançon, il se pourrait bien qu'un éditeur bisontin – figurez-vous qu'ils s'appellent comme ça, les concitoyens de Bison Teint ! – reprenne le titre.

Cette idée de palier vous fera prendre conscience de la position relative des publications et des éditeurs. Le magazine *L'actualité*, tout grand soit-il dans son marché, ne se situe qu'au milieu de cette hiérarchie : c'est un grand magazine québécois francophone, un point c'est tout. Pareil pour *Québec Science*, pareil pour *La Presse*. Pareil pour les éditions Alain Stanké.

Toutes les idées ne sont pas bonnes pour tout le monde. Mettons que vous habitez à Loin-Noranda, et que vous apprenez par un employé de la fonderie Horne qu'ils viennent de recevoir une cargaison de matériel électronique russe (bourré d'or) pour leur centre de recyclage d'ordinateurs. Ça peut faire un ti-tartik dans *La Dépêche* de Rouyn-Noranda, mais cette question du recyclage d'ordinateurs peut avoir une résonance provinciale, nationale et même internationale si on en comprend bien toute la dimension. Par contre, si vous vous intéressez à Fernando Hallée, qui fête son quarantième anniversaire au service de la Horne – section recyclage d'ordinateurs, c'est juste bon pour *La Dépêche*, ce qui est tout à fait légitime. (J'espère que vous ne passerez pas à côté de la grosse histoire.) Les quarante ans de Céline Dion, c'est provincial (dans la catégorie potins). Les difficultés financières de Céline Dion, cela peut avoir un impact plus large – *Rolling Stones Magazine* pourrait être acheteur.

Oui, mais la langue? Et comment on trouve les sources? On en reparlera, mais je dirais qu'il est vital que vous saisissiez assez tôt le potentiel de votre idée, pour la simple raison que vous serez plus attentif au moment de la recherche. Par exemple, si vous avez vu assez tôt que le *Santa Fe Herald* pourrait être intéressé par votre fabricant de souffleuses à neige natif du Nouveau-Mexique, vous prêterez bien davantage attention quand il vous racontera les histoires de sa grand-mère ou quand il se mettra à marmoner.

Même si votre idée a du potentiel, il peut être judicieux de commencer par exploiter le palier inférieur. Faites donc votre papier pour *La Dépêche* de Rouyn-Noranda, cela vous permettra de mieux documenter le sujet. Vous serez alors payé pour effectuer votre recherche, découvrir des trucs et développer une idée encore plus forte pour les marchés supérieurs. Comme je l'ai dit plus tôt : on fait avec ce que l'on a. C'est vrai pour les synopsis, mais c'est aussi vrai en ce qui concerne le potentiel de votre idée : il ne vous sert à rien de rêver au monde si vous n'êtes pas capable de la réaliser localement.

Il importe que vous sachiez que votre recherche comme journaliste ou comme auteur vous appartient. Ce que vous écrivez est à vous, et vous pouvez en faire ce que vous voulez *même si l'idée vient d'un autre*. C'est tellement important que j'ai négocié avec mon éditeur de vous mettre ça en majuscules et en italique. J'ai aussi négocié de pouvoir vous le répéter, avec toutes sortes de caractères exotiques tout plein : **CE QUE VOUS ÉCRIVEZ EST À VOUS**, ET VOUS POUVEZ EN FAIRE CE QUE VOUS VOULEZ, *MÊME SI L'IDÉE VIENT D'UN AUTRE*. Rien ne vous empêche de partir avec cette idée, que vous trouvez intéressante, et de la reprendre ailleurs. Absolument rien. Sauf si, bien sûr, une entente contraire le précise. (Le chapitre 10 approfondit cette question de la propriété.)

En 2003, je suis allé au congrès de l'Association canadienne des journalistes où j'ai assisté à une présentation de l'auteur Pierre Berton. Cet ancien journaliste s'était fait un fonds de commerce en publiant des livres d'histoire populaire sur le Canada, dont un grand nombre ont été des best-sellers. Tout y a passé : le cinéma, les trains, l'establishment, les chutes du Niagara. Tout ce qui était *Canadian*. Je me trouve chanceux, car l'auteur est décédé quelques mois plus tard.

Or, Berton m'a frappé en insistant sur le fait que l'un des secrets de la réussite était dans l'art du recyclage. Tel chapitre de votre livre peut devenir la base d'un autre livre ou d'un reportage. Tel reportage servira dans votre livre ou peut se décliner en trois ou quatre autres articles selon des angles différents. Il faut évidemment que le sujet vous intéresse, mais si c'est le cas, qu'est-ce qui vous en empêche ?

Vous allez dire : « Eux sont gros, et je suis petit. Pourquoi prêteraient-ils attention à mes idées ? » La raison est simple : ils ne sont pas devenus gros en ne faisant rien. Ils ont déjà été petits, mais ils savent surtout reconnaître les bonnes idées parmi les idées niaiseuses ou ordinaires. C'est aussi simple que cela. Peut-être jugeront-ils que vous n'avez pas encore l'étoffe pour être à la hauteur de votre idée, mais si vous avez bien amené la chose dans votre synopsis, ils vous en croiront capables. Ils n'ont même pas besoin de savoir que vous ne parlez pas l'anglais, du moment que vous leur donnez un synopsis qui est correctement écrit ! Si votre crédibilité est en jeu au début, il se peut alors que vous deviez effectuer un peu plus de travail de recherche pour les convaincre et leur montrer que vous êtes capable. Il se peut aussi qu'ils achètent votre idée et qu'ils vous demandent d'y collaborer. Cela arrive. Mais une bonne idée, ils vont la reconnaître tout de suite, ne vous inquiétez pas.

Si votre but dans la vie est de jouer au journaliste, par exemple, ou d'écrire un livre en dilettante, vous n'avez pas besoin de vous soucier de reconnaître le potentiel de votre idée. Vous avez le droit de vous en ficher, mais j'espère seulement que ce n'est pas par défaitisme. J'ai connu trop de journalistes et d'auteurs qui se sont pris au jeu assez vite et qui se sont rendu compte, un peu tard, qu'ils avaient gaspillé le potentiel de leur livre ou de leur reportage, un sujet qui les passionnait et qui est resté largement inexploité du fait de leur négligence ou de leur désinvolture. Si un sujet vous passionne ou vous intéresse, pourquoi vous contenter de ne publier qu'à un endroit ? Pourquoi vous borner au *Foulard* de La Tuque ? ou à *L'actualité* ? ou à *Châtelaine* ? Si vous voulez écrire pour vivre, et pas seulement écrire pour être publié, cette question de la revente est vitale.

Si vous décidez de pratiquer la revente systématique d'articles, il y a deux méthodes, telles qu'expliquées dans le livre de Michael Sedge[*], qui est vraiment la référence sur ce sujet précis. Soit vous pratiquez la revente à la chaîne ou la refonte.

---

[*] Sedge, Michael, *Successful Syndication : A guide for writers and cartoonists*, New York, Allworth Press, 2000, 184 pages.

La *revente* consiste à envoyer votre texte déjà écrit à de nombreuses publications. Cela se fait par une agence – le système de syndication, surtout anglo-américain – ou par soi-même. En général, la revente faite par soi-même est plus payante à la pièce, mais cela demande un effort : un taux de réussite de 10 % au début est considéré comme un bon succès. Il faut donc monter son réseau d'acheteurs. C'est également beaucoup plus facile à faire si on pratique une même spécialité pointue (le jardinage, la finance personnelle, la mode) que si l'on change fréquemment de branche. Les prix sont rarement très élevés, car les publications savent qu'elles n'achètent pas une exclusivité, mais cela peut être assez payant puisque la revente exige moins de travail d'écriture.

La *refonte*, elle, consiste à partir d'un article ou d'une recherche existants pour refondre un ou quelques articles originaux sur mesure pour des clients précis. C'est ma façon favorite de fonctionner, parce que je n'ai pas une spécialité pointue clairement balisée, et aussi parce que c'est plus payant à la pièce, puisque chacun a son papier exclusif. Cela suppose toutefois d'écrire davantage, mais cela permet de donner l'impression que l'on produit énormément. Personnellement, je trouve que cette méthode est plus appropriée quand on est basé dans un petit marché, mais les deux sont valides.

Les annuaires

Certaines idées ont une résonance étonnante. Par exemple, Julie a écrit un article sur Pops, le père Emmett Jones, fondateur du Bon Dieu dans la rue, une association d'aide aux jeunes traîneux. Elle a publié le portrait dans *L'actualité*, elle l'a repris ensuite pour plusieurs autres publications au Canada, et elle l'a ensuite placé aux États-Unis dans un magazine qui s'appelle le *Catholic Digest*, qui payait fort correctement.

« Le *Catholic Digest?* Oussé faire qu'a pris ça? » aurait dit Valéry Giscard d'Estaing s'il était né en notre terroir. Ça, c'est heureusement la partie facile. Il existe des annuaires, plus ou moins détaillés, qui vous permettent d'explorer ce terreau fertile.

Pour les États-Unis et le Canada (un peu) : il y a deux références. D'abord le *Writer's Guide to Book Editors, Publishers and Literary Agents** dresse la liste complète des éditeurs américains et surtout des agents littéraires, selon leurs préférences – c'est grâce à cet annuaire que j'ai repéré mon agent américain. L'autre ouvrage de référence est *The Writer's Market*[3]. On peut l'acheter dans n'importe quelle librairie anglophone ou le commander. C'est le livre le plus complet dans le genre. Cette brique de 1 100 pages est une vraie bible, et regroupe en fait un annuaire des éditeurs, un annuaire des magazines et un annuaire des prix. Ces publications sont regroupées selon le genre : la section Religion compte 88 périodiques. On y apprend, entre autres, que le *War Cry* de l'Armée du Salut paie 25 cents le mot, et le *Presbyterian Record* de Toronto paie jusqu'à 150 dollars par article. C'est principalement américain, mais on y trouve bon nombre de publications canadiennes anglaises. Chaque publication a rempli une fiche signalétique qui vous donne des informations détaillées sur ses tarifs, les genres qu'elle cherche, les conditions, etc.

Pour la France (et plus généralement le marché francophone), l'incontournable est le *Guide de la pige*[4], qui en est à sa quatrième édition, et qui est l'équivalent du *Writer's Market*, mais avec une plus grosse section de conseils pratiques. Pour les auteurs de livre, il ne faut pas manquer l'annuaire *Audace*[5], publié par l'Association

---

3. Sous la direction de Kathryn S. Brogan, *2006 Writer's Market : Where and How to sell what you write*, 85ᵉ édition, Cincinnati, Writer's Digest Books, 2005, 1 178 pages.

4. Pascale Nobécourt et Xavier Cazard, *Le Guide de la pige : Journaliste, Mode d'emploi, Édition 2005-2006*, Paris, Entrecom Éditions, 2005.

* La référence complète se trouve à la note 10 de la page 144.

d'information et de défense des auteurs, qui donne la liste des éditeurs. Ces publications ont toutes des index thématiques et régionaux, ce qui vous permet de savoir, par exemple, si votre livre sur le coureur des bois natif de Besançon pourrait trouver preneur chez l'un des six éditeurs du département du Doubs, dont le chef-lieu est justement Besançon, ou dans l'une des cinq revues de nature françaises.

Pour le Canada anglais, il y a *Canadian Writer's Market*[6], qui en est à sa 15ᵉ édition. C'est vraiment le pendant naturel de son cousin américain. Les fiches y sont moins détaillées, mais cet ouvrage comporte une intéressante section des agents littéraires canadiens. Pour le merveilleux monde de l'édition canadienne, il y a le *Canadian Publishers Directory*[7], publié par la revue *Quill & Quire*.

Pour le Québec, il y avait jadis une publication qui s'appelait le *Vade-mecum à l'usage des écrivains, journalistes et pigistes*[8], qui se comparait avantageusement aux précédentes – malheureusement, cette référence extraordinaire n'a jamais été rééditée. Le site web de la Fédération professionnelle (FPJQ) vous permet tout de même de faire une recherche assez pointue des publications par genre, région ou spécialité. Pour avoir une idée des conditions tarifaires, il faut se reporter au site de l'Association des journalistes indépendant (AJIQ), qui donne une liste malheureusement incomplète des tarifs qui se pratiquent. (Nous reparlerons

---

5. Roger Gaillard, *Audace : annuaire à l'usage des auteurs cherchant un éditeur*, 6ᵉ édition, Vitry, Calcre, 2000, 558 pages. Ce livre est malheureusement épuisé. Toutefois, il est possible de trouver des informations aussi complètes sur le site web du Bureau d'information de l'édition française.
6. Sandra Tooze, *The Canadian Writer's Market : The essential guide for freelance writers*, 16ᵉ édition, Toronto, McClelland & Stewart, 2004, 464 pages.
7. Dirigé par Matthew Behrens, *Canadian Publishers Directory*, Toronto, Quill & Quire, hiver 2006, 96 pages.
8. Marie Évangeline Arsenault, *Écrire 1991 – vade-mecum à l'usage des écrivains, journalistes et pigistes*, Montréal, Marché de l'écriture, 1990. Épuisé.

des tarifs dans le détail au chapitre 13, c'est promis.) Toutefois, le journaliste Ludovic Hirtzmann a publié un intéressant *Vive la pige!*[9] qui a été beaucoup critiqué pour certaines erreurs, mais qui est la première tentative en quinze ans de sortir un ouvrage qui se rapproche du *Vade-mecum*, en plus modeste. C'est à la fois un livre de conseils pratiques et un annuaire commenté qui, quoique bien incomplet, constitue le premier effort du genre depuis longtemps.

Et selon vos goûts et sensibilités personnels, vous pouvez aisément trouver des références similaires en langue allemande, ou pour l'Angleterre, ou pour le marché hispanophone.

L'étude attentive de ces ouvrages devrait suffire à vous inspirer. Personnellement, j'aime aussi lire des revues spécialisées comme *Writer's Digest, Writer's Weekly, Publishers Weekly, Synopsis* (France), *Lire, Écrire & Éditer, Quill & Quire*, qui couvrent l'industrie de l'intérieur. Certaines, comme *Writer's Digest*, sont très orientées sur les trucs du métier d'écrivain sous toutes ses facettes, alors que *Publishers Weekly* ou *Lire* ne donnent que des nouvelles de l'industrie. Mais peu importe vos choix dans ce domaine, l'essentiel est que ces lectures élargiront vos vues sur le potentiel de vos idées.

Le cas de l'agent

Si vous sentez que votre projet de livre a du potentiel, je ne saurais trop vous conseiller de trouver un agent, aussi appelé en anglais *author's representative* (représentant littéraire) ou *literary agent* (agent litéraire).

Si vous voulez publier des livres hors du Québec, l'agent est presque incontournable. Dans le marché international du livre, les agents sont des intermédiaires de plus en plus nécessaires,

---

9. Ludovic Hirtzmann, *Vive la pige! Guide pour les journalistes indépendants*, Montréal, Éditions Multimondes, 2004, 160 pages.

vitaux même, et parfois obligatoires. Nombre de grands éditeurs ne considèrent même pas un projet de livre s'il n'a pas été soumis par un agent, qui agit comme une sorte de filtre sur le marché.

Il ne faut surtout pas confondre l'agent littéraire avec le relationniste ou le publicitaire. L'agent littéraire est votre représentant auprès de l'éditeur : c'est lui qui se charge de faire les démarches pour vendre votre projet aux éditeurs ; c'est lui qui mène les enchères si la mayonnaise prend ; c'est l'agent qui négocie les détails pour vous. Un bon agent peut vous aider à améliorer votre projet. Comme il s'agit souvent d'un auteur ou d'un ancien éditeur, l'agent peut vous conseiller en ce sens, mais il ne le fera pas pour vous. Dans mon cas, je revois le mien tous les deux ans environ, avec Julie, et nous discutons de nos idées de livres et il nous dit ce qu'il trouve le plus intéressant et ce qu'il croit pouvoir vendre.

L'avantage premier de l'agent est qu'il peut, grâce à sa crédibilité, vous obtenir de bien meilleures conditions de réalisation pour votre projet. L'inconvénient de l'agent est qu'il ne s'intéressera pas aux petites affaires qui ont peu de potentiel et aux petits éditeurs qui ne paient pas : ce qui n'est pas nécessairement une mauvaise chose, mais qui ne vous aide pas, vous, si vous êtes en phase d'apprentissage. Par exemple, un agent français fera peu de cas des éditeurs québécois. Par contre, s'il croit à votre projet, l'agent peut se démener très fort pour vous trouver un éditeur où qu'il soit.

Au Québec, il y a peu d'agents : j'ai connu quelques auteurs qui en avaient, mais il s'agit le plus souvent de parents ayant une formation en droit et qui font le travail bénévolement. La seule agence québécoise est l'agence Goodwin, qui représente surtout des artistes de scène, mais aussi quelques auteurs connus, principalement des auteurs de théâtre ou des scénaristes – comme Michel Tremblay. L'une des raisons principales de cette carence, à mon avis, est que les éditeurs québécois ne sont pas très habitués à payer des avances. Les causes en sont multiples – il y a là-dedans un problème de l'œuf et de la poule –, mais le chapitre suivant avance d'autres raisons, de nature plus psychologique, qui jouent certainement un rôle important.

Si vous envisagez un projet dont la portée dépasse le Québec, je ne saurais trop vous recommander de lire le livre de Jeff Herman : *Writer's Guide to Book Editors, Publishers and Literary Agents*[10]. Il vous ouvrira les yeux sur un monde très différent de celui de l'édition québécoise, et il est d'autant plus intéressant que cet ouvrage est compilé par un agent littéraire. Les 100 premières pages de son bouquin vous expliquent comment bâtir un projet de livre, et le reste est un annuaire très détaillé des agents littéraires, principalement américains, qui énumèrent leurs préférences. J'ai fait un très bon usage du livre d'Herman quand il s'est agi de trouver un agent américain pour *Sixty Million Frenchmen Can't Be Wrong*. Ces fiches signalétiques, qui font chacune une page, m'ont permis de leur donner à tous une note de zéro à cinq selon l'intérêt qu'ils pourraient avoir pour mon livre – par exemple, un agent qui ne faisait que la fiction méritait la note de zéro, mais un agent qui ne faisait que de la non-fiction et qui prétendait s'intéresser à l'Europe ou à la France méritait une note de cinq. Et ainsi de suite. Sur une liste de 250, j'en ai retenu 48, à qui j'ai soumis mon synopsis. Huit ont demandé à voir le projet détaillé, et trois m'ont soumis un contrat de représentation.

Il existe d'autres excellentes sources de noms d'agents. La plus évidente, pour les États-Unis, est l'Association of Authors' Representatives. Mais la plupart des grands annuaires dont j'ai donné la liste dans la section précédente comportent aussi une liste d'agents.

Personnellement, j'ai deux agents, un pour le marché anglophone et une pour le marché francophone. Je connais un auteur de roman québécois qui réalise de belles affaires, Marc-André

---

10. Jeff Herman, *Writer's Guide to Book Editors, Publishers and Literary Agents : Who they are! What they want! and How to win them Over!*, 13e édition, Rocklin, Prima Publishing, 2002, 912 pages.

Poissant, alias Marc Fisher, et qui a trois agents : deux en Angleterre pour deux types de livres distincts, et un autre en Allemagne, où l'on raffole de son style.

On a dit plus tôt que seul un manuscrit sur 100 sera publié dans les maisons d'édition. En général, c'est vrai pour les manuscrits non sollicités qui arrivent chez les éditeurs, mais c'est aussi vrai pour les projets non sollicités soumis aux agents. La bonne nouvelle est celle-ci : une fois qu'un agent endosse votre projet, il a en général une chance sur deux de le placer. La clé est donc de trouver un agent. Le refus (ou l'incapacité) de trouver un agent vous confine donc aux petits éditeurs – ce qui n'est pas en soi une mauvaise chose (les grands éditeurs ont déjà été petits), mais cela vous limite. D'ailleurs, même les auteurs qui n'ont pas d'agent en ont un, indirectement, dans le cas de la vente de leurs droits en langue étrangère, car c'est souvent leur propre éditeur qui agit comme agent auprès d'un éditeur étranger – à moins que leur éditeur ne se prenne un agent local habitué de fonctionner dans cette langue.

Un agent littéraire vous représente toujours sur une base contractuelle. Il peut vous représenter de façon ponctuelle, pour un ouvrage précis, ou pour l'ensemble de votre production. Dans ce dernier cas, cela signifie en principe que vous devez d'abord lui soumettre, à lui, tous vos projets. Cependant, si un projet ne l'intéresse pas et qu'il vous intéresse, vous, malgré tout, un bon agent honnête vous dégagera du contrat pour cet ouvrage précis et vous invitera à trouver un autre agent. Par exemple, mon agent se spécialise dans la non-fiction, alors pour mon roman, il m'a dit d'aller me faire voir et je suis allé voir ailleurs – et comme ce n'est pas un bon roman, je n'ai pas trouvé d'autre agent.

Les combinaisons sont infinies. Sur les marchés étrangers, votre agent fera affaire avec un agent local, dont la spécialité est son marché national ou linguistique : il y a des agents pour l'Espagne, et il y a des agents pour le marché hispanique au sens large. Pour les droits audiovisuels, mon agent fait également affaire avec un agent spécialisé dans ce type particulier de négociation.

Il y a deux façons de rétribuer un agent : au pourcentage ou à taux fixe. Je connais un auteur canadien anglais qui utilise un avocat torontois pour le représenter, lequel le facture à l'heure : cela lui coûte une fortune. La plupart des livres de conseil sur les agents recommandent de ne pas avoir recours au taux fixe mais au pourcentage – habituellement 15 %. Dans le cas d'un agent qui traite avec un sous-agent, ils prendront chacun 10 %. Cela peut vous paraître beaucoup, mais c'est bien moins que ce que prennent certains éditeurs quand ils agissent comme « agents » – on en reparle aux chapitres 10 et 13.

La commission de l'agent est justifiée par le fait que l'agent peut accéder à des marchés qui vous sont inaccessibles, et vous obtenir une avance et des conditions que vous seriez normalement incapable d'obtenir. En pratique, c'est l'agent qui reçoit les redevances et qui vous remet votre part. Et le contrat est toujours très clair : ces 15 % s'appliquent à tous les revenus du livre pour la durée du copyright. L'autre avantage de la rétribution au pourcentage est que l'intérêt de l'agent est le même que le vôtre : il veut la plus grosse avance possible et si votre éditeur vous paie mal, votre agent sera également mal payé, et il agira.

Un agent n'est pas votre patron ni votre employé, mais votre partenaire. Il vous conseille le mieux possible, mais il ne peut pas voir l'avenir et il ne peut pas savoir ce qu'il ne sait pas – en particulier ce que vous avez en tête. Il fera des erreurs et il fera des bons coups, et ce sera à vous de juger s'il est efficace ou pas. Mais dites-vous toujours une chose : ce n'est pas votre agent qui décide, c'est vous.

La pratique des agents littéraires évolue. Il y a cinquante ans, il était courant aux États-Unis qu'un agent représente des journalistes auprès de grands magazines. C'est beaucoup plus rare maintenant, car les rédacteurs en chef préfèrent traiter directement avec les journalistes : les agents littéraires actifs dans la presse américaine couvrent surtout les articles de fiction, les nouvelles littéraires et les travaux de création pure. Par contre, les agents sont devenus une étape presque obligée pour un livre, publier, et cela se répand. Par exemple, les agents sont maintenant monnaie courante sur le marché hispanophone, alors qu'ils en étaient absents voilà vingt ans.

Le marché francophone dans son ensemble est réfractaire aux agents. Quoi qu'il en soit, la coutume se propage doucement et il y a maintenant une douzaine d'agents professionnels en France. Le seul moment où l'éditeur tolère bien les agents est dans le cas des auteurs étrangers, ce qui est bien évidemment votre situation sur le marché parisien.

Il y a plusieurs raisons à cette intolérance, certaines justifiées et d'autres qui ne sont que des prétextes. Il est tout à fait exact que les éditeurs français et québécois aiment traiter directement avec l'auteur – pour parler du livre, et cela a son mérite. Ce qui l'est moins est leur motif paternaliste : un éditeur québécois qui s'offusquait que j'aie un agent me disait qu'il aimait traiter directement avec ses auteurs et construire une relation. Je veux bien, mais ce n'est pas une mauvaise chose qu'il soit question d'argent dans cette relation. Et l'agent, qui n'est pas soumis au chantage émotif – si tu demandes trop, on ne te publiera pas –, cherche à en obtenir toujours plus. Or les éditeurs francophones n'aiment pas cela. Mais gardez bien en tête que « ne pas aimer cela » est une position de négociation – rien de plus. Quand ils n'ont pas le choix, ils se montrent même moins raides qu'ils ne le paraissaient.

Le cas des bourses

Il n'y a pas que les annuaires et les agents qui peuvent vous aider à réaliser le plein potentiel de votre idée : il y a aussi les bourses, qui sont souvent l'instrument financier qui vous facilite la réalisation de votre idée en vous donnant du financement – la nuance entre une bourse et une subvention est parfois ténue. C'est rarement mirifique, mais ça aide. De toute manière, si votre projet est bon, il y a gros à parier que non seulement vous trouverez un éditeur ou une publication pour la publier et vous fournir une avance conséquente, mais qu'en plus un bailleur de fonds acceptera d'y mettre du sien.

Autrement dit, un bon projet de livre ou un gros projet de reportage peut faire l'objet d'un montage financier qui n'est pas si différent de celui d'un documentaire-télé, où les fonds de source privée et les fonds publics sont mis à contribution. Par exemple, pour *The Story of French*, non seulement nous avons reçu des avances de trois éditeurs différents, mais le Conseil des Arts du Canada nous a octroyé une subvention de 20 000 dollars dans le cadre du programme d'aide à la création littéraire. Comme notre projet soulevait de l'intérêt, nous avons écrit aux ministres des gouvernements provinciaux (Québec et Nouveau-Brunswick) et fédéral. Nous avons reçu une subvention de 10 000 dollars du ministre fédéral de la Francophonie et trois chèques de deux mille dollars provenant des enveloppes discrétionnaires des ministres québécois des Relations internationales, de la Culture et du Développement régional.

Les sources principales de bourses sont les gouvernements, les fondations privées et les associations. Elles sont tout simplement trop nombreuses et leurs critères trop variés pour que je puisse en dresser la liste. Par exemple, pour *The Story of French*, nous avions fait la demande de bourse au Conseil des Arts dans le cadre des programmes d'aide à la création, mais la bourse est venue d'un sous-programme qui visait à favoriser les artistes travaillant dans un contexte de langue minoritaire. Comme il s'agissait d'un projet formulé en anglais au Québec, nous avons donc eu la bourse à titre d'« anglophones minoritaires » ! Si vous êtes un francophone hors Québec, vous disposez également d'un léger avantage à titre de francophone minoritaire. Toutes les associations dont j'ai donné la liste au chapitre 6 peuvent vous aider à découvrir les principales bourses dans votre domaine, et elles préviennent également leurs membres quand apparaît un programme favorable. De même, la plupart des annuaires mentionnés à la deuxième section de ce chapitre font également la part belle aux prix et bourses.

Quant aux fondations, il existe de nombreux répertoires des fondations canadiennes, québécoises et américaines qui comportent des milliers de noms et qui sont souvent subdivisés par centre d'intérêt. Peu de gens savent que c'est une fondation américaine consacrée à l'architecture qui a permis à l'écrivaine américaine Jane Jacobs de faire la recherche en vue de son célèbre livre, *Vie et mort des grandes villes américaines*, qui a redéfini l'urbanisme contemporain – bien qu'elle n'ait eu aucune formation particulière se rapprochant de l'architecture ou de l'urbanisme.

Les cas sont variés. En journalisme, il existe les Bourses Nord-Sud (6 000 dollars chacune) qui subventionnent la recherche dans un pays du tiers-monde ; il existe aussi la Bourse Air France, qui paie le billet d'avion, souvent fort cher, vers une destination exotique – encore dans des buts de recherche. Au Canada, la plus belle bourse est, à mon avis, celle de la Fondation Atkinson (Atkinson Fellowship in Public Policy) qui vous paie un an de salaire (75 000 dollars) en plus de vous donner un budget de recherche de 25 000 dollars pour vous permettre de documenter un sujet de votre choix. Bon nombre de bourses américaines sont également ouvertes à des Canadiens. Par exemple, c'est grâce à une bourse de la fondation Nieman que le correspondant parisien du *Devoir* Christian Rioux est allé passer un an à Harvard, toutes dépenses payées, avec sa famille pour étudier un sujet de son choix. D'ailleurs, il a pu réaliser son rêve de devenir correspondant parisien au milieu des années 1990 grâce la bourse Michener, canadienne celle-là, qui lui a assuré un coussin pendant six mois. Quant à moi, j'ai pu étudier les Français deux ans grâce à la bourse de la Fondation Crane-Rogers, installée au New Hampshire.

En littérature, les bourses ne sont pas moins variées. Les deux plus grandes sources sont bien évidemment le Conseil des arts et des lettres du Québec et le Conseil des Arts du Canada. Ces deux organismes dispensent des bourses d'aide à la création, mais aussi des bourses d'aide à la traduction et même des bourses de voyage pour vous aider à vous déplacer pour votre livre s'il est publié par un éditeur étranger. Il y a de tout, et les conditions varient grandement encore une fois. Le barème le plus absurde (et le plus nuisible) que j'ai constaté : le CALQ ne subventionne que les œuvres de fiction littéraire ou les essais *sur* la littérature, mais refuse de reconnaître toute légitimité à la non-fiction – ce qui explique que notre projet de livre sur la langue française ait reçu beaucoup plus d'aide du fédéral que de la province de Québec.

L'inconvénient majeur de ces bourses est bien sûr que bon nombre d'entre elles requièrent un minimum d'expérience dans le domaine. Certes, mais pas toujours – le cas extrême est la bourse de la Fondation Crane-Rogers qui ne récompense pas des réussites passées, mais qui cherche au contraire des candidats de moins de trente-cinq ans voulant « changer de vie » ! Si vous avez moins de trente ans, l'Office franco-québécois de la jeunesse n'est pas trop regardant non plus.

Bien sûr, si vous n'avez rien écrit, vous n'aurez sans doute pas droit aux bourses de création littéraire, mais si par contre vous avez publié votre livre, vous êtes déjà éligible aux bourses de soutien (traduction et voyage à l'étranger). De même pour les bourses de journalisme : nombre d'entre elles exigent assez peu d'expérience, mais seulement que vous fournissiez une lettre d'une rédaction qui dit qu'elle s'engage à publier votre article s'il répond à ses critères – ce qui n'est pas une bien grosse promesse, on s'entend, mais qui peut suffire à vous qualifier.

Les avenues sont donc nombreuses devant vous et votre idée ! À vous de choisir !

Chapitre 9

L'Empire contre-attaque

Quelques mythes et fausses croyances néfastes au bonheur

La plus grosse limite à laquelle vous vous heurterez quant au potentiel de vos idées se trouve bien davantage dans votre tête que dans les faits. Il existe des mythes tenaces qui n'ont pas leur place dans le métier, mais qui vous nuisent considérablement – par exemple le mythe que l'on-ne-doit-soumettre-son-projet-qu'à-une-seule-publication-à-la-fois; ou encore le mythe qu'il-faut-travailler-tout-seul-dans-son-coin.

Il s'agit d'idées fausses, souvent enrageantes, qui découlent de l'ignorance et qui sont fréquemment entretenues sciemment par des gens qui ont intérêt à ce que vous en soyez convaincu. Par exemple, l'idée que vous devez vous limiter au Québec parce que vous êtes québécois, qui s'apparente au défaitisme, sert les intérêts des éditeurs et des publications québécoises, qui croient ne pas avoir intérêt à ce que vous alliez voir ailleurs. De même, l'idée que votre recherche et votre article appartiennent à la publication – fausse à tous égards – va contre votre intérêt (tout le chapitre suivant porte là-dessus).

Ces mythes sont autant de barrières psychologiques et d'enclos imaginaires qui agissent comme des œillères et qui vous empêchent, si vous y croyez, d'aller au bout de votre idée. Les psy ont une belle image pour en décrire l'effet : ce sont des mythes « castrants ».

Les barrières psychologiques

Chaque rédacteur en chef, chaque éditeur aime lire un synopsis fait sur mesure pour sa maison. C'est l'idéal, mais n'oubliez pas non plus que les bonnes idées intéressantes, bien construites et bien formulées ont la propriété miraculeuse d'intéresser tout le monde. Pourquoi alors se limiter à un éditeur ou à une publication ?

Il circule un mythe tenace dans le milieu de l'écrit, entretenu par les éditeurs et les rédacteurs en chef. Apparemment, il ne faut jamais soumettre son projet de livre ou son synopsis d'article à plus d'une personne à la fois. « Ça ne se fait pas », dit-on. Cette position est indéfendable parce que les éditeurs et les rédacteurs en chef n'ont aucun droit sur vous. « Affaire de courtoisie ou de loyauté », paraîtrait-il. L'argument a une certaine valeur à défaut d'une valeur certaine. Car dites-vous bien une chose : vous et vos idées êtes en concurrence avec les idées des autres auprès des éditeurs qui font des choix. Et ces éditeurs et ces rédacteurs en chef, eux, ne se gênent pas pour considérer d'autres projets que le vôtre. Souvent, si c'est non, ils ne prennent même pas la peine de vous signifier leur refus, et s'ils vous disent pourquoi c'est non, comptez-vous parmi les chanceux ! Où est leur loyauté, leur courtoisie ? Pourquoi en auriez-vous ? Votre loyauté et votre courtoisie devraient consister à donner à votre rédacteur en chef favori ou à votre éditrice préférée une avance de quelques jours sur les autres, point à la ligne.

Chaque fois que j'assiste à un séminaire où des rédacteurs ou des éditeurs viennent expliquer au public ce qu'ils attendent, j'en entends au moins un qui affirme qu'il ne faut surtout pas que vous proposiez les mêmes idées à plusieurs publications en même temps. Et les autres opinent à côté. C'est évidemment dans leur intérêt. S'ils ne sont pas en concurrence, ils peuvent offrir moins cher et vous vous en contenterez. Quoi de plus efficace pour l'acheteur que de vous imposer l'idée que lui seul a le droit de considérer votre idée! On trouve ce genre d'attitude partout : même les agents littéraires américains, qui sont inondés de sollicitations, disent ne pas aimer que les auteurs soumettent leur dossier à plusieurs agents en même temps. Pendant ce temps, eux soumettent le même projet de livre à plusieurs éditeurs – qui n'aiment pas ça!

Personnellement, je n'ai jamais vu pourquoi je me gênerais. Quand Julie et moi avons développé le projet pour notre livre *Sixty Million Frenchmen Can't Be Wrong*, nous avons d'abord envoyé un synopsis d'une page à 48 agents littéraires, ce qui ne se fait absolument pas. Huit ont demandé à voir le projet étoffé et nous le leur avons envoyé en même temps – ce qui ne se fait absolument pas non plus. Trois nous ont alors présenté un contrat et nous les avons rencontrés tous les trois – ce qui ne se fait absolument pas. Et nous avons agonisé un peu entre deux d'entre eux pendant un certain temps avant d'en choisir un. Aucun ne nous a demandé s'il était seul sur le coup, et nous n'avons pas songé à le préciser. Mais ils savaient aussi qu'ils avaient une bonne idée devant eux et qu'ils pouvaient la perdre.

C'est comme ça. Ça se joue à deux. Cependant, si vous êtes le genre qui n'aime ni déplaire ni choisir, cette partie n'est pas pour vous.

Les rédacteurs en chef, les éditeurs, les agents littéraires n'aiment pas être en concurrence pour ce qui est de mes idées? Alors, je ne le leur dis pas. Je ne juge pas très professionnel de leur part de s'attendre à ce que je leur donne le privilège exclusif de mes idées, puisqu'eux, de leur côté, considèrent d'autres idées que les miennes! Et quand ils s'en indignent, je leur réponds exactement que leur exigence de loyauté serait justifiée s'ils étaient eux-mêmes « loyaux » envers moi en ne considérant rien d'autre. Cela leur cloue le bec. Car, au fond, ils invoquent un principe de loyauté pour masquer ce qu'ils réclament en réalité : une exclusivité qu'ils ne veulent pas payer. Un bon synopsis peut représenter plusieurs heures de travail si l'on veut publier dans une revue haut de gamme du genre *L'actualité*, *Commerce* ou *Sélection*. Un bon projet de livre, un bon projet de scénario peut exiger des semaines de préparatifs. Je ne vois pas pourquoi je le gaspillerais en laissant un rédacteur en chef prendre son temps pour une exclusivité supposée, pour ne pas dire « suppositoire ».

Cela dit, il faut faire attention. Votre projet de livre peut être excellent, mais il peut comporter des défauts. Si vous avez 48 candidats potentiels, il peut être « cow-boy » de l'envoyer aux 48 en même temps. Vous avez besoin d'être certain de votre coup, car s'ils disent tous non et que certains vous expliquent qu'ils ont déjà lu cela quelque part trois jours plus tôt, vous n'aurez pas la chance de corriger le tir. Si votre projet de documentaire est susceptible d'intéresser les sept gros producteurs de documentaires de Montréal, peut-être est-il préférable de commencer par les deux qui vous intéressent le plus et de voir leur réaction.

Dans un petit marché comme le Québec, il est parfois délicat de proposer le même papier à plusieurs magazines québécois; cela se fait, à condition de suivre quelques règles de logique qui tiennent compte d'une certaine hiérarchie – cela n'a rien à voir avec la courtoisie.

Si vous proposez la même idée à deux concurrents réels ou imaginaires comme *La Presse* et *L'actualité* et que vous dites oui aux deux, vous aurez des problèmes quand l'un verra « son » papier, qu'il croyait exclusif, dans les pages de l'autre. Par contre, si vous les avez prévenus et qu'ils ont accepté, ou si vous prenez soin de présenter votre sujet selon deux angles différents, où est le problème? Deux publications québécoises qui ne se perçoivent pas comme des concurrentes peuvent se montrer très souples même si leur lectorat se recoupe. Mon article sur le recyclage d'ordinateurs dans *Québec Science* a été repris par *L'actualité* sans problème, en grande partie parce que seuls quelques lecteurs de *L'actualité* sont également des lecteurs de *Québec Science*. Cependant, le contraire n'aurait pas marché (publié d'abord dans *L'actualité* puis dans *Québec Science*), en grande partie parce que tout le monde lit *L'actualité*.

Bref, il vaut mieux aller du petit au gros que dans le sens inverse. *L'actualité*, personne ne lit ça à Toronto. Par contre, certaines publications torontoises sont davantage lues à Montréal. Donc, dans le cas d'articles identiques, vous avez intérêt à publier d'abord à Montréal puis à Toronto. Même chose si vous voulez publier dans *L'Express* et *Le Nouvel Observateur*. Ce n'est pas une règle absolue, loin de là, mais elle m'est utile.

La même logique s'applique au livre. C'est ce que Julie et moi avons appris avec notre dernier livre sur la langue française, *The Story of French*. Dans ce cas-ci, il y avait le problème de l'éditeur américain, qui a tendance à voir le Canada comme son marché domestique, une sorte de 51e État. Or, notre expérience précédente nous avait montré que l'éditeur américain ne comprenait rien au Canada. Nous voulions donc un éditeur américain et un éditeur canadien. C'est notre agent qui nous a conseillé de vendre d'abord les droits canadiens à une maison canadienne, pour ensuite placer les éditeurs américains devant le fait accompli. Si nous avions commencé par vendre les droits aux États-Unis, les éditeurs américains auraient tout de suite exigé les droits canadiens pour rien. Au final, nous avons obtenu une avance de 40 000 dollars de Knopf Canada et 60 000 dollars américains de St. Martin's Press. Je reste convaincu que St. Martin's Press n'aurait jamais versé même un supplément de 5 000 dollars pour tenir compte du potentiel du marché canadien.

Les enclos imaginaires

Cette question des lectorats qui s'entrecoupent et celle de la propriété sur votre idée et votre article (voir le prochain chapitre) sont les deux seules barrières objectives qui limitent votre capacité de les vendre et revendre sur plusieurs marchés ou à plusieurs publications.

Par contre, il existe des barrières imaginaires qui peuvent vous empêcher, à tort, de le faire. Ce problème est particulièrement aigu au Québec, et c'est pourquoi j'ai nommé ces deux barrières : le syndrome du mange-Canayen et le syndrome du ti-pain.

Le syndrome du ti-pain, tout le monde comprend. C'est le problème du gars de La Tuque qui pense que ses idées sont juste bonnes pour *Le Foulard*. Mais c'est aussi le gars de Montréal qui pense que *L'actualité*, c'est la fin du monde. Franchement ! Pourtant, vous lisez souvent des publications qui viennent d'ailleurs, qui s'adressent à des publics plus larges et qui paient leurs collaborateurs bien plus cher, et qui sont faites par du vrai monde, pour des lecteurs guère plus intelligents que vous et moi.

Mais quand on est né pour un petit pain...

Les Québécois, écrivains ou journalistes, s'imaginent souvent captifs du Québec. Je me rappelle avoir eu une conversation avec Richard Martineau il y a une dizaine d'années, alors qu'il était encore rédacteur en chef de *Voir*. J'avais environ trente ans et Richard, un peu plus. Je me souviens qu'il me disait : « On plafonne vite, au Québec. » Cela m'est resté. C'est à la fois très vrai et très faux. Très vrai parce qu'à trente ans, quand on est publié à *L'actualité* ou qu'on est un rédacteur en chef vedette, on se demande ce qu'il peut y avoir après. Très faux parce que les possibilités sont énormes hors du Québec, si on en prend les moyens et si on en accepte les risques et les inconvénients.

À la source du problème, il y a l'obstacle de l'anglais et il y a les Français. Heureusement, une langue, cela s'apprend, et assez rapidement si on est motivé. Il y a aussi la culture, qui vous permet de comprendre que vos références à « The Little Life » ou à « The

Bougons » ne signifient rien en anglais, ou même ailleurs dans la francophonie. Heureusement, la culture aussi, ça s'acquiert.

Il est sûr que si vous êtes unilingue francophone et que vous voulez le rester, vous aurez peu de chance de vendre vos idées à Toronto ou à Chicago. Mais il y a tout de même la francophonie, dont le domaine d'origine et les pays limitrophes ont quand même dix fois la taille du Québec en population, et aussi en nombre de publications, dont certaines de très grand standing – je pense à *Géo, Grands Reportages, L'Express, L'Expansion* et j'en passe.

Les Québécois et les Français sont deux peuples séparés par une même langue – c'est George Bernard Shaw qui disait cela des Américains et des Britanniques un siècle avant moi. Les Français n'écrivent pas comme nous, surtout ceux de Paris. Certains mots d'apparence banale ont un sens particulier. Le mot fédéralisme, par exemple, a des sens bien différents, voire opposés, pour un Suisse, un Français, un Belge et un Québécois. Il faut donc maîtriser leurs codes pour pouvoir être compris d'eux. Mais cela s'apprend. Cette difficulté de langage est exacerbée par le protectionnisme culturel des Français. Ils sont puristes, ce qui relègue souvent la langue québécoise à la littérature régionale. Et ils n'aiment lire que des livres édités par des maisons reconnues. Je les comprends : leur industrie de l'édition a six siècles et certains éditeurs français sont plus anciens que la littérature québécoise au grand complet. Alors, ils ont leurs habitudes.

Ce sont là des difficultés réelles qui ont fait qu'au début, dans les années 1990, je trouvais plus naturel et plus aisé d'essayer de publier à Toronto qu'à Paris. Ça pourrait être le contraire pour vous. Ou ce peut être Madrid, ou Berlin. Dans tous les cas, il vous faudra sans doute un an d'efforts (pas à temps plein, mais des efforts soutenus sur un an) pour percer le mur. Quand j'ai décidé de publier en anglais en 1993, j'ai commencé par suivre un cours d'écriture à l'éducation des adultes de l'Université Concordia et un cours de traduction, histoire de me remettre à niveau et surtout de faire mes gammes. Une fois que vous aurez acquis de l'aisance et établi des liens, vous serez parti pour la gloire. En prime, vous vous serez libéré du syndrome du mange-Canayen.

Le syndrome du mange-Canayen est l'autre barrière psychologique à laquelle font face les Québécois. Qu'est-ce que c'est, un mange-Canayen ? Jadis, cela désignait un Anglais qui exploitait les pauvres Canadiens français sous-éduqués, gavés de ti-pain, et tellement cons qu'ils s'imaginaient captifs et incapables d'aller voir ailleurs ou de prendre les choses en main. Ces exploiteurs mangeaient du Canayen. Maintenant, les choses ont bien changé : les Québécois sont maîtres chez eux et ce sont des Québécois qui mangent la laine sur le dos des moutons québécois, gavés de ti-pain et qui s'imaginent captifs. Vous êtes-vous déjà demandé pourquoi les salaires sont plus bas au Québec qu'ailleurs ? Ce n'est pas seulement parce qu'on parle français, qu'on est moins instruits ou moins entreprenants. C'est aussi parce que les Québécois se croient, à tort ou à raison, captifs du Québec et ne vont pas voir ailleurs. Alors les mange-Canayens en profitent.

Grosso modo, toute l'industrie québécoise du magazine et du livre peut être considérée comme mange-Canayenne – souvent de bonne foi, parfois de mauvaise foi. Les éditeurs offrent des tarifs très bas à des journalistes qu'ils supposent captifs et qui acceptent parce qu'ils se croient captifs. Les tarifs sont systématiquement plus bas au Québec pour des magazines ou jounaux comparables. La principale explication, partiellement vraie, est que le marché de la publicité est plus gros pour les magazines canadiens anglais et que cela affecte à la hausse le budget des rédactions. Mais l'autre explication est que les journalistes canadiens anglais font partie d'un ensemble nord-américain où les bonnes publications se concurrencent pour attirer les bons journalistes. Et, comme c'est drôle, du moment que j'ai commencé à publier à *L'actualité* (qui paie plus) et surtout quand mon nom a commencé à paraître dans des revues d'affaires équivalentes à Toronto,

Commerce m'a offert soudain la possibilité de tarifs discrétionnaires (c'est-à-dire plus élevés). Cette histoire n'est pas exceptionnelle, c'est la même chose pour les revues d'intérêt général, les revues scientifiques ou techniques ou les revues de mode ou féminines. La vérité est que les tarifs ne bougent pas parce que les pigistes ne mettent pas les revues pour lesquelles ils écrivent en concurrence, et comme les éditeurs ne se font pas brasser, ils mangent du Canayen.

C'est également vrai dans l'édition. Pour la version française de *Sixty Million Frenchmen Can't Be Wrong*, un éditeur québécois m'a offert une avance de 1 000 dollars, alors que le Seuil m'offrait une avance 15 fois plus importante. Et France Loisirs m'offrait 18 fois plus, rien que pour les droits club en France ! Pour un total de 33 fois plus. Bien évidemment, j'ai pris les éditeurs français. Pensez-vous que j'en ai fait un cas de conscience ? L'éditeur québécois n'était pas content de s'être fait couper l'herbe sous le pied, et il a commencé à me sermonner : « Ce n'est pas comme ça qu'on travaille dans la vie » ; « Nous formons une famille... » Personnellement, je n'ai que trois familles, la mienne, celle de ma femme, et la nôtre. Je ne vois pas ce que je ferais dans la sienne. Il est éditeur ou il ne l'est pas. Il achète ou il n'achète pas. Et pour ça, il paye ou il ne paye pas.

Les éditeurs québécois justifient souvent leurs faibles à-valoir par le fait qu'ils n'ont qu'un accès limité au marché français, en raison du protectionnisme culturel de nos soi-disant cousins. Et c'est vrai : le public français n'achète ses livres que d'éditeurs français. Quoique... à ce que je sache, il n'y a aucun éditeur québécois qui a décidé d'investir pour créer une succursale 100 % française de sa maison d'édition. Voulez-vous bien me dire comment il se fait qu'aucun grand éditeur québécois ne s'est assis avec la Caisse de dépôt et placement du Québec, pourtant une gigantesque banque d'affaires, pour élaborer un plan de campagne afin de bâtir une filiale 100 % française ? Si j'étais éditeur, c'est comme cela que je raisonnerais, mais on en revient au petit pain, et je ne vois pas pourquoi, comme auteur, je ferais les frais du manque d'ambition (de débrouillardise) de l'édition québécoise.

Je n'ai jamais trop su si les éditeurs et les rédacteurs en chef sont de bonne foi dans leur attitude vis-à-vis de leurs fournisseurs (les auteurs et les journalistes). Comme ils ne sont pas moins québécois que vous et moi, rares sont ceux qui ont une idée très claire des tarifs et des pratiques du métier hors du Québec. Malgré tout, il y a une chose dont je suis au fait par expérience : dès qu'ils sont au courant que vous publiez ailleurs et savent contre quoi ils se battent, ils se montrent plus flexibles – si, bien sûr, ils veulent vous garder.

Cette attitude de mange-Canayen atteint son paroxysme dans les petites guéguerres de clochers des magazines québécois, dont les pigistes sont les premiers à faire les frais. Longtemps, par exemple, les rédacteurs de *Commerce* ont piqué des crises quand un de «leurs» pigistes publiait un article dans une revue d'affaires concurrente – québécoise! J'en ai moi-même été victime : un jour que j'avais publié un article dans une minuscule revue concurrente (et naissante), *Commerce* m'a sommé de choisir : c'est eux ou nous! L'actuelle rédactrice en chef de *Commerce*, qui était alors simple pigiste comme moi, s'est retrouvée dans la même situation et a dû choisir elle aussi. Elle a choisi *Commerce* et j'ai choisi de publier ailleurs, car je refusais qu'on exige ma «loyauté» (lire : une exclusivité sans compensation). Ce problème n'est pas unique à *Commerce*, puisqu'on m'a raconté le même genre d'anecdote concernant les revues de mode québécoises, les hebdos à potins ou la presse régionale, extrêmement concurrentiels, mais aussi extrêmement jaloux de leurs pigistes dont ils réclament la «loyauté» (l'exclusivité sans compensation).

Non seulement cette position est-elle conne – un journaliste n'a qu'à publier sous pseudonyme pour contourner le problème –, mais les éditeurs de magazines refusent toujours d'admettre son côté abusif. Cette position est abusive parce qu'elle confond, sciemment ou non, la notion d'exclusivité sur votre texte (qui se justifie) et celle d'exclusivité sur votre personne (également justifiable si on la négocie). Cette attitude est d'autant plus abusive qu'ils réclament l'exclusivité gratis (on revient sur cette question au chapitre 14). Et la publication a d'autant beau jeu de faire cette demande qu'elle sait (ou croit) que ses journalistes québécois sont captifs. Mais si les gars de *Commerce* voient votre nom apparaître dans une publication concurrente comme *Fortune* ou *Report on Business Magazine* ou *L'Expansion*, là, ils filent doux parce qu'ils savent qu'ils vont vous perdre s'ils ne sont pas polis et surtout s'ils n'ajustent pas leurs tarifs. Et miracle : ils ne parlent plus de «loyauté»! J'insiste ici sur le fait que bien que je cite le cas de Commerce en me fondant sur mon expérience passée, je sais pertinament que les revues féminines de mode ou les hebdos se comportent effectivement de la même manière.

Imaginez un instant que vous êtes un fabricant de pare-chocs ou de câbles pour véhicules automobiles. Et donnez-vous la contrainte que vous ne pouvez vendre vos pare-chocs ou vos câbles que chez GM de Boisbriand ou chez Prévost Car de Drummondville. Cela se défend : vous ne parlez que le français ; vous aimez avoir une relation familiale avec votre client. Vous aurez beau demander plus cher à votre client, celui-ci va vous rire au nez parce qu'il sait que vous êtes captif – par choix, mais captif tout de même. Il est tout à fait légitime que l'on veuille se limiter au Québec pour des raisons pratiques ou idéologiques, mais, même dans ce cas, votre client ne devrait pas le savoir et vous devriez vous arranger pour publier ailleurs de temps à autre, ne serait-ce que pour le tenir sur la brèche. Car si vous êtes captif, la situation est extrêmement confortable pour l'acheteur et peut s'avérer inconfortable pour vous si votre relation tourne au vinaigre. Si vous voulez écrire pour vivre, dites-vous bien que votre mange-Canayen favori ne fait qu'exploiter des limites qui n'existent que dans votre tête.

Le mythe de la solitude

Un de mes vieux dadas consiste à me demander pourquoi les auteurs et les journalistes s'imaginent qu'ils doivent travailler tout seuls dans leur coin. Le principal avantage de travailler seul est de ne pas être dérangé et de ne pas avoir à partager. Mais, à mon avis, les avantages de travailler en équipe excèdent largement les inconvénients. Cela vous force à reconsidérer vos méthodes de travail, vos ambitions, et vous donne une capacité de réalisation qui dépasse de beaucoup vos ressources personnelles – financières, physiques ou intellectuelles. Cela permet surtout d'éviter la complaisance et de trouver des idées encore meilleures : si votre idée est inintéressante, elle n'intéressera même pas votre partenaire !

Il existe autant de façons de collaborer qu'il y a de collaborations. Plusieurs personnes d'une même équipe peuvent travailler sur divers aspects d'un article – recherche, interview, rédaction, révision. Ils le font bien à Radio-Canada ! Je ne vois pas pourquoi ce ne serait pas bon pour vous, surtout si vous avez le contrôle du processus – et du résultat. Appelez ça une agence, ou un partenariat, ou un réseau. Peu importe ! Une autre combine est la coop : pendant toutes les années 1990, il existait un influent pool de journalistes, le groupe Interview, qui n'était ni plus ni moins qu'un groupe de colocs de bureau qui partageaient le même espace (et donc les frais), mais qui travaillaient individuellement. Le fait est qu'ils s'aidaient beaucoup entre eux. Un système dans le genre Interview est sans doute le mode de collaboration le plus simple et le plus primitif, et rien n'interdit de vouloir faire quelque chose de plus organisé.

Même de grands auteurs ont fait merveille en travaillant en équipe. Le cas le plus célèbre est celui d'Alexandre Dumas père, qui a composé nombre de ses œuvres immortelles grâce à de nombreux collaborateurs de génie, dont Auguste Maquet. C'est Maquet qui a monté le canevas et la recherche de romans tels *Le Comte de Monte Cristo* ou *Les Trois Mousquetaires*, et Dumas reprenait tout ensuite pour lui donner sa touche personnelle. Plus près de nous, l'auteur canadien-anglais Pierre Berton a écrit au moins la moitié de ses ouvrages en collaboration avec une recherchiste, rétribuée au pourcentage – environ le tiers des redevances sur certains projets. Et on se demande comment il pouvait publier un best-seller par année ! Il existe de nombreux autres cas, peu connus du fait que l'on glorifie tant le mythe de l'auteur solitaire, à tort à mon avis. Demandez-vous seulement comment Bernard-Henri Lévy arrive à écrire un livre par an. Peut-être est-il un génie, mais il a certainement du monde qui l'« aide ». Dans le jargon, ceux qui font tout le travail à la place de l'auteur sont appelés des « nègres », mais je préfère nettement le mot « fantômes », calqué de l'anglais *ghost writer*. J'ignore si l'excellent BHL utilise des fantômes, mais il embauche certainement des assistants de recherche. Bref, on peut collaborer même en prétendant être un génie solitaire !

La question reste posée : est-on « moins », comme auteur ou comme journaliste, parce qu'on travaille en équipe ? J'aimerais autant être Dominique Lapierre et Larry Collins (auteurs de *Paris brûle-t-il ?* et de *Ô Jérusalem*) que Jean-Benoît Nadeau tout seul. Tous les très grands journalistes de Radio-Canada sont entourés d'équipes monstres : sont-ils moins bons parce qu'ils sont entourés ? Il s'agit seulement de trouver comment faire en sorte que le tout soit plus grand que la somme de ses parties – Jung appelle ça la *gestalt*.

Cette idée ne m'est pas venue naturellement, ce fut même un long apprentissage. Lorsque Julie a terminé ses études en 1993 et décidé de devenir journaliste, nous avons eu l'idée saugrenue de travailler ensemble. Nous avons beaucoup tâtonné quant aux méthodes de travail. Au début, son travail consistait simplement à réviser mon écriture en anglais, et moi à réviser la sienne en français. Puis nous nous sommes aperçus que si nous discutions du projet au début de la recherche, l'un ou l'autre avait parfois non seulement de l'information qui nous était utile, mais des idées pour exploiter cet article sur d'autres marchés ou pour en faire autre chose. C'est ainsi que nous avons développé l'idée insolite de monter une agence – projet mort-né du fait de notre départ en France et de notre orientation vers le livre plutôt que le journalisme *stricto sensu*. Et maintenant nous écrivons des livres à quatre mains – tout en ayant intégré dans notre travail la collaboration de deux agents (américain et français) qui sont payés au pourcentage et qui ne nous coûtent pas cher.

Au Salon du livre de Montréal en 2003 ou 2004, j'ai rencontré l'auteur Larry Collins et je lui ai demandé de quelle façon il travaillait avec Dominique Lapierre. Sa réponse m'a surpris par sa simplicité. Lapierre et Collins s'entendaient sur la structure détaillée puis écrivaient chacun leur moitié de livre dans leur langue maternelle; ensuite ils relisaient et commentaient la partie de l'autre, et réécrivaient. Enfin, quand ils en étaient satisfaits, ils traduisaient tout simplement la partie écrite par l'autre dans leur langue maternelle. Simplissime! Julie et moi avons essayé deux méthodes de travail différentes pour nos deux premiers livres; il est probable, sinon certain, que nous essayerons la méthode Lapierre-Collins pour le troisième.

Bien sûr, elle et moi menons aussi nos projets individuels, ce qui montre que le travail d'équipe ne tue pas l'individualité, bien au contraire! Mais, dans presque tous les cas, Julie est là pour me donner son avis; et vice-versa. Seulement, il y a des idées et des projets qui se prêtent mieux au travail d'équipe, en particulier ceux qui ont un fort potentiel. Et il y a aussi une question d'intérêt personnel: la moitié de mes idées de livres n'intéressent pas Julie, tout simplement. Tout cela est donc affaire d'intérêt, mais aussi d'ambition.

Julie et moi avons un avantage: nous sommes mariés. Ce qui règle d'emblée la question du partage de nos revenus. Encore que je connaisse bien des gens mariés qui ne comprennent pas comment l'on peut travailler avec son conjoint et qui préfèrent collaborer avec d'autres. Tant mieux pour eux. Mais cela complique un peu plus la question de la propriété.

Et comme nous le verrons au prochain chapitre, la propriété ne joue pas un petit rôle dans la conception de vos idées!

Chapitre 10

Fais ce que droit

Les ressorts méconnus et inexploités
du droit d'auteur

Sixty Million Frenchmen Can't Be Wrong venait à peine de paraître que Julie et moi lancions, à l'automne 2003, notre gros chantier suivant : *The Story of French* (*La Grande Aventure de la langue française*). Nous avons consacré les trois premiers mois de 2004 rien qu'à monter le projet de livre. C'était une importante opération, qui coûterait très cher, et que nous ne pouvions mener à bien sans financement adéquat. Aussi, la question du droit d'auteur s'est posée très tôt.

Avec notre agent, nous avions convenu que nous ne vendrions pas tous les droits sur le livre à un seul éditeur, à moins qu'il offre beaucoup beaucoup d'argent, mais qu'au contraire nous vendrions directement les droits à un éditeur canadien, à un éditeur américain, à un britannique, un francophone, un espagnol, un allemand, un japonais séparément, et que chacun nous payerait des avances. Et, effectivement, les avances combinées des trois premiers se sont chiffrées à 160 000 dollars, montant qui a contribué largement, mais pas totalement, à financer deux années de recherche et de rédaction à deux à plein temps – il aura aussi fallu quelques bourses et subventions, et les revenus de nos livres et de nos articles y ont aussi servi. De plus, nous avons compris très tôt que notre idée avait aussi le potentiel d'une bonne série documentaire. Comme il y a un temps pour chaque chose, nous avons décidé de ne penser au documentaire que lorsque le livre serait terminé. Mais notre agent a tout de même fait exclure les droits audiovisuels du contrat avec les éditeurs. Maintenant que le livre est écrit, nous amorçons l'étape de la recherche d'un producteur, que je ne doute pas de trouver. Par ailleurs, nous avons bien compris également que chaque chapitre pouvait faire l'objet d'un article – soit sous forme d'extrait, soit sous forme d'un article fait sur mesure. Nos éditeurs ont aussi vu ce potentiel et ils ont acheté les droits sur la publication d'extraits. Par contre, nous savons que nous pouvons également produire un bon nombre d'articles d'opinion dérivés de notre livre.

Ce sont là les ressorts de notre idée. Nous aurons été lus par peut-être un demi-million de personnes, et sans doute quelques de personnes auront vu la série documentaire. Si tout va comme prévu, nous aurons peut-être touché un demi-million de dollars en droits divers d'ici cinq ans, ou dix ans – peut-être plus, espérons moins. Mais c'est un potentiel réaliste. Et si le livre est un *long-seller*, cela nous constituera une rente. Tout cela grâce aux multiples ressources offertes par le droit d'auteur !

Jusqu'à présent, j'ai parlé de vendre une idée, intéressante, sous forme de synopsis, et de bien saisir son potentiel. C'est une façon de voir ; toutefois il y en a une autre, qui n'exclut pas la précédente, mais qui lui donne du ressort. Car, en réalité, ce que vous vous apprêtez à vendre, ce n'est pas vraiment l'idée, ni le texte ou le livre d'ailleurs.

Mais quoi alors ?

Ce que vous allez vendre, c'est le droit d'utilisation. Bref, du droit d'auteur.

Cela peut vous paraître curieux que je parle si tôt du droit d'auteur dans le processus de création. Habituellement, si un livre sur l'écriture touche au droit d'auteur, c'est à la fin, et en s'excusant d'embêter le lecteur. Or, le droit d'auteur est précisément l'outil qui vous permettra de vous multiplier dans le temps et dans l'espace, et donc de multiplier vos revenus. C'est le droit d'auteur qui vous permet d'aller au bout de votre idée et d'en exploiter le plein potentiel. Il vous faut bien sûr une idée intéressante, c'est une condition préalable, mais le droit d'auteur est encore plus important que les « contacts », dont on a parlé au chapitre 6. En fait, le droit d'auteur bien compris vous permettra de mieux développer votre idée et surtout d'en saisir les multiples ressources.

Le défaut du droit d'auteur est son appellation : la plupart des gens pensent que le droit d'auteur a rapport aux Droits de l'Homme. Ils en font une affaire personnelle et de principe, et ils réagissent très mal quand quelqu'un « veut » leur droit d'auteur. Or, le droit d'auteur est au contraire issu du droit de propriété. Il s'agit ni plus ni moins que d'un titre de propriété reconnu, tout comme votre contrat notarié d'achat de maison, sauf qu'il concerne une propriété intellectuelle plutôt que la brique et le mortier. Par sa nature ésotérique, le droit d'auteur s'apparente à deux autres types de propriété : les « marques de commerce » (qui protègent les expressions brèves, les noms, les titres) et les brevets (qui protègent les inventions). Les règles en sont différentes, mais il s'agit pour l'essentiel de titres de propriété conférés sur un territoire de l'esprit et de la connaissance – d'où l'expression « propriété intellectuelle ».

Le droit d'auteur existe depuis deux siècles et il est reconnu dans la plupart des pays. C'est parce que le droit d'auteur établit votre propriété de façon claire que votre création a un prix. On a dit au chapitre 2 qu'un livre ou un article est un morceau de réalité brute que vous avez choisi, taillé sur mesure et vendu 19,95 $ l'unité. Or, le prospecteur qui arrive dans la brousse et qui décide que le sol à tel endroit recèle du diamant ou de l'or établit sa propriété sur ces ressources en plantant littéralement des piquets dans le sol. Dans le jargon, on dit *to stake your claim*, ce qui signifie littéralement : planter ses jalons (pour établir son droit).

Les journalistes et les écrivains qui se lancent dans le métier sans aucune notion du droit d'auteur sont en excellente position pour se faire enfirouaper. Ils sont en réalité aussi innocents qu'un propriétaire d'immeuble ou un prospecteur qui essaieraient d'exercer leur métier sans rien connaître du droit sur la propriété ou du droit minier. Il s'expose à se faire exploiter par le premier mange-Canayen venu. On peut concevoir sa propriété de deux façons : comme un territoire qu'il faut essentiellement protéger ou comme un titre que l'on peut exploiter, échanger, négocier. De même que le chapitre précédent vous a montré comment mesurer le potentiel géographique de votre idée, ce chapitre-ci sur le droit d'auteur vous en démontrera le potentiel financier.

Je ne suis pas avocat. Moi, ma compréhension est celle de quelqu'un qui exploite le copyright. J'ai pris fortement conscience du droit d'auteur un bon dix ans après avoir fait mes premiers pas. Bien sûr, jusqu'alors, j'avais eu, parfois, à signer divers contrats. Mais bof. Et un jour, j'ai signé le contrat de mon premier livre et je l'ai lu – chose que bien des auteurs ne font pas. Ce qui est bizarre, car ils lisent le contrat de vente d'une maison – à tout le moins, le notaire les y force en le lisant en leur présence à haute voix. Or, en signant mon premier contrat de livre, je remarque que l'éditrice prend les droits sous licence pour dix ans. Alors, je lui demande : « Pourquoi pas cinq ans, mettons ? » Et là, elle m'a surpris : « Notre banquier aime mieux dix ans. » Cela m'a fait réaliser à quel point le droit d'auteur est réel : c'est un actif, au même titre que la propriété d'un immeuble, et contre lequel l'éditeur est capable d'emprunter, d'obtenir une marge de crédit, etc. Mais si c'est le cas pour l'éditeur, cela veut dire que c'est aussi un actif pour moi, qui le lui transmet.

Mon autre prise de conscience à propos du droit d'auteur m'est venue d'une interview avec Guy Crevier, qui dirigeait alors la firme de production Coscient (avant de devenir président et éditeur de *La Presse*). Nous discutions du bout de gras, des bons coups et des problèmes de son entreprise. Et c'est là que Crevier m'a sorti une explication étonnante de sa principale difficulté à l'époque.

« Nous avons fait l'erreur de croire que nous sommes *producteurs*.

— Attendez, n'êtes-vous pas une maison de production ?

— On dit ça pour simplifier, pour que le monde comprenne. Mais la production est au fond le moyen de rafraîchir notre catalogue. Car ce que nous sommes, en réalité, c'est une librairie de droits d'auteur : nous vendons des droits sur des films. Or, ces dernières années, nous avons fait l'erreur de produire pour produire, tout en cédant nos droits à des tiers, financiers, qui les exploitent désormais. »

Le troisième incident, auquel j'ai fait allusion, est ce fameux article sur Lacasse et Frères, qui s'intitulait *Miracle à Saint-Pie-de-Bagot*, que j'avais écrit pour *Profit* et que *L'actualité* avait repris *verbatim*. Dans ce cas, c'est *L'actualité* qui était venue à moi. Mais je me suis vite dit : « Pourquoi attendre ? »

Cela m'a ouvert les yeux et je vois maintenant du droit d'auteur et de la propriété intellectuelle partout. Et vous savez quoi ? il y en a effectivement partout.

Les fondements du droit

Le droit d'auteur fait exactement la même chose relativement à votre propriété intellectuelle que le droit minier : il plante vos jalons. La différence est que vous n'avez pas à trimballer des piquets de clôture dans la cambrousse ! En fait, le droit d'auteur s'applique *automatiquement* sur tout acte de création *fini* et *original* – trois mots clés sur lesquels repose tout l'édifice du droit d'auteur.

1) *Automatiquement*. C'est sans doute le mot le plus important. Dans tous les cas, sauf exception, la *propriété de l'œuvre revient automatiquement au créateur*. En pratique, cela veut dire que si votre éditeur ou votre rédacteur en chef vous commande une idée et que vous l'exécutez et qu'ils la corrigent, vous êtes automatiquement propriétaire de cette œuvre – sauf entente contraire. Le droit est comme ça. C'est quand même bien, non ?

Cet automatisme signifie que vous n'avez pas besoin d'enregistrer votre propriété. Vos piquets sont plantés dans le sol en soi par intercession de votre Saint-Esprit Créateur. C'est à vous. Tralala. Lalalère. Vous n'avez pas besoin d'enregistrer votre propriété à l'Office de la propriété intellectuelle du Canada. Le droit canadien établit même que cette propriété est valide pour toute votre vie à vous et jusqu'à cinquante ans après votre mort. Bref, cette propriété fait partie de vos actifs, au même titre que votre maison, et vos héritiers en seront les propriétaires de droit. Automatiquement. Après la limite de cinquante ans suivant votre mort, l'œuvre (livre, article) tombe dans le domaine public, c'est-à-dire que plus personne ne peut prétendre en être le propriétaire : elle fait partie du patrimoine de l'humanité. Tout le monde peut la publier sans rien demander à vos héritiers ni les payer. Mais en attendant, c'est vous (et vos descendants) qui êtes ferment installés au poste de péage !

L'exception principale concerne les employés : cet automatisme de protection ne s'applique pas aux employés dont l'œuvre a été créée dans le cadre de leur travail. Par exemple, si on vous paye comme employé pour écrire des articles à *La Presse*, l'article devient automatiquement la propriété du journal *La Presse*. La loi le dit clairement. (Par contre, même si vous êtes un employé et que vous publiez des articles ailleurs qu'à *La Presse* et réalisés en dehors du cadre de votre travail, vous en êtes automatiquement le propriétaire à titre de créateur.) Ce renversement de l'automatisme, qui ne concerne que les employés, est tellement universel que la plupart des rédacteurs en chef, qui sont le plus souvent d'anciens employés, n'ont pas une idée claire du droit d'auteur (puisque la responsabilité leur en a toujours échappé). Cette situation explique que bien des rédacteurs en chef supposent, à tort, que le droit d'auteur sur votre texte devient automatiquement propriété de la publication, alors que ce n'est pas du tout le cas. Cette interprétation fautive est à l'origine d'un très grand nombre de malentendus entre les rédactions et leurs pigistes, surtout les plus entreprenants. Sur cette question, j'ai moi-même eu fréquemment à faire «l'éducation» de mes rédacteurs en chef qui s'indignaient, à tort, que je revende *leur* texte, qui n'était pas du tout à eux. Dans le cas du droit d'auteur, les automatismes de la loi font d'emblée du créateur le propriétaire de plein droit du papier, du livre, de l'article, de la conférence. Vous décidez de ce que vous vendez, à qui et combien, où et quand.

Conséquence pratique : celui qui achète votre livre ou qui lit votre article dans un magazine n'est propriétaire que du livre physique ou du magazine physique. Il n'a nullement le droit de s'approprier votre livre ou votre article et d'en revendre les droits à droite et à gauche. Par contre, il a le droit de vendre son livre physique à l'encan ou à des collectionneurs et s'il touche un million pour cet exemplaire, vous n'avez aucun droit là-dessus.

Une autre facette de cette question d'automatisme est que, votre propriété étant clairement établie, vous êtes réputé avoir vendu le minimum, pas le maximum, en l'absence de toute entente. En clair, cela veut dire que si votre rédacteur vous commande un papier, que vous livrez et qui est accepté, il n'a que le droit de publier l'article dans sa publication. Pas plus. Tout le reste est à vous. Cela ne l'autorise pas à vendre cet article à un éditeur pour une anthologie ou à la faire archiver ou à en autoriser la reproduction sur t-shirt. Tous ces droits vous reviennent – sauf entente contraire. C'est l'équivalent intellectuel de la balade en taxi : quand vous montez dans un taxi, c'est le taxi du chauffeur, et quand il vous dit en fin de course « c'est 8,25 $ », ce montant est pour la promenade, pas pour l'auto, ni pour sa femme, ni pour le nom Ford, ni pour l'usine Ford. De même, quand il a acheté l'auto, il n'a acheté que l'auto, pas le droit d'utiliser le nom Ford, ni le droit de diriger une usine Ford.

2) *Fini.* C'est le deuxième mot clé. Pour que la protection du droit d'auteur s'applique, l'œuvre doit être finie, fixée. Il ne peut pas s'agir d'un truc rêvé. En soi, votre synopsis est une œuvre finie. Si un éditeur veut publier un recueil de vos synopsis, il devra vous en demander la permission. Mais le droit d'auteur ne protège ici que la formulation exacte de votre idée dans son synopsis : il ne protège pas encore l'article que vous n'avez pas encore écrit et il ne protège pas les idées dans votre création. On reviendra plus loin sur la façon de protéger sa propriété, mais il importe que vous sachiez que votre propriété ne sera établie que si vous lui avez donné une forme finie et définitive. Ça, c'est moins automatique. C'est la partie plate : faut écrire. Votre conférence est protégée par le droit d'auteur si elle est écrite ou enregistrée. Autrement, elle ne l'est pas : c'est une idée.

Par conséquent, le droit d'auteur exclut votre recherche et les faits. Les faits ne relèvent pas du droit d'auteur. Que Bombardier ait un chiffre d'affaires de douze milliards n'appartient pas à Bombardier. Que le président de Bombardier vous ait dit telle chose, cela ne lui appartient pas : c'est un fait. Il est à vous. En principe, cela veut dire que les éléments de votre recherche qui vous ont amené à votre création sont exclus d'emblée de la propriété intellectuelle. Votre éditeur ou votre rédacteur en chef n'a aucun droit sur vos interviews, vos enregistrements, vos notes. Il peut demander à les voir, pour des vérifications sur l'authenticité des faits, mais il n'a aucun droit dessus. C'est un avantage. Votre propriété sur votre recherche relève du simple droit de propriété bébête : le papier ou le ruban sur lequel tout cela est inscrit ou enregistré vous appartient, donc vous êtes le propriétaire. De même, le fait qu'il ait corrigé votre papier ne lui donne aucun droit, en principe.

3) *Original.* La définition de ce terme est assez étroite. On n'exige pas que vos idées soient nouvelles. Les principaux critères pour déterminer cette originalité sont que l'auteur doit être à l'origine de l'œuvre ; cette œuvre ne doit pas être copiée d'une autre ; cette œuvre doit être le fruit d'un acte de création et non pas le fruit d'un procédé mécanique ; son auteur doit avoir fait appel à son talent, à son expérience, à son travail, à ses goûts et à son jugement. Autrement dit, pour citer l'avocate Leslie Ellen Harris, deux œuvres identiques pondues le même jour à la même heure sont toutes deux originales.

Dans son livre *Canadian Copyright Law*[11], Leslie Ellen Harris donne autant de détails que vous voulez sur ces fondements du droit d'auteur et bien d'autres. Et pour les détails pointus, je vous invite fortement à consulter son livre.

... Et ses volets

Il y a plusieurs façons de voir le droit d'auteur sur un plan commercial. Il comporte plusieurs volets (droits de première publication, droits dérivés, etc.) qui peuvent varier selon le temps, l'espace ou la langue, qui agissent un peu comme des jalons. Mais avant de parler des jalons, commençons par les volets.

1) *Les droits de première publication.* Ça, c'est justement le droit que votre magazine achète habituellement. Une fois que ce

---

11. Leslie Ellen Harris, *Canadian Copyright Law*, 3e édition, Toronto, McGraw-Hill Ryerson, 2001, 332 pages.

droit est utilisé, il est dit « éteint ». C'est un peu l'équivalent de la balade en taxi : c'est le minimum. Cela signifie en pratique que votre rédacteur en chef n'a pas le droit d'autoriser la reprise de cet article ailleurs ou la photocopie systématique, par exemple. Les éditeurs de livres prennent rarement seulement le droit de publication, entre autres parce qu'il y a beaucoup d'autres droits potentiels dans un livre. Ce droit de première publication n'autorise même pas un magazine à permettre aux autres publications d'un même groupe de presse de reprendre l'article. Sauf entente préalable, cela ne concerne que la publication avec laquelle vous vous êtes entendu. Si vous écrivez un article pour *L'actualité* et qu'ensuite vous reprenez la même idée, mais écrite de façon totalement différente, pour *The National Post*, on peut dire que vous avez fait deux œuvres distinctes et que vous avez vendu dans les deux cas un droit de première publication sur chacune. Vous avez travaillé beaucoup plus, mais vous avez aussi touché plus d'argent parce que vous avez revendu du sur-mesure.

2) *Les droits secondaires* ou *droits de suite*. Ça, ça découle du précédent. Cela signifie simplement qu'une fois que vous avez publié dans *L'actualité*, vous pouvez repasser le même article tel quel ailleurs. Cette question du droit secondaire est un peu relative, car le droit secondaire de l'un peut être le droit de première publication de l'autre. Par exemple, je revends mon article de *L'actualité* au *Bel Âge*, c'est bien un droit secondaire, car dans ce cas-ci il s'agit de deux publications sur le même territoire. Mais si je revends le même article à *Science et Vie* (en France), j'exploite un droit de première publication sur un nouveau territoire. On verra un peu plus loin, dans la section Jalons, que cette notion de territoire n'a rien d'absolu.

Ce droit secondaire est souvent moins cher que le précédent, entre autres parce qu'il y a une prime à l'exclusivité et que cette exclusivité a été utilisée. Cependant, cette question du prix est relative : quand *L'actualité* a racheté mon article sur le recyclage d'ordinateurs, ils ont payé moins cher que le tarif habituel, ce qui était tout de même plus que ce que *Québec Science* m'avait payé pour les droits de première publication ! Autrement dit, il n'y a pas de règle claire sur les prix : *le bon prix est celui que le client accepte de payer.*

L'autre raison pour laquelle une revente est également moins chère, c'est qu'on sait que vous n'avez pas travaillé plus. Dans un tel cas, vous n'avez pas besoin d'un synopsis bien élaboré puisque vous proposez un article déjà fait. C'est exactement le même principe à la télé : les séries américaines sont offertes aux diffuseurs étrangers à seulement une fraction du prix qu'elles ont coûté à produire, mais c'est ce qu'on appelle dans le jargon du *gravy* – du pur profit pour le producteur !

Fréquemment, les droits secondaires portent soit sur un extrait de votre livre publié dans tel magazine, soit sur un de vos articles ou une de vos nouvelles paru dans une anthologie, soit sur un tiré à part. Le tiré à part est un petit cahier qui reprend un article pour le mettre en valeur dans un dossier de vente, ou encore pour le remettre aux actionnaires à l'assemblée annuelle. Par exemple, il m'est arrivé d'écrire un article très positif sur Provigo (maintenant une division de Loblaws). Or, à l'époque, Provigo avait tellement aimé l'article qu'ils avaient demandé la permission au magazine de le reproduire sous format magazine, avec le logo du magazine. La publication s'était occupée de la production et de la vente des 2 000 tirés à part, mais elle avait demandé à Provigo de s'entendre directement avec moi pour les droits d'auteur. Finalement, je leur avais fait payer autant que pour le droit de première publication, 1 dollar le mot, et comme ils voulaient une traduction française de l'article, j'ai demandé 50 cents supplémentaires le mot pour me traduire. Si bien que j'ai été payé 2,50 $ le mot au total. Cela n'arrive pas tous les jours, mais ça fait du bien quand ça passe – du *gravy*.

Cependant, si vous êtes journaliste, gardez bien en tête que l'éthique vous empêche de faire des démarches pour *offrir* ces tirés à part : cela vous place en conflit d'intérêts. Il faut que l'entreprise ou la personne fasse le premier pas pour que cette revente soit éthiquement acceptable. Mais une fois que ce premier pas est franchi, l'éthique ne vous interdit nullement de vendre les droits sur cet article. Ce peut être très payant. Toutefois, si vous écrivez toujours en fonction de ce type de revente, vous ne serez pas journaliste longtemps : votre réputation en souffrira et vous finirez relationniste ou publicitaire, ce que vous êtes devenu de toute façon.

3) *Les droits d'agence* (aussi appelés droit en *syndication* dans le marché anglophone). Par exemple, une agence américaine trouve très drôle votre article sur la dinde et croit qu'il fera un malheur dans la presse américaine à l'Action de grâce. Cette agence prend alors le droit de placer votre article partout où cela lui plaît, de percevoir les droits pour vous et de vous les remettre moyennant une commission allant de 25 à 50 %. C'est l'usage de ce droit qui avait permis à mon Richard Cléroux de placer son reportage sur Cendrillon-qui-dit-non-au-Prince-Charmant dans une quinzaine de journaux européens. Aux États-Unis, certains journalistes n'écrivent qu'en agence et sont repris dans des centaines, voire des milliers de journaux. Ce système est aussi très fréquent pour les dessinateurs de bandes dessinées dans les journaux. Les montants perçus dans chaque média ne sont jamais considérables : l'intérêt, c'est que vous toucherez 1 000 fois 20 dollars pour votre chronique ! Mais vous pouvez aussi créer votre propre agence. Un ex-confrère de classe, Daniel Shelton, est le créateur de la bande dessinée Ben, qui apparaît dans quelques centaines de journaux nord-américains chaque jour. Or, c'est la femme de Daniel qui gère l'exploitation de leur propre agence de revente de droits.

Avant de partir en France, Julie et moi envisagions de créer notre propre système d'agence pour la revente d'articles haut de gamme. C'est le même principe. Mais ce projet est resté sur la glace : j'ai fait très peu de journalisme pendant mes deux années en France et, par la suite, je me suis davantage intéressé au livre (sans négliger le journalisme, cependant). Si bien que la question se pose différemment de nos jours et que j'envisagerais une agence de livres avant l'agence de presse.

4) *Les droits de reprographie et électroniques.* Quelques fois par année, je reçois des chèques de Copibec ou de Access Copyright, deux agences qui s'occupent de la collecte des redevances sur les photocopies, que versent les gouvernements, les imprimeurs, les universités – entre autres. Ces montants ne valent pas une fortune – autour de 150 dollars pour Copibec, et 450 dollars pour Access Copyright. Ça paye la bière. Il en va de même du droit électronique, c'est-à-dire du droit d'utiliser mon article sur Internet ou dans les banques d'archivages (comme cedrom-sni) qui revendent. Julie avait déjà fait un article sur Chantal Petitclerc, la championne olympique de course en fauteuil roulant. Après publication, son commanditaire, Alcan, a souhaité afficher l'article sur son site web, et Julie leur a vendu ce droit 1 000 dollars. Comme la publication commerciale sur le web est encore en plein développement, tout ce secteur est un véritable far west (on y reviendra).

5) *Le droit dérivé.* Il y a de tout là-dedans. Si vous faites du livre, c'est le droit de tourner votre livre en film. Si vous faites du film, c'est le droit d'en faire un livre. C'est le droit d'adapter, de traduire. C'est le droit sur la musique, sur les figurines. C'est un peu pour cette raison que je fais toujours exclure de mes contrats mes œuvres préalables. Par exemple, mon livre sur la langue française découle d'un chapitre de mon livre sur les Français. Un éditeur de mauvaise foi pourrait dire : « Hey ! C'est un produit dérivé. » Un éditeur pourrait dire qu'il a un droit sur des articles préalables au livre qui m'ont permis

d'effectuer la recherche. Moi, je dis : « Non : cela fait partie de la recherche. » Et pour clarifier la question, j'exclus les œuvres préalables liées au sujet.

Les droits dérivés sont assez minuscules en journalisme, mais ils peuvent être considérables dans le livre, le documentaire ou le cinéma. Le cas le plus célèbre est celui de George Lucas, que ses producteurs refusaient de payer autant qu'il demandait pour créer le premier *Star Wars*. Lucas a donc exigé plutôt les droits sur les figurines, la musique du film, les suites et le titre, des catégories de droits dérivés auxquelles on attribuait alors très peu de valeur. Finalement, le succès fut tel qu'il s'est enrichi avec les figurines et la musique, payée par les producteurs, alors que ceux-ci avaient cédé ces droits sur l'ensemble des autres épisodes de la série ! Un coup de maître.

6) *Le droit moral.* Selon le droit canadien, c'est le droit que vous ne pouvez pas vendre et il porte sur votre honneur et votre réputation. Vous serez toujours l'auteur de votre livre, même quand vous aurez cédé tous les autres droits : ce qui veut dire que votre nom (ou votre pseudonyme) devrait toujours figurer sur la couverture si vous l'avez demandé, et à l'inverse, vous pouvez rester anonyme si vous l'avez toujours souhaité. En principe, cela veut dire que votre acheteur ne peut pas dénaturer votre création, ni dans sa forme ni par association. Cas extrême : à supposer que Gilles Vigneault eût cédé ses droits d'auteur sur sa célèbre chanson *Gens du Pays*, il pourrait se fâcher si le propriétaire la vendait au gouvernement fédéral pour lui permettre de vanter les vertus du fédéralisme dans une publicité. Le cinéaste Pierre Falardeau avait menacé d'avoir recours aux tribunaux voici quelques années quand une compagnie de publicité avait utilisé son personnage d'Elvis Gratton pour vendre une quelconque marchandise.

Cette catégorisation en six parties est un peu arbitraire, car il y a en fait beaucoup plus de volets. Un contrat d'édition de livre, par exemple, distingue souvent les droits de première publication des droits sur les ventes à des clubs de livre (tels Québec Loisirs ou France Loisirs) ou sur le livre de poche. Il n'y a pas de limites au nombre de volets que cela peut comporter.

Votre droit d'auteur s'établit automatiquement sur *tous* ces volets à la fois – sauf avis contraire. Tous ces droits sont distincts de par la loi. Cela signifie que le fait que vous ayez une entente avec Copibec sur le droit de reproduction ne concerne absolument pas les autres droits, à moins que votre entente les inclue explicitement. Le droit de traduire en espagnol ne concerne que la traduction espagnole et aucune autre langue. Si vous autorisez tel éditeur à reproduire votre article dans son livre scolaire pour environ 200 dollars, l'éditeur n'a acquis que le droit de faire cela et rien d'autre.

Planter des jalons

Tous ces volets s'appliquent différemment selon les jalons qu'on leur donne, qui sont : la nature de la transaction, l'exclusivité, le territoire, le temps, la langue et le support.

1) *La nature de la transaction.* Jusqu'à présent, j'ai commis une faute. Pour simplifier le propos, j'ai parlé des droits que vous pouvez « vendre ». J'aurais dû dire : « monnayer », transmettre, ou « échanger ». Car en matière de droit d'auteur, « vente » est un mot ambigu qui recoupe deux concepts distincts : la *cession* et la *licence.*
   Une licence est l'équivalent d'une location, assez similaire à un bail : elle permet à une personne d'utiliser votre œuvre temporairement à des fins précises. Ce qui veut dire qu'au terme du contrat de licence, le contrat s'éteint, tout simplement, et le droit vous revient entièrement. Un exemple typique est le fameux contrat d'option à partir de votre livre pour un film – dont tout le monde rêve : il donne au producteur le

droit exclusif de développer un scénario à partir de votre livre et d'enclencher sa réalisation pour une période de six mois à un an (renouvelable une fois).

Dans le cas d'une cession, vous transférez votre titre de propriété à l'acheteur, c'est lui qui devient le propriétaire, et c'est donc lui qui prendra les décisions sur la façon d'exploiter le fruit de votre travail – vous ne pourrez plus le sortir. C'est souvent ce qui arrive à votre « option » quand le producteur réussit à mener le projet à terme et à en faire un film. Vos percevrez des redevances, mais la propriété formelle sur le film ne sera pas vôtre, ce sera celle du producteur.

En France, où les relations entre auteurs et éditeurs sont très paternalistes, les auteurs *cèdent* en général tous leurs droits à l'éditeur, et les éditeurs veulent tous les droits. Ce qui peut poser problème si, par exemple, vous avez cédé tous les droits sur votre livre à un éditeur en ligne – qui ne fera rien pour vendre votre livre en librairie. Au Canada, la pratique s'oriente davantage vers la licence, ou la cession limitée. Dans bien des cas, les contrats de licence sont formulés de telle façon qu'ils reviennent pratiquement à une cession de droit – mais, encore là, l'essentiel pour vous est qu'une redevance correcte compense.

Que ce soit sous forme de licence ou de cession, ce qui importe est que votre droit d'auteur soit bien exploité et que vous perceviez de bonnes redevances sur ce droit. Dans le cas d'un livre, c'est le plus souvent un pourcentage du prix de vente au détail. Dans le cas d'un article, c'est le plus souvent une somme forfaitaire. Pour une pièce de théâtre, c'est le pourcentage des recettes au guichet. Cette transaction ne concerne que les droits mentionnés au contrat.

2) *L'exclusivité.* Un droit peut être exclusif ou non exclusif. Habituellement, les contrats de livre sont assez clairs sur l'exclusivité, mais il y a des zones d'ombre. Par exemple, notre éditeur américain a l'exclusivité sur son territoire national et notre

éditeur britannique a l'exclusivité sur son territoire national et le Commonwealth, mais ils n'ont aucune exclusivité sur l'Europe : sur ce territoire, les deux éditions en langue anglaise sont donc en concurrence directe, ce sera au plus fort la poche.

Dans un secteur concurrentiel comme le journalisme, où tout le monde est fier de ses scoops, l'exclusivité (sur le texte, pas sur votre personne) est implicite partout. Il est normal que la publication qui vous commande un papier en ait l'exclusivité, à plus forte raison si la rédaction est également à l'origine de l'idée et qu'elle vous a en plus payé vos frais de recherche. Toutefois, cette exclusivité n'est pas éternelle : elle tombe du moment que le papier est publié et que la publication n'est plus en kiosque.

Les petits finfinauds ont tout de suite vu la faille : cette exclusivité n'est nullement une obligation légale si elle est implicite. Par contre, si vous tentez de placer deux fois le même article dans deux publications concurrentes qui l'ont commandé, elles auront raison de se fâcher. Même si leur recours en droit est assez faible, elles peuvent décider que vous n'êtes pas fiable. Donc, c'est un petit jeu qui se joue à deux.

Il existe des variantes infinies sur ce thème de l'exclusivité. Par exemple, un agent peut prendre le droit sur l'adaptation cinématographique de votre livre de façon exclusive, c'est-à-dire que personne d'autre que lui ne peut le négocier, pas même vous. Mais ce droit peut être aussi non exclusif, ce qui vous autorise à faire ce que vous voulez de votre côté sans avoir à lui rendre de comptes. L'exclusivité peut également reposer non sur l'objet mais sur votre personne : un contrat vous lie en exclusivité à *La Presse*, mais est-ce pour l'ensemble de ce que vous écrivez ou bien est-ce pour vos articles sur un sujet particulier (par exemple, le jardinage), dans une langue x (en français) ou pour un territoire particulier (au

Québec). Ce sont trois exemples d'exclusivité qui n'ont rien à voir.

3) *Le territoire.* L'exclusivité sur votre reportage, le droit de publier votre livre, tous ces droits que vous vendez peuvent être délimités par un territoire donné ou s'appliquer à l'univers entier. Si vous limitez le territoire, l'acheteur a le privilège sur son territoire. Hors de son territoire, vous pouvez revendre le même droit sans avoir trahi l'entente. Pour *Sixty Million Frenchmen Can't Be Wrong*, c'est l'éditeur américain qui avait acquis les droits mondiaux du livre, et qui a ensuite revendu les droits à un éditeur chinois pour la Chine, et ensuite à un éditeur britannique pour le Commonwealth (moins le Canada), en France, aux Pays-Bas, et ainsi de suite. Par contre, pour *The Story of French*, c'est nous-mêmes qui avons vendu directement à l'éditeur canadien les droits canadiens, à l'éditeur américain les droits américains et à l'éditeur britannique les droits britanniques et sur le Commonwealth (à l'exception du Canada). Par contre, ces trois éditeurs peuvent se concurrencer de front pour l'édition anglaise en Europe (hors du Royaume-Uni). Et, dans tous les cas, ces ententes ont exclu les autres langues.

4) *La langue.* La langue est fréquemment mentionnée dans les contrats de livre. Par exemple, l'éditeur français acquiert les droits en français sans limite de territoire, mais à l'exclusion des autres langues. Vous pouvez scinder ce droit et donner l'Amérique en français à un éditeur québécois, l'Europe en français à un éditeur français, et laisser vos deux éditeurs se concurrencer sur le reste de la tarte francophone. C'est ce que nous avons fait en anglais pour notre livre sur la langue française en cédant les droits anglophones à trois éditeurs qui ont chacun leur spécialité de territoire en anglais, mais qui n'ont aucun droit d'autoriser la traduction du livre en une autre langue.

5) *Le temps.* Voilà une autre composante du droit d'auteur. Votre éditeur a sans doute bien payé pour les droits de première publication de votre article, mais qu'est-ce qui arrive s'il ne publie pas ? C'est indéfini. Voilà pourquoi il peut être à propos de lui donner un an pour publier. S'il ne publie pas au cours de cette période, c'est son choix et vous n'êtes pas obligé de lui rendre son avance. Vous aurez été payé pour un droit qu'il n'a pas utilisé, et vous pouvez le vendre ailleurs. Les contrats de livre peuvent avoir une durée fixe ou indéfinie. Par exemple, pour le droit de reproduire un article dans un livre d'anthologie, ce droit spécifique est généralement cédé pour la durée du droit d'auteur sur le livre. Toutes les options de cinéma sont limitées dans le temps : cela force le producteur à se grouiller.

6) *Le support.* Votre droit de première publication d'un article de magazine ne concerne que ce magazine-là. Mais le groupe de presse peut vouloir le droit pour tous ses magazines, ou encore pour l'archivage électronique. Très bien, mais cela ne concerne pas les droits de reproduction, ni les droits de suite, par exemple. Les contrats de livre sont assez élaborés en matière de support, et certains ont même des clauses concernant les médias de type encore inconnu. Il y a seulement dix ans, l'intérêt des droits sur Internet n'était pas encore clair. Il y a vingt ans, le mot Internet n'existait même pas.

~

Le droit d'auteur comporte de multiples possibilités, mais il peut aussi être complexe à gérer. Pour notre dernier livre, Julie et moi avons décidé de gérer directement la revente des droits territoriaux parce que nous avons trouvé que c'était plus payant. Mais nous aurions aussi très bien pu céder à un seul éditeur l'ensemble de ces droits, ainsi que la tâche de les exploiter, ce que nous avions fait dans le cas de notre précédent livre. En pratique, cela veut dire que nous partagions avec l'éditeur américain les droits vendus à l'étranger. Par exemple, aux États-Unis, il nous verse le droit d'auteur standard, soit 10 % du prix de détail d'un livre. Mais comme c'est lui qui a vendu les droits pour le territoire britannique, le contrat stipule qu'il empoche la moitié des droits d'auteur versés par l'éditeur britannique. Donc, nous touchons 5 % au lieu de 10 %. (C'est un très mauvais contrat, mais nous étions de parfaits inconnus dans cette ligue en 2001, si bien que nous avons dû signer en sachant que nous nous faisions un peu avoir. D'ailleurs, le romancier Marc-André Poissant [alias Marc Fisher] à qui nous avions demandé conseil – il est l'un des rares Québécois à évoluer dans cette ligue – nous avait bien dit que, pour une première fois, le simple fait d'avoir un bon éditeur et d'être publié serait une partie de notre paye.)

D'autres éditeurs sont moins gourmands et vont partager la tarte à 60-40 % ou 80-20 %. Toutes les variantes sont permises. Pour notre dernier livre, nous avons préféré traiter directement avec les éditeurs étrangers pour ne partager nos droits avec personne d'autre que l'agent qui nous représente sur ce territoire. Cette part des droits étrangers peut parfois faire l'objet d'âpres négociations, mais elle peut également ne rien valoir. Par exemple, Québec Amérique a les droits mondiaux sur mon *Guide du travailleur autonome*, mais c'est tellement québécois qu'il n'a pas grande chance de vendre ailleurs.

En général, j'ai pour principe de ne pas céder à un éditeur les droits qu'il n'est pas en mesure de vendre mieux que moi. Par exemple, j'ai jalousement conservé les droits d'adaptation audiovisuelle de mon livre sur la langue française. Aucun éditeur ne les a. Pour deux raisons. D'une part, parce que cela peut être payant. D'autre part, parce que je sais que pour arriver à les vendre, il faut un travail préalable de mise en forme ou de formulation que personne d'autre que moi n'est équipé pour faire. Dans le cas de mon *Guide du travailleur autonome*, j'avais en tête de publier des articles et des chroniques. Mon éditeur a pris dans ce contrat une fourchette très large de droits sur le livre, mais j'ai spécifiquement exclu la revente d'extraits, tels quels ou sous forme adaptée – parce que mes contacts dans le milieu du journalisme étaient bien meilleurs que les siens et que je savais exactement quoi et comment faire pour placer des extraits dans des chroniques. J'ai vendu près de 12 000 exemplaires de ce livre, mais j'ai facilement doublé mes revenus avec les conférences, les séminaires de formation et les diverses chroniques que j'ai produites. J'aurais été beaucoup moins intéressé à prendre des initiatives si j'avais dû partager le fruit de mon travail avec l'éditeur. Et ce dernier savait bien qu'il vendrait sûrement plus d'exemplaires si je menais à bien cette initiative.

Quant à savoir combien vaut un droit, nous y reviendrons au chapitre 13 sur la négociation, mais l'essentiel en est qu'il n'existe aucune valeur préétablie du droit d'auteur. Cela prend presque toujours la forme d'un forfait ou d'une redevance à pourcentage sur les ventes. Certaines publications ou associations affichent des tarifs et des taux qui ne sont en fait qu'un barème. Vos droits valent en réalité ce que l'acheteur accepte de payer.

Cela dit, le droit d'auteur n'est pas parfait et il comporte un gros défaut : celui de sa protection.

Lectures utiles

SEDGE, Michael, *Successful syndication : a guide for writers and cartoonists,* New York, Allworth Press, 2000, 184 pages.

TAMARO, Normand, *Le droit d'auteur, Principes et fondements,* Montréal, Presses de l'Université de Montréal, 1994, 214 pages.

HENRI, Leslie Ellen, Canadian Copyright ltée, ??? référence de la note de bas de page de ce chapitre.

Chapitre 11

Bonjour, la police

Les défauts connus et fort exploités
du droit d'auteur

Le défaut du droit d'auteur découle principalement de sa qualité. Il est automatique, certes, mais c'est aussi un droit à déclaration volontaire, c'est-à-dire qu'il suppose que l'utilisateur potentiellement intéressé viendra vous voir pour vous demander l'autorisation d'utiliser votre droit. Cette notion d'« autorisation » est le plus souvent un euphémisme pour « céder gratuitement » vos droits. Malheureusement, l'acheteur fera souvent l'innocent en prétendant être surpris que vous lui réclamiez quelque chose pour ce droit – un gars s'essaye. Bref, il vous appartient, à vous, de vous assurer que votre droit est respecté – ce qui veut dire que vous devez surveiller votre propriété et facturer les innocents qui l'ont utilisée sans négocier ou sans permission ou sans discuter.

Pour vous aider, il existe quelques services de protection, mais spécialisés dans un seul volet du droit. Les auteurs et les éditeurs ont créé des agences comme Copibec et Access Copyright qui gèrent pour eux les droits de reprographie – surveillance et perception. De même, le CRTC surveille l'utilisation des droits

radiophoniques sur les chansons, perçoit et redistribue les redevances.

La mention du copyright sur vos textes – non obligatoire – et
la stipulation explicite de votre propriété («tous droits réservés»)
ne vous protègent nullement contre les voleurs, mais elle a le
mérite de poser vos jalons publiquement et de dire à la personne
non autorisée qu'elle empiète sur votre territoire. Quiconque
s'approprie votre droit sans autorisation de votre part (et sans
compensation, bien sûr!) commet un crime contre votre propriété et pourrait être poursuivi au criminel pour vol (ou fraude,
ou contrefaçon) – il arrive que la GRC agisse dans des cas de fautes
gravissimes, qui impliquent le plus souvent la contrefaçon, mais
c'est rare. La majorité des procès sur cette question se font au civil,
car l'objet du litige est votre propriété, qui est contestée. Une propriété physique est un bien aisément définissable, il en va tout
autrement de la «propriété intellectuelle» – et il y a des utilisateurs
qui ne comprennent pas (de bonne foi), ou qui font semblant de
ne pas comprendre, ou qui l'ignorent sciemment. Heureusement,
dans bien des cas de contestation du genre, vous avez votre éditeur
de votre bord pour vous appuyer, car lui aussi est lésé. Mais il
arrive aussi que l'éditeur et l'auteur ne s'entendent pas sur la nature
du volet du droit en question ou sur l'une des limites qui le jalonne.

Le faux problème du vol d'idées

La grande préoccupation des débutants est de se faire voler
leur idée. C'est une question intéressante. Je dois dire d'emblée
que j'ai rarement vu de cas patents et avérés de vol d'*idée* – les cas
de vol concernent bien davantage les créations finales que les idées
à l'état brut telles que formulées dans un synopsis.

Le «vol d'idée», si vol il y a, concerne le plus souvent un sujet
dans l'air du temps. Par exemple, si vous proposez à *La Presse*
un article sur le Sommet de la terre deux semaines avant l'événement, il y a de grosses chances qu'on vous «vole» votre idée : cela

fait trois mois qu'ils se battent, à la rédaction, pour savoir qui fera le beau voyage en Afrique du Sud. Vous, votre idée est dans l'air du temps, votre synopsis n'était pas particulièrement intéressant, tout le monde a l'idée du même sujet en même temps, et votre synopsis n'a convaincu personne que vous étiez le journaliste qui pouvait le réaliser. Et d'ailleurs, souvenez-vous : le droit d'auteur fait de vous le propriétaire de l'œuvre finie, qui se résume ici aux quatre paragraphes de votre synopsis. En pratique, cela veut dire que si le journal a fait un copier-coller de votre synopsis, vous pourrez parler d'un vol d'idée (en tant que produit fini). Mais le droit d'auteur ne protège nullement les idées *dans* votre œuvre. C'est d'ailleurs cette même entourloupette qui vous permet de vous inspirer du travail des autres dans le cadre de votre recherche d'idée, alors c'est donnant donnant.

Un ami m'a appelé hier pour se plaindre d'un vol : il proposait depuis deux mois au *New York Times* un article sur le quartier Saint-Roch, à Québec. Et voilà que le *New York Times* publie un article sur Saint-Roch écrit par un autre journaliste que lui ! Mais est-ce bien un vol d'idée ? Si mon ami a eu l'idée intéressante, une des raisons qui fait qu'elle est intéressante est qu'elle est dans l'air du temps. Il se peut même que le correspondant local du *New York Times* y songeât depuis des lustres et que la proposition de mon ami ait simplement convaincu la rédaction du mérite de publier un papier là-dessus. Outre la ressemblance du sujet, il n'y a vraiment aucun élément qui montre qu'il y a vol. J'ai donc conseillé à mon ami de communiquer avec le rédacteur de la section pour discuter civilement de la coïncidence. Il se peut fort bien qu'il y ait eu erreur ou manque de courtoisie, mais je serais très surpris que ce soit un vol. Il y a une chose cependant dont je suis absolument sûr : rien n'interdit à mon ami de repasser simultanément le même synopsis au *Washington Post,* au *Philadelphia Enquirer* ou au *Boston Globe* – à plus forte raison maintenant que le *New York Times* a donné de la légitimité à son sujet.

Il existe toujours un risque que l'on prenne les idées de votre synopsis et qu'on demande à un autre de les réaliser, sans vous en attribuer la paternité. Moi, cela ne m'est jamais arrivé, en partie parce que je m'arrange pour bien démontrer, dans mes synopsis, que je suis la personne la plus apte à les mener à terme. Mais c'est aussi parce que je me tiens loin de la presse quotidienne. Les trois quarts, sinon 90 % des plaintes (fondées ou non) pour vol d'idée dont j'ai connaissance concernent la presse quotidienne. Les journaux produisent beaucoup, et vite, et on ne s'y préoccupe pas trop des détails comme le droit d'auteur des collaborateurs. Cela tient aussi au fait que les journalistes employés des journaux ont peu d'égards pour les pigistes, qui ne produisent que la partie congrue du contenu d'un journal, et que les syndicats considèrent un peu comme des sous-traitants déloyaux – la convention collective de *La Presse* limite d'ailleurs le pourcentage de contenu qui peut être acheté à des fournisseurs hors de la convention collective.

Il est arrivé plusieurs fois que *L'actualité* me demande de travailler sur l'idée d'un autre – souvent un pigiste débutant qui a proposé une excellente idée, mais trop forte pour lui, ou qui a remis un texte raté qu'il faut reprendre de A à Z. J'accepte d'habitude, à condition que celui qui a eu l'idée reçoive une compensation et qu'ils achètent son synopsis – en général cela vaut rarement plus de 75 dollars. C'est que l'idée telle qu'elle est formulée dans le synopsis ne vaut pas 5 % ou 1 % du produit fini, car c'est le travail de recherche et d'écriture qu'on met dedans qui l'amène à sa forme ultime, et c'est cette dernière qui est protégée. Cette exigence de rétribution est une courtoisie de ma part envers un collègue, mais les journalistes au service d'un journal sont beaucoup moins courtois sur ce point – et du strict point de vue du droit, ce n'est pas nécessaire.

Cette différence entre l'idée et le produit fini est encore moins claire au cinéma. Mon livre, tout fini qu'il soit, n'est que l'idée d'un film. C'est pourquoi le producteur intéressé me propose une « option » de 5 000 dollars, qui lui donne le droit de développer l'idée en un scénario et de faire le démarchage pour trouver des diffuseurs et des coproducteurs – ce droit est en général valide pour six mois ou un an, renouvelable une fois. Ce n'est que lorsque le scénario sera terminé que l'on parlera des redevances (20 000 à 30 000 dollars par heure d'émission ou par chapitre du documentaire), auxquelles j'aurai droit en partie ou en totalité selon que j'aurai participé ou non à l'élaboration du scénario. Et je percevrai aussi divers droits en proportion du succès de la série après sa réalisation. Donc, l'idée vaut ce qu'elle vaut, suivant qu'elle est bonne ou non, mais aussi selon son degré de finition. Dans le monde du cinéma et du documentaire, c'est toujours un peu olé olé – entre autres parce qu'un film est un travail d'équipe du début à la fin, et qu'il est extrêmement difficile d'établir la part du concepteur, celles du ou des scénaristes, du réalisateur, du producteur, des acteurs – tous des niveaux de création. Si vous avez droit à 1/2 %, c'est beau.

Si vous êtes nerveux quant à la possibilité de vous faire voler votre idée ou votre création, il existe cinq façons de la protéger.

1) Vous pouvez vous poster vous-même votre œuvre en courrier recommandé et sans l'ouvrir. Le cachet de la poste fait foi que la propriété intellectuelle contenue dans l'enveloppe était en votre possession à une date X. Il peut être pertinent d'inclure certains documents – une version corrigée à la main, par exemple – qui montre l'antériorité de votre travail. Devant un tribunal, cela a son poids.

2) L'autre méthode consiste à l'enregistrer à l'Office de la propriété intellectuelle du Canada. Cela vous coûte 25 dollars pour la déposer. Cela ne prouve pas que c'est vous qui êtes l'auteur et que c'est absolument original : cela prouve seulement que vous pouvez légitimement prétendre à la paternité de l'œuvre à la date du dépôt.

3) Dans le domaine du cinéma et de la télé, vous pouvez faire de même à la Société des auteurs de radio, télévision et cinéma

(SARTEC). Eux vous font payer 20 dollars pour une enveloppe contenant un document de 300 pages. Vous pouvez également y inclure d'autres documents qui vous ont permis d'arriver au résultat.

4) Dans tous les cas, conservez dans vos archives tous les documents, ébauches, versions, correspondances qui portent sur la gestation et la conception de votre création. C'est la seule façon de prouver hors de tout doute votre paternité sur une œuvre originale. Cela veut dire une ou deux caisses de papier au moins par livre produit. Pour les articles, ce genre de contestation est beaucoup plus rare, et je jette presque tous mes documents après un an, mais dans le cas du livre, vous devriez les conserver beaucoup plus longtemps, peut-être aussi longtemps que la durée du droit d'auteur. Ce procédé est avantageux dans le cas où votre droit d'auteur est contesté si vous avez du succès, parfois plusieurs années après la parution. Heureusement, si vous avez du succès, une grande bibliothèque voudra peut-être acquérir vos archives – pour étude. Michel Tremblay a vendu ses documents aux Archives nationales à Ottawa pour 300 000 dollars en 1986.

5) La solution ultime contre le vol est de produire des créations inintéressantes et dont personne ne veut.

Le vrai risque

Le fait d'essayer de vendre votre idée vous expose au vol, au plagiat, à l'emprunt – un risque bien souvent plus théorique que réel. Mais cela n'est rien à comparer à ce qui vous guettera une fois que votre idée aura atteint sa pleine maturité, une fois que vous l'aurez terminée et accomplie. Les voleurs sont voleurs parce qu'ils n'aiment pas travailler. Pourquoi voleraient-ils une idée partiellement cuite, alors qu'il reste 95 % ou 99 % de travail à accomplir ? Les cas patents et démontrables de vol d'idée concernent des créations finies, dont l'originalité et l'intérêt ne font aucun doute parce que ces créations sont réalisées.

J'ai été victime une fois d'une tentative de vol de cette espèce, en 1995. Cette année-là, un éditeur de livre attaché à un groupe de presse publie un recueil d'articles économiques, une bonne cinquantaine, dont six à moi – publiés dans *L'actualité* et *Commerce*. Or, on ne m'avait rien demandé, ni d'ailleurs aux autres auteurs victimes de cet « emprunt ». Moi, vous me connaissez, je n'ai fait ni une ni deux : j'ai mis l'éditeur en demeure de payer 1 200 dollars (200 dollars par texte) et ils ont payé, mais seulement après moult protestations et marques d'indignation. L'éditeur a prétendu que les rédactions des magazines lui avaient donné les autorisations nécessaires. Or, c'était un mensonge éhonté, car je sais que *Commerce* et *L'actualité* ont toujours été respectueux de leurs pigistes quant aux droits de reproduction et renvoient toute demande de cette nature à l'auteur. L'éditeur a ensuite prétendu que les secrétaires des rédacteurs en chef avaient donné cette permission, ce qui était également une preuve de mauvaise foi de sa part, puisqu'il sait que les secrétaires sont rarement autorisées à donner une telle permission, la gestion du droit d'auteur relevant de l'éditeur. Si elles ont autorisé quelque chose, c'était sûrement une demande vague. Cette petite guéguerre ne m'a pas mis en amitié avec cet éditeur : son geste était du banditisme et je n'en démords pas.

Cette anecdote est typique de l'attitude des voleurs, mais assez désolante, car, habituellement, les gens de l'écrit – dans le livre et le magazine en particulier – respectent la propriété des auteurs. Le gros des cas patents de vol concerne la presse quotidienne. Les articles des pigistes se retrouvent souvent sur les fils d'agence et sont repris par d'autres médias sans qu'on demande l'autorisation du pigiste. Dans le monde du cinéma et du documentaire, la propriété de l'idée et la part de chacun peut faire l'objet d'âpres négociations, mais une fois que cette part est décidée, les usages de cette industrie en la matière sont bien établis. Mais il ne fait aucun doute que chaque fois qu'est inventé un nouveau média, il se crée en même temps un nouveau far west intellectuel peuplé de cow-boys et de requins.

Souvent, ces situations de vol se règlent sans procès, par une mise en demeure ferme et une facture – sur ce sujet, je vous conseille de lire mon *Guide du travailleur autonome*. Le contrevenant réagit toujours de la même façon : il chiale un certain temps, il prétend qu'il ne savait pas, il prétend que vous n'avez pas le droit, et puis il se ravise et paye. Mais il y a aussi des cas qui ne se règlent que devant les tribunaux.

Le droit en matière de propriété intellectuelle est très bien établi, car il concerne de très grands pans de notre économie. Il fonde en droit les industries de l'édition, du disque et du cinéma. J'ai pris conscience de la solidité du droit en matière de propriété intellectuelle en faisant un reportage sur le drapeau franco-ontarien pour *L'actualité*. Ce drapeau avait été conçu par un groupe d'étudiants gravitant autour du professeur Gaétan Gervais, de l'Université Laurentienne, à Sudbury. Il faut comprendre qu'avant les années 1970, le drapeau de tous les Canadiens français du pays et même des Franco-Américains était le fleurdelisé – emblème que les nationalistes québécois se sont approprié pour appuyer leurs revendications. Ce qui laissait les autres Canadiens français sans symbole. Or, le nationalisme québécois produisait un débat acrimonieux parmi les communautés canadiennes-françaises hors du Québec qui étaient prises entre l'arbre de leur fidélité fédéraliste et l'écorce de leur solidarité canadienne-française. Et les plus militants d'entre eux, orphelins d'un drapeau, étaient pris d'un sentiment d'urgence, et le groupe de Gaétan Gervais ne voulait absolument pas que du temps soit perdu à discuter de la nécessité ou de la beauté de leur conception du drapeau. C'est ici qu'entre en scène le droit canadien sur la propriété intellectuelle. Avant d'essayer de convaincre les associations et les autorités de reprendre son drapeau, Gervais est allé à l'Office de la propriété intellectuelle. Comme il était long, coûteux et compliqué

de faire protéger le design du drapeau, Gervais a plutôt fait enregistrer l'appellation « drapeau franco-ontarien » à titre de marque
de commerce – un autre volet de la propriété intellectuelle –, ce
qui lui a coûté 25 dollars. Puis, le groupe a présenté son drapeau
à l'Association des Canadiens français de l'Ontario, et pour éviter
tout débat, ils ont ainsi présenté les choses : « C'est à prendre ou
à laisser. De toute façon, on est propriétaires du nom. » Finalement, l'ACFO a pris le drapeau ! Autrement dit, si l'ACFO n'avait
pas pris le drapeau de Gervais et compagnie, ceux-ci lui auraient
interdit d'utiliser l'expression « drapeau franco-ontarien » dont
ils étaient légalement les propriétaires ! Ce groupe d'étudiants
et de profs n'a pas gagné un sou dans l'opération : mais ce tour
de passe-passe montre la solidité du droit de propriété intellectuelle.

Si vous vous empêchez de proposer vos idées par crainte qu'on
vous vole, vous n'irez nulle part. Au contraire, votre but dans la
vie devrait être de monter des idées assez fortes pour qu'on vous
envie de les avoir eues. Ces idées ont un fort potentiel de marché,
comportent de grandes ressources commerciales en matière de
droit d'auteur, et tout le monde veut avoir le privilège de les
publier. Les avantages commerciaux de la question du droit
d'auteur dépassent largement les inconvénients.

Mais bien au-delà des questions d'argent, de surveillance et
de protection, gardez bien en tête que la raison principale de
parler du droit d'auteur si tôt dans ce livre est de vous montrer
les ressources qu'il vous permet d'exploiter. Il est souvent utile
d'analyser une idée intéressante de ce point de vue. Est-ce qu'il
y a un livre dans mon scénario ? Est-ce que cette idée de livre
pourrait aussi aboutir à un scénario ? Est-ce que ce reportage peut
donner un livre ? Qui voudra lire ce livre ? Vos rédacteurs en chef,
vos éditeurs et vos producteurs ne considèrent pas vos idées
autrement. Une bonne compréhension du droit d'auteur vous

permet non seulement de mieux défendre vos intérêts, mais également de bien saisir le potentiel de votre idée, ses publics cibles, et ses ressorts commerciaux – pour mieux les mettre en valeur. Car si vous êtes en mesure de convaincre quant au potentiel de votre idée, vous serez bien plus à l'aise quand vous quitterez la patinoire de la réflexion pour celle de la négociation.

Chapitre 12

La vie est un souk...

Comment jouer le jeu de la négociation

Combien est-ce que je peux avoir ?

C'est toujours la question que les néophytes posent quand on arrive au chapitre de la négociation, sans doute celui où il y a le plus de méprises. Il est très rare que je n'obtienne pas quelque chose quand je négocie, mais je n'obtiens pas nécessairement *plus* : je peux même vouloir moins (de travail) et être payé mieux (ce qui ne veut pas dire plus). C'est Lucien Bouchard, mieux connu comme ex-premier ministre, mais redoutable négociateur patronal, qui disait qu'il n'existe pas de bonne négociation où chacune des parties ne fait pas de concessions.

Ce n'est pas pour rien que ce chapitre, les deux suivants et une partie du chapitre 15 portent sur la négociation. Car c'est à travers la négociation et le contrat qu'est mis en évidence le lien entre votre idée, son potentiel, vos intentions futures, les conditions de sa réalisation et votre capacité matérielle d'exécuter votre projet.

L'expérience et de nombreux témoignages m'ont montré que la plupart des pigistes ou écrivains qui se plaignent d'être exploités n'ont jamais essayé de négocier ou s'y prennent mal – en se bornant généralement à essayer d'avoir plus. Est-ce la crainte, la gêne, l'indolence, l'incompétence? Un vieux cliché qui date de l'époque du romantisme veut qu'un artiste ne s'*abaisse* jamais à parler d'argent. «Foutaise que cela!» aurait dit Victor Hugo. Gardez bien en tête que l'éditeur ou le rédacteur en chef savent, eux, qu'ils sont acheteurs, d'autant plus que vous avez tout fait pour monter une idée forte qui les intéresse et qu'ils veulent arracher à la concurrence. Ce n'est pas le moment de vous écraser quand tous les possibles se jouent.

Votre position de négociation

Nous parlerons au prochain chapitre de ce que l'on peut négocier et de la manière de le faire, et au chapitre suivant de la question du contrat. Auparavant, il importe de comprendre les cinq conditions psychologiques qui vous permettent de négocier avec succès : susciter l'intérêt, mettre le client à sa place, ne pas craindre de demander, accepter de jouer le jeu et savoir dire non.

Les trois premières portent en fait sur votre position de négociation, ou sur votre attitude, si vous le voulez. Cela relève du conditionnement psychologique, de l'image mentale que vous et votre projet produisez dans l'esprit du client.

1) *Susciter l'intérêt*. Nous avons tellement parlé de cette question aux chapitres précédents que je la tiens pour acquise. Si vous en êtes à la négociation, c'est que votre projet ou votre idée intéresse, et s'il y a intérêt, votre interlocuteur sait que cela pourrait aussi en intéresser d'autres. Plus l'intérêt est fort, plus vous pourrez demander. D'où la nécessité, dans l'élaboration du projet de livre ou du synopsis d'article, de bien faire valoir tous les marchés potentiels du livre et tous les enjeux

pour les lecteurs potentiels de l'article. Cela se dit en peu de mots, mais les éditeurs ou les rédacteurs ne cherchent que cela et sont tout de suite capables de mettre un prix là-dessus.

2) *Mettre le client à sa place.* Contrairement à l'adage, le client n'a pas toujours raison, il a même souvent tort, surtout quand il faut négocier. Il aura sans doute «toujours raison» quand il sera question de juger de la qualité du rendu – on n'en est pas encore là. Il ne cherche pas nécessairement à vous exploiter, du moins consciemment, mais il va prendre ce que vous lui laisserez prendre. Mon message est toujours le même : si vous ne payez rien, vous n'aurez rien. Il y a une jolie expression en anglais : « *If you pay peanuts, you get monkey.* » Littéralement, ça donne : si vous payez des pinottes, vous aurez du singe. Mais c'est au sens de : qui ne paye rien n'a que des bons à rien.

3) *Demandez, toujours.* Notez bien la virgule, car sans virgule, cela signifierait «cause toujours!» Au contraire, il faut toujours demander. Même si vous savez que ce sera non, demandez. L'autre pourrait dire oui. C'est la véritable mesure de son intérêt. Julie, un jour, s'est fait approcher par une consultante ontarienne qui voulait lui demander d'écrire un livre pour elle – en fantôme. C'était un projet de livre sur les relations hommes-femmes en milieu de travail. J'ai dit à Julie : «Demande, demande, demande.» Et la consultante a dit oui, oui, oui. Julie a donc obtenu de cosigner le livre, elle a ensuite obtenu d'écrire avec un forfait mensuel, et elle a même obtenu d'être payée pour la révision sur une base horaire. Cette cliente a signé, sans trop comprendre dans quel bateau elle s'embarquait, et elle a payé. Julie a demandé et elle a obtenu. Si l'autre partie avait été mieux renseignée, Julie aurait sans doute obtenu de cosigner, elle aurait pu obtenir un bon forfait pour l'écriture, mais certainement pas d'être payée sur une base horaire pour la révision!

Le jeu se joue à deux

En anglais, on dit : *it takes two to tango* (le tango se danse à deux). Il en va de même pour la négociation, qui est un art aux confins du ballet, du Monopoly et de la Comedia dell'arte. Ce qui montre bien toute la place que vous pouvez y prendre !

Je vous conseille d'aller en Afrique du Nord ou au Moyen-Orient au moins une fois dans votre vie rien que pour le souk. L'endroit est déplaisant et agressant, mais c'est là que se vit le jeu de l'offre et de la demande à l'état brut. C'est là aussi que la négociation se pratique crûment pour ce qu'elle est : une performance quasi artistique. Julie, quand elle étudiait l'arabe en Tunisie, était devenue une acheteuse tellement redoutable que tous les étudiants de son école lui demandaient de négocier leurs tapis. Et quand nous sommes retournés ensemble en Algérie, je l'ai vue aller, ma Julie. Et c'est ainsi que j'ai pris conscience de toute la partie psychologique qui se joue dans ce genre de transaction. Dans le souk, ils sont des dizaines de marchands de tapis, qui vendent des produits dont la qualité et le prix varient considérablement. Tout l'art de négocier réside dans l'art de se montrer intéressé, mais pas trop.

Comme écrivain ou journaliste, vous êtes dans la position du marchand de tapis : vous voulez vendre, mais pas trop non plus. Si vous voulez trop vendre, l'acheteur sait que vous allez faire des concessions terribles. Même chose pour l'acheteur : si vous débarquez chez le marchand en disant que vous voulez ce tapis et aucun autre, le prix vient de monter. Le jeu se joue à deux.

Il y a donc beaucoup de théâtre là-dedans, sauf que cela s'apparente davantage à celui de la ligue d'impro qu'à celui de la Comédie-Française. Si vous lui demandez une concession, votre interlocuteur réagira souvent durement en disant que vous exagérez ou en menaçant d'interrompre la discussion... sauf qu'il continuera de discuter. De même, vous devriez lui jouer cette pièce s'il vous propose des conditions que vous n'aimez pas – il

peut être rentable de l'ignorer un jour ou deux. C'est particulièrement important dans un contrat de livre, qui comporte plusieurs
droits : votre éditeur peut attribuer une valeur à un type de droit
(audiovisuel, par exemple) que vous savez sans valeur (parce qu'il
n'y a pas de documentaire à faire là-dessus). Cela ne vous empêche
nullement de prétendre que cela vaut quelque chose (puisqu'il le
veut) et d'utiliser cette soi-disant « concession » pour lui demander
d'en faire une autre ailleurs – sur un point que vous savez important. Autrement dit, c'est peut-être la ligue d'impro, mais les bons
improvisateurs ne font pas n'importe quoi : ils savent ce qu'ils
veulent et ils peuvent être ratoureux.

Savoir dire non

Vous serez en mesure de bien négocier si vous êtes capable
de dire non, un mot apparemment difficile à prononcer si je me
fie aux témoignages d'auteurs et de journalistes débutants. C'est
pourtant le mot magique de toute négociation. Ce n'est pas une
insulte. Sachez que même les prostitué(e)s ne disent pas oui à
tout. Alors pourquoi accepteriez-vous n'importe quoi ?

Si vous craignez de paraître brutal, gardez en mémoire qu'il
existe 15 façons élégantes (et productives) de dire non, qui sont
autant de motifs permettant à votre acheteur de s'adapter, s'il est
acheteur, et vous permettant à vous d'améliorer votre position.

- Je n'ai pas le temps ;
- Je n'en suis pas capable ;
- Je ne comprends pas la commande ;
- Je ne sens pas le sujet ;
- Ça ne m'intéresse pas ;
- C'est trop court ;
- C'est trop long ;

- Ça ne paye pas assez ;
- C'est trop de travail ;
- Untel paye plus cher ;
- Je ne pourrai pas placer ce papier ailleurs ;
- La dernière commande a mal tourné ;
- Mon associé refuse que je travaille à ce prix ;
- J'en connais trois autres que ça intéresserait ;
- Je ne peux pas commencer avant un mois ;
- Et la bombe : tu m'écœures !

Dans tous les cas, vous gagnez à apprendre à dire non sans avoir l'air enragé. Il s'agit seulement d'expliquer votre position. Si vous êtes le genre à vous enrager chaque fois que vous dites non, il y a gros à parier que les clients penseront que vous avez, à juste titre, un problème ou une crotte sur le cœur que vous essayez – mal – de cacher.

Ces « non » concernent principalement le journalisme, mais il y en a encore plus en ce qui concerne le livre ! Il y a une autre façon de dire non : c'est la rature. Si votre magazine vous dit par écrit que : « L'auteur cède aux Éditions du Trucmuche les droits de première publication sur l'Article pour l'univers entier, pour l'éternité, sur tous les supports et tous les autres droits au monde », vous pouvez toujours leur répondre : « L'auteur cède aux Éditions du Trucmuche les droits de première publication sur l'Article ~~pour l'univers entier, pour l'éternité, sur tous les supports et tous les autres droits au monde.~~ » En principe, vous n'avez pas à vous justifier ni même à vous expliquer dans un premier temps. Vous attendez de voir si ça réagit à l'autre bout ! Il y a de grosses chances que ça passe.

Tous ces « non » doivent être motivés : ma femme déteste réellement que je travaille en bas d'un certain tarif (pas plus que le patron ne permet à votre rédacteur de vous payer le montant qu'il voudrait). Si vous avez plusieurs raisons de dire non, soyez clair et donnez-les toutes. Votre client, s'il y tient, acceptera peut-être de vous payer plus comme offre préliminaire, et discutera ensuite de ce que vous détestez du sujet.

De même, les motifs que vous invoquez doivent être les bons : si vous dites non parce que votre dernière commande a mal tourné et que le magazine ne paye pas assez de toute façon, il ne sert à rien d'édulcorer votre refus en invoquant le fait que la commande est trop courte, par exemple. Car si le client accepte de l'allonger, vous serez quand même pris pour faire une grosse commande avec un client peu fiable et qui ne paye pas de toute façon!

Et quand c'est non, c'est non, *a fortiori* si vous refusez pour une raison objective comme le manque de temps. Car même si la commande était payée dix fois plus cher, vous ne pourriez pas livrer à temps ou correctement, et vous risquez d'affecter l'ensemble de votre travail si vous en prenez trop.

Et résistez à la flatterie sur une base d'amitié (réelle ou supposée). Un jour Pierre Duhamel, alors rédacteur en chef d'*Affaires Plus*, m'appelle pour me commander un article sur un sujet que j'ai oublié – je ne me rappelle absolument plus de quoi il était question. Je lui ai dit non d'une demi-douzaine de façons différentes – pas le temps, comprend pas, trop gros. Et il a alors tout fait pour me convaincre : flatterie, cajolerie, tarif un peu plus élevé, etc. J'ai finalement dit oui en grinçant des dents, et l'autre savait que ça grinçait fort. Résultat prévisible : l'article était pourri et impubliable. Heureusement, Pierre est un gentleman et il a reconnu qu'il avait commis une erreur en me poussant de la sorte – il m'a payé quand même – et moi aussi, j'ai appris que quand c'est non, c'est vraiment non.

Toutes ces conditions ne sont pas toujours réunies, mais elles vous aident à bien discuter. Votre instinct vous servira, par exemple, à mesurer à quel point votre acheteur est acheteur, ce qui n'est pas toujours évident. À vos débuts, vous serez souvent forcé de dire oui à des conditions que vous savez inacceptables, mais vous débutez... Quoi qu'il en soit, vous ne devriez pas faire ces concessions sans avoir au moins essayé de les modifier à votre avantage. Les 15 façons de dire non vous seront alors utiles. Dites-vous seulement deux choses : il y a mieux ailleurs et cela ira mieux la prochaine fois.

Sachant cela, vous êtes prêt à passer aux palabres !

Chapitre 13

... Dont vous êtes le marchand de tapis

Comment sortir gagnant
de n'importe quelle négociation

En 2003, le rédacteur en chef de la revue *National Post Business*, Tony Keller, m'appelle pour me commander un reportage sur les milieux financiers québécois dans la foulée des grands scandales financiers à la Enron. Dix ans plus tôt, j'avais réalisé deux enquêtes d'envergure sur la Caisse de dépôt et placement et sur le Fonds de solidarité, et Tony croyait que j'étais le gars tout trouvé pour faire ce nouveau papier. J'ai prévenu Tony que mes contacts étaient anciens et que je n'avais pas beaucoup suivi ce milieu depuis 1998. Peu lui importait. Il voulait que ce soit moi. Or, de mon point de vue, son papier était l'équivalent d'une partie de pêche : il me faudrait rencontrer des bonzes de la finance et les faire parler sur un sujet complexe que je ne maîtrise plus. J'accepte rarement ce genre de commande, car je sais que je n'y suis pas à mon meilleur, mais j'avais alors besoin d'argent après avoir terminé un livre et j'ai donc répondu « Oui, mais... » J'ai prévenu Tony que s'il m'envoyait ainsi à la pêche, il prendrait le poisson que je lui rapporterais – que ce soit de la truite ou de la carpe. J'ai été très clair là-dessus. Car c'est beaucoup plus de travail de rapporter de la truite quand il n'y a que de la carpe qui mord, surtout que mes hameçons étaient vieux et usagés. Finalement, les choses se sont correctement passées et j'ai pris quelques truites, un peu de carpes, et pas mal de perchaudes. Mais si je n'avais pas anticipé le coup, Tony aurait été forcément déçu et j'aurais peut-être travaillé pour rien.

Ce genre de problème arrive constamment, et c'est vous, comme écrivain, comme journaliste, comme auteur, qui devrez vivre avec une commande mal négociée parce que mal comprise au départ par toutes les parties. Il y a bien sûr des limites à tout définir, puisque le journalisme ou l'écriture de livre est une aventure intellectuelle qui consiste à explorer un territoire inconnu. Mais si vous n'êtes pas en mesure de préciser les attentes de votre client, vous courez un risque et vous devriez dire non.

Cet exemple vécu vous montre également qu'il n'y a pas que le prix (ou le tarif, ou le pourcentage, ou le forfait) à négocier. On peut négocier sur cinq plans distincts : les attentes, la propriété, le prix, les frais et les modalités. Il est d'ailleurs très rare que je n'obtienne pas quelque chose d'une négociation, pour la simple et bonne raison que je négocie toujours sur ces cinq plans.

Les attentes

Le chapitre 7 traitait de la façon de considérer les idées des autres à travers la commande. Nous en parlions strictement du point de vue de l'*intérêt* de l'idée telle qu'elle est formulée. Mais la commande n'est pas une entente : vous et l'acheteur devez vous accorder sur vos attentes respectives. Cela va bien au-delà de l'angle, car la nature des attentes de votre client déterminera si le projet sera réalisable, profitable ou publiable – quel que soit votre objectif.

Par exemple, vous avez proposé un papier sur Céline Dion à *Elle Québec*, et la rédactrice vous le commande. Mais veut-elle une entrevue avec la chanteuse ou non ? Cette entrevue est-elle nécessaire au papier? Si l'entrevue est primordiale, le premier appel à faire est au bureau de René Angélil et votre seule recherche préalable consiste à savoir quoi dire à Angélil pour le convaincre de vous laisser rencontrer sa femme. Autrement, vous risquez de travailler pour rien. Si par contre l'entrevue n'est pas nécessaire, vous êtes justifié de faire une bonne recherche en parallèle tout en conservant l'espoir de parler à Céline. Il ne vous sert à rien de vous embarquer dans une recherche de fou si votre client met une condition qui rendrait caduc votre travail de recherche.

J'ai toujours traité la commande comme ma première entrevue. Je note ce que m'en dit le rédacteur en chef, les exemples, ce que ça lui inspire, les noms, je le questionne aussi beaucoup, car un rédacteur en chef est un journaliste expérimenté et qui sait en général comment s'y prendre pour étayer le sujet.

Même quand un rédacteur en chef ou un éditeur vous commande un papier ou un livre à partir d'un synopsis que vous avez proposé, assurez-vous bien qu'il veut la même chose et que vous êtes bien sur la même longueur d'onde. Si la commande diverge de mon synopsis, j'essaie de savoir pourquoi leur angle serait meilleur que le mien – le but étant de m'assurer que le rédacteur ne veut pas deux angles en même temps, ce qui arrive souvent. Un cas de figure: vous lui avez proposé René Angélil, il vous revient avec Maman Dion, mais il veut aussi René Angélil! Pourquoi pas Papa Dion, un coup parti?

Quand le client ne sait pas ce qu'il veut, pourquoi ne pas fractionner la commande en lui proposant une prérecherche, qui vous permettra d'explorer le sujet pour déterminer le meilleur angle? Certains rédacteurs n'aiment pas cette proposition, mais je leur dis alors qu'au fond, il est de leur ressort de me donner une commande précise. S'ils n'ont pas eu le temps d'opérer les vérifications minimales, ils me demandent en quelque sorte de faire *leur* travail en plus du mien. C'est un peu comme si un acheteur de tapis voulait vous commander un tapis qui n'est pas en stock en précisant qu'il veut «la meilleure couleur!» Quelle couleur? La meilleure! C'est quoi, la meilleure? C'est à lui de le savoir! Et même après la signature d'un contrat en bonne et due forme, les attentes du client peuvent encore évoluer en cours de réalisation – le chapitre 15 vous montre comment tourner cela à votre avantage. Mais, à ce stade-ci, il importe de comprendre ce qu'il veut, tout simplement. Vous devriez vous méfier d'un client qui ne sait pas ce qu'il veut, et encore davantage d'un client qui refuse de le préciser ou qui refuse le fait qu'il est possible de le préciser : vous vous trouvez alors devant un requin ou un rédacteur en chef inexpérimenté, et donc dangereux pour vous, car il fera sans doute son apprentissage sur votre dos.

Parfois, il faut ramener votre client sur le plancher des vaches. En 1994, *Saturday Night Magazine* voulait m'envoyer en Haïti pour faire un reportage sur Charles David, l'ancien journaliste de *La Presse* devenu ministre des Affaires étrangères haïtiennes dans le gouvernement putschiste illégal du général Cédras. Le pays était sous embargo, il y avait des rumeurs de débarquement américain, et à cause de l'embargo, même les cartes de crédit ne fonctionnaient pas. J'ai donc expliqué à la rédaction que ce déplacement coûterait abominablement cher, car je devrais m'embarquer pour une durée indéterminée avec de fortes sommes en liquide. La rédaction du magazine a alors trouvé que, en effet, le téléphone était un outil incomparable. Le reportage a été un peu moins bon que si j'étais allé sur place, mais je ne suis pas certain que le jeu en aurait valu la chandelle.

La propriété

Comme la loi sur le droit d'auteur vous confère une propriété automatique sur ce que vous écrivez, il est souvent à propos de négocier dès le départ avec votre client la nature des droits qu'il veut. Cela déterminera votre capacité future d'exploiter votre travail, pour des reventes d'articles ou en ce qui a trait à l'adaptation télé de votre livre, pour ne citer que deux exemples. Dans bien des cas, c'est une évidence. La plupart des magazines québécois ne prennent que les droits de première publication en français. Cette question est importante, car un magazine qui prend tous les droits (ça arrive) vous prive de la capacité d'exploiter cet article (de le revendre). Or, cette capacité de revente peut vous permettre de multiplier vos revenus sans nécessairement avoir obtenu un meilleur prix. Si *Commerce* vous paie 100 dollars le feuillet et que vous pouvez le replacer pour 25 dollars le feuillet dans *La Tribune* de Sherbrooke, ou n'importe où ailleurs en fait, vous aurez alors tiré 125 dollars le feuillet parce que la nature des droits négociés vous le permettait.

Cette question de la nature de la transaction est particulièrement importante dans le livre, on l'a vu : si vous gardez pour vous le droit de publier des extraits du livre, vous avez la possibilité de gagner beaucoup plus que vos redevances si vous savez y faire. Si vous cédez les droits de revente d'extraits, vous devrez partager le forfait avec l'éditeur. Bien évidemment, dans le cas d'une propriété intellectuelle comme celle du livre, qui comporte de très nombreux volets, l'objet même de votre négociation, outre le prix, porte sur chacun de ces volets – leur position, leur taille, etc. Tout est négociable : si l'éditeur tient aux droits sur les extraits, il pourrait faire des concessions sur le droit audiovisuel – si vous lui attribuez une valeur. Par contre, si vous voyez des possibilités de revente du livre sur d'autres marchés, il vous appartient de décider si vous voulez les céder à votre éditeur ou non – si vous les cédez, il pourrait vous faire une meilleure avance, mais vous devrez en même temps partager avec lui les droits sur la vente du livre. Par contre, si vous n'avez pas d'agent pour vous aider sur les marchés étrangers, ces possibilités peuvent ne rien valoir du tout, car vous ne ferez jamais la vente. Auquel cas votre éditeur est peut-être mieux placé pour le faire et vous auriez donc intérêt à lui céder ces droits de traduction en lui faisant miroiter le Pérou.

Réfléchissez bien. Pourquoi céder les droits audiovisuels à un éditeur qui ne sait même pas comment il ferait un documentaire ou une émission et qui n'a aucun contact dans le milieu ? Certes, s'il les prend, il y a des façons de tourner l'obstacle et de développer votre projet audiovisuel, mais il aura des droits sur les redevances que vous percevrez sur ce projet, et il aura certainement un droit de regard. Il se peut que vous n'ayez pas le choix de les laisser aller (il se peut aussi que cela ne vaille rien, s'il n'y a pas de documentaire possible à en faire). Mais si vous anticipez un usage potentiel, vous devriez au moins signifier à votre éditeur que vous n'avez pas l'intention d'abandonner ces droits sans contrepartie.

Dans le cas du journalisme, les attentes du client quant aux droits sont en général plus simples – la complication vient souvent de ce que bien des rédacteurs en chef n'ont qu'une compréhension schématique du droit d'auteur. Votre avantage en la matière est que la publication prenne le minimum, c'est-à-dire le droit de première publication en français pour le Québec (ou l'Amérique du Nord). Si vous ne connaissez pas le client, il peut être à propos de préciser au début qu'il prend les droits de première publication en français. S'il hésite, c'est généralement que ce magazine a un contrat type, toujours présenté à la remise de l'article, où l'on vous demande de céder certains autres droits. Nous reparlons de cet aspect au chapitre suivant, mais vous devriez demander à voir ce contrat au préalable. D'habitude, ces autres droits portent sur l'archivage électronique, qui ne vaut pas très cher de toute façon. Si l'éditeur vous demande des droits pour d'autres publications de son groupe de presse, demandez-lui combien il vous offre en compensation de ces droits additionnels, qui vous privent de possibilité de revente. Il se peut qu'il refuse, mais si vous êtes convaincant et utilisez les bons arguments (il vous prive de vos possibilités de revente), vous pourriez obtenir une prime.

Le prix

Il y a quatre façons d'être payé : à forfait, au mot, au pourcentage ou sur une base horaire. En journalisme, c'est principalement à forfait, alors que dans le livre, c'est au pourcentage. Mais il s'agit en fait de généralisations, car la base de tarification peut être extrêmement variée selon le type de travail (voir pages suivantes). Par exemple, il existe des cas de livres écrits à forfait et si vous rédigez une étude pour le gouvernement, vous pourriez être payé sur une base horaire!

Cette liste est tirée du livre The *Writer's Market* de Robert Lee Brewer. Je l'ai modifiée en fonction des réponses que j'ai aussi obtenues de l'OTTIAQ, de la SARTEC, de l'UNEQ, de la TWUC et de l'EAC. Ces tarifs sont donnés selon diverses formules courantes: soit au mot, au feuillet (250 mots/ feuillet), à forfait, à redevance ou sur une base horaire. Il s'agit de tarifs qui se pratiquent en général à la grandeur du Canada. Le maximum s'applique aux meilleurs écrivains, mais sa valeur n'est qu'indicative. Si vous avez des doutes, n'hésitez pas à communiquer avec l'association pertinente. Même si vous n'êtes pas membre, on vous répondra, car ces associations ont tout intérêt à ce que vous pratiquiez une tarification conforme à l'usage dans le milieu. Autrement, vous minez leurs efforts.

Cette section se limitera au livre et au journalisme, mais il importe que vous gardiez en tête qu'au cours de votre carrière, vous serez souvent sollicité pour d'autres types d'écriture – publicitaire, corporative, gouvernementale. Il s'agit de contrats souvent tentants, car très lucratifs – mais souvent plates à mourir. D'ailleurs, les tarifs plus élevés tiennent aussi compte d'une autre difficulté: le rédacteur publicitaire, gouvernemental ou corporatif doit satisfaire les goûts, les aspirations – souvent contradictoires – de divers services à l'intérieur d'une même boîte, des personnes qui ne connaissent rien à l'écriture et qui ont toutes voix au chapitre.

Il se peut aussi que l'on vous embauche pour une compétence particulière – recherche, révision, gestion. Car votre talent d'écrivain ou de journaliste ne mène pas seulement au livre ou à l'article. Il peut être intéressant d'essayer au moins une fois ces avenues – ne serait-ce que pour vous convaincre que vous n'aimez pas!

Tarifs par type de travail

Type de travail	tarif au mot	tarif au feuillet	taux horaire	forfait	redevances sur droits d'auteur
Article magazine	0,10 $ à 2 $	25 $ à 200 $		variable	possible
Article presse quotidienne	0,10 $ à 1,60 $		40 $ à 79 $	85 $ à 1 040 $	possible
Auteur (livre)					pourcentage sur les ventes
Auteur (théâtre)					pourcentage sur les entrées
Bulletin d'entreprise	1 $ à 5 $	150 $ à 1 250 $	25 $ à 125 $	800 $ à 6 600 $	non
Conférence, colloque, animation				150 $ à 5 000 $	non
Enseignement, formation				150 $ à 5 000 $	non
Publicité (communiqués)			78 $	350 $/page	non
Publicité (scénarios)				150 $ à 2 400 $/seconde	non
Publicité (scénario radio)	450 $/minute				
Publireportage	0,75 $ à 3 $		50 $ à 180 $	200 $ à 1 875 $	non
Rédaction corporative			30 $ à 150 $	200 $ à 15 000 $	non
Rédaction de discours			35 $ à 167 $	2 700 $ à 10 000 $	non

Rédaction gouvernementale	0,25 $ à 1,25 $		20 $ à 100 $	variable	non
Rédaction littéraire (fantôme)			35 $ à 125 $	5 500 $ à 47 000 $	possible
Révision (correction)		1 $ à 6 $	16 $ à 100 $	2 000 $ à 5 500 $	non
Révision éditoriale		3,75 $ à 20 $	19 $ à 125 $	1 000 $ à 20 000 $	non
Scénario (radio)	45 $ à 200 $/minute		50 $ à 70 $	variable	possible
(télé)				15 000 $ à 30 000 $/heure	possible
Site web en ligne		3 $ à 10 $/page			non
Traduction (générale)	0,08 $ à 0,35 $/mot			variable	possible
Traduction (littéraire)	0,06 $ à 0,20 $/mot			variable	possible
Rédaction pour un blogue		6 $ à 200 $/billet	100 $	500 $ à 2 000 $	non
Publication dans les médias sociaux	10 $		30 $ à 95 $	500 $	non

Dans tous les cas, vous êtes en butte à des normes internes de la maison qui vous publie et vous devez parfois être créatif pour tirer un peu plus de jus.

Commençons par le livre, où le prix se présente habituellement sous forme de redevance au pourcentage – je devrais dire «pourcentages» au pluriel, car il y en a plusieurs! Habituellement, l'auteur touche 10 % du prix de vente sur les premiers exemplaires, puis 12,5 % entre 10 000 et 20 000 exemplaires vendus et parfois jusqu'à 15 % sur les ventes excédant les 20 000. Mais il peut y avoir des nuances inouïes. Par exemple, dans un contrat américain, ces pourcentages s'appliquent aux exemplaires cartonnés (*hardcover*), alors qu'en édition brochée (*paperback*), c'est plutôt 7,5 %. Et en format poche (broché, mais plus petit), c'est 5 %. Toutefois, les contrats américains prévoient également des primes considérables, sous forme de forfaits, si votre livre apparaît sur la liste des *best-sellers* du *New York Times*!

De telles nuances ne concernent que les redevances sur les ventes du livre, car il y a bien d'autres droits dans le contrat, qui touchent, par exemple, les extraits, l'audiovisuel ou les traductions. Si l'éditeur prend ces droits (que ce soit en cession ou licence, cela n'a pas d'importance), il lui appartient de faire le démarchage. C'est donc votre éditeur, pas vous, qui vendra à un éditeur londonien les droits sur le marché du Commonwealth, ou sur le marché anglophone mondial. Dans ce cas, votre éditeur partagera avec vous la redevance de 10 % sur les ventes du livre faites par la maison d'édition de Londres – car il a agi comme agent (jargon pour intermédiaire). Certains éditeurs exigent jusqu'à 50 % de ce type de redevance, d'autres sont moins gourmands et partageront la tarte à 60-40, 70-30, 80-20. Mais moins ils en prennent, moins c'est payant pour eux, et plus vous toucherez de redevances. Par contre, cela réduit leur incitation à revendre ces droits!

Les cas de figure varient à l'infini. J'ai rencontré un auteur qui demandait très peu en pourcentage sur les premiers 5 000 livres, mais qui se reprenait sur le reste. Certains vont demander un pourcentage élevé sur les ventes de livres et faire toutes les concessions sur les autres droits. Vous faites comme il vous plaira : l'essentiel est d'aller en chercher plus.

Il y a bien évidemment la question de l'à-valoir, mieux connu sous le nom d'avance. Il s'agit du montant qu'un éditeur vous remet à la signature d'un contrat et qui est « à valoir » sur vos redevances futures. L'à-valoir est habituellement calculé en fonction d'un premier tirage. Par exemple, si on vous propose 3 000 dollars pour un livre qui se vendra 20 dollars, cela veut dire que l'éditeur anticipe d'en vendre 1 500 exemplaires. La formule est toute simple : 1 500 x 20 $ x 10 % = 3 000 $.

La plupart des éditeurs aiment vous faire croire qu'ils vous accordent ainsi une faveur, alors qu'ils veulent simplement vous inciter à signer le contrat chez eux plutôt que chez le concurrent. Car ils ne sortent pas l'à-valoir de leur poche : il vous versent maintenant une somme (ou une partie de la somme) qu'ils vous devront sur des ventes qu'ils comptent faire! Bref, l'à-valoir n'est pas un avaloir!

Il est dans votre intérêt de questionner. Selon la même formule exprimée plus haut, vous saurez désormais que si votre éditeur vous offre un à-valoir de 1 000 dollars, c'est qu'il croit vendre 500 exemplaires (à 20 dollars). Ce peut être le cas, mais il est peut-être en train de vous embarquer. Vous devriez au moins lui demander pourquoi il veut vous publier s'il croit vendre si peu de livres! Si vous pensez que le marché potentiel est de 15 000 livres au lieu de 500, vous devriez le dire tout de suite et l'expliquer clairement à l'éditeur (ou lui répéter ce qui est écrit dans votre projet de livre). Si vous êtes persuasif, votre éditeur pourrait réviser son avance à la hausse. Bien sûr, il pourrait alors tenter de se reprendre ailleurs en vous demandant d'autres concessions. Cela fait partie du jeu, mais il vous respectera parce que vous savez jouer le jeu.

Cela dit, il faut aussi que vous acceptiez l'idée que l'à-valoir représente un risque pour l'éditeur, car il n'est pas remboursable.

Si votre à-valoir est calculé en fonction de 15 000 exemplaires et que le livre foire et ne se vend qu'à 7 000 exemplaires, l'éditeur ne peut pas vous demander de rembourser le trop payé. Et dans tous les cas, vous ne toucherez d'autres redevances sur votre livre que si les ventes excèdent ce que l'on vous a déjà payé. Dans le cas d'une avance de 3 000 dollars sur un livre à 20 dollars, vous ne commencerez à toucher des redevances sur la vente de votre livre que lorsque l'éditeur aura vendu le 1 501ᵉ livre. Si vous touchez 30 000, cela ira au 15 001ᵉ livre.

Les avances québécoises sont rarement mirifiques, car les tirages y sont en général faibles et l'industrie est lourdement subventionnée. Un livre qui se vend à 3 000 exemplaires est considéré comme un excellent vendeur. (J'espère qu'après avoir lu ce livre, vous ne vous en contenterez pas.) Quoi qu'il en soit, je sais aussi pertinemment que les éditeurs québécois peuvent payer d'excellentes avances quand ils sont convaincus de l'intérêt – commercial – d'un projet. Il n'en tient qu'à vous.

En journalisme, le prix est habituellement un forfait, ce qui est beaucoup plus simple. Par contre, les normes tarifaires des magazines sont souvent assez rigides – prétendument, du moins. La raison en est que votre article fait partie d'un ensemble d'articles et les performances de vente de la revue dépendent de la revue, rarement d'un article individuel – alors que dans le livre, au contraire, votre livre est seul contre tous et ses ventes sont le reflet exact de son intérêt.

Les forfaits affichés se présentent en général comme un tarif de base par mot publié ou par feuillet publié. Un «feuillet», dans le jargon, est une feuille standard de 8 1/2 x 11, à double interligne – 25 lignes de textes, à environ 10 mots par ligne, soit 250 mots ou 1 500 signes par page. Habituellement. Cela varie considérablement d'une publication à l'autre. Une publication qui vous paie 100 dollars le feuillet vous paie environ 40 cents le mot. Quant au mot «page», le jargon du métier le réserve au produit fini : une page de *L'actualité*, par exemple, contient deux ou trois feuillets de texte selon la grosseur de la photo et des titres. Votre manuscrit de 300 feuillets fera un livre de 200 à 400 pages selon la taille des caractères et la largeur des marges.

Si vous êtes un débutant ou un inconnu, vous aurez un faible levier sur la question du tarif et c'est un peu normal. Vous risquez même d'énerver votre vis-à-vis si vous essayez de négocier trop fort sur ce plan – mais vous pouvez négocier sur les autres points. D'abord, la plupart des débutants pigistes font leur classe sur le tas et le rédacteur en chef doit apporter des types de correction qu'il n'a pas à faire avec un journaliste d'expérience – il doit parfois même expliquer comment effectuer la recherche ou écrire un texte. C'est pourquoi nombre de magazines ont un « tarif débutant » et un « tarif régulier ». Ces tarifs varient considérablement pour le Québec, et ils peuvent être beaucoup plus élevés sur le marché américain (voir pages suivantes). Il existe aussi des tarifs dits confidentiels, non affichés, plus élevés que le tarif régulier. Ces tarifs confidentiels sont la norme pour les pigistes solides, dont les textes sont appréciés du public et qui peuvent publier ailleurs.

Gardez en tête que votre tarif peut être négocié à la pièce (un seul article à la fois) ou pour l'ensemble de votre production (applicable à tous vos articles publiés chez eux jusqu'à nouvel ordre). Avec une publication où je me sens bien, je négocie habituellement un tarif pour un, deux ou trois ans, en me disant que si tel papier n'est pas payant, je me reprendrai ailleurs. Ce qui n'empêche nullement que je me négocie parfois un tarif spécial pour un papier que je prévois particulièrement difficile.

Je surprends parfois bien des rédacteurs en chef quand je refuse une commande parce qu'elle implique une recherche trop considérable. Que l'on écrive des articles ou des livres, la partie coûteuse et longue du travail est la recherche, pas la rédaction. Un bon article s'écrit en quelques jours, sinon en quelques heures. Un bon livre s'écrit en quelques mois. Mais la recherche préalable peut s'étaler sur des semaines dans le cas d'un article, des mois

Tarifs de base de diverses publications québécoises

Médias	Tarif
7 Jours	40 $-50 $/feuillet
Accès-Laurentides	50 $-60 $/feuillet
Affaires Plus	125 $-175 $/feuillet
Agence Médiapresse	90 $/feuillet
Agence Science-Presse	50 $-100 $/feuillet
CA Magazine	200 $/feuillet
Camping Caravaning	70 $/feuillet
Châtelaine	125 $-200 $/feuillet
Clin d'œil	100 $/feuillet
Condo Direct	90 $/feuillet
Const'As	65 $/feuillet
Construire	85 $-100 $/feuillet
Coup de pouce	90 $-110 $/feuillet
Cybersciences.com	75 $/feuillet
Décoration chez soi	60 $-100 $/feuillet
Décormag	100 $-150 $/feuillet
Découvrir	100 $-110 $/feuillet
Dernière Heure	40 $-50 $/feuillet
Éditions Jobboom (guides)	70 $/feuillet
Effectif	100 $/feuillet
Elle Québec	100 $-125 $/feuillet
Enfants Québec	100 $/feuillet
enRoute	250 $/feuillet
Espace D	100 $/feuillet
Espace Parents	100 $/feuillet
Finance et investissement	110 $-130 $/feuillet
Fleurs, plantes et jardins	65 $/feuillet
Forum	100 $/feuillet
Fugues	38 $/feuillet
Fusion (Sports Experts)	100 $/feuillet
Géo Plein Air	70 $/feuillet
Grafika	60 $/feuillet
Hebdos Transcontinental	45 $-75 $/feuillet
L'actualité	125 $/feuillet
L'actualité alimentaire	80 $-90 $/feuillet
L'actualité médicale	100 $/feuillet
L'Alimentation	70 $/feuillet
La Gazette des femmes	115 $-150 $/feuillet
La Maison du 21e siècle	60 $-85 $/feuillet
La Presse	120 $/feuillet
La Semaine	55 $-65 $/feuillet
La Terre de chez nous	75 $-115 $/feuillet
Le Bel âge	70 $-200 $/feuillet
Le coopérateur agricole	100 $/feuillet
Le Devoir	50 $/feuillet

Médias	Tarif
Le Journal de Montréal	50 $/feuillet
Le Journal du Barreau	85 $/feuillet
Le Lundi	40 $-50 $/feuillet
Le Monde Forestier	80 $/feuillet
Le Placoteux	40 $-50 $/feuillet
Le Soleil	120 $/feuillet
Le Trente	bénévolat
Les idées de ma maison	80 $/feuillet
Les Affaires	70 -80/feuillet
Affaires universitaires	110 $-125 $/feuillet
Les Débrouillards	100 $/feuillet
Lien Multimédia/Convergence	50 $/feuillet
Madame	100 $/feuillet
Mieux-Etre	70 $/feuillet
Montréal pour enfants	50 $-60 $/feuillet
MSN Sympatico	85 $/feuillet
Objectif conseiller	100 $-125 $/feuillet
Option Retraite	80 $-100 $/feuillet
Perspectives CSN	150 $/feuillet
Perspectives Infirmière	130 $/feuillet
Photo Police	70 $/feuillet
Prévention au travail	120 $-125 $/feuillet
Protégez-vous	100 $/feuillet
Quatre-Temps	85 $/feuillet
Québec habitation	85 $/feuillet
Québec Science	85 $-100 $/feuillet
Qui Fait Quoi	60 $-70 $/feuillet
Rénovation Bricolage	70 -80/feuillet
Revue BST (Le bois et sa sous-traitance)	75 $/feuillet
Sélection du Reader's Digest	150 $-250 $/feuillet
Sentier Chasse et pêche	105 $/chronique, 175 $/page
Sortir-Vivre en Montérégie	50 $/feuillet
Speed	50 $/feuillet
Star Inc.	60 $/feuillet
Star Système	40 $-50 $/feuillet
Summum	40 $-50 $/feuillet
Touring	100 $/feuillet
Urbania	50 $/feuillet
Vélo Mag	60 $/feuillet
Vie & Santé	60 $/feuillet
Virage	60 $/feuillet
Vita	130 $/feuillet
Voir Montréal	60 $-72 $/feuillet
Workopolis	100 $-125 $/feuillet

Source des données: Association des journalistes indépendants du Québec, Liste des tarifs à la pige des médias québécois compilée par Steve Proulx, novembre 2010, en ligne, www.ajiq.qc.ca/Tarifs2010v4.pdf.

et des mois pour un livre. En règle générale, j'accepte d'écrire un article à 100 dollars le feuillet si je n'ai *aucune* recherche à faire – la recherche doit m'être entièrement fournie ou bien alors je connais le sujet sur le bout de mes doigts et je peux écrire le papier en puisant l'information dans ma tête. Dans le cas contraire, si la recherche doit être faite, j'estime que le forfait doit être deux fois plus élevé. C'est ainsi que *Jobboom* m'a contacté il y a six mois pour un reportage sur les Français au Québec et ce qu'ils pensent du marché du travail québécois. Le sujet aurait pu m'intéresser parce que j'écris parfois sur les Français. Sauf que je connais les tarifs de *Jobboom* et je sais le genre de recherche originale que cela exigeait, et j'ai refusé. La seule porte de sortie dans un tel cas aurait été que le papier comporte des possibilités claires de revente, ce qui n'était pas le cas avec le dossier de *Jobboom*.

J'ai souvent dit non pour ce motif. Vers la fin des années 1990, cette habitude était tellement systématique chez moi que certains rédacteurs en chef, qui avaient compris que l'article n'était pas le leur mais le mien, me passaient une commande en me faisant des suggestions de revente!

Évidemment, il y a aussi des limites à ce que le client peut payer, surtout dans la presse. Ces limites sont établies par le marché des annonceurs, d'une part, mais aussi par les concessions que les autres pigistes font sur le prix. Il y a également votre talent qui entre en ligne de compte et votre capacité d'aller publier ailleurs. Si vous êtes bon, que vos articles sont lus et appréciés et que votre nom apparaît dans d'autres publications qui payent mieux, les rédacteurs vont se montrer assez débrouillards.

Au jeu des négociations, soyez toujours poli avec votre rédacteur en chef ou votre éditeur, qui est bien souvent votre allié contre son propre patron – lequel n'a parfois même jamais écrit une lettre à sa femme et impose des barèmes bien trop bas. J'ai vu bien des rédacteurs en chef se fendre en quatre pour m'accommoder. L'un d'entre eux m'a dit un jour : « Écoute, je ne peux pas te payer plus cher au feuillet, mon patron va me tuer... Par contre, je veux 8 feuillets et tu m'en factures 10 et je t'en paye 10, OK ? » Il venait de me consentir une augmentation de 25 %, mais selon ses termes à lui.

Bref, vous aurez sans doute à être créatif en faisant valoir vos arguments et à comprendre comment les décisions se prennent dans les publications ! Par ailleurs, il m'est fréquemment arrivé de renégocier les attentes du client si je ne peux pas modifier le prix. Par exemple, ce client veut me commander six feuillets, mais je sais que ce sera beaucoup de travail de synthèse – alors, je lui en négocie trois de plus. Car, bizarrement, il peut être plus long et plus difficile de compresser une grosse recherche en six feuillets qu'en neuf. Je ne toucherai pas plus du feuillet, mais je viens de sauver deux, voire trois bonnes journées de travail. Donc, je considère que je vais gagner plus.

Un jour, j'ai dû appeler le plombier un 1er janvier pour une réparation urgente. Il m'a dit : « C'est 70 dollars de l'heure, minimum deux heures. » L'idée est bonne et je l'applique : je n'accepte jamais rien qui fasse moins de trois feuillets. Ça ne vaut même pas la peine. Jusqu'à tout récemment, *L'actualité* me demandait parfois de produire des articulets d'un feuillet pour leur section de brèves au début du magazine. Parfois je me sentais obligé de dire oui, mais je suis finalement venu à bout d'être clair. Comme mon plombier : c'est tant du feuillet, minimum trois feuillets. La seule exception possible étant un sujet que je connais par cœur et qui ne requiert aucune recherche originale de ma part. Comme journaliste, on est souvent appelé à participer à des dossiers de rétrospective sur « Les hommes les plus riches du Québec » ou « Les artistes les plus rigolos », qui présentent une trentaine de têtes d'affiche en un ou deux feuillets. En général, ce genre de dossier ne m'intéresse que si j'en ai une part substantielle, mettons cinq ou six portraits au minimum, et idéalement la moitié ou le tout. Cette gourmandise s'explique par des raisons très pratiques. D'abord, dans un tel dossier, le défi est moins la recherche que l'écriture et le style que l'on donne à la chose. Une fois que l'on a trouvé, cela s'écrit tout seul, et on peut faire six, huit, neuf articulets dans le temps de le dire. De plus, l'orientation de ce genre de dossier dépend en général de celui qui le mène : si j'ai la moitié des textes à faire, c'est moi qui établis la norme. Si je n'ai à rédiger qu'un ou deux portraits sur trente, je suis tributaire d'un autre et cela devient plus compliqué pour moi.

Si vous pratiquez la revente d'articles ou de chapitres de votre livre sous forme d'articles, vous constaterez que les articles en revente se payent moins cher que les articles sur mesure pour la publication – en général, mais pas toujours. Cette différence est le prix de l'exclusivité. Après tout, vous leur offrez du prêt-à-porter plutôt que du sur-mesure. Cependant, si vous produisez des articles originaux à partir d'une même recherche, vous n'avez pas de raison de vendre au rabais. Par ailleurs, il m'est arrivé de toucher davantage pour la revente d'un article que pour sa première publication en version originale : question d'intérêt de l'acheteur.

Que ce soit pour le livre ou pour le magazine, le bon prix ne correspond, au final, qu'à ce que l'acheteur est prêt à payer – parfois contre toute logique, mais on prend son pied quand il passe.

Dans les années où je produis beaucoup d'articles, je reçois dix ou quinze appels d'éditeurs, de ministères et d'associations qui veulent reproduire un de mes articles dans une anthologie, un examen ou dans leur publicité. La plupart du temps, ils demandent alors l'« autorisation » de le faire – sans mentionner la question de prix, évidemment ! C'est une position de négociation comme une autre : en fait, ils vous demandent de publier gratis en se donnant l'air de ne pas en avoir l'air ! Or, ce n'est pas parce qu'ils ne mentionnent pas de prix qu'il n'y a pas de prix – au contraire ! Mine de rien, ces petits droits qui valent peu, pris individuellement, peuvent totaliser quelques milliers de dollars chaque année, et je ne connais personne qui cracherait sur deux ou trois mille dollars. Et si vous savez quoi répondre quand on vous demande votre « autorisation », les utilisateurs de copyright seront « instruits » sur la nécessité de la payer, cette « autorisation ».

Il existe heureusement une façon de calculer ces droits de reproduction dans le cas d'un livre (voir pages suivantes). La logique d'ensemble est que vous avez droit à une part du droit d'auteur sur le livre. Combien ? Vous pouvez le calculer aisément en demandant le tirage, le prix de détail et le nombre de pages que vous occupez dans le livre. Lisez bien ce texte, qui vous propose deux bases de calcul. Il arrive parfois que l'éditeur trouve que je demande trop cher, et nous en discutons. Mais l'alternative est que je n'autorise pas la reproduction, ce qui peut être un fichu problème pour lui, surtout quand le livre est déjà écrit, monté, composé – mais il n'avait qu'à me demander mon « autorisation » plus tôt. Ce n'est franchement pas mon problème. Et s'il publie sans autorisation, il y aura une prime pour dommages. Il se peut qu'il vous objecte qu'il a déjà payé un à-valoir à son auteur et qu'il n'a plus d'argent. Vous n'avez qu'à lui répondre ce qui figure sans doute dans le contrat : qu'il peut déduire votre part de celle qu'il doit à son auteur ! Toutefois, ce genre de droit doit être versé avant la parution du livre et non pas après : ne vous faites pas embarquer dans une histoire de pourcentage à n'en plus finir.

Dans la même veine, il peut arriver aussi qu'un ministère vous demande la permission de reproduire votre article pour un examen. Encore là, vous ne devriez pas être gêné pour mettre un prix. Combien ? Cela dépend du nombre de jeunes qui auront l'article sous les yeux. Mettons qu'ils seront 20 000 et que vous demandez 200 dollars pour ce droit. Je serais très surpris que le fonctionnaire proteste : cela ne fait toujours que 1 cent (un sou) par tête, ce qui est moins cher que le papier et l'encre et la photocopie à l'unité. Une fois, une fonctionnaire a sursauté ; je lui ai expliqué le calcul, elle a fait ses calculs et elle a payé. Il s'agit rarement de grosses sommes, mais c'est votre propriété et ils n'ont pas de raison de ne pas payer. À ce chapitre, méfiez-vous

Calcul des droits de suite – le cas de l'anthologie

Un éditeur scolaire vous appelle pour reprendre deux de vos articles dans un quelconque manuel d'histoire de deuxième secondaire. Acceptez-vous ? Sans doute, mais ne laissez pas aller le pactole. Normalement, un auteur tire 10 % de redevances sur ce livre. En toute logique, vous avez droit à un morceau. Combien ça vaut ? Facile, facile.

1) Demandez le premier tirage. – Supposons qu'il vous réponde 30 000.
2) Demandez le prix de détail. – Mettons 20 dollars.
3) Demandez le nombre de pages de l'ouvrage. – Disons 400.
4) Demandez le nombre de pages que vous occuperez. – Convenons de 5.

Le but de l'exercice est de déterminer la part de redevances par page. L'éditeur est censé avoir réponse à ces questions. S'il refuse de vous répondre ou s'il prétend l'ignorer, dites-lui que votre autorisation est conditionnelle à ses réponses : vous en avez besoin pour faire le calcul.

Cela se calcule comme suit :

30 000 exemplaires x 20 dollars x 10 % de redevances ÷ 400 pages = 150 dollars par page aux auteurs. Multipliez par 5 pour vos pages et ça donne 750 dollars. Ce n'est pas rien.

Même si vous croyez faire l'économie de ce calcul parce que l'éditeur vous propose d'emblée un montant, vous devriez quand même le faire pour voir s'il est sérieux et s'il calcule bien – les acheteurs ont tendance à commettre des erreurs qui les avantagent.

Ce calcul s'applique au premier tirage. Si l'éditeur n'est pas sûr que ce sera le seul tirage, vous pouvez soit ajouter une prime, mettons 50 % pour éteindre le droit, soit demander qu'on vous reverse cette somme au second tirage. En général, ils payent la prime, car ils ne veulent pas savoir s'ils auront à vous payer à nouveau ou pas.

Il existe une autre façon de faire le calcul qui peut vous avantager, car elle tient compte du nombre d'articles dans le recueil plutôt que du nombre de pages.

Voici les informations :

Tirage : 30 000.

Prix : 20 dollars.

Nombre d'articles repris : Total, 50 ; vous : 2

Calcul : 30 000 exemplaires x 20 dollars x 10 % de redevances

÷ 50 articles = 1200 dollars par article. Pour vos deux articles : 2 400 dollars.

Le résultat est beaucoup plus élevé, pour la simple et bonne raison que vos deux articles sont plus courts. Autrement dit, il est plus avantageux dans ce cas-ci de calculer selon la proportion d'articles que selon le nombre de pages, mais si vos articles étaient plus longs, ce serait exactement l'inverse.

Ce calcul n'est pas à l'avantage de l'éditeur, mais ça pourrait quand même passer ! Vous pouvez toujours demander. Quoi qu'il en soit, il est aussi possible, si vos articles sont longs, que l'éditeur ait utilisé cette base de calcul, auquel cas vous devrez le convaincre qu'il faut compter à la page !

De toute façon, dites-vous une chose : s'il n'est pas d'accord, vous avez le dernier mot en tant que propriétaire !

des associations : il m'est arrivé d'accorder un droit de reproduction à prix dérisoire à une association ontarienne prétendument petite pour m'apercevoir, après vérification sur Internet, mais trop tard, qu'il s'agissait d'un organisme paragouvernemental ontarien jouissant d'un budget de l'ordre de 50 millions de dollars et à qui j'aurais pu demander 10 fois plus.

Les frais

C'est un autre volet de la négociation, qui touche principalement les journalistes. Encore que : je connais un auteur qui s'était fait commander un livre par un éditeur et qui s'est négocié un budget substantiel de recherche en sus des redevances habituelles. Un autre auteur avait posé comme condition que l'éditeur commande une prérecherche à ses frais à un recherchiste.

Les frais de recherche pour un article peuvent être considérables. On ne parle pas ici de vos frais généraux (papier, crayon, bureau, encre d'imprimante), mais des frais spécifiques à une recherche, en particulier le service commandé – déplacement, avion, hôtel, repas, etc.[12]. Si *Châtelaine* vous commande une recherche originale sur l'actrice Cameron Diaz et que la rédactrice exige que vous l'interviewiez alors qu'elle est de passage à Kuala Lumpur, la recherche coûtera deux, voire trois fois plus que l'article, et la publication devrait tout rembourser sans rechigner. Dans un tel cas, vous devez discuter avec la publication de ce qu'elle accepte de payer comme frais de voyage : leur politique est toujours très claire à ce sujet.

Les frais de déplacement en service commandé peuvent être énormes. Pour les éviter, les revues adorent faire affaire avec des correspondants locaux, qui sont déjà là et qui ne demanderont même pas le remboursement de leurs tortillas. C'est d'ailleurs la raison pour laquelle, quand vous débutez, on vous assignera très rarement un papier à l'étranger, car ces papiers coûtent cher. À la rigueur, on acceptera de publier l'article après le voyage, mais on ne voudra pas entendre parler de frais à rembourser. Les magazines sont inondés de propositions d'articles sur des sujets exotiques et les débutants sont en concurrence avec les correspondants locaux et avec des milliers de dilettantes qui proposent ces articles pour presque rien. Pour mon premier reportage sur la spéléologie, dans *La Presse*, en 1988, je suis parti à mes frais parce que je voulais le faire, je l'ai fait, et ils m'ont payé, mais ce n'était pas une opération rentable. Pour rentabiliser ce voyage, j'aurais dû décliner ma recherche en une dizaine de papiers, mais j'étais jeune et naïf à l'époque.

Je suis maintenant vieux, mais je reste naïf en ce qui concerne les voyages. Malgré mes années d'expérience, j'ai rarement pu convaincre une publication comme *L'actualité* de m'envoyer vers une destination exotique à ses frais pour un reportage. Il y a deux raisons à cela. J'ai rarement des idées particulièrement brillantes sur ces questions. De plus, je suis aussi en concurrence avec les

---

12. Pour la question des frais déductibles et des conditions, je ne peux que vous conseiller mon *Guide du travailleur autonome*.

employés : dans les rédactions, ce genre de voyage est souvent distribué comme une sorte de bonus. S'ils l'accordent à un pigiste, ça fait un nanane de moins au personnel. C'est comme ça. Par contre, il m'est arrivé d'écrire des articles dans le cadre de voyages que j'ai effectués et de me faire rembourser certaines dépenses locales du reportage – c'est une nuance que certaines publications acceptent puisque le correspondant local ferait de même. Ainsi, quand je suis allé au Sénégal pour mon livre sur la langue française, j'ai produit un article sur un petit réseau de bibliothèques locales financé par la Francophonie. *L'actualité* m'a remboursé les frais de déplacement entre Dakar et cette destination, et quelques autres frais afférents. Ce n'est pas la lune, j'en conviens, mais il était illogique que *L'actualité* me paye des frais de voyage de plusieurs milliers de dollars pour un articulet de six feuillets – encore que, quand ils sont convaincus de l'intérêt et de l'importance du sujet, c'est au diable la dépense !

Il est assez rare d'aller ainsi à Dakar ou à Kuala Lumpur pour le travail. La plupart des frais de recherche portent sur des machins du genre stationnement, taxi, téléphone, livre – ou un déplacement à Rouyn-Noranda ou à Port-Cartier. Je tiens le compte de ces dépenses assez scrupuleusement, car elles peuvent représenter un bon montant. Il m'est arrivé également de facturer le papier et l'impression, dans un gros dossier où j'ai imprimé moi-même quelques milliers de pages de documents disponibles par Internet, mais je ne demanderais pas le remboursement à moins de 500 pages.

Si vous anticipez des frais de recherche particuliers (déplacement en voiture, voyage en avion, beaucoup d'interurbains), discutez-en. Ne négligez jamais d'amener le sujet sur le tapis *avant*. Car si vous soulevez la question après la livraison de l'article, la rédaction aura beau jeu de prétendre que l'entente ne prévoyait aucuns frais. C'est de mauvaise foi, mais c'est malheureusement exact. Heureusement, vous avez vous-même un levier puissant : la propriété de votre texte. Vous pourriez donc leur interdire de l'utiliser, et votre pouvoir de négociation est d'autant plus grand qu'ils sont prêts à publier. Cette arme est utile dans certains cas, mais elle comporte un double tranchant, car le rédacteur en chef pourrait soudain concevoir un certain ressentiment vis-à-vis de votre personne. Tout dépend de vos buts.

Vous devrez parfois être créatif, car certaines publications refusent de rembourser quoi que ce soit – il s'agit en général de publications bas de gamme. Encore là, j'ai un client qui ne pouvait pas me rembourser certains frais, mais qui a accepté que je lui facture quelques feuillets de plus (non écrits).

Certains clients ont des critères bizarres. Jadis, *Commerce* refusait de rembourser certains frais de déplacement *en voiture* – c'était une politique pour tout le groupe de presse, apparemment. Normalement, quand vous utilisez votre bagnole dans le cas d'un service commandé, votre client est tenu de vous rembourser les kilomètres parcourus au taux des fonctionnaires – 50 cents par kilomètre parcouru, ce qui couvre l'essence, les assurances et l'amortissement. Sauf que, dans le cas de ce papier précis pour *Commerce,* j'ai pris ma voiture pour aller interviewer des chefs d'entreprise à Sainte-Anne-de-Bellevue et j'ai découvert, un peu tard, que *Commerce* ne remboursait pas les déplacements en voiture « sur l'île de Montréal » – même au fin fond de l'île. Par contre, si j'y allais en taxi, ils me remboursaient ! C'est absurde, mais c'est comme ça : je me suis donc mis à me promener en taxi, ce qui leur a coûté beaucoup plus cher, mais moi, vous me connaissez, je ne lutte pas contre ce genre de logique illogique.

Il se peut aussi que votre client vous demande un budget de frais et qu'il n'accepte de rembourser qu'au-delà d'un certain seuil. C'est un peu chien, mais c'est une façon légitime de se protéger des abus de pigistes qu'on ne connaît pas – il y en a qui abusent. D'un point de vue de débutant, c'est également nettement mieux que de vous faire dire non. Par contre, il serait anormal que cette situation perdure si vous avez établi un lien de confiance avec une publication.

Quand vous êtes insatisfait, dites-le. Pendant longtemps, une publication comme *Québec Science*, dont le propriétaire est, bizarrement, le cégep de Jonquière, fut particulièrement nulle au chapitre des frais remboursés, en grande partie parce que son éditeur, le cégep, appliquait une logique de gestion de cégep. Comme si un journaliste était un prof de cégep de Jonquière. C'est d'ailleurs un miracle que *Québec Science* ait réussi à produire une publication de cette qualité, et je lève mon chapeau à la rédaction. Heureusement, il semble que leur politique ait changé, pour une large part sous l'insistance des journalistes et de la rédaction, qui ont fait valoir à l'éditeur que sa politique de remboursement était franchement indigne des obligations auxquelles devaient satisfaire les journalistes dans le cadre de leur travail et des ambitions de la publication. La preuve qu'il faut demander, toujours, même si ce sera non.

Les modalités

Ce dernier point est aussi important que ce qui précède, mais il passe en dernier simplement parce qu'il suit logiquement. Vous pouvez négocier non seulement les attentes, le prix et les frais, mais la façon dont vous êtes payé. Selon quel délai? Sous quelle forme? Dans quelles conditions? Bien des éditeurs ne sont pas conscients qu'une des raisons pour lesquelles *L'actualité* attire beaucoup de pigistes et retient les meilleurs est que cette publication paye non seulement un tarif très correct, mais également très vite. Douze jours après l'envoi de ma facture, le chèque arrive par la poste. C'est fort, Eudore. La plupart des publications prennent un mois et certaines ne payent qu'après la sortie du numéro...

La question des modalités est vitale si vous êtes sur un gros coup – livre, documentaire ou très important reportage. Il faut des mois sinon des années pour écrire un livre, puis une autre année avant que le livre paraisse, et parfois une autre bonne année avant que les ventes soient comptabilisées et que le montant des premières redevances dues à l'auteur soit versé! Qui a les moyens d'attendre?

Heureusement, il y a le système des «à-valoir», aussi appelés «avances». J'ai expliqué précédemment comment cette avance se calcule. Mais il y a aussi la façon dont elle est versée. Par exemple, pour la version originale de *Sixty Million Frenchmen Can't Be Wrong*, notre éditeur américain nous a versé, à Julie et à moi, une avance de 11 000 dollars sur l'ensemble des droits mondiaux – c'était bien peu, mais nous étions nouveaux dans la ligue. Par contre, notre agent a doré la pilule en obtenant la moitié à la signature et l'autre moitié à la livraison du manuscrit. Deux ans plus tard, trois éditeurs, un canadien, un américain et un britannique, nous accordaient une avance totale de 160 000 dollars pour ces trois marchés seulement. Ce n'est pas le Pérou, compte tenu du fait que ce projet a nécessité deux années de travail à temps plein, mais c'est nettement mieux que le cas précédent. Toutefois, vu les risques pris par l'éditeur, nous avons aussi dû accepter qu'une partie de l'avance ne soit payée qu'à la publication. Il s'agit d'une concession, mais qui est nettement plus avantageuse, tout de même, que d'attendre les résultats des ventes du livre, ce qui peut représenter un délai additionnel d'un an, voire un an et demi.

Dans le cas du livre, cette avance est toujours comptée sur des ventes futures, habituellement celles du premier tirage. Autrement dit, vous ne toucherez des redevances sur la vente de vos livres que lorsque la somme qui vous est due excédera la somme de l'avance versée. Cependant, et c'est là que ça devient intéressant, il y a d'autres modalités. Cette avance est remboursable si vous ne livrez pas la marchandise, mais elle devient non remboursable une fois que l'éditeur a accepté le manuscrit – qu'il le publie ou non! Le jeu de l'auteur est donc de s'arranger pour augmenter la part de l'avance versée *avant* la publication. Par exemple, dans le cas de *La Grande Aventure de la langue française*, deux éditeurs ont insisté pour que l'avance soit divisée en trois parties égales : un tiers, un tiers, un tiers. Mais l'un d'eux a accepté de payer une moitié de l'avance à la signature, un quart à la livraison et le dernier quart à la parution, une différence de quelques milliers de dollars qui était évidemment à notre avantage. Nous avons obtenu cette condition parce qu'il insistait pour que nous ne présentions pas ce projet à d'autres éditeurs. Donnant-donnant !

Si vous négociez bien les modalités de paiement, votre crédit ne sera pas trop salement amoché. Par exemple, pour *La Grande Aventure de la langue française*, Julie et moi avons travaillé deux ans à temps plein pour un budget d'environ 250 000 dollars, dont 160 000 en avance, plus des subventions et les revenus d'autres livres et articles. Nous avons terminé la rédaction avec la langue à terre, et une dette de 25 000 dollars un peu tannante, mais que nous pourrons rembourser quand nos éditeurs nous verseront les derniers 50 000 à la publication. Or, si nous avions négocié sans tenir compte des modalités, nous serions 150 000 dollars dans le trou en attendant que nos éditeurs nous versent nos droits – et le banquier, inquiet, serait à nos trousses.

Cette avance comporte également un autre avantage, qui ne vous touche pas directement sur le plan financier avant la parution : c'est que l'éditeur, en acceptant de payer des à-valoir, s'est commis sur la vente d'un certain nombre d'exemplaires du livre et il sera davantage poussé à mousser cette vente, ne serait-ce que pour atteindre le seuil de rentabilité. (Nous reviendrons sur ce point aux chapitres 19 et 20).

En journalisme, il m'arrive fréquemment de demander une avance à mon client quand il me commande un gros dossier dont la réalisation exigera plusieurs mois de travail – ou du moins une bonne dose de travail *sur* plusieurs mois. Je ne formule pas cette demande systématiquement, je la réserve pour les papiers dont je sais que la recherche sera longue – un mois et plus. Les rédacteurs n'aiment pas toujours cela, mais c'est ainsi : je peux aussi ne pas faire le papier. Si leur patron leur cause des difficultés, j'offre toujours au rédacteur de parler à son patron si cela le dérange. Et s'il n'est pas d'accord, je n'accepte pas la commande, c'est tout. En général, ils trouvent une solution. Mon argument habituel sur ce point est que, s'ils refusent de me verser une avance, je devrai leur faire payer les frais d'intérêt de cartes de crédit, car leur refus équivaut à ce que je les finance puisqu'ils encourraient les mêmes frais s'ils faisaient produire le papier à l'interne.

Si vous avez à assumer de gros frais de recherche, n'hésitez pas à demander une avance sur ces frais ou même le remboursement sans condition avant la livraison de l'article – c'est logique. Si vous allez à Kuala Lumpur en service commandé pour faire un reportage sur la tournée de Céline Dion et que l'affaire foire, on vous aura quand même envoyé là et l'on devrait à tout le moins vous rembourser sans condition – mais cette éventualité devrait être négociée au préalable, surtout avec un client que vous ne connaissez pas.

Une autre modalité, tout aussi importante que l'avance, est le délai de paiement. Cette question est généralement claire sur un contrat d'édition, mais elle l'est beaucoup moins en journalisme – domaine où elle est pourtant le nerf de la guerre. Malheureusement, bien des publications imposent que vous soyez payé « sur publication », c'est-à-dire seulement quand (et si) l'article paraît. Or, il y a de très nombreuses raisons qui font qu'un article commandé, livré et révisé ne paraîtra pas. L'éditeur peut avoir trop tardé et l'article a perdu de son actualité. Les ventes publicitaires sont inférieures aux prévisions et il doit restreindre le nombre de pages de texte. D'autres textes plus intéressants, plus pertinents ont été livrés et demandent à être publiés. L'éditeur peut d'autant plus retarder la publication que cela ne lui coûte absolument rien de le faire, puisqu'il n'a rien déboursé !

Votre priorité, avant même de tâcher d'obtenir une avance, devrait être de faire tomber cette condition ignoble de « paiement sur parution » pour obtenir un « paiement sur acceptation » ou un « paiement sur livraison », ce qui est encore mieux. Et si cette condition ne change pas, vous allez voir ailleurs. Quant à savoir pourquoi cette pratique odieuse se maintient, je vous invite à relire la section sur les mange-Canayen et les mangeurs de ti-pain, au chapitre 9.

Les magazines sont en général beaucoup plus flexibles quant au paiement sur acceptation que la presse quotidienne. L'une des raisons pour lesquelles je considère des quotidiens comme *La Presse* ou *Le Devoir* comme du bas de gamme est qu'en plus d'imposer un tarif de base très bas, ces publications (comme la plupart des quotidiens) ne payent qu'après la parution de l'article. Les pigistes réguliers de ces publications obtiennent à ce titre de bien meilleurs tarifs et de bien meilleures modalités de versements. Certains pigistes, qui jouissent d'un contrat d'exclusivité avec un quotidien, ne sont même plus payés au texte mais sur une base hebdomadaire, selon une échelle très comparable à celle d'un employé. C'est justice, puisque ces pigistes réguliers doivent nourrir le Monstre, ce qui implique que certains de leurs articles demeureront impubliés du fait des retournements de l'actualité. Mais ces mêmes journaux imposent des conditions très dures aux pigistes débutants ou occasionnels, et vont même jusqu'à rediffuser leur article sur le fil de presse sans compensation. Ces pratiques sont à la limite de l'abus de pouvoir et de la piraterie, et souvent, malheureusement, tolérées, voire encouragées, par les syndicats des journaux, qui se méfient des «sous-traitants».

Même si vous n'aimez pas négocier, vous allez vite vous apercevoir que, de toute façon, les divers aspects soulevés et bien d'autres se retrouvent dans le contrat, que cela vous plaise ou non – alors, autant en tirer le meilleur parti possible.

Chapitre 14

Signe ici, pèse fort

Comment comprendre son contrat
même quand on n'en a pas

Un jour, un militant syndical qui tentait de syndiquer la pige est venu m'engueuler. J'étais contre son projet, et surtout contre sa manière de faire. La discussion a vite dérivé vers la notion de contrat. Or, le militant syndical pensait me clouer le bec en me disant : « Les contrats verbaux n'ont aucune valeur. » Cette idée est archifausse et bien évidemment nuisible. Au contraire, *tout contrat verbal a valeur légale* et les tribunaux le reconnaissent si vous êtes en mesure de prouver qu'il y a eu « relation contractuelle ». C'est facile à comprendre : si je commence à travailler sur la clôture du voisin et que le voisin m'engueule, nous n'avons pas de relation contractuelle. Si le voisin me laisse faire, me prête son marteau, vient me porter une bière pour deviser tranquillement de cul pendant que je gosse sur sa clôture, il y a relation contractuelle. Dans le domaine de l'écrit, où tout le monde correspond par Internet, l'existence de cette relation contractuelle et même ses termes sont encore plus faciles à prouver. Permettez-moi de me moquer d'un militant syndical qui prétend négocier alors qu'il connaît si peu le droit.

On reviendra un peu plus loin sur les grandes négociations contractuelles sectorielles. Commençons plutôt par le commencement, c'est-à-dire le contrat.

Vous négocierez mieux si vous connaissez le type de contrat – contrat verbal ou contrat écrit –, car ils ont chacun des caractéristiques propres qui déterminent votre degré de protection mais aussi de confort. Le contrat définit habituellement les conditions d'exécution, de livraison, de paiement et d'exploitation du livre ou de l'article. Le contrat écrit est une nécessité vitale dans le domaine du livre, en partie parce qu'un livre a une durée de production et d'exploitation qui peut être très longue et que les droits qui lui sont assortis sont également beaucoup plus variés. Par contre, ce contrat écrit est beaucoup moins nécessaire en journalisme, où la pratique est davantage orientée vers le contrat verbal, et où une certaine souplesse peut même être à votre avantage. En journalisme, les *seules* « *ententes* » *écrites* sont présentées habituellement après l'acceptation de l'article et ne concernent que les droits d'auteur.

Dans tous les cas, il est probable que certains termes du contrat évolueront à mesure que vous avancerez dans le travail : l'éditeur acceptera que le manuscrit soit livré trois mois plus tard ; le magazine acceptera de modifier la longueur de la commande ou même l'angle d'attaque (le prochain chapitre porte sur la question de la communication et de la négociation continue).

Le contrat écrit

La règle de base concernant les contrats écrits est la suivante : *lisez-le* ! Ce document vous liera pour longtemps, et ce n'est franchement pas compliqué, même si cela en a l'air. Ces clauses, en gros, visent à définir l'objet du contrat, les conditions d'exécution, les droits concernés, les montants en cause, les modalités de paiement, ce qui arrive si le livre se vend plus ou moins que prévu, et comment se résoudront les malentendus potentiels. C'est en général une affaire de gros bon sens.

Dans le cas du livre, ces contrats peuvent faire facilement de 12 à 15 pages. Le document à la fin du chapitre vous montre le contrat type recommandé par l'UNEQ, qui vous explique dans une brochure fort instructive comment interpréter ce contrat. Notez bien que les clauses de ce contrat représentent un minimum et que vous pouvez toujours avoir mieux si votre idée présente un intérêt réel (quantifiable).

Un contrat doit toujours être lu en pensant à l'avenir. C'est la raison de leur côté rébarbatif : ils prévoient tous les problèmes éventuels, allant du pilonnage à un désaccord sur le renouvellement du contrat ou le décompte des livres vendus. La présence de telles clauses ne signifie pas que l'éditeur veut vous rouler dans la farine ou que tout ira de travers : c'est un contrat de mariage, et tout bon contrat de mariage prévoit ce qui se passera en cas de divorce et de décès. Moi, vous me connaissez, je suis le genre à avoir écrit mon premier testament en me mariant à vingt-sept ans : je vis bien avec l'idée que les choses puissent aller de travers. Alors je lis attentivement chaque contrat. Chacun son style. Mais si vous êtes du genre autruche, vous devriez avoir recours à un agent ou à un avocat.

Lisez *bien* le contrat et ne soyez pas newfie. Ce n'est pas une boutade. L'un des plus gros litiges en matière de contrat concerne justement les pauvres *Newfoundlanders*, les Terre-Neuviens, qui furent les Newfies de l'histoire. L'affaire remonte à 1969, quand Hydro-Québec souhaitait exploiter le potentiel électrique de Churchill Falls, au Labrador, sur le territoire terre-neuvien. Au final, c'est Hydro-Québec qui a construit le barrage, mais c'est Terre-Neuve qui payait, en contrepartie de quoi, c'est Terre-Neuve qui était le propriétaire du barrage, et c'est Hydro-Québec qui achetait tout le jus. Une bonne entente. Sauf que les gouttes de champagne avaient à peine séché sur le contrat que les Terre-Neuviens se rendirent compte qu'ils avaient négligé la clause

244 | Écrire pour vivre

d'indexation à l'inflation. En clair, plus le temps passe, moins Hydro-Québec paye cher, et cela durera jusqu'en 2041! Bref, les Hydro-Québécois leur avaient passé un six-bouleaux de grand sapin! Terre-Neuve est allée deux fois plutôt qu'une devant la Cour suprême pour s'en plaindre et elle s'est fait dire que le contrat était plus solide que le barrage.

Dans le protocole de la négociation, il importe de garder en tête que, même après les discussions, la présentation du contrat fait partie de la négociation et que rien n'est coulé dans le béton à ce stade. Si vous êtes mécontent de ce que vous lisez, ou si un point vous chicote, dites-le bien. Il y a généralement deux manières de bien dire ces choses : soit en les disant ou en les faisant dire (par l'entremise d'un représentant) ; soit en retournant à l'éditeur une copie raturée et parafée. Aucun éditeur sensé ne considérera votre attitude comme une offense : cela fait partie de la négociation.

Il se peut que vous ayez à expliquer pourquoi vous ne voulez pas céder les droits audiovisuels ou les droits sur les extraits, et pourquoi vous voulez soustraire le marché espagnol, ou pourquoi vous voulez partager à 70-30 les droits sur les traductions étrangères plutôt que 60-40 – mais peut-être pas non plus. L'éditeur demande par le contrat tout ce qui fait son affaire à lui, et si vous ne dites pas non, pourquoi s'en priverait-il? La philosophie en la matière est : un gars s'essaye.

Cette affaire de présentation du contrat est culturelle. Au Royaume-Uni, où Julie et moi avons négocié le contrat sur notre dernier livre (par agent interposé), nous avons eu la surprise d'apprendre que c'est l'auteur (par l'entremise de son agent) qui présente à l'éditeur un contrat! Laissez-moi vous dire que l'éditeur ne s'est pas gêné pour nous communiquer ce qui ne faisait pas son affaire.

Dans votre négociation, présentez tout ce qui vous chicote en bloc, sans rien oublier. Surtout, ne gardez pas deux ou trois éléments dans votre manche pour plus tard : le contrat est un tout et chaque modification doit être considérée en fonction de l'ensemble du contrat. Si vous attendez à la fin pour formuler vos dernières demandes, l'éditeur aura raison de s'en irriter, car l'ensemble du contrat devra être réexaminé pour en tenir compte – cela dit, vous avez le droit de comprendre à la fin une chose qui vous avait échappé au début du processus. Mais il arrive bien souvent que des négociations capotent vers la fin à cause de ce genre d'oubli – sincère ou non. Le cas le plus célèbre est celui de René Angélil et Guy Cloutier, qui représentaient René Simard au début des années 1970. Les affaires des petits Simard allaient plutôt bien merci et le tandem Cloutier-Angélil avait entrepris des négociations avec une compagnie de disques internationale. Cela discutait serré depuis un bon moment, mais à la dernière minute, Angélil et Cloutier se sont mis à regretter de n'avoir pas exigé davantage et ils ont demandé le double voire le triple de l'avance convenue précédemment. Ce fut la goutte de trop : la compagnie internationale de disques a clos les discussions et René Simard est resté une vedette québécoise.

Par principe, même quand je suis satisfait du contrat, j'y apporte au moins une modification, quitte à demander 45 exemplaires gratuits du livre au lieu des 15 habituellement offerts. Ça tient l'éditeur en éveil. J'inscris le chiffre, ils parafent, et tout le monde il est content.

Certaines clauses de contrat peuvent être carrément abusives si vous n'en demandez pas la modification. Un exemple de clause abusive est celle que l'on appelle l'option, et qui donnerait à un éditeur non seulement le droit de premier regard sur vos travaux futurs, mais également le droit de les publier selon les mêmes conditions que le contrat initial ! Et il y en a qui signent sans lire !

Vers 1996, un éditeur avait présenté un contrat de recherche à Julie pour un livre sur Céline Dion – un autre auteur devait l'écrire. Ils se sont rapidement entendus sur les attentes, le prix et les frais. Mais c'est à la lecture du contrat que tout a foiré, car les demandes de l'éditeur étaient particulièrement excessives. L'une des clauses stipulait que Julie s'engageait à ne plus jamais écrire sur Céline Dion sans la permission de l'éditeur et ce contrat engageait non seulement Julie, mais ses descendants, ses associés (dont moi) et leur descendance future – pour la durée du copyright! Il y en avait plusieurs autres du même genre. C'était le contrat le plus ridicule que j'aie jamais vu. J'en ai reparlé plus tard à l'éditrice, qui a protesté en se défendant : « C'était pour deux ans! » Sauf que ce n'était pas écrit « pour deux ans ». Finalement, Julie n'a pas effectué la recherche, mais nous avons conservé ce contrat dans notre musée des horreurs.

Dans tous les cas de modification, ne vous contentez jamais de promesses verbales. Car s'il y a contrat écrit, ce qui fait foi, c'est l'écrit. Les modifications au contrat doivent donc être écrites. Sinon, qui s'en souviendra dans dix ans quand le problème se posera et que celui qui a convenu avec vous d'une clause verbale sera mort ou aura changé de job? Tout le monde reviendra au contrat! D'ailleurs, vous pouvez légitimement vous méfier d'un interlocuteur qui vous fait verbalement des promesses de modifications sur un contrat écrit et qui refuse de vous écrire ce qu'il dit, ne serait-ce que dans une lettre.

Si vous êtes journaliste et que vous envisagez un livre ou un documentaire basé sur une partie ou la totalité de votre travail, je vous conseille d'ajouter une clause qui exclut du contrat de livre ou de documentaire les droits sur tout travail ou document préalables ayant mené à la réalisation du livre ou du documentaire. Cette clause peut également spécifier très clairement de quels articles, travaux ou documents préalables il s'agit. Par exemple, j'ai pu vendre un projet de documentaire sur *La Grande Aventure de la langue française* parce que j'avais écrit un livre sur le sujet. Or, je ne veux surtout pas que dans un, deux ou dix ans, mon producteur ou ses descendants reviennent et réclament des droits sur mon livre en affirmant qu'il s'agit d'un droit dérivé sur le documentaire – alors que c'est plutôt le documentaire qui est dérivé du livre! Cette clause d'exclusion – appelons-la ainsi – est importante pour définir la nature du droit acquis. Elle est rarement nécessaire, sauf si vous êtes le genre à produire des livres et des articles sur des sujets qui se recoupent.

Le contrat verbal

Je vous souhaite d'avoir à lire fréquemment de bien beaux contrats verbeux bien juteux, mais il existe fort heureusement des contrats verbaux, beaucoup moins détaillés et plus ouverts.

Dans la plupart des cas, en journalisme, les contrats sont verbaux et il est de bonne pratique de résumer cette entente par une lettre qui fait état des principaux points. Cette entente n'a nullement besoin d'être signée pour avoir force de contrat, car votre correspondance, vos communications démontrent hors de tout doute qu'il y a eu entente. Devant n'importe quel tribunal, un contrat verbal est reconnu si vous êtes capable de montrer qu'il y a eu relation contractuelle ! Quant à moi, pour plus de clarté, j'indique toujours sur la facture la nature des droits cédés ou sous licence, et j'inscris toujours les conditions de paiement (sur acceptation ou sur livraison du texte). Pour de plus amples renseignements sur la question du contrat et de vos recours en cas de litige, je vous invite à lire mon *Guide du travailleur autonome**, qui en fait état dans le détail.

En journalisme, où vous devez vous accommoder d'une réalité souvent mouvante, le contrat verbal est avantageux. Bien des aspects du travail et des attentes sont négociés ou révisés au fur et à mesure de la réalisation du contrat (et beaucoup plus aisément s'il est verbal), à condition que vous soyez de bonne foi. Vous êtes de bonne foi si vous ramez fort. Vous êtes de mauvaise foi si vous passez plus de temps à améliorer votre contrat qu'à produire l'article ! Mais pour y arriver, il faut montrer patte blanche (c'est-à-dire montrer qu'on fait l'effort de produire le travail) et bien maîtriser la communication avec son éditeur ou son rédacteur en chef.

---

*　*op. cit.*

Les éditeurs et les publications sont toujours moins réceptifs pour ce qui est d'ajuster un contrat après sa signature – c'est tout l'intérêt du contrat verbal. Car gardez bien en tête que cette négociation, qui vous engage au début, peut être révisée en cours de route et qu'elle n'est souvent qu'une base de travail. Le contrat écrit vous donne bien moins de flexibilité en ce sens.

Certaines dispositions d'un contrat écrit peuvent être modifiées en cours de route, mais cela demande du doigté. Par exemple, dans le cas de notre livre sur la langue française, j'ai convaincu mes éditeurs canadien et américain de subdiviser le second versement, car nous étions à court de ressources financières. Ils ont convenu de nous donner la moitié du second versement sur présentation d'un brouillon de manuscrit, ce qui était très chic de leur part. Remarquez que ce n'était pas seulement chic, mais aussi dans leur intérêt, puisque je leur avais bien fait comprendre que nous écririons avec moins de sérénité si nous étions aux prises avec des problèmes financiers. Mais comme le contrat était écrit et signé, ils avaient le privilège de dire non, alors j'y suis allé poliment...

Il existe en journalisme un cas où vous ne devriez *jamais* avoir de contrat verbal mais un contrat écrit : le contrat d'exclusivité sur votre personne. En général, l'exclusivité porte sur votre travail : le journal ou le magazine veut la primeur en exclusivité mondiale ! Mais il arrivera, si vous êtes bon, qu'on ne veuille plus vous voir publier d'autres scoops ailleurs. La publication vous proposera alors un contrat d'exclusivité sur vous-même. Ce contrat est généralement très intéressant financièrement, mais sa portée est aussi grande, car il vous limite. Si jamais on vous en propose un, réfléchissez. D'une part, un tel contrat doit être assorti d'une prime conséquente, car il vous prive de certains ou de tous vos marchés potentiels de revente. La plupart de ces contrats exigent que vous demandiez une autorisation avant de publier ailleurs. Cet « ailleurs » peut être simplement un concurrent québécois. Cela peut ne concerner que la langue française ; ou qu'un seul type de support (presse écrite). Mais cela peut aussi porter sur le monde,

dans toutes les langues et tous les types de médias connus et futurs,
pour l'éternité. Il est dans votre intérêt de restreindre au maximum
la portée de ce genre de contrat. Les restrictions peuvent toucher
le territoire (exclusivité pour le Québec, exclusivité francophone,
par exemple), ou le type de média : (exclusivité pour la presse
écrite, pour tout média d'information) ; ou une combinaison des
deux. Ce dernier point vous permet de travailler sur un livre sans
avoir à en rendre compte au journal. Si une demande d'exclusivité vous prive de sources de revenus potentiels ou réels dont
le contrat ne semble pas tenir compte, vous devriez en aviser la
publication pour qu'ils ajustent le contrat avant la signature. Il
se peut que vous ayez à leur en fournir la preuve, mais ne lâchez
pas le morceau : il n'est pas question qu'ils fassent des économies
trop fortes sur votre dos. Mieux valent de bonnes ententes verbales
à la pièce qu'un mauvais contrat d'exclusivité – tout écrit qu'il
soit !

Les « ententes »

Même dans le cas de contrats verbaux, il arrive que le magazine ou le journal vous propose un contrat écrit au moment de
la livraison de votre article. Ce contrat porte en général non pas
sur le forfait et le tarif, mais exclusivement sur la nature des droits
cédés. Les mêmes règles s'appliquent ici que pour les contrats
verbaux – lisez-le bien, posez des questions et dites ce qui ne vous
convient pas. Leur portée est forcément limitée à la nature des
droits cédés. Pour la parution d'un article d'opinion dans l'influent *Christian Science Monitor*, la rédactrice de la page opinion
m'avait fait parvenir un contrat où l'on me demandait l'exclusivité mondiale pour une durée de trois mois. J'ai signé, mais après
avoir ajouté « sauf le Canada ». La modification est passée sans
protestation, comme une lettre à la poste. Tous les groupes de
presse ne font cependant pas preuve de la même souplesse.

Si vous êtes débutant dans le journalisme, il est à propos que je vous informe sur une polémique qui a cours non seulement dans le milieu de la presse québécoise, mais dans toute la presse internationale. Il s'agit de la question des droits électroniques (appelés aussi droits d'archivage), qui sont des droits de publier votre article dans des services d'archivage (gratuits ou non). Ce problème a pris de l'ampleur, depuis le cédérom, avec l'effet multiplicateur d'Internet et en particulier du Web.

Depuis environ dix ans, la plupart des publications québécoises exigent que ces droits d'archivage électronique leur soient cédés *pour rien*. Et il se trouve que ces droits sont revendus à une société « d'archivage électronique » – qui les exploite sans compensation d'aucune sorte pour l'auteur.

Ce genre d'« entente » a deux défauts : elle est toujours présentée comme si c'était à prendre ou à laisser et – le plus injuste – *après* la remise de l'article, donc longtemps après l'entente verbale, où cette question de droits électroniques n'a souvent fait l'objet d'aucune disposition explicite.

Le second défaut est cependant le vrai problème : ces « ententes » n'offrent aucune compensation pour les droits additionnels cédés. Cela peut se justifier dans le cas d'actes charitables, mais je ne sache pas que les sociétés d'archivage fassent de la charité – au prix où ils vendent leurs abonnements ou leurs services à l'unité, ce serait même le contraire. Certains éditeurs (*Voir, Le Devoir, Transcontinental*) sont cependant plus corrects que d'autres sur ce point et offrent une compensation pour ces droits. Les éditeurs font valoir que ces droits ne valent pas grand-chose ou ne sont pas rentables. Cet argument est irrecevable : les journalistes ou les auteurs sont payés à forfait ou à redevance, que le magazine ou le livre soit rentable ou non. Il n'y a aucune raison pour que l'argument de la rentabilité soit invoqué dans le cas des droits électroniques.

Cela dit, entendons-nous bien : ce litige sur les droits électroniques ne représente pas de grosses sommes : à peine 10 % des droits de première publication sur papier. Pour l'heure, car cet équilibre pourrait être sensiblement modifié d'ici dix ans si les annonceurs se tournent massivement vers le web plutôt que le papier, ce qui semble se passer en 2006. Or, outre les droits électroniques, les éditeurs acquièrent rarement davantage que les droits de première publication, qui sont les plus payants pour vous. Par ailleurs, ces contrats sur les droits sont le plus souvent des contrats de licence (pas de cession) et ils comportent rarement le mot «exclusif». Bref, ces contrats, abusifs dans les faits, demeurent tout de même très ouverts et vous privent rarement des possibilités d'exploiter votre idée à fond (commercialement parlant) si vous souhaitez le faire – ce qui est le point critique.

Toutefois, certains éditeurs et groupes de presse sont beaucoup plus gourmands et exigent tous les droits pour leurs publications sans compensation d'aucune sorte. C'est injuste, mais si vous êtes averti d'avance, vous avez encore moins de raisons de leur faire de cadeaux quant aux attentes, au prix, aux frais et aux modalités – d'où votre intérêt à chercher constamment à améliorer votre position de négociation. Et votre habileté sur ce point peut vous permettre de modifier sensiblement la situation à votre avantage (on l'a vu au chapitre précédent). Car dites-vous bien qu'un magazine qui vous présente un contrat non négocié fait lui-même le premier pas en vue d'une renégociation !

Il y a aussi des cas patents de cupidité plus sporadique. Julie a ainsi eu une très mauvaise surprise en réalisant un article pour une revue féminine où la rédaction, après avoir accepté le texte, lui a demandé de signer un contrat non négocié au préalable parce que soi-disant non négociable. L'objet principal du contrat était que Julie cédait non seulement le droit de première publication en français, mais également le droit de publication en anglais pour le pendant anglophone de la même revue, dans le même groupe de presse. Ce qui privait évidemment Julie d'un marché de revente où elle aurait pu toucher le double. Ce contrat ne lui offrait aucune compensation en cas de publication effective – ce qui aurait été raisonnable.

Julie a protesté, mais n'a fait aucune contreproposition – on lui a dit que c'était à prendre ou à laisser. Elle a donc signé par dépit et n'a jamais réécrit pour cette revue féminine. Par courtoisie, elle n'a rien fait pour les doubler, mais si ça avait été moi, j'aurais pris tous les moyens pour placer le papier dans une revue concurrente rien que dans le but de les offenser – d'autant plus que le contrat ne faisait nulle mention d'exclusivité. Car selon moi, toutes les rédactions qui commettent ce genre de geste offensant devraient se voir mettre leur nez dans leur caca.

Entendons-nous bien : cette histoire de droit n'est pas une question de principe mais une affaire commerciale. Toute publication a le droit de requérir les droits pour elle-même et pour d'autres publications à l'intérieur du même groupe de presse, mais il est inique qu'elle les achète *pour rien* sans offrir ne serait-ce qu'un pourcentage du tarif de base (ce qui serait la pratique normale). Il est inique qu'elle présente après acceptation du texte un « contrat » qui élargit ses attentes à l'achat d'autres droits que ceux qui sont implicitement demandés : c'est-à-dire le droit de première publication en français au Québec. Tout le monde y perd : les pigistes au premier chef; mais aussi les publications, puisque cette pratique n'encourage nullement la « loyauté » de leurs pigistes (qui leur est pourtant si chère, semble-t-il). Cette pratique m'offusque grandement et je ne me gêne jamais, quand je suis en présence d'un rédacteur en chef ou de son patron, pour leur dire ma façon de penser sur ce point.

Mon jugement en la matière s'applique à tous les groupes de presse qui exigent des cessions de droits sans compensation, et qui modifient les termes de leurs attentes en forçant de fausses « ententes » qui ne sont qu'une pomme de discorde. C'est la preuve d'un très grand manque de professionnalisme de leur part, ou d'une très grande cupidité. Je signale d'ailleurs que les rédacteurs ou les éditeurs se cachent bien souvent derrière le groupe de presse pour justifier des pratiques injustes. «Ça se décide au siège social» ou «Ça se décide à Toronto» sont les faux-fuyants les plus courants, mais jamais personne ne fait un effort pour dire qui c'est au juste, le «siège social» ou «Toronto» – toutefois, je ne désespère pas de les rencontrer un jour. Transcontinental est d'ailleurs un cas rare de groupe de presse qui a prévu une formule de redistribution de certains droits électroniques : ce n'est pas le Pérou, mais le principe y est.

Le cas du magazine *Jobboom* est d'ailleurs à citer en contre-exemple éloquent : bien qu'il fasse partie de la nébuleuse Quebecor, Jobboom n'acquiert en exclusivité que le droit de première publication. *Voir* et *Le Devoir* ont également meilleure réputation sur ce point pour avoir justement prévu une formule de redevance sur les droits électroniques. Habituellement, les meilleures conditions de contrats en matière de droit d'auteur se trouvent dans les petits magazines et journaux indépendants et la publication pour des associations – qui se bornent tous aux droits de première publication. La seule exception, de taille, est le magazine *Protégez-vous*, qui propose le pire contrat de toute l'industrie (ils acquièrent littéralement tous les droits pour l'univers entier, pour l'éternité, sur tous les supports connus et inconnus et dans toutes les langues parlées présentes, passées et futures). Quant à moi, *Protégez-nous* serait un nom bien plus adéquat pour ce magazine.

À l'heure actuelle, ces contrats sont également appliqués de façon arbitraire. Certains groupes de presse les exigent de tout le monde, mais d'autres non, qui exemptent certains collaborateurs. Selon Jean-Sébastien Marsan, président de l'Association des journalistes indépendants du Québec (AJIQ), il vaut mieux ne pas signer si vous avez la chance de ne pas le faire – je suis d'accord avec lui.

C'est d'ailleurs cette attitude des groupes de presse qui a mis le feu aux poudres dans les années 1990 et qui a suscité une tentative de syndicalisation de la pige – une mauvaise approche à mon avis. Il y a d'ailleurs un très gros recours collectif sur les droits électroniques au Québec, organisé conjointement par l'AJIQ et la CSN, et je crois que les éditeurs québécois de magazines ont bien mérité ce qui leur pend au bout du nez. Leur position est franchement abusive et je serai le premier à applaudir le gouvernement ou le tribunal qui leur rentrera dedans. Je m'étonne d'ailleurs que personne n'ait encore songé à poursuivre les éditeurs pour collusion : leurs arguments sont tellement conformes les uns aux autres que la chose est suspecte[13].

Les grandes négos sectorielles

Il existe actuellement plusieurs tentatives pour créer un contrat minimum de base pour les magazines, comme il en existe un dans l'édition. Ce fantasme monopolise depuis longtemps une bonne part de la vie associative des journalistes et des écrivains, non seulement au Québec mais ailleurs. Je demeure sceptique sur l'un et sur l'autre. Certes, le contrat de base de l'UNEQ a permis d'éliminer de nombreux abus – chez les éditeurs qui y adhèrent ! Par exemple, il était courant il y a trente ans qu'un éditeur n'offre aucune redevance à un auteur sous prétexte que la publication n'était pas rentable et affirme qu'il en offrirait une fois que la maison aurait recouvré ses frais – c'est-à-dire jamais, puisqu'il y a toujours des frais ! Le contrat type de l'UNEQ a beaucoup contribué à supprimer ce genre de comportement déplorable, et on ne peut qu'applaudir.

---

13. Le 12 octobre 2006, la Cour suprême rendait un jugement très attendu dans la cause opposant la collaboratrice Heather Robertson au Globe and Mail. En page quatre, on peut lire : « Les éditeurs de journaux qui acquièrent des articles de pigistes en vue de les publier dans leur journal n'ont pas le droit de reproduire ces articles dans Info Globe Online ou CPI.Q sans rémunérer leurs auteurs et sans obtenir leur consentement. » Bref, "cela met les éditeurs de journaux et magazines dans les câbles," mais on peut s'attendre à encore quelques belles années de combat d'arrière-garde de leur part.

Mais il faut être naïf pour croire que les problèmes des auteurs ne sont qu'une affaire de contrat. Car tout au fond dépend du tirage du livre, qui se ramène à l'intérêt qu'il suscite. Même si un contrat de base vous garantit 150 % du prix de vente (avec les subventions) au lieu de 10 %, ce ne sera jamais assez pour vivre si vous ne vendez que 400 exemplaires. Par ailleurs, ce contrat porte sur le résultat final, le manuscrit, et non pas sur les conditions d'exécution du travail – or une redevance de 10 % est la même que vous ayez mis dix ans et neuf versions à écrire votre livre ou un mois. Et je ne vois pas tellement comment on peut modifier les conditions de recherche et d'écriture d'un livre à moins de syndiquer entièrement le métier d'auteur. Même les Soviétiques n'ont pas essayé.

Le contrat type n'est pas une panacée, donc. Je demeure sceptique quant aux tentatives d'imposer un contrat minimum de base en journalisme. J'ai plusieurs raisons.

1) D'abord, contrairement au livre, dont le contrat de base porte le plus souvent sur un manuscrit existant, donc créé, ou un projet très défini, le contrat de journalisme porterait sur l'idée d'un article inexistant pour lequel tout le travail reste à faire.

2) Cette position se défend si l'on peut dire : les journalistes sont membres d'une profession spécialisée dans l'art de réaliser des idées inexistantes – ce que font nombre de professionnels comme les ingénieurs ou les avocats. Or, voilà : le métier de journaliste n'est pas une profession au sens légal du terme, ce qui fait que n'importe qui peut publier, et n'importe quelle publication peut décider qui est journaliste. Autrement dit, la compétence des membres des associations reste à démontrer, ce qui n'est pas le cas des vraies professions, qui sont garantes de cette compétence, et qui sont en mesure de la défendre et de la négocier. Or, professionnaliser la pige pose un problème dans un milieu où, justement, tout le monde peut se dire journaliste et publier. Par ailleurs, la pige est aussi une école de

journalisme, car elle est le passage quasi obligatoire pour l'apprentissage du métier. Mais cet apprentissage est fort peu formalisé, et souvent très peu rigoureux, et cela affaiblit toute la logique d'une grande négociation sectorielle.

3) D'un point de vue légal, les journalistes n'ont qu'une obligation de résultat, pas une obligation de moyens, ce qui les prive d'un moyen de pression évident qui s'appelle la grève. Par exemple, les membres de l'Union des artistes doivent offrir une prestation physique (obligation de moyens), ce qui leur donne la possibilité de faire grève. Or, les journalistes, eux, n'ont que l'obligation de livrer l'article (obligation de résultat), ce qui complique toute organisation d'une grève et modifie donc le rapport de force.

4) Les écrivains sont indisciplinés parce qu'ils travaillent seuls. Il est de notoriété publique qu'une bonne part des journalistes de *La Presse,* lors de la grande grève des années 1970, publiaient sous pseudonyme pour la concurrence! C'était facile : ils n'étaient pas au bureau! On peut se demander comment des pigistes, qui n'appartiennent à aucune structure et qui n'ont aucun esprit de corps, parviendraient à ne pas être leurs propres scabs alors que même leurs collègues totalement syndiqués sont incapables de s'en empêcher.

5) Tout gain négocié suppose une concession ailleurs, dans toute bonne négociation. Surtout quand cela concerne une grande négociation collective qui régenterait l'ensemble de l'industrie. En France, où la partie patronale est obligée de verser aux pigistes tout un tas de compensations de chômage, de retraite et d'assurance maladie, les magazines et les quotidiens ont également obtenu que les articles ne soient payés que sur publication, une modalité que je juge abusive. Bref, les grandes manipulations collectives peuvent créer autant de problèmes qu'elles en règlent si elles sont faites par des amateurs, ou par des négociateurs syndicaux qui n'ont pas une idée très claire

de la pratique réelle de l'écriture – et qui s'imaginent qu'un contrat verbal n'a pas valeur légale...

6) Ces grandes négociations syndicales ont d'autant moins de chance d'aboutir que les négociateurs syndicaux qui tentent de négocier pour la pige sont en conflit d'intérêts. Ceux-ci appartiennent à la Fédération nationale des communications (CSN), à laquelle se rattachent les syndicats des journalistes des grands quotidiens. Or, la plupart du temps, ce sont les conventions collectives qui imposent des conditions de travail déshonorantes aux pigistes au premier chef, souvent contre le gré des cadres qui aimeraient bien y avoir recours davantage. Bref, le syndicat qui est supposé négocier pour les pigistes est en conflit d'intérêts ! Personne encore ne m'a expliqué comment un même syndicat compte résoudre cette apparente contradiction, surtout si les employés sont convaincus qu'il faut tout faire pour casser les pigistes, qui menacent leurs conditions de travail, et que cette idée est le principal pilier de leur convention collective.

7) À mon avis, la seule négociation collective qui peut marcher dans le cas des journalistes et des auteurs porte non pas sur le droit du travail mais sur la propriété de l'œuvre. En fait, les journalistes et les auteurs ont le gros bout du bâton sur le point spécifique de leur propriété. Logiquement, leur position de négociation collective est celle d'un syndicat de proprio-exploitants plutôt que d'ouvriers du textile – et je ne vois pas l'ombre d'une négociation annoncée sur cette base. En fait, les pigistes ont plus en commun avec l'ADISQ (l'Association québécoise de l'industrie du disque, du spectacle et de la vidéo) qu'avec la CSN.

En attendant une hypothétique solution collective au problème des contrats de base sectoriels, je demeure convaincu que les journalistes pigistes ont d'autres armes qu'ils n'utilisent pas et qui sont pourtant d'une puissance remarquable. La principale étant que le droit d'auteur, comme on l'a vu au chapitre 10, fait d'eux automatiquement les propriétaires de leur œuvre sans conditions. Ce qui leur donne le privilège de dire la chose la plus simple du monde : « Si c'est ainsi, je présente mon papier ailleurs. » Et ils peuvent non seulement le dire mais le faire, en plus. Il demeure incompréhensible qu'ils n'utilisent pas leur droit de propriétaire, mais c'est ainsi. Et rien, mais absolument rien n'interdit à un journaliste d'agir en coordination avec d'autres et au bon moment – quand le papier est révisé et prêt à publier. Il se pourrait alors que le « siège social » ou « Toronto » se dévoile et vienne discuter : ces gars-là réagissent quand il y a de l'argent en jeu.

Une autre idée serait de monter un dossier superbe pour une grande publication, un truc *big*, dans lequel ils ont investi. Puis, peu avant la publication, de se retourner et de le publier chez un concurrent en invoquant le fait qu'ils vous imposent des conditions déraisonnables sur cette « entente » non négociée qu'ils vous imposent depuis des lustres. Il y a gros à parier qu'ils ne seraient pas contents. Le but d'une telle manœuvre est bien évidemment qu'ils vous poursuivent : ce serait alors la soi-disant « entente » qui ferait l'objet du procès. Or, cette « entente » non négociée a une valeur légale douteuse et pourrait facilement être mise en pièces devant un tribunal.

Bien sûr, de tels gestes s'apparenteraient à un coup de force, et ce n'est pas gentil. Mais, à mon avis, le coup de force vient avant tout d'une publication qui vous propose une fausse « entente » prétendument non négociable et abusive par son refus d'offrir une compensation. Contrairement aux grandes négociations syndicales, le coup de force a l'avantage de ne pas avoir à être bien grand pour porter : il suffit de viser juste. Cela dit, le coup de force, comme la grande négociation syndicale, peut aussi causer plus de tort que de bien à ses utilisateurs, surtout s'ils en usent à mauvais escient (dans les mauvaises conditions et au mauvais moment). Le jeu en vaut-il la chandelle ? Avez-vous la crédibilité pour agir ? Visez-vous juste ? Il faut donc de la jugeote. Bref, avant de rêver

au Grand Soir, ou aux grandes conventions collectives industrielles – on n'en est vraiment pas là –, mieux vaut se pratiquer
sur des petites choses. Vous ne serez pas capable de gagner au jeu
du coup de force si vous êtes inexpérimenté ou, au contraire, si
vous êtes le genre à présenter des idées ordinaires pour des articles
rancis. De même si vous ne dépendez que d'un seul média ou d'un
seul marché. De même si vous n'avez jamais de votre vie tenté de
négocier ou si vous n'avez jamais dit non pour quoi que ce soit.
Le tout est de savoir et de pouvoir améliorer votre position de
négociation – ce qui nous ramène deux chapitres en arrière, et
même au début du livre si vous avez sauté tout ce qui précède. Cela
étant dit, il est également possible de négocier au fur et à mesure
de la réalisation du travail – comme on le verra.

Lectures utiles

Le contrat type d'édition, brochure produite par l'Union des écrivaines et des écrivains québécois, 1995 – une mise à jour doit
avoir lieu en 2007.

*Mise en garde contre le contrat d'édition proposé par l'Association
nationale des éditeurs de livres,* brochure produite par l'Union
des écrivaines et des écrivains québécois, 2001.

CONTRAT-TYPE D'ÉDITION©

ENTRE :

_____

_____

_____

ci-après nommé « L'ÉDITEUR »

ET

_____

_____

_____

ci-après nommé « L'AUTEUR »

ATTENDU que l'auteur a écrit une œuvre littéraire[1] dont le titre provisoire est précisé à l'annexe A du présent contrat d'édition, ci-après appelée « l'œuvre », et que l'éditeur s'engage à la publier ;

ATTENDU que le présent contrat-type a pour effet d'établir un contenu minimal obligatoire[2] au contrat d'édition entre l'auteur et l'éditeur, lequel peut cependant prévoir des conditions plus avantageuses pour l'auteur ;

IL EST CONVENU CE QUI SUIT :

CHAPITRE I LICENCE D'ÉDITION[3]

1.1 Sous condition du respect des obligations prévues aux présentes et à l'annexe A du présent contrat d'édition, l'auteur accorde à l'éditeur une licence exclusive d'édition de l'œuvre en langue française pour un territoire[4] et pour une période[5] précisés dans l'annexe A du présent contrat d'édition.

1.2 La présente licence autorise l'éditeur, pour la durée mentionnée à l'annexe A et selon les termes et conditions contenus aux présentes :

1.2.1 à imprimer, à publier et à reproduire, sous forme de livres, la version originale de l'œuvre ;

1.2.2 à distribuer et à vendre les exemplaires de l'œuvre ainsi imprimée et publiée, dans le ou les formats précisés à l'annexe A du présent contrat d'édition, ou à autoriser de tels actes ;

1.2.3 à représenter ou à faire représenter l'œuvre en public lors de toute exposition publique et foire de livres, sous réserve du paragraphe 6.12 des présentes ;

1.2.4 le cas échéant, à adapter ou à faire adapter l'œuvre sous les formes précisées à l'annexe A du présent contrat d'édition et à exploiter ou à autoriser l'exploitation de telle(s) adaptation(s)[6] ;

---

[1]
Toute œuvre écrite qui n'est pas la reproduction d'une œuvre déjà existante constitue une « œuvre littéraire », protégée dès sa création, selon la *Loi sur le droit d'auteur*.

[2]
Les parties à un contrat d'édition sont libres de négocier n'importe quelles conditions dans un contrat, sous réserve des dispositions obligatoires de la *Loi sur le statut professionnel des artistes des arts visuels, des métiers d'art et de la littérature et sur leurs contrats avec les diffuseurs*.
Le présent contrat-type d'édition a pour but d'assurer qu'un auteur ne signe pas un contrat en deçà d'un seuil jugé minimal.

[3]
Selon la *Loi sur le droit d'auteur*, un auteur peut céder son droit ou l'accorder en licence. Pour donner une image de cette distinction, soulignons qu'une cession correspond plus ou moins à une vente, alors que la licence s'apparente à une location. Dans les relations courantes entre auteurs et éditeurs, une licence d'édition est beaucoup plus souhaitable qu'une cession de droits à l'éditeur. En effet, la licence, qui correspond ici à une autorisation exclusive donnée à l'éditeur quant à la publication de l'œuvre, suffit à l'éditeur pour obtenir un droit exclusif, qui lui permet de diffuser l'œuvre à l'exclusion d'autres personnes, et permet notamment à l'auteur de conserver un contrôle plus grand sur son œuvre. L'autorisation ainsi consentie à l'éditeur est en effet restreinte à des fins déterminées et sujette à des restrictions. Quoiqu'elle soit imparfaite, l'analogie avec la location peut être reprise. L'éditeur serait alors dans la situation d'un locataire qui occupe un logement en toute exclusivité ; et l'auteur, dans la position du propriétaire qui conserve des prérogatives sur son logement. À l'opposé, la cession des droits d'auteur sur une œuvre à un éditeur confère à ce dernier un droit de propriété sur ces droits qui, bien que sujet à des limitations issues du droit moral, implique nécessairement moins de contrôle pour l'auteur.

[4]
Dans le cas d'une licence d'édition en français, il est préférable de limiter la licence au Canada et aux autres pays de la francophonie. Si l'on accorde également l'exclusivité quant aux droits de traduction de l'œuvre, la licence d'édition ainsi concédée peut être concédée pour le monde entier. Voir cependant les commentaires aux notes 5 et 6.

[5]
La licence peut être concédée pour une durée fixe ou encore, ce qui est toutefois moins usuel, pour un nombre précis d'exemplaires. La durée maximale recommandée pour une durée fixe avec un éditeur avec qui l'auteur n'a pas encore fait affaire est de dix (10) ans, ce qui représente une période de temps suffisante pour que l'auteur soit en mesure d'apprécier le travail de l'éditeur et pour que ce dernier puisse récupérer son investissement.
On peut cependant prévoir que la licence pourrait être renouvelée de gré à gré pour une même période aux mêmes conditions (voir le paragraphe 1.4 des présentes). Par ailleurs, il est important de souligner que la limitation dans le temps n'est pas une caractéristique propre à la licence. La cession peut aussi, parfois, être limitée dans le temps. On ne peut donc se fier à ce seul critère pour distinguer la licence de la cession.

[6]
Les éditeurs demandent fréquemment la concession des droits d'adaptation dramatique, cinématographique et audiovisuelle de l'œuvre. Cependant, l'auteur devrait s'assurer que l'éditeur, s'il y a lieu, possède bel et bien les ressources ou contacts nécessaires à ce que ces droits puissent être exploités. Au cas contraire, il ne sert à rien de lui concéder. S'il accepte de concéder une licence portant sur ces droits, l'auteur devrait s'attendre à recevoir une contrepartie allant de cinquante pour cent (50 %) à soixante-cinq pour cent (65 %) du montant total de tout cachet, paiement, ou autres sommes reçues par l'éditeur en raison de l'exploitation de ces droits.

1.2.5 le cas échéant, à traduire ou à faire traduire l'œuvre dans une ou des langues tel qu'il a été précisé dans l'annexe A du présent contrat d'édition et à exploiter ou à autoriser l'exploitation de telle(s) traduction(s)[7] ;

1.2.6 à reproduire ou à autoriser la reproduction de l'œuvre par microfilm ou reprographie sous réserve du paragraphe 6.1.3 des présentes ;

1.2.7 à poser tout autre acte négocié de gré à gré entre l'auteur et l'éditeur et précisé dans l'annexe A du présent contrat d'édition.

1.3 L'éditeur ne peut transmettre, aliéner, transférer ou concéder à des tiers la présente licence sans obtenir l'autorisation préalable et écrite de l'auteur.

Toutefois, l'éditeur peut concéder en sous-licence à des tiers la totalité ou une partie des droits consentis aux paragraphes 1.2.1 à 1.2.7 sous condition de faire connaître préalablement à l'auteur l'existence de cette sous-licence et le nom du licencié. Le cas échéant, l'éditeur s'engage envers l'auteur à ce que tout licencié respecte chacun des termes et des conditions contenus au présent contrat d'édition[8].

1.4 La licence consentie à l'éditeur ne peut être renouvelée plus d'une fois et, s'il y a renouvellement, ce doit être selon des modalités et conditions à tout le moins égales à celles contenues aux présentes[9], ou selon des modalités et conditions supérieures pour l'auteur, selon ce que les parties conviennent par écrit de gré à gré au plus tard un mois suivant l'expiration de la présente licence. Le cas échéant, la possibilité d'un tel renouvellement doit être expressément mentionnée à l'annexe A des présentes.

CHAPITRE 2 GARANTIES

2.1 L'auteur garantit que son œuvre est originale, inédite dans la mesure où la présente entente n'a pas pour objet une réédition, et qu'elle ne viole, à sa connaissance, aucun droit d'auteur existant[10].

2.2 L'auteur garantit qu'il a pris tous les moyens que prendrait une personne raisonnable afin de s'assurer que l'œuvre ne porte atteinte à la réputation, à la vie privée ou à un autre droit de la personnalité de quelque personne[11].

2.3 L'auteur s'engage à tenir l'éditeur indemne de toute condamnation par un jugement final mettant en cause les déclarations et garanties de l'auteur, sous condition pour l'éditeur d'aviser par écrit l'auteur de toute réclamation ou de tout recours pouvant mettre en cause telles garanties dès qu'il en a connaissance. Le cas échéant, il est entendu que l'auteur ou son représentant dûment mandaté pourra intervenir personnellement dans toute instance ou poursuite mettant en cause ses garanties.

2.4 Toute offre de règlement ou toute transaction pouvant mettre en cause les garanties de l'auteur ne peut l'engager sans son accord préalable.

[7] Encore ici, il est important de s'interroger sur les possibilités de l'éditeur de publier l'œuvre dans une langue étrangère et de distribuer et de vendre ces exemplaires dans les pays concernés. Par exemple, si l'éditeur désire obtenir les droits de traduction de l'œuvre en allemand, il faut s'assurer qu'il a un distributeur en Allemagne comme dans les autres pays germaniques ou qu'il fait affaire avec un éditeur allemand qui est en mesure de vendre l'œuvre ainsi traduite. Si l'éditeur ne possède pas la structure ou les contacts pour ce faire, il n'y a pas lieu de lui concéder les droits de traduction de l'œuvre. Cela pourra toujours être fait en temps et lieu.

[8] Il est toutefois possible, pour les auteurs ayant suffisamment de pouvoir de négociation, d'exiger que ces concessions à des tiers soient assujetties à leur approbation préalable, tout comme l'est le transfert de la licence complète aux termes du paragraphe 1.3 des présentes.

[9] L'auteur et l'éditeur voudront peut-être s'entendre pour que l'œuvre soit rééditée au terme du contrat qui a pris fin ou qui a été renouvelé une première fois. Rien ne les empêche de procéder ainsi. En fait, cette stipulation a pour but de permettre à un auteur dont l'œuvre a connu un certain succès de « magasiner » auprès d'autres éditeurs, de rester libre pour négocier en vue d'obtenir possiblement de meilleures conditions dans un prochain contrat d'édition. C'est ainsi que, si les relations préétablies entre l'auteur et son éditeur, pendant la durée du contrat qui prend fin, ont été satisfaisantes, l'auteur peut, au terme de ce contrat, choisir de signer un nouveau contrat avec le même éditeur, lequel contrat, encore une fois, pourra faire l'objet de plus d'un renouvellement.

[10] S'il faut obtenir des autorisations pour reproduire des extraits d'œuvres d'autres auteurs, il incombe normalement à l'éditeur de les obtenir.

[11] Cette clause de garantie est usuelle dans les contrats d'édition. Il faut cependant faire attention à certains types d'ouvrages plus susceptibles d'occasionner des poursuites judiciaires, tels les pamphlets ou essais critiques. Dans ces cas, il se peut que l'éditeur insiste pour publier de tels ouvrages malgré tout. Il serait donc juste qu'il accepte de supporter les risques y afférents de sorte que cette clause doit être modifiée en conséquence. Enfin, il est toujours possible (et même souhaitable) de convenir que l'éditeur souscrive, à son bénéfice et à celui de l'auteur, à une couverture d'assurance de type « erreurs et omissions » les protégeant en principe des conséquences de la responsabilité civile de l'auteur en relation avec ces garanties, sauf pour les cas d'erreur et de négligence grossière. Voir le paragraphe 4.2 et la note qui l'accompagne.

12

À cet égard, il importe de prendre garde à certaines formulations du genre « œuvre ou manuscrit à la satisfaction de l'éditeur ». Cela renvoie à une notion subjective pouvant parfois donner des résultats fâcheux. De plus, étant donné que le contrat d'édition est généralement signé après la remise d'une première version de l'œuvre à l'éditeur, ce dernier est en mesure de savoir à quoi s'attendre pour la version finale.

13

Ces procédures de remise et d'accusé de réception du manuscrit peuvent sembler fastidieuses à l'auteur comme à l'éditeur. Très souvent, les parties ne se donnent pas la peine de les respecter. Nous recommandons toutefois qu'elles soient suivies à la lettre afin d'éviter les conflits ou ambiguïtés potentiels. En effet, la remise du manuscrit atteste de l'exécution d'une obligation essentielle assumée par l'auteur et elle marque le point de départ d'obligations mises à la charge de l'éditeur, telle la publication de l'œuvre dans un délai prédéterminé. L'accusé de réception du manuscrit par l'éditeur permet à l'auteur d'établir la date du début de la computation de ce délai de publication et, au besoin, lui permet d'en faire la preuve.

CHAPITRE 3 ÉDITION DE L'ŒUVRE

3.1   Dans les cas où l'éditeur n'est pas encore en possession du manuscrit de l'œuvre au moment de la signature des présentes, l'auteur s'engage à lui en remettre un double propre et définitif au plus tard à la date indiquée à l'annexe A du présent contrat d'édition[12].

3.2   Sur réception de l'œuvre, l'éditeur remet à l'auteur un écrit daté et signé par lui attestant de cette remise[13].

3.3   Tout manuscrit, disquette ou autre support informatique sur lequel l'œuvre est fixée et qui est remis à l'éditeur par l'auteur appartient à l'auteur, en quelque main qu'il se trouve.

3.4   Si l'auteur est incapable de remettre le texte de l'œuvre à la date convenue, pour cause d'incapacité physique ou mentale, il dispose alors, pour ce faire, d'un délai supplémentaire de trois (3) mois, à compter de la fin de son incapacité.

3.5   Si l'auteur fait défaut de remettre le texte de l'œuvre à la date convenue, l'éditeur peut lui expédier un avis écrit comportant les mentions suivantes : celle de lui remettre le texte et que, à défaut de l'auteur de s'exécuter dans un délai de trois (3) mois de la réception de l'avis, le présent contrat d'édition est résolu de plein droit ; celle que l'auteur doit restituer à l'éditeur toute somme reçue de lui en raison des présentes, sans que l'éditeur ne puisse prétendre à d'autres dommages.

3.6   L'éditeur s'engage à publier l'œuvre et à mettre les exemplaires en vente dans le public à une date qu'il choisit en tenant compte de l'intérêt commun des parties, mais au plus tard dans les douze (12) mois qui suivent la date convenue de remise du manuscrit de l'œuvre. En cas de force majeure, l'éditeur disposera d'un délai supplémentaire de trois (3) mois. Tout délai attribuable au retard de l'auteur à livrer son manuscrit sera ajouté au délai de publication de l'éditeur. Si l'éditeur fait défaut de publier l'œuvre dans les délais prescrits, l'auteur peut lui faire parvenir un avis écrit portant la mention de l'obligation de s'exécuter dans un délai de trois (3) mois de cet avis et que, à défaut par l'éditeur de ce faire, le présent contrat est résolu de plein droit et que l'auteur récupère son manuscrit sur-le-champ et est en droit de conserver toute somme reçue de l'éditeur, sans préjudice à ses autres droits et recours.

3.7   L'auteur et l'éditeur s'entendent pour convenir du titre définitif de l'œuvre, de même que de la place et du caractère typographique du nom de l'auteur sur la page couverture des exemplaires.

3.8   La forme, la présentation et le prix de l'œuvre sont établis par l'éditeur en prenant en considération les intérêts de l'auteur[14].

3.9   L'éditeur publie un premier tirage selon le nombre minimal d'exemplaires de l'œuvre indiqué dans l'annexe A du présent contrat d'édition. Le cas échéant, le nombre d'exemplaires découlant de tirages subséquents sera fixé par l'éditeur dans l'intérêt commun des parties.

3.10   Au plus tôt trois (3) ans suivant la première publication de l'œuvre, l'auteur pourra envoyer un avis écrit à l'éditeur l'informant qu'il désire procéder à une édition revue et corrigée de son œuvre. L'éditeur devra en tenir compte pour toute réimpression de l'œuvre réalisée après les trois (3) mois suivant la réception de l'avis de l'auteur[15]. Cette réédition se fait aux frais de l'éditeur.

14

Certains types d'œuvres requièrent qu'une importance particulière soit accordée à leur format et à leur confection. Par exemple, dans des ouvrages spécialisés ou de référence, l'ordre de présentation et l'insertion d'éléments tels des photographies, des graphiques ou des dessins sont souvent déterminants. Dans de tels cas, il est recommandé à l'auteur de s'entendre avec l'éditeur pour participer à la prise de décision.

15

Certains types d'œuvres commandent des rééditions plus fréquentes. Si tel est le cas, il faut réaménager la stipulation en conséquence.

CHAPITRE 4 ÉPREUVES ET CORRECTIONS

4.1   Aucune modification autre que des corrections typographiques ne peut être apportée à l'œuvre sans le consentement écrit de l'auteur[16].

4.2   L'éditeur peut demander à l'auteur de modifier le texte de son œuvre afin qu'il respecte les lois en vigueur relatives au droit d'auteur, à la diffamation ou au respect de la vie privée. Cette demande doit être appuyée d'une opinion juridique concluant à un préjudice potentiel à autrui si l'auteur ne procède pas à ces modifications. L'auteur est libre de procéder ou non aux modifications suggérées. Toutefois, si l'auteur s'y oppose, l'éditeur peut accepter, à ses risques et périls, de publier l'œuvre telle que soumise à l'origine, ou encore en refuser la publication, auquel cas le présent contrat est résolu de plein droit[17].

4.3   L'éditeur assure, à sa charge, les corrections typographiques de l'œuvre.

4.4   L'éditeur s'engage à confectionner à ses frais et à faire parvenir les épreuves de l'œuvre à l'auteur qui, de son côté, s'engage à les lire, à les corriger et à les retourner à l'éditeur, accompagnées de son bon à tirer, dans un délai de quinze (15) jours. À défaut par l'auteur de s'exécuter, l'éditeur, après l'expédition d'un avis à l'auteur, peut procéder lui-même à cette lecture et à cette correction.

4.5   L'auteur peut apporter, lors de la lecture des épreuves, des modifications qui ne sont pas seulement des corrections d'ordre grammatical ou typographique, mais de telles modifications sont aux frais de l'auteur pour le surplus si elles entraînent des modifications à plus de dix pour cent (10 %) du texte[18].

4.6   Toutes les modifications apportées à l'œuvre à la demande de l'éditeur sont effectuées aux frais de l'éditeur.

4.7   Sous réserve du paragraphe qui suit, l'éditeur s'engage à soumettre à l'avis de l'auteur tout matériel relié à la confection des exemplaires de l'œuvre et ayant un impact sur son aspect visuel, comme c'est le cas, par exemple, de la page couverture.

4.8   Sauf mention contraire à l'annexe A du présent contrat d'édition, l'éditeur est autorisé à utiliser l'image de l'auteur et des notes biographiques sur la jaquette des exemplaires de l'œuvre. Les choix des photographies ou autres représentations de l'image, ainsi que du texte apparaissant sur la jaquette, sont soumis à l'approbation préalable de l'auteur.

CHAPITRE 5 PROMOTION ET PUBLICITÉ

5.1   L'éditeur s'engage à promouvoir à ses frais la vente d'exemplaires de l'œuvre de façon permanente et continue.

5.2   À cette fin, l'éditeur peut, par lui-même ou par personne interposée dûment autorisée, publier, reproduire ou enregistrer toute partie de l'œuvre qu'il juge utile.

5.3   Sans limiter la généralité de ce qui précède, la promotion comprendra au minimum[19] la livraison aux médias d'un nombre suffisant d'exemplaires[20] et, si l'auteur et l'éditeur le désirent, un lancement du livre[21].

5.4   L'auteur s'engage à apporter son concours personnel, dans des limites raisonnables, à la promotion et à la publicité de l'œuvre, notamment lors du lancement du livre, par des entrevues avec la presse écrite, la radio et la télévision, selon les suggestions de l'éditeur ; les frais de déplacement et de séjour, s'il y en a, sont à la charge de l'éditeur[22].

16
Il s'agit là d'une clause importante qui s'inscrit particulièrement dans le cadre du respect du droit moral de l'auteur, qui tend notamment à assurer que ce qui est lu par le lecteur corresponde bien à ce qu'avait écrit l'auteur.

17
Il est de l'essence de certaines œuvres de soulever la controverse ou d'affecter de près ou de loin la réputation d'une personne. D'ordinaire, l'auteur et l'éditeur, qui normalement a pris connaissance du texte de l'œuvre avant la signature du contrat, sont conscients des risques encourus et peuvent décider de publier l'œuvre en connaissance de cause.

18
Ce seuil de dix pour cent (10 %) correspond à ce qui est traditionnellement accepté par les éditeurs. Il faut toutefois noter que certaines œuvres peuvent requérir des modifications importantes au moment de la correction des épreuves, par exemple parce qu'elles sont liées à l'actualité scientifique ou politique. Dans un tel cas, l'éditeur accepte normalement de prendre à sa charge ce type de modifications, même si elles excèdent ce seuil de dix pour cent (10 %). Il faudrait alors réaménager la stipulation en conséquence.

19
Il est possible aussi de négocier avec l'éditeur la publication d'un nombre minimal d'annonces dans les journaux ou les revues.

20
Il est recommandé de convenir avec l'éditeur, dans la mesure du possible, d'un nombre maximal d'exemplaires de promotion. Il ne faut pas oublier qu'ils n'emportent aucune redevance pour l'auteur. Habituellement, dans le cas d'une œuvre grand public, le nombre d'exemplaires se situe entre 100 et 200. Pour les œuvres destinées à un public plus restreint cependant, ce standard peut s'avérer trop élevé. Dans ces cas, il est préférable de préciser que le nombre d'exemplaires de promotion ne devrait en aucun cas excéder dix pour cent (10 %) du nombre d'exemplaires issus du premier tirage.

21
Il faut noter que l'importance du lancement varie d'un secteur à l'autre. C'est ainsi que certaines maisons d'édition préfèrent réserver à d'autres formes de promotion les sommes qu'elles y consacraient.

22
Il est d'usage pour un auteur de se plier à ce type d'activités. Celui qui préférerait éviter de telles apparitions publiques devrait le prévoir expressément dans son contrat, de sorte que l'éditeur en soit averti à l'avance et agisse en conséquence.

23
La manière dont l'œuvre est diffusée peut avoir des conséquences sur la réputation d'un auteur. De l'importance du présent paragraphe.

5.5   Les communiqués de presse et les affiches de promotion sont soumis à l'avis de l'auteur. L'éditeur peut utiliser le nom de l'auteur, son image photographique et ses notes biographiques, à la condition que le matériel ait été préalablement approuvé ou fourni par l'auteur. De telles utilisations peuvent se réaliser en tout format et dans tout média, mais aux seules fins de promouvoir la diffusion de l'œuvre[23].

5.6   Tout prix, subvention, bourse et autre récompense obtenus par l'auteur en relation avec l'œuvre lui reste acquis en propre.

5.7   À la demande de l'auteur, l'éditeur s'engage à fournir gratuitement à des tiers un nombre minimal de vingt (20) exemplaires de l'œuvre à des fins de candidature à des concours littéraires qui lui sont désignés par l'auteur.

5.8   L'éditeur s'engage à ne pas insérer ni à permettre que soit insérée, sous quelque forme que ce soit, de la publicité dans tout exemplaire de l'œuvre.

CHAPITRE 6   REDEVANCES ET PAIEMENT DES REDEVANCES

6.1   En contrepartie de la licence qui lui est accordée, l'éditeur verse en monnaie canadienne, à l'auteur, les redevances ou autres rémunérations suivantes :

6.1.1   Pour la vente d'exemplaires de l'œuvre au Canada :

24
Il importe que les redevances soient calculées sur le prix de vente au détail hors taxes en librairie. L'auteur ne doit pas accepter que le taux de redevances minimum soit appliqué sur des prix de vente inférieurs, tels le « prix de catalogue » (qui comporte habituellement un prix moindre pour les institutions), le « prix de vente au libraire » (lequel est réduit de la commission versée habituellement à ce dernier) ou le « prix de distribution » (diminué en sus de la commission prélevée par le distributeur). Cet élément est fondamental dans le calcul de la rétribution de l'auteur. A *fortiori*, l'auteur ne doit pas accepter que sa rémunération repose sur les « recettes nettes » de l'éditeur, car ce dernier est le seul qui contrôle les dépenses imputées à la confection et à la promotion de l'ouvrage.

25
Il convient de prévoir des taux de redevances escalatoires en fonction du nombre d'exemplaires de l'œuvre vendus. Une échelle de redevances basée sur des taux de 10 % pour les 4 999 premiers exemplaires vendus, de 12 % pour ceux allant de 5 000 à 19 999 et de 14 % au-delà de 20 000, représente les seuls jugés minimaux.

26
Le montant de l'à-valoir correspond de façon usuelle à cinquante pour cent (50 %) du total des redevances à verser à l'auteur pour les ventes des exemplaires issus du premier tirage de l'œuvre. En outre, plus éloignée est la date du premier versement des redevances à l'auteur, plus élevé devrait être le montant de l'à-valoir. Par ailleurs, l'auteur qui remet à l'éditeur une copie de son manuscrit sur support informatique d'usage courant (disquette) réduit les coûts initiaux de l'éditeur, de sorte qu'il est justifié de lui demander un à-valoir légèrement plus élevé en conséquence.

27
Cette part de soixante-cinq pour cent (65 %) à l'auteur est conforme à une entente intervenue entre l'UNEQ et l'Association nationale des éditeurs de livres (ANEL). Il est cependant préférable pour l'auteur de conserver ses droits de reprographie.

28
Le nombre d'exemplaires gratuits remis à l'auteur par l'éditeur varie généralement entre 20 et 50.

29
Habituellement, les auteurs obtiennent un rabais équivalent à quarante pour cent (40 %) du prix de vente au détail.

6.1.1.1   des redevances payables pour chaque vente d'exemplaires de l'œuvre, toute taxe applicable en sus, calculées sur le prix de vente au détail[24], selon les taux convenus par l'auteur et l'éditeur[25] à l'annexe A, lesquels ne peuvent toutefois être inférieurs à dix pour cent (10 %) par exemplaire pour tout type de format, sauf dans le cas des exemplaires en format de poche où le taux minimal est habituellement de huit pour cent (8 %).

6.1.1.2   si l'auteur et l'éditeur le désirent, une avance (à-valoir) au montant convenu par eux[26] à l'annexe A, plus toute taxe applicable, non remboursable, sans intérêt, mais déductible des redevances à recevoir, payable soit à la signature des présentes, soit au moment de la première publication de l'œuvre, selon ce qui est spécifié à l'annexe A du présent contrat d'édition :

6.1.2   La moitié de toute somme versée à l'éditeur en contrepartie de toute licence accordée par l'éditeur à des tiers. Cette part doit être remise à l'auteur dans les trente (30) jours de la date où l'éditeur reçoit lui-même les sommes des tiers.

6.1.3   Soixante-cinq pour cent (65 %) de toute redevance versée en raison de la reprographie totale ou partielle de l'œuvre, ou plus, selon ce qu'il est convenu par les parties à l'annexe A du présent contrat[27].

6.1.4   Pour les autres formes d'exploitation de l'œuvre, le cas échéant, des redevances payables selon le taux convenu pour chacune d'elles par l'auteur et l'éditeur.

6.2   L'éditeur fournit gratuitement à l'auteur un minimum de vingt (20)[28] exemplaires de l'œuvre publiée, au moment de la publication, dans chacun de ses formats différents. Si l'auteur désire d'autres exemplaires par la suite, ils lui sont fournis par l'éditeur à un prix égal ou inférieur au prix de distribution[29].

6.3   Aucune redevance n'est payée à l'auteur sur les exemplaires qui lui sont remis gratuitement, ainsi que sur les exemplaires effectivement donnés en service de presse ; l'éditeur fournit à l'auteur, sur demande, un relevé de tous les ouvrages remis gratuitement à la presse avec le nom de leurs destinataires.

6.4 L'éditeur remet à l'auteur un relevé officiel précisant le nom de l'imprimeur et le nombre d'exemplaires imprimés de l'œuvre à chacun des tirages et au moment de cette impression[30] ; sur demande de l'auteur, l'éditeur lui fournit les pièces justificatives.

6.5 L'éditeur arrête les comptes à la fréquence et aux dates convenues par l'auteur et l'éditeur, mais au moins une fois l'an[31]. Il fournit alors à l'auteur un relevé de compte précisant le nombre d'exemplaires vendus et les redevances dues à l'auteur pour la période visée, cela dans les quatre-vingt-dix (90) jours suivant la date où le compte est arrêté[32].

6.6 L'éditeur verse à l'auteur les redevances qui lui sont dues en un versement qui accompagne chaque relevé de compte.

6.7 L'éditeur peut, seulement pour les redditions de compte effectuées dans la première année suivant la signature du présent contrat, retenir sur chaque versement de redevances un montant correspondant à une réserve pour les retours de livres des libraires, mais ce montant ne peut excéder vingt-cinq pour cent (25 %) du montant total du versement de redevances à l'auteur.

6.8 Toute somme due à l'auteur et non versée à l'échéance porte intérêt au taux minimum de 1 % par mois composé, soit de 12,68 % l'an[33].

6.9 L'éditeur tient dans ses livres un compte distinct dans lequel il inscrit, dès réception, le tirage et le nombre d'exemplaires vendus de l'œuvre, tout paiement d'un tiers en rapport avec l'œuvre avec une indication permettant d'identifier ce dernier, ainsi que le nombre et la nature de toutes les opérations concernant l'œuvre[34].

6.10 Sur demande de l'auteur ou de son représentant, formulée par écrit au moins cinq (5) jours à l'avance, sauf dans le mois de juillet de chaque année où ce délai est prolongé à deux (2) semaines, l'éditeur permet d'examiner ou de faire examiner par toute personne ou société qu'il ou elle mandate, tout livre ou registre de l'éditeur concernant l'œuvre et d'en prendre copie moyennant des frais de photocopie raisonnables.

6.11 En contrepartie additionnelle de la licence consentie à l'éditeur, l'auteur perçoit, directement ou par l'entremise de toute personne ou société de gestion ou de perception collective de droits, les redevances qui lui sont payables du fait du prêt public ou en vertu de toute loi.

6.12 En contrepartie additionnelle de la licence consentie à l'éditeur, l'auteur conserve tout cachet, redevance ou autre somme qui serait versée en contrepartie de la représentation en public de son œuvre lors d'expositions ou de foires de livres.

6.13 Les parties conviennent que les sommes revenant à l'auteur en vertu du paragraphe 6.1.3 du présent contrat peuvent être perçues directement par l'auteur ou par l'entremise de toute société de gestion ou de perception collective de ces droits qui serait mandatée à cette fin, au bénéfice de l'auteur.

6.14 L'auteur peut céder à un tiers les redevances qui lui sont dues en raison des présentes, mais cette cession ne lie l'éditeur que lorsqu'il en a été avisé par écrit[35].

30
Ce relevé est important pour diverses raisons. Bien sûr, il permet à l'auteur de connaître le nombre d'exemplaires qui sera mis à la disposition du public. Mais, plus important, dans le cas où l'éditeur n'exécuterait pas ses obligations, l'auteur pourra protéger ses droits plus rapidement (par exemple, procéder à une saisie des exemplaires en stock) si, déjà, il connaît le nombre d'exemplaires et l'endroit où ils sont susceptibles de se trouver.

31
La reddition de compte annuelle constitue le minimum imposé par l'article 38 de la *Loi sur le statut professionnel des artistes des arts visuels, des métiers d'art et de la littérature et sur leurs contrats avec les diffuseurs*. Il n'existe pas de montant minimal de redevances à payer au terme de la période visée.

32
De plus en plus, certains éditeurs acceptent de faire des versements semestriels. Il est recommandé de tenter d'obtenir cette fréquence de redditions de compte dans la mesure du possible. L'auteur doit en effet garder à l'esprit que la fréquence des paiements de redevances est consécutive à la fréquence des redditions de compte.

33
Ce taux d'intérêt constitue le minimum suggéré. Il peut cependant être plus élevé, surtout en fonction du taux moyen en vigueur au moment où l'auteur signe son contrat avec l'éditeur. Si les parties conviennent d'un autre taux d'intérêt, il faut s'assurer que le contrat d'édition précise ce taux tant sur une base mensuelle qu'annuelle. Par ailleurs, si l'éditeur est réticent à accepter une telle clause d'intérêt, l'auteur peut toujours lui faire valoir qu'en cas de recouvrement par la voie des tribunaux, il obtiendrait de toute façon, quoiqu'à compter d'une date ultérieure, des intérêts sur les sommes qui lui seraient dues par l'éditeur.

34
Ce sont là des exigences issues de la *Loi sur le statut professionnel des artistes des arts visuels, des métiers d'art et de la littérature et sur leurs contrats avec les diffuseurs*.

35
Cette stipulation prend en considération qu'un auteur peut céder ses redevances à un créancier, telle une banque, à une autre personne, tel un membre de sa famille, ou à une organisation charitable par exemple. L'éditeur doit, en conséquence, être avisé de ce choix pour y donner suite.

CHAPITRE 7 RÉIMPRESSIONS

7.1   Il incombe à l'éditeur de s'assurer qu'un nombre suffisant d'exemplaires de l'œuvre se trouve en vente dans le public.

7.2   L'éditeur doit donner un avis écrit à l'auteur dès que l'œuvre est épuisée, c'est-à-dire lorsqu'il tient en inventaire un nombre d'exemplaires de l'œuvre inférieur à celui convenu par l'auteur et l'éditeur, lequel ne peut être inférieur à cinquante (50) exemplaires.

7.3   Dans un tel cas, à défaut par l'éditeur de procéder à une réimpression de l'œuvre dans un délai de trois (3) mois suivant la réception de l'avis écrit de l'auteur, ou dès que l'éditeur avise par écrit l'auteur de son intention de ne pas procéder à une réimpression, le présent contrat d'édition est résilié de plein droit sans autre avis[16].

16
La fonction d'un éditeur est de diffuser une œuvre. Il est donc normal qu'un contrat prenne fin lorsque l'éditeur ne diffuse plus l'œuvre.

CHAPITRE 8 MÉVENTE ET PILONNAGE

8.1   En cas de mévente, c'est-à-dire lorsque les ventes semestrielles sont inférieures à cinq pour cent (5 %) du chiffre du dernier tirage, l'éditeur peut offrir par écrit à l'auteur d'acheter tout ou partie de l'inventaire pour une somme égale à treize pour cent (13 %) du plus bas prix de vente au détail ; si l'auteur ne se prévaut pas de cette offre, l'éditeur peut, à son choix, solder les exemplaires restant, sous condition d'acquitter les redevances sur le prix de solde, ou mettre au pilon la totalité de l'inventaire.

8.2   La mise en solde de l'œuvre ou son pilonnage entraîne automatiquement la résiliation de plein droit du présent contrat d'édition.

8.3   Malgré le paragraphe précédent, si l'éditeur possède en inventaire des exemplaires qui ne peuvent être vendus en raison d'un défaut de qualité d'impression ou pour quelque cause reliée aux normes usuelles de la diffusion en librairie, il peut procéder à la destruction de ces seuls exemplaires, auquel cas il doit fournir à l'auteur une preuve de cette destruction, ou les solder sous condition d'acquitter les redevances sur le prix de solde.

CHAPITRE 9 PROTECTION DU DROIT D'AUTEUR

9.1   L'éditeur s'engage à procéder à ses frais à l'enregistrement du droit d'auteur dans l'œuvre et à inscrire au dos de la page de garde, de la page de titre ou de la première page de chacun des exemplaires de l'œuvre la mention « © *nom de l'auteur et année* », en sus de la mention des droits de l'éditeur sur l'œuvre publiée.

9.2   L'éditeur s'engage, en son nom et en celui de l'auteur, à défendre les droits d'auteur qui lui sont conférés, y compris par les poursuites judiciaires raisonnablement nécessaires dont il assume les frais ; toute somme obtenue d'un tiers par transaction, jugement ou autrement, est partagée également entre l'auteur et l'éditeur, une fois déduits du montant les justes honoraires et débourses de procureurs, sauf le dédommagement du préjudice au droit moral de l'auteur, lequel lui reste toujours acquis personnellement.

9.3   L'auteur demeure titulaire du droit d'auteur sur l'œuvre et de tout autre droit en relation avec celle-ci, incluant notamment les droits dérivés, et en a pleine jouissance sauf quant aux limitations découlant des concessions expressément accordées à l'éditeur en vertu du présent contrat d'édition.

CHAPITRE 10 CONTRAT D'OPTION[37] (pacte de préférence)

10.1   Le contrat d'option consiste en une entente écrite entre l'auteur et l'éditeur en vertu de laquelle l'auteur consent prioritairement à l'éditeur la possibilité d'acquérir une licence sur une ou plusieurs de ses œuvres futures. Les modalités de ce contrat d'option sont négociées de gré à gré entre l'auteur et l'éditeur, sous réserve du respect des dispositions législatives et de celles contenues ci-dessous.

10.2   L'œuvre ou les œuvres futures de l'auteur visées par un tel contrat d'option doivent être définies au moins quant à leur nature[38], et l'option de l'éditeur doit être limitée dans le temps ou quant au nombre d'œuvres concernées. Dans tous les cas où le contrat d'option est fonction du temps, sa durée ne peut être supérieure à cinq (5) ans. Dans tous les cas où le contrat d'option est fonction du nombre d'œuvres, ce nombre ne peut excéder trois œuvres futures.

10.3   Dans le cas où le contrat d'option est fonction du temps, il est résilié après l'expiration du délai convenu par l'auteur et l'éditeur. Dans le cas où le contrat est fonction d'un nombre d'œuvres déterminé, il est résilié lorsque, après un délai de réflexion de six (6) mois, l'éditeur décide de ne pas publier la première œuvre objet du contrat d'option que l'auteur lui aura soumise de bonne foi.

CHAPITRE 11 TERMINAISON DU CONTRAT

11.1   Le présent contrat d'édition prend automatiquement fin au terme de la durée convenue pour la licence consentie à l'éditeur ; pour tous les exemplaires de l'œuvre encore en inventaire, l'éditeur produit dans les soixante (60) jours un relevé de compte final auquel il joint le paiement, le cas échéant, de toutes les sommes dues à l'auteur en vertu du présent contrat d'édition, même si elles ne sont pas encore exigibles. Jusqu'à l'expiration de ce délai de soixante (60) jours, l'éditeur est autorisé à écouler les exemplaires qu'il a en stock. Passé ce délai, il doit les mettre au pilon à moins que l'auteur lui ait manifesté par écrit son intention de les acheter à un prix équivalent à leur coût de fabrication dans les dix (10) jours où il reçoit le relevé de compte final de l'éditeur.

11.2   Outre les cas déjà mentionnés aux présentes, le présent contrat d'édition est résilié lorsque :

11.2.1   l'éditeur cesse de faire affaire, devient insolvable, fait l'objet d'une saisie à laquelle il ne s'est pas opposé dans le délai ou, s'il l'a contestée, qui a été reconnue valide par un jugement valide et définitif ;

11.2.2   l'éditeur commet un acte de faillite, est l'objet d'une ordonnance de séquestre ou fait une proposition concordataire selon la *Loi sur la faillite* et *l'insolvabilité* du Canada, ou fait l'objet d'une liquidation ;

11.2.3   l'une ou l'autre des parties se trouve en défaut de respecter une obligation prévue aux présentes et n'a pas remédié à ce défaut dans un délai de trente (30) jours d'une mise en demeure écrite que lui envoie l'autre partie à cet effet.

11.3   En cas de résiliation du présent contrat d'édition, sauf le cas des paragraphes 3.5 et 4.2 des présentes, les sommes déjà versées à l'auteur lui restent acquises et il devient propriétaire exclusif du matériel préparé par l'éditeur aux fins de la publication de l'œuvre, sans préjudice à ses recours, en dommages-intérêts ou autrement[39].

37
Parce que le contrat d'option engage un auteur quant à ses réalisations futures, il faut réfléchir avant de consentir une option sur les œuvres futures, surtout dans le cas de l'option est consentie dans le cadre d'un contrat d'édition portant sur la première œuvre d'un auteur. Ce faisant, ce dernier peut limiter ses possibilités d'améliorer les termes et conditions de son contrat d'édition le cas échéant. Idéalement, l'auteur ne devrait pas consentir un tel contrat d'option. Malgré tout, cette pratique est courante dans les contrats d'édition, de sorte qu'il peut être difficile pour un auteur de convaincre un éditeur d'y renoncer. Il faut prendre du reste cependant d'éviter le renouvellement de cette clause de contrat en contrat.

38
La *Loi sur le statut professionnel des artistes des arts visuels, des métiers d'art et de la littérature et sur leurs contrats avec les diffuseurs* exige en effet que les œuvres futures visées soient définies quant à leur nature. De plus, il est en principe recommandé de limiter une telle option à des œuvres de même nature que celle faisant l'objet du contrat d'édition initial. En effet, un éditeur peut posséder toutes les qualifications requises pour publier, distribuer et vendre un type d'œuvre, comme le roman par exemple, mais non pour un autre type, comme un livre de recettes par exemple. Il y a donc de l'intérêt des deux parties de cerner sur quel genre d'œuvre l'éditeur pourrait et voudrait exercer son option. Par ailleurs, il faut aussi garder à l'esprit que certains types d'œuvre commandent des modalités d'octroi de licence différentes, en raison de facteurs tels que le coût de fabrication, la spécificité de la distribution, etc.

39
Il est recommandé d'éviter autant que possible de préciser au contrat d'édition une somme forfaitaire payable à l'auteur dans les cas de résiliation. Cela a pour effet de limiter prématurément le montant des dommages auquel il pourrait prétendre.

11.4   En cas de résiliation du présent contrat d'édition, toutes les licences consenties par l'auteur prennent immédiatement fin, sauf si elles ont été valablement cédées par l'éditeur à des tiers, auquel cas elles conservent leurs effets sous condition pour le tiers de s'acquitter des obligations envers l'auteur comme s'il était substitué à l'éditeur à toutes fins que de droit.

11.5   Si la résiliation du présent contrat d'édition résulte du défaut de l'éditeur de respecter ses obligations, l'auteur est alors réputé propriétaire des exemplaires de l'œuvre et est aussi autorisé à saisir tous les exemplaires de l'œuvre encore sur le marché au moment de la résiliation, en quelque main qu'ils se trouvent.

11.6   Dans tous les cas de résiliation du présent contrat d'édition, cela sous réserve du paragraphe 11.4, tous les droits consentis retournent immédiatement à l'auteur, qui peut en disposer à son gré.

CHAPITRE 12 ARBITRAGE

12.1   Si l'auteur et l'éditeur n'arrivent pas à régler un différend relatif à l'interprétation, à l'application ou à l'exécution du présent contrat d'édition, chacune des parties peut exiger que ce différend soit soumis à l'arbitrage, en expédiant à cet effet un avis de quinze (15) jours à l'autre partie.

12.2   La commission d'arbitrage est formée d'un arbitre unique convenu par l'auteur et l'éditeur, au plus tard dans les quinze (15) jours de l'expédition de l'avis d'arbitrage. En cas de désaccord des parties quant au choix de cet arbitre dans le délai imparti, ce dernier est choisi par le Bâtonnier du district où le présent contrat d'édition a été signé, parmi les personnes inscrites au tableau de l'Ordre des avocats du Barreau du Québec.

12.3   Une fois choisi, l'arbitre est saisi du différend et, à cette fin, il entend l'auteur et l'éditeur. L'arbitre reste cependant maître de la preuve et de la procédure. Il peut émettre toute directive à cette fin aux parties, qui devront s'y conformer.

12.4   L'arbitre doit rendre une décision motivée et écrite dans les soixante (60) jours suivant la date où il a été saisi du différend. Il peut notamment condamner une partie à tout type de dommages, adjuger les frais d'arbitrage et l'indemnité additionnelle. La décision de l'arbitre lie l'auteur et l'éditeur, leurs mandataires, successeurs et ayants droit, et elle est obligatoire, finale et sans appel.

12.5   Dans le cas où l'arbitre ne se prononce pas sur l'adjudication des frais d'arbitrage, ceux-ci sont assumés en parts égales par l'auteur et l'éditeur.

CHAPITRE 13 DISPOSITIONS GÉNÉRALES ET FINALES

13.1   Le présent contrat d'édition reflète intégralement l'entente intervenue entre l'auteur et l'éditeur quant à son objet, ses termes et conditions ; aucune modification, représentation, garantie ou promesse ne vaut entre l'auteur et l'éditeur à moins de n'y être expressément mentionnée, et aucune modification ne peut lier l'auteur et l'éditeur à moins de n'être constatée par un écrit signé par les deux parties, en deux exemplaires, chaque partie en conservant un.

13.2   Le présent contrat d'édition est interprété et régi selon les lois en vigueur dans la province de Québec.

13.3   Lorsque le contexte l'exige, les mots employés au singulier doivent se lire au pluriel ; ceux au masculin, au féminin, et vice-versa.

13.4   L'auteur et l'éditeur élisent domicile dans le district où le présent contrat d'édition est conclu, pour toutes fins prévues aux présentes.

13.5   Dans le cas où une partie du présent contrat d'édition est déclarée nulle ou invalide, cela n'affecte en rien la validité des autres dispositions du contrat.

13.6   Tout avis nécessaire ou utile en vertu du présent contrat d'édition doit être livré par messager, par télécopieur, par courrier recommandé ou certifié, ou signifié par huissier à l'adresse actuelle de la partie à laquelle il est destiné, telle qu'elle a été identifiée en en-tête des présentes, ou à toute autre adresse dont l'une des parties pourra informer l'autre, par avis écrit donné conformément au présent chapitre.

13.7   Le défaut d'une des parties d'exiger le respect d'une ou de plusieurs obligations prévues aux présentes ne peut être interprété comme une renonciation tacite au respect de l'intégralité de l'entente par la partie défaillante.

13.8   Aucune des clauses du présent contrat d'édition ne doit être interprétée comme une manifestation de volonté de créer une société ou autre association entre l'auteur et l'éditeur[40].

13.9   Les titres coiffant les chapitres du présent contrat d'édition sont insérés à des fins strictement utilitaires et ne doivent affecter en rien l'application et l'interprétation du présent contrat d'édition.

13.10   Le présent contrat d'édition lie l'auteur et l'éditeur, ainsi que leurs successeurs, héritiers, légataires, administrateurs, ayants droit et autres représentants légaux.

13.11   L'annexe du contrat d'édition est signée en double exemplaire, auquel est joint le présent contrat-type qui doit aussi être signé par l'auteur et l'éditeur, chaque partie en conservant un pour valoir comme original.

13.12   Le présent contrat d'édition contient les conditions minimales régissant les relations entre l'éditeur et l'auteur. Les parties peuvent convenir de conditions plus avantageuses pour l'auteur et les spécifier à l'annexe A du présent contrat.

13.13   Advenant qu'une entente collective régissant les conditions et normes minimales afférentes aux contrats d'édition intervienne entre l'Union des écrivaines et écrivains québécois (UNEQ) et l'Association nationale des éditeurs de livres (ANEL), ou entre toute association autorisée représentant les éditeurs, pendant que le présent contrat cadre est en vigueur, une telle entente s'appliquera automatiquement au présent contrat d'édition, et toute condition ou norme plus avantageuse qu'elle contiendrait primera sur celle du présent contrat d'édition et devra recevoir application.

---

[40] Cette clause a pour but d'empêcher qu'un tribunal puisse conclure à l'existence d'une société de fait entre l'auteur et l'éditeur dans l'entreprise que constitue l'édition et la publication d'une œuvre. Elle évite ainsi que l'auteur puisse être tenu responsable des dettes et autres obligations que l'éditeur aurait envers des tiers.

CHAPITRE 14 DÉFINITIONS

14.1   Aux fins d'interprétation du présent contrat, les termes suivants sont
définis comme suit :

14.1.1   *à-valoir*
Somme d'argent remise à l'auteur à la signature du contrat d'édition et
constituant une avance sur les redevances à recevoir en raison des
ventes de l'ouvrage.

14.1.2   *Association nationale des éditeurs de livres (ANEL)* :
Personne morale de droit privé constituée selon la troisième partie de
la *Loi sur les compagnies*, regroupant les éditeurs au Québec et dont le
siège social est situé actuellement au 2514, boulevard Rosemont,
Montréal (Québec), H1Y 1K4

14.1.3   *cession*
Transfert d'un droit, notamment d'un élément du droit d'auteur.

14.1.4   *cessionnaire*
Personne en faveur de qui se fait une cession.

14.1.5   *concession*
Un transfert du droit d'auteur conformément au paragraphe 13 (4) de
la *Loi sur le droit d'auteur*, L.R.C. (1985) ch. C-42.

14.1.6   *droits d'auteur*
Le droit d'auteur tel que défini à l'article 3 de la *Loi sur le droit d'auteur*
du Canada, L.R.C. (1985) ch. C-42.

14.1.7   *droit moral*
Le droit conféré à l'auteur par l'article 14.1 de la *Loi sur le droit
d'auteur* du Canada, L.R.C. (1985), ch. C-42.

14.1.8   *épreuve*
Texte imprimé et composé par typographie du manuscrit, qui sert à la
vérification avant l'impression de l'ouvrage.

14.1.9   *impression*
Reproduction d'un texte sur un support matériel par imprimerie ou
un procédé analogue.

14.1.10   *inventaire*
Opération qui consiste à relever le nombre d'exemplaires d'un
ouvrage.

14.1.11   *licence*
Autorisation limitée dans le temps et sur un territoire de poser des
gestes réservés au premier titulaire du droit d'auteur sur une œuvre.

14.1.12   *mévente*
Forte chute des ventes d'un ouvrage qui compromet la rentabilité de
sa mise en marché.

14.1.13   *pilonnage*
Action de détruire tous les exemplaires d'un ouvrage.

14.1.14   *prêt public*
Mise à la disposition du public d'exemplaires de l'ouvrage autrement
que par la vente ou la location.

14.1.15   *prix de distribution*
Prix de vente au détail hors taxes moins les commissions que l'éditeur consent au distributeur et au libraire.

14.1.16   *prix de vente au détail*
Prix hors taxes auquel l'éditeur suggère aux libraires de vendre un exemplaire de l'ouvrage et auquel l'ouvrage est généralement vendu au public.

14.1.17   *publication*
La mise à la disposition du public d'exemplaires de l'œuvre.

14.1.18   *reddition de compte*
Communication par l'éditeur à l'auteur, par écrit, du nombre d'exemplaires de l'ouvrage imprimés, vendus ou remis gratuitement à des tiers sous différentes formes autorisées, et demeurant en inventaire au terme de la période convenue, effectuée au moins une fois l'an, quel que soit le montant de redevances à payer.

14.1.19   *redevances*
Sommes remises à l'auteur, établies en proportion des ventes de l'ouvrage et payées selon la périodicité convenue, mais au moins une fois l'an.

14.1.20   *réédition*
Nouvelle édition de l'ouvrage, qui implique des modifications afin de le mettre à jour et une reprise tout au moins partielle de la typographie.

14.1.21   *réimpression*
Nouvelle impression de l'ouvrage sans modification.

14.1.22   *reproduction*
Action de reproduire l'œuvre par quelque procédé et sur tout support.

14.1.23   *reprographie*
Reproduction d'une partie d'un ouvrage par un procédé utilisant la photographie sur un support chimique, électronique ou autre, d'un ouvrage imprimé.

14.1.24   *tirage*
Quantité d'exemplaires imprimés d'un ouvrage.

14.1.25   *Union des écrivaines et écrivains québécois (UNEQ)*
Association regroupant les écrivaines et écrivains de langue française au Canada, constituée selon la *Loi sur les syndicats professionnels*, reconnue pour les représenter selon les diverses lois sur le statut de l'artiste et dont le siège social est situé à la Maison des écrivains, 3492, rue Laval, Montréal (Québec), H2X 3C8.

EN FOI DE QUOI, L'AUTEUR ET L'ÉDITEUR ONT SIGNÉ

À _____   LE _____

ÉDITEUR _____

AUTEUR _____

Chapitre 15

Le Manitoba ne répond plus

L'utilité d'entretenir
une communication continue

Un jour, j'ai demandé à Pierre Duhamel, alors rédacteur en chef d'*Affaires Plus*, pourquoi il aimait ce que je faisais. Pourtant, quand je lui remettais un papier, il rentrait dedans, et il me demandait de réviser, puis il corrigeait tout – pas de quoi être fier, en apparence. Or, il me payait sans problème et il m'en commandait d'autres. C'était incompréhensible : est-ce que j'effectuais du bon ou du mauvais travail ? Et il m'a dit une chose qui m'étonne encore quinze ans plus tard : « Il y a toujours place à l'amélioration, mais toi, tu fais trois choses que 90 % des pigistes ne font pas. Tes articles sont bien écrits, bien documentés et remis à temps. »

Prenez un marqueur et écrivez sur le mur devant vous :

Bien écrit...

Bien documenté...

Remis à temps.

La barre n'est pas si haute. Et pourtant, 90 % des pigistes la ratent. Dans le domaine de l'édition, le pourcentage serait sans doute inférieur, car les auteurs ne sont pas soumis aux mêmes contraintes. D'abord, ils ont souvent déjà écrit le livre quand ils abordent l'éditeur. De plus, le format du livre, qui laisse plus de place à la voix de l'auteur, est moins contraignant. Cependant, il ne fait aucun doute que la plupart des éditeurs publient souvent des livres dont l'écriture et la recherche sont couci-couça, et dont la pertinence laisse à désirer : car la structure industrielle du domaine du livre leur permet de partir à la pêche et d'envoyer des livres dans la nature pour voir si ça mord. La même logique ne s'applique pas au magazine.

Avec le temps, j'ai compris une chose encore plus simple : ces exigences minimales – bien écrit, bien documenté, remis à temps – ne sont pas un absolu, mais une notion toute relative, qui se négocie, parfois même au fur et à mesure de la réalisation du papier. Et cela n'est possible que si vous entretenez une bonne communication avec votre rédacteur en chef ou votre éditeur. Il sera question de l'exécution du travail proprement dite dans les trois prochains chapitres, mais ce chapitre-ci vous expliquera comment entretenir une communication fructueuse.

Une nécessité vitale

Le grand danger qui vous guette au cours de la réalisation de votre livre ou de votre article, c'est bien que votre rédacteur en chef ou votre éditeur vous perde de vue trop longtemps. Et la pire erreur à commettre, et celle qui est au fond la plus facile à éviter, c'est de ne pas communiquer avec votre client pour lui dire où vous en êtes, pour vous rapporter ou pour expliquer vos problèmes.

Cela paraît une évidence, mais j'ai constaté que les gens inexpérimentés craignent tous de déranger. Certes, il ne faut pas constamment pleurer à la porte de l'éditeur ou du rédacteur parce que vous avez de la difficulté à vous mettre en train le matin ou parce qu'une de vos sources est moins disponible, est morte ou refuse de vous parler. Mais, à tout le moins, vous devriez donner signe de vie de temps à autre.

La terreur du rédacteur en chef est le journaliste qui accepte une commande le 2 mars pour un article à remettre le 3 avril à 17 heures, et qui ne donne aucun signe de vie avant le 3 avril à 16 heures 30. Silence radio! Pas de nouvelles, pas d'appel, pas de courriel. Et il en va de même des éditeurs avec les auteurs qui disparaissent pendant l'année ou les deux ans que durent leur recherche et la rédaction du livre. Contrairement à l'adage selon lequel «pas de nouvelles, bonnes nouvelles», du point de vue de vos vis-à-vis, c'est plutôt : «Pas de nouvelles, c'est pas de nouvelles!» Le rédacteur en chef sera tellement paniqué par ce silence qu'il appellera même le 20 mars pour être certain que tout va bien. Et, croyez-le ou non, un très grand nombre de pigistes éviteront de lui parler parce qu'ils voudront lui faire croire que tout va bien, alors qu'ils ont certainement des problèmes.

La plupart des débutants s'imaginent qu'ils doivent cacher leur jeu pour masquer leur inexpérience ou leur incompétence supposées ou réelles. Certains s'offusquent même des questions du rédacteur en chef, qu'ils interprètent comme de la défiance. Certains pigistes ne communiquent pas avec leur rédacteur en chef parce qu'il s'agirait, dans leur esprit, d'un aveu de faiblesse : ils vont lui montrer, à ce type, qu'ils sont capables de lui pondre un article bien écrit, bien documenté et remis à temps!

Ce refus de communiquer est une erreur tragique que j'ai vu commettre des centaines sinon des milliers de fois et qui est à l'origine de bien des rêves brisés et projets ratés.

Cette bonne communication avec votre client est vitale quand surviennent des embûches, des imprévus et aussi pour établir et maintenir la confiance entre vous. Elle présente un autre avantage considérable : elle vous permettra de modifier au besoin les termes du contrat – et très souvent à votre bénéfice. Cet avantage est d'ailleurs si fort que j'ai failli intituler ce chapitre «La négociation continue».

Mais pourquoi est-ce que les rédacteurs en chef et les éditeurs ne vous font pas confiance? Ce n'est pas tellement un manque de confiance que la certitude, fondée sur l'expérience, que tout n'ira pas comme prévu. Et s'ils ne vous connaissent pas, ils sont incertains quant à votre capacité de réagir ou d'y voir clair. C'est élémentaire et il n'y a rien d'insultant là-dedans.

Dans les années 1950, l'armée américaine a produit une étude intéressante sur le stress chez les parachutistes. Cette étude compare le degré de stress éprouvé par un vétéran et un néophyte au cours des vingt-quatre heures précédant un saut. Le vétéran peut dormir assez mal la veille. Sans qu'il soit empêché de travailler le moins du monde, il éprouve une certaine tension à ressasser toutes les questions dictées par l'expérience : qui va me plier mon parachute ? Comment sera le temps ? L'avion sera-t-il prêt ? Quant au «bleu», lui, il dort sur ses deux oreilles, lalalère, et son léger stress manifeste davantage d'excitation que d'angoisse. Puis les courbes commencent à s'inverser dès l'arrivée au centre de parachutage. En revêtant l'équipement, le vétéran retrouve des gestes familiers et ses préoccupations de la veille s'effacent – le parachute est bien plié, il fait beau, il n'y a pas de vent, l'avion est là. Le bleu, lui, est là qui accomplit des gestes bizarres, il revêt son harnais à l'envers, écoute les consignes et se fait expliquer le fonctionnement du parachute d'urgence – ça peut aller de travers, oui... Puis, on monte dans l'avion. Le vétéran est de bonne humeur et le bleu est préoccupé. Enfin, au moment de sauter, le vétéran est relax alors que le bleu frôle la panique.

C'est un peu la même chose dans l'écrit, quand se terminent les négociations et que vous êtes prêt à commencer. Le seul qui éprouve un certain malaise, c'est votre éditeur ou votre rédacteur en chef. Il s'agit pour la plupart d'ex-journalistes ou d'auteurs chevronnés, qui ont vu neiger. Ce n'est pas leur faute : c'est l'expérience qui fait ça. Votre éditeur et votre rédacteur en chef, qui sont des vétérans, ont plusieurs raisons d'être préoccupés. Même si vous n'êtes pas un débutant, ils ne vous connaissent sans doute pas vraiment. Ils ne savent pas comment vous travaillez et comment vous réagirez devant les imprévus. Et même s'ils le savent, des imprévus de toutes sortes peuvent survenir qui feront foirer le projet : la réalité s'avère différente des prévisions ; Céline Dion tombe malade ; son mari tombe malade ; vous tombez malade ; vos enfants tombent malades – la grosse vie sale. Et il y aura les petites difficultés – vous avez du mal à parler à certaines personnes pour votre recherche, le ministre est moins disponible que prévu. Serez-vous à la hauteur ?

C'est la loi de Murphy.

Edward Murphy était un ingénieur de l'armée de l'air américaine qui participait à des expériences d'accélération et de décélération sur des humains entre 1947 et 1949. Or, ayant constaté que des capteurs avaient été installés à l'envers, il s'était choqué et avait décrété que « si une chose a une chance d'aller de travers, cela va arriver ». Et c'est au cours d'une conférence de presse subséquente que le pilote d'essai avait expliqué que personne n'avait subi de blessure grave parce qu'on avait tenu compte de la « loi de Murphy ».

L'autre risque est que le projet évolue dans la tête de votre éditeur ou de votre rédacteur en chef de façon autonome, voire opposée à la vôtre. J'ai fait cette découverte quand j'étais journaliste à *L'actualité* et qu'on m'avait commandé ma première grosse enquête : un reportage sur la Caisse de dépôt, qui s'est avéré un morceau presque trop gros pour moi. Or, au cours de mes recherches, je me suis aperçu que mon rédacteur en chef, Jean Paré, appelait voire rencontrait certaines des personnes clés dans le dossier – sans doute pour valider mes observations et se faire sa propre idée. La raison en était que, d'une part, j'étais encore assez vert et il ne me faisait pas entièrement confiance. D'autre part, étant lui-même journaliste, il trouvait le sujet tellement captivant qu'il ne pouvait pas s'empêcher de s'y intéresser.

J'appelle cela le syndrome « coup de foudre ». Vous vivez dans tel quartier, et soudain, un beau jour de mai, alors que les abeilles butinent leur pollen, une jolie personne vous tombe dans l'œil. Et alors, pendant quelques semaines, vous vous mettez à l'apercevoir partout. Le fait est qu'elle a toujours été là, mais sa forme générale s'est comme imprimée dans votre cerveau.

Il en va de même de votre idée. Si vous l'avez bien mise en valeur, votre rédacteur en chef ou votre éditeur s'en est littéralement épris et se met à la voir dans sa soupe. J'ai fréquemment observé ce phénomène : votre synopsis est tellement bon que le rédacteur en chef s'intéresse tout à coup au sujet, qu'il n'avait jamais remarqué auparavant. Parfois, il vous appelle pour vous faire part de ses découvertes, ce qui est utile. Parfois, il oublie de le faire. Cette curiosité naturelle de votre client est un processus mental normal, mais elle peut s'avérer nuisible pour vous parce qu'il se peut que votre rédacteur en chef évolue dans un sens totalement opposé au vôtre. La pire erreur à commettre est de le laisser aller. La solution est évidente : en le tenant informé de vos progrès et de vos constatations, vous deviendrez sa principale source d'information sur le sujet – bref, vous contrôlerez sa tête.

Maintenir le contact

La communication avec votre client s'apparente beaucoup à celle du pilote avec la tour de contrôle. Votre client veut savoir quand vous êtes prêt à décoller, où vous allez, quel temps vous frappez en chemin et sur quelle piste vous atterrirez.

1) *Au décollage.* Premièrement, votre rédacteur en chef ou votre éditeur veut savoir quand vous commencez effectivement le travail. La plupart assument que vous commencez dès qu'il y a eu entente, à moins bien sûr que vous ne leur ayez annoncé au préalable que vous ne pouviez rien entreprendre avant dix jours ou deux mois. Mais même si vous ne leur avez rien dit, il se peut que vous ayez subi des retards à cause d'un autre travail en chantier qui a un peu tardé, ou n'importe quel autre imprévu bête que la vie met sur notre chemin – vous êtes

enceinte et vous avez des nausées ; vous ne dormez pas depuis une semaine à cause de votre père malade. La grosse vie sale. Vous devez donc communiquer avec votre client pour lui signaler que vous commencez – *a fortiori* si vous partez plus tard que prévu ! Cela paraît une évidence, mais si vous saviez le nombre de personnes qui tentent de cacher ce fait au rédacteur en chef ou à l'éditeur, vous seriez étonné.

Or, la question qui se pose est de savoir si vous aurez le temps de livrer la marchandise à la même date ou non. Parfois, la commande est serrée, mais le plus souvent vous avez de la marge. Et il se peut que votre papier ne soit finalement pas si urgent et que votre rédacteur en chef repousse d'emblée l'échéance d'une semaine. Ça peut même faire son affaire ! Mais ça, vous ne l'auriez pas su si vous aviez prétendu le contraire, ou si vous n'aviez rien dit.

Il existe des sans-cœur qui n'en ont rien à fiche, de vos difficultés, mais ils sont rares. D'ailleurs, votre éditeur et votre rédacteur en chef sont aux prises avec le même genre de difficultés vis-à-vis de leurs propres clients : il n'y a aucune raison qu'ils vous refusent cette réalité. Et s'ils s'en offusquent, tant mieux : au moins c'est clair, et s'ils annulent la commande maintenant parce que vous avez pris du retard au début, cela ne vous aura rien coûté puisque vous n'aurez encore fait aucun travail.

Comme vous le voyez, un terme important de votre contrat (l'échéance) vient d'être modifié sans que personne ne crie ni ne hurle, simplement pour tenir compte de la réalité. Les rédacteurs en chef, étant journalistes, sont notoirement plus flexibles sur ce point, car la réalité est fluctuante. Mais même les éditeurs se montrent souples si vous les avez informés correctement, et ils verront peut-être avant vous qu'il vous faudra sans doute un, deux ou trois mois de plus pour achever le manuscrit. Il est dans leur intérêt que le résultat soit bon. Il y a des limites aux extensions qu'ils peuvent vous donner, et ils ne vous payeront sans doute pas plus que prévu, mais ils vivent dans la réalité comme vous et ils savent que, si vous tentez d'écrire à toute vapeur pour respecter une échéance impossible, vous allez foirer et le projet auquel ils tiennent mourra au feuilleton.

2) *En chemin.* En faisant mon reportage sur le rôle de l'informatique en sécurité aérienne pour *Québec Science* (évoqué au chapitre 7), je suis tombé sur une anecdote amusante. La femme d'un dentiste américain se passionnait pour l'aviation et avait décidé d'emmener son mari en Cessna à Toronto pour une conférence. Or, en approchant de Toronto, la pilote voit le numéro I-15 sur la piste, elle regarde sur sa carte, et conclut qu'elle voit la piste I-15 de l'aéroport de Brampton, en banlieue de Toronto, et qui est l'aéroport des petits avions de plaisance. Elle appelle à la radio sur la fréquence de Brampton, pas de réponse, mais ça arrive avec les petits aéroports. Elle approche, survole des ouvriers qui travaillent sur la piste et passe à environ 500 mètres d'un autre avion. Elle se pose, pout pout pout. Et là, elle voit les pompiers, l'ambulance, la GRC et le directeur de l'aéroport qui convergent vers son appareil. Elle ouvre la porte et le policier lui dit : « Saviez-vous que vous avez atterri à l'aéroport international Lester B. Pearson ? » La madame s'était trompée d'aéroport ! Les gars de la tour de contrôle avaient repéré son signal depuis un moment, mais comme elle n'avait pas l'appareil de radiocommunication de base pour signaler sa présence (un simple transpondeur), ils avaient cru que c'était une volée d'outardes – jusqu'à ce qu'ils la voient arriver. Ils appelaient et elle ne répondait pas – l'outarde était sur la mauvaise fréquence.

Quand j'ai appris cette histoire, j'ai su tout de suite que j'avais trouvé l'accroche parfaite pour mon reportage. Imaginez : la technologie aéronautique évolue à une vitesse folle, et voilà qu'arrive une outarde en Cessna qui se trompe d'aéroport ! Alors, j'ai appelé mon rédacteur en chef, Raymond Lemieux, et je lui ai raconté le truc, en lui expliquant comment j'écrirais l'article. Et là, le Raymond m'a dit une chose bizarre : « Jean-Benoît, ça fait deux ans que je suis rédacteur en chef ici, et tu es le premier journaliste qui m'appelle pour me dire qu'il a trouvé son accroche et m'expliquer comment il va s'y prendre. »

Sa remarque m'a surpris, mais à bien y penser, il n'y a rien d'étonnant là-dedans. Les écrivains et les journalistes pigistes se rapportent peu, alors qu'au contraire ils devraient le faire fréquemment – au moins quelques fois – en cours de réalisation pour dire où ils en sont – ne serait-ce que pour annoncer qu'ils ont terminé la recherche et qu'ils amorcent la rédaction.

Rapportez-vous, même si tout va bien. Les rédacteurs en chef, ou les éditeurs, s'ils sont pressés, ne sont pas bêtes. Ils savent que vous êtes bien mieux placé qu'eux pour trouver ce qui est vraiment intéressant dans ce dossier et les en informer. Ils savent que votre synopsis ou votre projet de livre n'était qu'un synopsis et qu'il se peut qu'il y ait une autre histoire dans l'histoire que vous documentez.

Encore là, les débutants (et même certains vétérans) tombent presque tous dans le panneau de ne pas informer leur rédaction s'ils trouvent *mieux*. Ils ont peur de paraître incompétents pour avoir vendu une idée, ou accepté une commande, qui s'avère ne pas correspondre entièrement à la réalité. Or, bien au contraire, c'est une marque de professionnalisme de signaler à votre éditeur ou à votre rédacteur en chef qu'il serait préférable de modifier le cap. Les rédacteurs en chef et les éditeurs savent aussi que, si vous effectuez un bon travail de recherche, votre histoire évoluera forcément et s'éloignera peut-être du synopsis. Vos communications les préparent aux changements en modifiant leurs attentes – encore une modification au « contrat » ! Un de mes éditeurs, Hillel Black, de Sourcebooks, m'a même dit un jour qu'il était très content des changements : « Ça montre que tu penses. »

Je me rappelle un jour un petit article que *L'actualité* m'avait commandé sur les artistes en affaires – la rédaction voulait qu'on raconte quelles affaires ils brassaient en dehors de leur activité artistique. Par exemple, le comédien Michel Forget exploitait une chaîne de nettoyeurs, et le chanteur Pierre Lalonde investissait dans une compagnie de câble en Floride. Je trouvais donc des historiettes sympa, sauf qu'après un certain temps, cela s'est mis à vaser, parce que la définition d'un artiste est assez floue. Michel Forget, oui, mais est-ce que Mario Jean est un artiste ? Et que dire de Shirley Théroux, ex-Tannante devenue restauratrice ? C'était un problème banal de critère. Qu'est-ce qu'un artiste ? Je m'en suis donc ouvert à la rédaction, et ils me sont revenus avec la réponse : on ne juge pas de la qualité artistique ; si le nom figure au bottin de l'Union des artistes, c'est un artiste. Parfait !

Pour la rédaction de mon premier livre avec un éditeur français, *Les Français aussi ont un accent*, je me suis aperçu, après avoir rédigé le premier paragraphe, que la chose prendrait une autre tangente que celle envisagée – beaucoup plus personnelle et humoristique. Je m'en suis rapidement ouvert à l'éditeur... qui m'a alors annoncé que c'est ce qu'il avait toujours essayé de me dire ! Nous avons correspondu un peu sur ce point, et nous avons convenu que je lui présenterais les 100 premières pages pour approbation. Il en a été très content et j'ai pu écrire pendant un autre six mois avec sérénité. Ça a même été une révélation pour moi, car j'ai compris que j'avais un style naturellement drolatique – ce qui explique sans doute que mes tentatives d'écrire un roman sérieux aient échoué : c'était contre nature.

J'ai beaucoup profité de mes communications avec mes clients. Par exemple, à l'été 2005, Julie et moi travaillions depuis un an et demi sur notre *Grande Aventure de la langue française*. Or, il était évident que nous avions pris du retard – environ trois mois – et que nous manquerions d'argent avant d'arriver à la fin. Après avoir fait mes calculs, j'ai expliqué la situation à nos deux éditeurs canadien et américain – l'échéance pour l'édition britannique, signée plus tard, avait déjà été reculée de trois mois. Et nos éditeurs ont accepté de repousser la date de livraison de trois mois et également de nous verser la moitié de la seconde avance, à condition que nous leur remettions le brouillon du manuscrit – qu'ils ont reçu finalement au début d'août. Cela nous a beaucoup servi, car ils ont vu où nous en étions et ce qui restait à faire. L'éditeur canadien était un peu déçu, cette version s'apparentant davantage à une bonne recherche qu'à un livre – car l'autre terreur des rédacteurs en chef est de constater que leur auteur est incapable de passer de la recherche au livre –, mais c'était un risque à prendre. Les deux éditeurs ont versé les sommes promises et nous ont fait des commentaires détaillés sur le brouillon. Nous avons pu finir en respectant le nouveau délai et, en définitive, les éditeurs sont très satisfaits du résultat final même si la dernière étape a été un peu plus turbulente que prévu.

3) *À l'approche.* En 1991, je faisais un de mes premiers papiers à *L'actualité*. La papetière Cascades venait d'acheter une usine à Jonquière et les choses allaient mal là-bas, car le P.D.G. de Cascades, Bernard Lemaire, n'était pas du tout accoutumé à travailler avec une usine syndiquée. Pour raconter cette histoire, je suis donc allé à Jonquière, j'ai visité l'usine, j'ai parlé à tout le monde. Mais au moment de commencer la rédaction, je me suis rendu compte que Lemaire m'évitait et qu'il n'était jamais disponible pour me rencontrer malgré une bonne demi-douzaine d'appels à son bureau. J'avais déjà assez d'expérience pour me rendre compte que c'était anormal, car les chefs d'entreprise trouvent le temps quand ils veulent. J'ai donc appelé mon rédacteur en chef, Jean Paré, pour lui expliquer la situation, et il m'a effectivement confirmé ce que je redoutais : que les commentaires de Lemaire étaient essentiels à la publication du papier ! J'étais assez désemparé, mais

ce que j'ignorais, c'est que Jean Paré voulait l'article autant que moi. Et c'est là que Jean Paré m'a étonné en disant : « Je m'en occupe. » Quinze minutes plus tard, il me rappelait pour me dire : « Lemaire va te parler dans son auto, voici le numéro. » Il se trouve que Paré avait appelé au bureau de Lemaire en se présentant comme le président de Maclean Hunter Québec, ce qui était exact, et Lemaire avait pris l'appel en pensant qu'il avait un gros acheteur de papier au bout du fil! Les deux hommes se sont expliqués – Lemaire refusait de me parler parce qu'il craignait qu'on aille le démolir. Quand tout a été terminé, j'ai remercié Jean Paré pour son aide, et sa réponse m'a surpris : « C'est mon travail. »

Et c'est effectivement le travail de votre rédacteur en chef et de votre éditeur de vous aider quand vous avez sur les bras un sérieux problème qui compromet la réalisation du projet. Mais il ne vous aidera pas si vous ne lui dites pas que vous avez besoin d'aide!

Entendons-nous bien : votre rédacteur ou votre éditeur ne fera pas le travail à votre place, mais son rôle est de vous confirmer que vous avez le bon cap, et de décider de ses préférences quand vous rencontrez une croisée de chemins imprévue – bref, de vous aider. Dans le cas de Cascades, mon rédacteur m'a ouvert une porte qui m'était fermée. Dans le cas de *The Story of French*, nos éditeurs ont accepté de commenter un brouillon de manuscrit, ce qui a accéléré la mise en forme finale du livre. Un rédacteur en chef ou un éditeur qui vous refuse cette assistance ne connaît pas son métier.

Par habitude, je me rapporte à toutes les grandes étapes de la production, et surtout au moment où j'amorce la rédaction (pour faire approuver l'accroche ou mon plan). Les chapitres suivants traitent de la production comme telle, mais il importe ici de bien comprendre les mérites d'une bonne communication. Cette communication à l'approche, au moment où vous passez de la recherche à la rédaction, est essentielle pour deux raisons.

D'une part, c'est à l'approche que vous êtes vulnérable, car il y a gros à parier que votre idée a évolué sensiblement. Il est donc évident que le résultat pourrait être très différent de ce que votre synopsis annonçait. Votre communication vise donc à ramener votre rédacteur en chef ou votre éditeur dans une perspective qui est la vôtre (et celle des faits). D'autre part, cette phase de l'approche représente une occasion en or de modifier les attentes de votre client en fonction de vos propres découvertes.

Si vous avez bien communiqué au préalable, il s'y attend. Cette fois, vous allez lui montrer en quoi consisteront les changements. En vingt ans de métier, il ne m'est jamais arrivé qu'un éditeur ou un rédacteur m'ait dit : je veux un article ou un livre qui correspond mot pour mot au synopsis et à rien d'autre. Au contraire, il est normal que l'idée évolue en fonction de la réalité et ils en sont contents, à plus forte raison si la réalité s'avère plus intéressante que prévu. Mais il faut les y avoir préparés.

La négociation continue

À la longue, j'ai découvert que cette habitude de maintenir un contact constant avec mon éditeur ou mon rédacteur était non seulement utile pour aplanir les différends et réduire les incertitudes, mais également profitable parce qu'elle constituait un excellent outil de vente. « Wo les moteurs ! » dites-vous. « La négociation n'a-t-elle pas formellement eu lieu ? » Oui, en effet, formellement, mais ce n'est jamais tout à fait fini. En fait, comme je l'ai suggéré plus tôt, cette communication constante que vous entretenez est un processus de négociation continue qui peut vous servir.

J'ai fait cette découverte de façon tout à fait inattendue avec ce reportage sur les Artistes en affaires pour *L'actualité*. C'était une époque où j'avais des difficultés à circonscrire ma recherche et à la synthétiser en un plan et j'avais suivi quelques ateliers. La commande était de 6 feuillets, mais en fournissant un bon plan bien étoffé, j'ai convaincu la rédaction que j'avais de la matière pour 11 feuillets – j'ai donc ni plus ni moins que doublé la commande originale.

Mon record en la matière fut de passer de 8 à 23 feuillets pour un reportage sur les négociations du traité entre les Innus et le gouvernement du Québec, un dossier complexe auquel j'avais travaillé pendant des mois. J'avais fréquemment écrit à la rédaction de *L'actualité* pour lui faire part de mes observations sur le sujet, mais j'étais assez insatisfait. Finalement, je me suis aperçu que personne n'avait vraiment pris la peine d'interviewer Louis Bernard, le négociateur gouvernemental, et c'est pendant ma conversation avec lui que tout s'est mis en place et que mon papier a pris forme : il fallait effectuer un reportage non pas sur ce que les gens disaient de l'entente, mais au contraire sur l'entente elle-même pour montrer que les opposants affirmaient n'importe quoi. C'était d'une simplicité désarmante, mais c'était exactement ce qu'il fallait faire, et j'ai donc écrit à la rédaction (voir ci-contre). *L'actualité* a pris non seulement mon reportage sur l'entente, mais en plus une entrevue questions et réponses avec le négociateur en chef qui répondait point par point aux niaiseries qui étaient proférées dans ce dossier depuis six mois. Pour un total de 23 feuillets au lieu de 8 !

Il est certain qu'un débutant n'a pas suffisamment la confiance d'un rédacteur en chef pour ainsi doubler ou tripler une commande, mais il peut aisément ajouter un ou deux feuillets sous forme d'encadrés d'accompagnement, pour mieux illustrer le propos ou un aspect connexe qui s'avère plus important ou intéressant que prévu. C'est ainsi que, dans le cadre d'un dossier sur l'industrie du tabac, j'avais persuadé *Commerce* de présenter un encadré sur Garfield Mahood, le président de l'Association pour les droits des non-fumeurs, à l'origine des politiques canadiennes

Un exemple de correspondance

De: "Jean-Benoit Nadeau"
À: "La rédaction"
Sujet: 7 millions de Québécois, Innu, Innu, Innu (Dutronc)
Date: Jeudi, 17 octobre 2014 21 : 11 : 47 +0000

Salut vous autres,

Bonne nouvelle, j'en suis tout excité. Après une semaine d'atermoiement et plusieurs entrevues additionnelles, je tiens le filon avec le négociateur du Québec, Louis-Bernard, avec qui j'ai eu une longue entrevue. C'est quand même fort : ça fait six mois que ça déblatère sur l'Entente Innu-Québec à pleine page, mais pas un journaliste a pensé à interviewer le négociateur du Québec. Enfin, ce qui compte, c'est que je l'ai. Essentiellement, je lui ai posé directement mes questions sur l'entente, à partir des objections pointues des opposants (Lebel en particulier), et je lui ai demandé de me donner les réponses dans le texte de l'entente. Ça donne une entrevue très franche, qui déboulonne 90 % des conneries qui se sont dites là-dessus, et où il admet avec candeur les limites de l'affaire.

Voici donc ce que je propose :

1) Un entretien avec lui, car c'est unique : dans les 5-7 feuillets. Le tout est de ne pas tomber dans les technicalités trop pointues. Ça reste de l'avocassage de haute voltige sur le fond, mais Bernard est capable d'expliquer ça en termes intelligibles pour le commun des mortels.

2) Un reportage sur le terrain, Pointe-Bleue, Les Escoumins, Pakuashipi, le pour et le contre, mais sans perdre de vue la grande idée de départ, où l'on montre le point commun entre les ententes crie, inuite et innue. (8 feuillets)

3) Un portrait de l'historien Russell Bouchard. L'éminence grise des opposants (un métis), celui qui a convaincu Ghislain Lebel, le grand « intellectuel » de ce groupe. (2 feuillets)

4) On pourrait en rajouter un autre petit, de deux feuillets, sur les bénéfices de l'entente crie et inuite un an après (quoique ça peut s'intégrer au reportage principal).

Le tout ferait dans les 15-17 feuillets. Je sais que ça excède la commande originale, mais tout le dossier est devenu plus gros que prévu avec l'actualité. Mais au moins avec ce traitement, on couvre tous les angles d'une façon originale. Il y aurait moyen d'intégrer ensemble mes trois sujets en un gros papier de fond de 15 feuillets assez touffu, mais je pense que toute la polémique découle du fait de manque de clarté, et l'approche que je propose a justement le mérite de la clarté.

J'attends votre feedback pour partir, mais là, je suis tout excité pour vrai.

JBN
438 713-7051

en matière de publicité et de mise en garde. Quelques mois plus tard, j'ai produit un article complet sur lui pour *L'actualité*.

Et même si vous n'ajoutez pas de feuillets, votre communication vous aura permis de vendre peut-être de meilleurs feuillets parce que vous avez modifié les ingrédients : par exemple, dans votre recherche, vous vous êtes aperçu qu'il y avait une bien meilleure histoire que l'histoire prévue ; vous avez constaté un nouvel enjeu d'actualité. Si vous communiquez ces découvertes et que vous en tenez compte, votre papier sera non seulement meilleur, mais plus facile à écrire !

Dans le domaine du livre, où les termes du contrat sont fixés au préalable, il n'est pas nécessairement à votre avantage de convaincre l'éditeur qu'il faut écrire 600 pages au lieu de 300 – ce serait même le contraire. Mais vous pouvez le persuader qu'une approche différente du sujet serait plus concise et aurait plus de punch. Ou encore qu'il faut modifier l'angle de votre livre sur Jean Coutu pour parler davantage de ses fils. L'éditeur veut un bon livre qui va se vendre. Il connaît le public, mais vous, vous êtes son représentant auprès du sujet : personne ne le connaît mieux que vous. Vous êtes donc la personne pour lui dire ce qui en est. Et il vous entendra d'autant mieux qu'il sera convaincu que vous voulez la même chose que lui : un bon livre qui se vend.

Outre qu'elle contribue à entretenir de bonnes relations et qu'elle vous sert d'outil de vente, votre correspondance présente un troisième avantage qui n'est pas à dédaigner. Elle vous protège en cas de litige, car elle démontre l'existence d'une relation contractuelle, ce qui est vital dans le cas des contrats verbaux. Dans le cas de contrat écrit, cette correspondance suivie montre que les deux parties se sont entendues pour déroger sur un point ou l'autre, ce qui peut également vous protéger en cas de litige. Maintenant qu'on utilise bien davantage Internet que le téléphone, cette communication constante vous protège encore mieux. La correspondance écrite montre que vous avez travaillé à l'élaboration du projet bien avant sa réalisation (ce qui vous protège en cas de contestation du droit d'auteur). Et dans tous les cas, elle prouve votre bonne foi dans la réalisation du projet – un sujet qui peut être aussi cause de litige.

Personne n'est complètement à l'abri des problèmes et le risque zéro n'existe pas. Même Julie, qui est pourtant une écrivaine brillante dotée d'un solide bon sens, s'est fait prendre dans une de ces histoires pourries dans le cas de son livre sur les relations hommes-femmes en milieu de travail. L'affaire a dégénéré parce que toutes les personnes impliquées – Julie comme écrivaine-fantôme, la consultante-auteure-en-titre, l'éditrice et l'agente, toutes anglophones, et toutes des femmes – ont commis des erreurs de débutantes qui se résument pour l'essentiel à n'avoir pas clarifié le fond de leur pensée.

Par exemple, l'auteure a laissé l'agente proposer à l'éditrice une version primitive du projet de livre, qui avait déjà sensiblement évolué. Mais ce n'était rien de bien grave, du moment qu'on expliquait assez tôt ce qui en était. L'éditrice a fait une grosse offre, dans les 50 000 livres, en s'imaginant qu'elle pourrait transformer ce qui était foncièrement un livre d'affaires en livre grand public – genre *Les hommes viennent de Mars, les femmes viennent de Vénus.* Encore là, une bonne explication au bon moment aurait pu clarifier les choses, car il n'était guère plus possible de transformer ainsi le projet que de faire un chameau avec un cheval. Mais l'auteure-en-titre, qui était inexpérimentée comme auteure, a commis l'erreur de se laisser embarquer, elle a rencontré l'éditrice sans avoir consulté son agente, et a commencé à discuter du manuscrit sans en discuter avec Julie, qui seule avait l'expérience et le talent pour comprendre que l'affaire était partie à la dérive. Et Julie là-dedans, qui s'était brouillée avec son auteure, s'en est lavé les mains... jusqu'à ce qu'elle s'aperçoive que l'auteure se servait d'elle comme bouc émissaire pour expliquer tous les problèmes qui surgissaient! Julie est donc remontée à la barre pour tenter de sauver le navire, mais ce projet mal engagé a foiré – le livre a été publié, mais n'est jamais rentré dans ses frais.

Finalement, peut-être que le livre aurait foiré de toute façon à cause du caractère imprévisible et impulsif de la consultante-qui-se-rêvait-auteure. Les incompréhensions étaient aggravées par des différences culturelles majeures entre la consultante calgarienne (mais lituanienne de naissance), Julie et l'éditrice britannique – toutes anglophones, mais dont les différences culturelles faisaient qu'elles ne se comprenaient pas dans un jeu qui demandait de la subtilité. Comme le disait George Bernard Shaw, les Américains et les Britanniques sont deux peuples séparés par une même langue ! J'ai toujours pensé que, dans ce cas, une bonne communication claire et de bonne foi aurait pu sauver l'affaire – mais peut-être pas non plus. À tout le moins, cette communication aurait-elle pu prévenir certaines des difficultés, qui étaient somme toute prévisibles.

Heureusement, en vingt ans de carrière – et ayant publié cinq livres et près de mille articles –, je n'ai vécu de sérieux litiges contractuels qu'une demi-douzaine de fois. Et Julie, encore moins souvent. Cela s'applique donc à moins de 1 % des cas. Presque chaque fois, cela s'est réglé correctement parce qu'il y avait une correspondance qui démontrait comment les choses avaient évolué. La seule fois où rien ne s'est réglé, il s'est avéré que l'éditeur était de mauvaise foi – et malheureusement, même le meilleur contrat et la meilleure communication du monde n'auraient pu me protéger contre un éditeur ou un rédacteur dont le but dans la vie était de rouler le plus de gens possible ! Mais ce n'est finalement qu'un cas sur mille.

C'est l'avantage d'une bonne communication : la clarté est votre meilleure alliée. Il n'en reste pas moins qu'il faut finalement arriver à quelque chose, et pour cela, il faudra bien l'écrire, le machin !

Chapitre 16

C'est un roc, c'est un cap

Quelques trucs
pour bien mener une recherche

Comme je l'ai écrit au chapitre précédent, les éditeurs et les rédacteurs ne demandent qu'une chose simple : ils veulent qu'on leur soumette un article ou un livre «bien écrit», «bien documenté» et «remis à temps». La barre n'est pas si haute, d'autant qu'on a vu, que cette idée n'est pas absolue mais relative et qu'elle se discute au fur et à mesure si l'on sait s'y prendre. Et pourtant, 90 % des pigistes et des auteurs ratent la cible.

Les petits malins qui ont sauté l'introduction et les 15 chapitres suivants pour commencer ici seront étonnés que la recherche et l'écriture ne représentent que 5 chapitres sur 21 d'un livre intitulé *Écrire pour vivre*. C'est qu'ils n'ont pas lu les chapitres qui expliquent que si l'on veut écrire pour vivre, il faut faire beaucoup plus qu'écrire en simple catatonique du clavier tacatacatacata. Il faut pouvoir trouver ou concevoir une idée, la développer en synopsis, découvrir comment lui donner son plein potentiel, pour pouvoir convaincre. Même la négociation fait partie de l'écriture ! Et le chapitre précédent, sur la communication, explique la nécessité vitale d'informer votre éditeur ou votre rédacteur en chef de vos progrès et de vos ennuis.

Écrire pour vivre n'est d'ailleurs pas un ouvrage de technique d'écriture, mais une méthode *autour* de l'écriture. Les bibliothèques et les librairies sont remplies de livres sur l'écriture, et je vous invite à en lire quelques-uns – j'en cite plusieurs parmi les lectures utiles à la fin de ce chapitre et du suivant. Et toutes les associations donnent des stages de formation spécifiques là-dessus. Ces trois chapitres-ci ne visent pas à vous donner un enseignement complet en la matière : ils se borneront à vous fournir quelques trucs dictés par l'expérience, qui vous permettront de gagner du temps dans ce processus – car il faut bien vivre. Et je vais même faire un effort particulier pour vous donner des trucs et des commentaires que je n'ai pas souvent lus ailleurs.

Sur ce sujet de l'écriture, je dois admettre que je suis aux prises avec une insuffisance de vocabulaire assez troublante et qui touche autant le français que l'anglais. Car « écrire » englobe trois phases très distinctes du processus et qui n'ont pas beaucoup de rapports entre elles. Il y a l'écriture d'exploration, qui permet de définir et de développer une idée intéressante pour la présenter (et dont on a beaucoup parlé, notamment aux chapitres 3 et 4). Il y aussi l'écriture de recherche, qui permet d'étoffer cette idée (qui sera le sujet de ce chapitre-ci). Et il y a l'écriture pour créer, l'écriture finale de votre «œuvre» : c'est la rédaction du travail (ça, c'est le prochain chapitre). Et l'on pourrait même dire qu'il y a une quatrième forme d'écriture dont on parlera dans le chapitre à deux portes d'ici : il s'agit de l'écriture de fignolage, dite « ciselage» dans les beaux quartiers, mais que nous, obscurs tâcherons œuvrant à l'ombre des manufactures, désignons comme l'écriture de «gossage».

Cette division entre la recherche et l'écriture en trois chapitres distincts est un peu artificielle, car ces étapes se chevauchent bien souvent. Bien sûr, la recherche précède l'écriture, mais l'écriture est souvent nécessaire à la recherche pour permettre de la clarifier – à plus forte raison chez les débutants. L'écriture vient après, en principe, sauf que certains défauts de recherche peuvent devenir apparents seulement au moment de l'écriture. Et si vous écrivez un livre, il ne fait presque aucun doute qu'au moment où vous peaufinez le chapitre 1, vous serez encore en train de faire de la recherche pour le chapitre 20 ! Et il est quasiment acquis que ce n'est qu'au moment de gosser que vous vous rendrez compte que vous avez oublié de parler au directeur de la polyvalente ou au médecin qui a accouché les jumelles – ou je ne sais quoi !

Le rôle de la recherche et de l'écriture varie également beaucoup selon le genre : article de presse quotidienne, article de magazine, essai, roman, livre documentaire ou scénario. Mes commentaires ici s'appliqueront aux deux genres que je connais le mieux : l'article (de presse quotidienne et de magazine) et le livre (tant l'essai que le livre documentaire).

Le tour de l'iceberg

C'est Ernest Hemingway qui disait que la majesté de l'iceberg dépend de sa masse sous la surface. Il voulait parler, l'Ernest, de l'importance du non-dit dans l'élaboration d'un personnage, d'un lieu, d'une atmosphère. Quant à moi, je trouve que cette citation s'applique à merveille au problème de la réalisation de votre écrit, que ce soit un article ou un livre : c'est la qualité de votre recherche qui fera la qualité de votre écrit.

Au stade où vous en êtes, vous devriez avoir déjà effectué un minimum de recherche, pour votre synopsis ou pour votre projet de livre. Le projet de livre devrait déjà comporter une architecture de base – qui reste à étoffer. Mais tout reste à faire malgré tout. D'autant plus si d'aventure vous partez d'une commande non sollicitée sur un sujet que vous ne connaissez peu ou pas du tout.

Quelles que soient vos connaissances préalables, c'est un peu votre sujet (et les circonstances de la commande) qui vous dictera comment procéder. Si vous devez écrire un article sur Émilie Tremblay, qui fut une des pionnières du Yukon, vous n'aborderez pas la recherche exactement de la même façon que si vous devez écrire un article sur la rivière George ou sur les juifs hassidiques d'Outremont.

Il y a en fait deux niveaux de recherche : celui qui permet de comprendre le sujet et celui qui permet de l'écrire.

Dans le cas d'un sujet auquel je ne connais rien, ou quasi rien, je fais toujours deux choses. D'abord, je regroupe les articles que j'ai sur le sujet et je les lis. Puis, je vais à la bibliothèque ou je consulte un service comme Eureka pour trouver d'autres articles – dans le cas de gros dossiers, cela peut me donner 100, voire 200 articles de diverses longueurs. Bien évidemment, si je découvre un livre qui colle de près à mon angle, je le lis. Ne négligez pas de demander au bibliothécaire de référence les meilleures sources : il vous dirigera sans doute au départ vers Eureka et l'Index canadien des périodiques, mais il y en a d'autres qui peuvent être plus spécifiques à votre sujet.

Ce travail de rat de bibliothèque peut représenter quelques heures de recherche sur microfilms ou sur cédéroms, mais il permet de déterminer quatre choses : les éléments du dossier et ce qui se sait en général ; les personnes-ressources ; les choses à voir et les anecdotes à connaître ; et les meilleurs articles sur le sujet (que je tenterai de dépasser).

Une bonne prérecherche permet de constater le degré de niaiserie et de superficialité générale de ce qui se publie sur le sujet, mais vous trouverez également des perles. Bien des fois à mes débuts, j'ai lu et relu les meilleurs articles sur le sujet pour bien comprendre comment leur auteur avait organisé et présenté ses idées. Cette lecture est non seulement informative, mais aussi formatrice. Quantité d'articles superficiels s'expliquent par les impératifs de la production : leurs auteurs sont des employés du journal, le plus souvent, qui doivent nourrir le Monstre et qui sont pressés par le temps. J'ignore si c'est vrai, mais je sais une chose : vous, comme vous n'êtes pas un employé, vous devez être meilleur qu'eux. La chose rassurante est que souvent ce n'est pas bien difficile ! Les ressemblances frappantes entre certains articles vous montreront que la plupart du temps leurs auteurs ne se sont pas beaucoup éloignés de l'autobus pour cueillir leur information hors d'un sentier archibattu qui ressemble fort à une autoroute à six voies. Vous seriez surpris du nombre de journalistes qui ne sont, au fond, que des touristes.

Dans le cas d'un sujet biscornu auquel je ne connais rien – par exemple, l'attitude des Québécois quant à l'homosexualité –, je vais tâcher de découvrir les personnes clés dans le dossier et surtout les personnes-ressources, celles qui permettent de faire le tour de l'idée. Idéalement, il y a quelque part – dans une université, un journal, une association ou une entreprise – un vieux singe ou une vieille guenon qui connaît le dossier de A à Z depuis le déluge, qui est un bon observateur et qui acceptera de vous parler parce qu'il sait que vous ne faites pas un travail superficiel. Il se peut que vous ne trouviez ce vieux singe qu'assez tardivement dans votre recherche, mais ne manquez pas de lui parler. Je suis constamment à la recherche du vieux singe ou de la vieille guenon.

Si, par chance, vous trouvez le vieux singe assez tôt, ne commettez pas l'erreur de lui parler sans avoir fait vos lectures préalables. Les vieux singes et les vieilles guenons ont vu passer tant de touristes qu'ils ne voudront même pas vous parler s'ils sont persuadés que vous êtes le genre qui reste dans l'autobus sur l'autoroute à six voies. Par exemple, un Raphaël Picard, chef du conseil de bande des Innus de Betsiamites, est une source incomparable entre autres parce qu'il est bardé de diplômes de sociologie. Mais si vous ne savez même pas qu'il y a une loi sur les Indiens, il va vous éviter – à moins que vous ne vouliez que vérifier le nombre d'habitants de la réserve, auquel cas il vous répondra. De même si vous devez écrire un article sur un vice-président d'Hydro-Québec : vous avez intérêt à savoir la différence entre un barrage et une digue. D'ailleurs, sur ce point, j'essaie toujours de mettre mon interlocuteur à l'aise par une boutade. Par exemple, si je parle à des ingénieurs, je leur dis que je suis le genre de journaliste qui sait la différence entre de la puissance et de l'énergie, ou entre des watts et des wattheures, et là, ils rient et tout le monde se détend. Mais si vous adoptez ce genre d'approche, vous êtes aussi bien de la savoir pour vrai, la différence, sinon vos interlocuteurs verront bien que vous essayez de les boulechiter. Et ça, c'est l'autre machin que les vieux singes et les vieilles guenons ne peuvent pas sentir : *el caca de toro* !

S'il y a peu d'articles produits sur votre sujet, il existe des bottins d'associations et des annuaires de contacts. Mon favori, c'est *Sources*, une espèce de bottin en langue anglaise qui fait le tour des associations selon la thématique (la référence est à la fin du chapitre). Par exemple, la rubrique gérontologie de *Sources* me renvoie à deux douzaines d'organismes comme la Société canadienne du parkinson, l'Association ontarienne des foyers sans but lucratif et un bon nombre d'universités ; pour chacun de ces organismes, il y a les coordonnées des personnes-ressources – soit le directeur ou le responsable des relations avec les médias. Comme ces associations prêchent toutes pour leur saint, leurs propos ne sont pas nécessairement objectifs ou détachés, mais elles peuvent me permettre de découvrir le vieux singe ou la vieille guenon.

Comme je garde constamment en tête mes perspectives de revente, je vais toujours chercher le point de vue d'un ou de deux spécialistes torontois ou américains. Cela m'aide à prendre de la distance, et cela ajoute de la crédibilité à ma recherche quand je veux placer le papier ailleurs. En pratique, cela veut dire que je chercherai autant que possible à lire un certain nombre d'articles de la presse ou de magazines anglophones, et à trouver un vieux singe ou une vieille guenon du Canada anglais ou des États-Unis.

Si vous êtes un débutant, cette recherche documentaire en bibliothèque ne vous coûte que le papier que vous imprimez. Ne manquez pas non plus de demander à votre rédacteur en chef si sa publication a une bibliothèque ou un centre de documentation interne – tous les grands journaux en ont un, où travaille un documentaliste généralement brillant. Pendant les années 1990, *L'actualité* avait accès au centre de documentation du *Devoir*. Maintenant, c'est Eureka. Mais vérifiez bien avec le rédacteur en chef.

Quand *L'actualité* m'a demandé de faire une recherche sur la crise du bois d'œuvre en 2002, je n'ai pas procédé autrement. Un dossier compliqué : le gouvernement américain venait d'imposer des droits compensatoires et des droits antidumping sur le bois d'œuvre canadien qui taxait les produits des scieries d'ici de 27 % à leur entrée au pays, et cela menaçait de très grands pans de l'économie des régions du Québec. Le problème dans ce genre de dossier compliqué est qu'il est très difficile de départager les faits de ce que les gens en disent. Qu'est-ce que j'ai à fiche de recueillir les lamentations du chœur des pleureuses du village de Saint-Foulard de La Tuque ? Cela ne m'a jamais intéressé, et les autres journalistes le font très bien – et même trop. Après quelques lectures, j'ai donc amorcé ma recherche en discutant avec trois personnes : le directeur général de l'Association québécoise des producteurs forestiers, un courtier en bois d'œuvre et le dirigeant d'un lobby spécifiquement créé pour peser dans ce genre de discussion de diplomatie commerciale.

Je notais tout ce que mes trois « vieux singes » me disaient. Et c'est au cours de l'une de ces longues conversations que j'ai relevé un fait crucial qu'aucun autre journaliste n'avait noté dans le fouillis de cette imposante couverture. C'est que ces droits compensateurs s'appliquent non pas à tout le bois d'œuvre, mais seulement aux produits de base, par exemple les 2x4 ou les feuilles de contreplaqué, mais pas aux produits transformés – poutres collées, fermes de toit, tables à pique-nique, barreaux d'escalier, paillis, alouette ! Autrement dit, les scieries touchées par cette affaire sont celles où l'on s'est borné à produire des matériaux bruts à faible valeur ajoutée, et pleins d'échardes en plus. Autrement dit, cette crise, provoquée par les Américains, pouvait être aussi une occasion de restructurer l'industrie vers plus de valeur ajoutée, donc plus de richesse produite avec moins de bois coupé, plus d'invention, plus de génie. Bref, plus d'Ikea et moins de tarlas ! Là, je tenais une histoire, et comme mes « vieux singes » m'avaient donné de nombreux exemples de compagnies, il n'était que de choisir lesquels pour illustrer mon propos. Voilà !

Cette abondante recherche préalable, que je fais autant que je peux, me permet également de contourner un problème quasi inévitable : celui de l'autocrate. Dans une démocratie, l'information existe et elle est disponible : si vous allez au gouvernement, on vous sortira tout ce que vous voulez – en veux-tu ? en voilà ! Mais l'artiste, le chef d'entreprise, le directeur d'association, le particulier ne sont pas soumis à ces règles et contrôlent de près l'information sur eux-mêmes. Ils sont, en définitive, leur propre petit potentat, qui règne sur lui-même sans partage, et qui n'aime pas qu'on pose trop de questions et qui aime contrôler ce qu'on dit et ce qu'on pense de lui. Je les comprends : je fais pareil en ce qui me concerne.

Le cas type, c'est le président d'entreprise québécoise. Dans tous les cas, je présente une demande d'entrevue auprès du principal intéressé et j'explique (à lui ou à son attaché de presse) ce que je veux – souvent, il suffit de leur expliquer que le portrait du gars n'est qu'un prétexte pour parler de l'entreprise, ce qui facilite les choses. Par contre, si ça continue de bloquer et que, en définitive, je m'intéresse plus au type qu'à son entreprise, mes lectures préalables m'ont permis de définir les principaux thèmes concernant l'entreprise et le personnage, mais aussi les concurrents, les amis, les ennemis (plus rares). Il arrive que cette documentation soit assez peu personnalisée, alors je fais le tour du conseil d'administration (qui est souvent un conseil d'admiration) – les noms sont faciles à trouver puisqu'ils sont dans le rapport annuel. Le curriculum vitae du bonhomme est souvent une mine d'information – sur ses amis, ses origines, etc. Si le bonhomme siège à des conseils d'admiration où l'on retrouve bon nombre de noms de personnes qui siègent également à son propre conseil d'admiration, il est facile de déduire qu'on est en face d'un réseau d'amis, que j'appelle, et il est bien rare qu'ils refusent de me parler de leur ami. Et là, miracle : ils me racontent des trucs. Et non seulement ça, mais le type qui refusait de me parler au début me rappelle et demande à me voir – soit parce qu'il a compris que je ne suis pas bien dangereux, soit parce qu'il veut limiter les dégâts.

Faire parler le sujet

Dans le film *Camille Claudel,* du nom de cette brillante sculptrice qui était la maîtresse de Rodin, on voit une scène où la jeune femme choisit son bloc de marbre, le tâte, le caresse. Elle en examine la qualité et elle cherche à voir ce qu'il y a dedans. Théoriquement, on peut tailler n'importe quelle forme dans un bloc. Sauf que les vrais de vrais savent que certaines formes se font mieux ou plus naturellement que d'autres selon le grain de la pierre, sa densité, le lien entre ses strates. Camille Claudel, elle, y voyait un pied.

La réalité est comme ça pour un écrivain : votre sujet est une masse informe, et à force de la regarder, vous y verrez aussi un pied ou un visage, ou un camion de pompier. Malheureusement, vous ne pourrez pas y faire un pied, *et* une tête, *et* un camion de pompier – à moins de vouloir réinventer l'art ou de créer une nouvelle école artistique – le n'importequisme? le mi-chair-mi-poissonnisme? le tant-qu'on-a-du-funisme? le chai-pas-quessé-jfisme? Il est légitime de vouloir redéfinir l'art et les canons du goût, cela se défend, cela s'essaye, mais je vous souhaite bonne chance.

Quand ma recherche pour comprendre m'a bien montré de quoi il est question, je passe à la «recherche pour écrire». Là, je suis à l'affût. Je cherche les détails intéressants – les choses vues, les choses dites, les choses observées. Quand je me déplace quelque part, j'essaie d'engranger le maximum. Si je vais rencontrer le travailleur social sur place à la DPJ des Outaouais, je m'arrange pour qu'il me fasse faire le tour et qu'il me fasse rencontrer des gens et qu'il me parle de ce que les autres font – il y a peut-être là de meilleures histoires. (C'est ainsi que j'avais repéré le truc sur le recyclage d'ordinateurs, dont j'ai parlé au chapitre 2.) Comme je pense constamment revente, j'en fais toujours plus que moins à ce stade de la recherche. J'ai appris d'expérience que plus je ratisse large, plus j'en prends et moins j'ai besoin de refaire le travail : ma recherche est suffisamment profonde pour alimenter plusieurs papiers. Le but est de trouver des trucs intéressants. Avec l'expérience, on développe vite une sorte de sixième sens. Je note tout.

Faut-il procéder à l'aide d'un calepin ? d'une cassette ? Personnellement, je déteste la cassette pour deux raisons : je n'aime pas m'emmerder avec un magnéto, les batteries, les cassettes. Et je n'aime pas avoir à les réécouter – c'est souvent nul. Quand je travaille avec un calepin, mon écoute est beaucoup plus active. Mais chacun son style. Jean-François Lisée, alors qu'il faisait ses recherches dans les arcanes terriblement complexes de l'après-Meech, n'aurait jamais pu saisir toutes les nuances psychologiques de ce dossier autrement qu'en procédant par cassettes. De même si vous écrivez pour *Sélection* : ils exigent des cassettes pour vérifier toutes les citations.

Je note tout : les attitudes, les meubles, les photos sur le mur, les bibelots, car les choses peuvent parler aussi. Même dans un dossier moins personnalisé, je note tout : le ton de voix, les répétitions, les mantras. Même les chiffres. Car parfois les chiffres aussi peuvent parler de façon éloquente.

Mon meilleur exemple en ce sens me vient d'un reportage que j'ai fait en 1995 sur l'industrie du porc. Cet été-là, la campagne québécoise était frappée d'un état de psychose généralisée qui mettait l'industrie porcine sur la sellette. Ça criait dans les campagnes et il était très difficile d'établir les faits et les motifs exacts de tous ces cris. Neuf articles sur dix ne parlaient que du bruit et de la fureur, protestations et contre-protestations. C'est facile à faire : cela ne demande aucun recul, ça entretient et justifie la psychose, et ça plaît au rédacteur en chef qui carbure à la psychose.

Comme je manquais encore d'expérience à l'époque, je n'ai jamais pu m'extraire complètement de ce merdier. Ce n'est que vers la fin de la rédaction (le processus n'est pas toujours linéaire) que j'ai observé une chose : partout dans la documentation revenait le chiffre de 10 millions de mètres cubes de *lisier* (la merde de cochon liquide). Deux détails auraient dû me frapper plus tôt. D'une part, de la merde, c'est de la merde – c'est l'industrie qui veut qu'on dise «lisier», dans une tentative évidente d'anoblir cette merde en engrais. Si tous les journalistes parlent de lisier, c'est forcément qu'ils sont soumis à la propagande de l'industrie – cela se justifie de toutes les façons (on ne veut pas choquer, on ne veut pas paraître prosaïque, etc.). Mais ce peut être aussi une tentative de noyer le poisson – dans le lisier. Or, j'aurais dû comprendre plus tôt que mon sujet véritable était la merde, et que l'industrie du porc était l'angle – alors qu'au début je croyais que c'était le contraire !

Second détail d'importance : 10 millions de mètres cubes, cela me paraissait beaucoup, mais beaucoup comment ? Parmi la centaine d'articles épluchés sur la question, tous citaient religieusement le chiffre de 10 millions de mètres cubes de lisier sans jamais dire «combien beaucoup».

Or, il m'apparaissait intéressant de trouver une façon de traduire ce chiffre de 10 millions de mètres cubes en donnée intelligible. Alors, j'ai sorti ma calculette et je me suis dit : mettons le volume d'un gros camion de 18 roues (facile à estimer). Cela me donnait environ 52 000 camions, ce qui ne m'aidait pas beaucoup. Cinquante-deux mille camions, cela fait une bande de 1 200 kilomètres d'autoroute – soit de Sept-Îles à Toronto. Déjà mieux, mais ça reste peu concret.

Alors je me suis dit : «Cinquante-deux mille camions, c'est une rivière de merde, que dis-je une rivière? Un fleuve! Tiens, tiens, ça, c'est une idée : le fleuve.» Le Saint-Laurent à hauteur de Québec charrie 10 000 mètres cubes par seconde. Mettez ça dans votre broyeur à chiffres, et vous vous rendrez compte que 10 millions de mètres cubes de lisier équivalent à 16 minutes 40 secondes de fleuve. Autrement dit : assoyez-vous tranquille sur un banc de la Promenade des gouverneurs et regardez couler le fleuve pendant 16 minutes 40 secondes. Cela vous donnera exactement 10 millions de mètres cubes de merde. L'image est éloquente, mais elle demeure un peu difficile à expliquer pour le grand public.

Alors je me suis demandé : «Qu'est-ce que 16 minutes 40 secondes de fleuve Saint-Laurent peuvent remplir? Y a-t-il un seau assez gros? Le Taj Mahal, la basilique Saint-Pierre de Rome? Un peu loin. La Place-Bonaventure, le Salon du livre de Montréal, la Place-Laurier? Tiens, le Stade olympique!» Riche idée. Alors, j'ai appelé la Régie des installations olympiques et je leur ai demandé le volume. La réceptionniste a commencé par me dire :

«Personne sait ça, un volume.

— Permettez-moi d'insister, Madame. Parce que le stade a un toit, les normes de ventilation requièrent que vous changiez l'air sept ou huit fois par heure. C'est comme n'importe quel bureau. Donc, votre vice-président qui gère la bâtisse doit obligatoirement connaître le volume s'il veut mettre les bons ventilateurs.

— Êtes-vous sûr?

— Sûr et certain.»

Elle s'est adressée à l'intéressé et elle m'est revenue vingt minutes plus tard, assez fière d'elle-même, avec le chiffre : 50 millions de pieds cubes. À partir de là, c'était facile : avec quelques conversions, cela donnait six stades olympiques de merde de cochon liquide à ras bord qui dégouline un peu sur les côtés. Six... Ça, c'est du chiffre! Là, je me suis trouvé devant un dilemme. Mon chiffre était tellement fort, de même que mon idée de merde, que j'aurais dû appeler la rédaction pour lui expliquer ma découverte et demander deux jours de plus pour réécrire tout le papier en fonction de ce chiffre. Finalement, je n'en ai rien fait et j'ai simplement inclus le nouveau chiffre dans le reportage, sans plus. Ce chiffre était tellement fort que c'est tout ce que je me rappelle dix ans plus tard de ce dossier merdique. Le chiffre était tellement fort que le documentaire *Bacon,* d'Hugo Latulippe, débute avec ce chiffre – dont je suis certain qu'il l'a repêché dans un certain dossier juteux de *L'actualité.*

Des comparaisons fortes du genre, il y en a treize à la douzaine si on se donne la peine de les chercher. On aurait pu mesurer le volume en Colisée de Québec, en Assemblée nationale, en Château Frontenac, en LG2, en Niagara, en chute Montmorency, en terrains de football, en navettes spatiales – selon l'image ou l'angle que l'on se donne, et surtout selon le public que l'on veut frapper.

Avec le temps, j'ai accumulé plusieurs trucs. Je note beaucoup mes pensées. Une feuille, une idée. Et je range tout cela dans le dossier, qui peut prendre parfois des proportions inquiétantes. Quant aux noms et coordonnées des contacts, je les rassemble tous sur une feuille de papier jaune. Toujours jaune. L'avantage de ce procédé est que je n'utilise le papier jaune pour rien d'autre : si bien que ma feuille jaune de contacts est aisément repérable. Quand ça presse, je tire la feuille jaune, c'est la seule : je sais toujours où sont mes contacts.

Les grosses recherches

La recherche pour un livre ou une très grosse enquête n'est pas très différente. Normalement, au moment de soumettre votre projet de livre, vous avez déjà conçu l'architecture de votre truc. Pour mes livres *Pas si fous ces Français* et *Les Français aussi ont un accent,* j'avais déjà un bagage de deux ans de recherche sur les Français à titre de boursier de l'ICWA, et il m'aura fallu quelques semaines de travail pour bâtir ces projets de livre. Par contre, pour notre livre sur *La Grande Aventure de la langue française,* Julie et moi avions moins de recherche préalable dans le coffre. Nous avons donc acheté une bonne dizaine de livres sur le sujet, nous les avons lus. Nous avons comparé ce que disaient leurs auteurs avec ce que nous en pensions. Nous avons vu les trous. Et nous avons monté le projet de livre. Si bien qu'au moment d'entreprendre la réalisation du livre, nous avions certes une base, mais nous devions écrire une vingtaine de chapitres qui étaient chacun l'équivalent d'un très très gros reportage pour *L'actualité*, et même plus.

Comme nous partions de zéro, nous avons décidé de nous donner les trois premiers mois rien que pour approfondir le sujet : éplucher les chemises, lire d'autres livres pointus sur divers aspects du dossier. Pour monter notre projet de livre, nous étions déjà allés trois mois à Paris, où nous en avions profité pour rencontrer nombre de personnages et visiter certaines institutions, comme l'Académie française, la Francophonie et la Délégation générale à la Langue française et aux Langues de France. Par la suite, nous avons aussi fait un voyage en Louisiane et un autre en Acadie, pour élargir nos horizons. J'ai également commencé à tenir un journal détaillé de mes réflexions matinales et de mes observations sur le sujet – c'était souvent n'importe quoi, mais bof! Cela m'a permis de développer mes idées et de les fonder sur l'actualité.

Vers le cinquième mois de la recherche, nous avons commencé à procéder plus méthodiquement pour écrire chapitre par chapitre. Donc, pour chaque chapitre, j'ai analysé la documentation que j'avais, j'ai commandé et lu les principaux livres qui se rapprochaient le plus de l'idée que je voulais développer. Quand c'était nécessaire, nous avons interviewé certains experts et nous avons fait le voyage – en Israël, au Sénégal, à Sudbury. Et nous avons donc rédigé ainsi chaque chapitre, assez méthodiquement : mais ce n'était pas l'écriture finale, seulement une écriture pour étoffer notre idée.

Ce processus comporte forcément du tâtonnement. Au début, nous procédions chapitre par chapitre, mais nous nous sommes aperçus vers le chapitre 5 qu'il était préférable de procéder par bloc : par exemple, les chapitres 4, 9 et 14 portaient sur l'Amérique à divers stades de son histoire, et les chapitres 5, 10 et 15 portaient sur les ex-colonies françaises – il était donc plus facile de documenter et d'approfondir ces blocs de chapitres plutôt que de sauter constamment de l'un à l'autre.

Cette écriture n'était cependant pas une écriture de fignolage, loin de là. C'était au contraire une écriture de recherche, qui visait à circonscrire le sujet, à discriminer entre les idées pertinentes et le reste, à trouver la façon de les illustrer ou de les expliquer. Dans le cas de *La Grande Aventure de la langue française*, il nous aura fallu un an pour pondre ainsi les 20 chapitres dont le résultat n'était pas encore le livre, mais une grande recherche bien écrite – ce que j'appelle un brouillon de livre.

Tout ce processus s'apparente à une gestation. Encore faut-il finir par finir...

Lectures utiles

Sormany, Pierre, *Le métier de journaliste : Guide des outils et des pratiques du journalisme au Québec,* Montréal, Boréal, 2000, 494 pages. Ce livre est encore la meilleure source sur la méthode journalistique, mais il existe également des sources plus pointues. Par exemple, certains annuaires de contacts :

Parliamentary Names & Numbers : Your guide to governments in Canada – édition 2006, Toronto, Sources, 2006, 216 pages. (Ce truc-ci est extraordinaire, car il vous donne le nom de n'importe quel parlementaire, mais également les numéros des ministres de chaque gouvernement canadien, ce qui est très utile pour trouver du monde.)

Sources, Toronto, Sources, 2006, 336 pages.

Chapitre 17

Écrire, c'est mourir un peu

D'autres trucs pour bien écrire

L'écriture finale (de création, de rédaction, appelez-la comme ça vous chante) est l'acte final du processus. Dans le jargon, on parle de pondre un article, mais cela s'apparente davantage à un accouchement – un acte traumatisant et libérateur. Libérateur parce qu'il vous permet d'exorciser ce monstre qui vous habite et qui peut vous rendre fou. Traumatisant parce que vous devez réduire beaucoup d'information en un article ou un livre dont la caractéristique principale est d'être toujours moindre que toute l'information que vous avez amassée.

La plus belle définition de l'écriture vient de François Mauriac, qui disait : « Écrire, c'est choisir. » Pour le moindre article de six ou sept feuillets, il n'est pas rare que mon dossier fasse quatre ou cinq centimètres d'épaisseur, voire plus. Pour en arriver au livre, il faut trois tiroirs de classeur, une demi-douzaine de tablettes de livres, des notes de voyage, des interviews, le tout digéré en 350 pages de « recherche écrite ». Pour le roman, même combat. La documentation préalable sera sans doute moindre, mais il se peut fort bien que vous ayez exploré votre sujet en six ou sept versions avant de le trouver. Vous n'écrirez finalement que 1, 5 ou 10 %, ou 50 % de ce que vous savez. Vous devrez choisir de laisser tomber le reste, et bien des projets foirent à ce stade ultime parce que leur auteur ne peut choisir.

L'acte d'écrire est aussi compliqué par une forme de trac que j'appelle «le syndrome de *L'actualité*», mais qui pourrait très bien s'appeler aussi «le syndrome du *Walrus*» ou «le syndrome du *New Yorker*». D'autres en parlent comme du «vertige du génie» ou «syndrome de Victor Hugo». Il s'agit d'une affection mystérieuse dont les rédacteurs et les éditeurs ont constaté l'existence. Sous la pression, certains journalistes et auteurs, d'apparence solide, s'effondrent carrément et se révèlent incapables d'écrire autre chose qu'un texte confus, embrouillé, voire illisible.

En fait, cela tient à une espèce de trac. Le trac est une forme de stress, qui peut s'avérer stimulant s'il est bien canalisé, destructeur si on le laisse prendre le dessus. Tout devient mêlé. Comme j'ai fait du théâtre et que je donne beaucoup de conférences, j'en connais assez long sur le trac et je me suis aperçu qu'on s'en libère quand on se rend compte qu'on ne joue pas sa vie, mais seulement un texte devant quelques centaines de personnes. «Y a rien là», comme y disent. C'est justement la cause du «syndrome de *L'actualité*» : vous ne jouez pas votre vie et l'ensemble de votre carrière sur un texte, alors du calme. D'ailleurs, vous ne jouez jamais votre vie ou votre carrière sur aucun texte. Vous ne jouez même pas l'avenir du sujet que vous vous apprêtez à écrire. Vous avez devant vous une longue vie d'écrivain, alors on se relaxe, mon Max. Bien que la loi sur le droit d'auteur parle de votre article comme d'une «œuvre», c'est une idée idiote qui émane du jargon avocassier : votre œuvre véritable, ce sera l'ensemble de votre production à votre mort. Pour l'instant, bornez-vous donc à «faire l'ouvrage». Ce sera déjà ça.

Que choisir

C'est votre angle en général qui vous dit quoi choisir. Si votre sujet est Garfield Mahood, il est question de lui, et de son Association pour les droits des non-fumeurs. Les considérations sur la santé et l'industrie du tabac deviennent secondaires. Si votre sujet est l'industrie du tabac, Garfield Mahood devient secondaire. Si votre sujet est le poivre, passe encore qu'on parle un peu du sel – à moins que votre angle soit justement sa relation au sel. Mais tous les machins intéressants qu'on vous a dits sur le sucre ou le safran et qui n'ont pas vraiment rapport au poivre devront être mis de côté.

Même chose pour notre livre sur la langue française : Julie a fait des recherches pendant plus de six semaines sur les colonialismes français et belge rien que pour comprendre ; elle a ensuite souffert le martyre au moment de la rédaction parce que le sujet n'était pas le colonialisme, mais bien la façon dont le colonialisme a favorisé ou non la diffusion du français – ce qui est très différent. C'est dire tout ce qu'elle a laissé tomber.

Cela paraît évident, dit comme ça. Et pourtant, le grand défaut des débutants et souvent des vétérans est d'avoir du mal à discriminer dans cette masse informe qu'est la recherche. Faites abstraction un instant de la grammaire et de l'orthographe ; ce qui distingue foncièrement un article bien écrit d'un article mal écrit est que dans le deuxième cas le journaliste n'a pas su choisir : il a voulu tout dire et il a voulu adopter tous les angles autour de son sujet. Combien de fois ai-je constaté, en me heurtant à un chapitre défectueux, que le problème était simplement que j'essayais de trop en dire dans ce chapitre !

Un article ou un livre mal écrit est donc celui où l'auteur ne choisit pas ou, plutôt, tente de rendre compte de toute sa recherche et d'écrire tous les articles possibles sur le sujet en même temps. C'est absurde, mais c'est ainsi. Un peu comme si Camille Claudel, devant son bloc de marbre, y voyait un pied, un camion de pompier, un sein et une paire de pinces. Si elle ne choisit pas, ce sera informe.

J'ai une collègue à qui j'ai servi de mentor et qui avait ce problème : elle montait de très belles recherches, hyper fouillées, et ensuite elle avait du mal à en lâcher les bouts qui n'étaient pas pertinents. Par exemple, elle était fascinée par le recyclage et la pollution, et à chaque article sur le sujet – la récupération domestique, la récupération des matériaux de construction, les bourses de carbone –, elle essayait de ramener des considérations détaillées sur l'effet de serre, la pollution industrielle, le protocole de Kyoto. C'était le défaut de quelqu'un qui aime la recherche, qui aime comprendre et qui a une vision globale des choses. Il y a bien évidemment un lien entre la récupération des matériaux de construction et le protocole de Kyoto, mais malheureusement pour la recherchiste qui était en elle, ma collègue a dû apprendre, à la dure, que les questions de Kyoto sont très secondaires quand il s'agit d'écrire un article de six feuillets sur le recyclage des matériaux de construction – à moins bien sûr que l'angle soit le lien entre les deux, ce qui est bien autre chose.

Elle s'est cogné le nez plusieurs fois sur ce problème. Mais ce qui l'a finalement rassérénée, c'est l'idée toute simple que ce qu'elle laisserait tomber pourrait simplement servir à un autre article ou à un autre chapitre de livre. Ou, mieux encore : que sa recherche lui appartenait et qu'elle contenait déjà plusieurs articles, voire des dizaines – et que l'acte d'écrire n'était pas seulement un acte masochiste et réducteur, qu'il pouvait au contraire alimenter sa passion.

Bref, dit autrement, pour arriver à un texte bien fait, l'écrivain qui est en vous doit tuer le recherchiste – ou à tout le moins le congédier.

La synthèse

Longtemps, j'ai fait l'erreur, classique chez les utilisateurs d'ordinateur, de relire toute ma recherche, puis de colliger ce qui était le moindrement pertinent dans un seul et énorme fichier de recherche de 40 pages, pour finalement agoniser pendant une semaine afin de trouver le moyen d'écrapoutir le truc en six-sept-douze feuillets. C'est douloureux. Cette approche du dossier de recherche est valable si vous effectuez une recherche horizontale pour un livre ou un documentaire télé, pour explorer le sujet et ne pas vous perdre. Mais elle n'est d'aucun secours au moment de la rédaction finale. En fait, pour bien écrire, vous devez même vous en libérer.

Il m'a fallu un certain temps pour comprendre qu'à ce stade de ma recherche, j'ai un avantage réel sur le commun des mortels. C'est que je suis devenu le spécialiste de mon sujet. Je le connais sous toutes ses coutures, parfois bien mieux que certains spécialistes que j'ai consultés, et qui n'en connaissent qu'un aspect. Je me suis aperçu que j'étais un spécialiste de mon sujet quand j'ai constaté que j'étais souvent interviewé à la radio à propos d'un article de *L'actualité*, non seulement parce que c'était un article de *L'actualité*, mais parce que j'étais celui qui pouvait le mieux en parler. Alors, je me suis dit qu'au lieu de me borner à parler à Bazzo après, j'aurais très bien pu lui parler *avant*. Mais comme elle ne veut pas me parler parce que je n'ai pas encore écrit l'article, je n'ai qu'à faire comme si et à lui parler dans ma tête.

J'ai donc mis au point un système qui s'appelle «j'interviewe ma tête». Là, c'est la-Bazzo-qui-est-en-moi qui me demande ce qu'il y a d'intéressant dans ce dossier. Alors, je lui raconte à qui j'ai parlé, ce que j'ai vu, ce que j'ai compris, ce que je n'ai pas compris, mes surprises, mes coups de cœur, mes coups de gueule. Je me parle (dans ma tête) et j'écris à mesure : une heure, deux heures, un jour complet pour les gros dossiers. Le résultat est étonnant, car j'ai souvent comparé l'article final avec mes réflexions brutes sur le sujet, et cela s'en rapprochait beaucoup.

Donc, depuis ce temps, j'ai systématisé l'affaire : la dernière entrevue de recherche, qui me permet d'établir le pont entre la recherche et l'écrit, consiste à me poser et à interroger ma tête. Avec le temps, j'ai pris de l'assurance et je me suis aperçu que je gagne parfois du temps à interroger ma tête à deux ou trois étapes dans le processus, surtout quand je suis mêlé. Ces rencontres entre mon spécialiste-intérieur et la-Bazzo-qui-est-en-moi me font gagner un temps fou – il faudra que je la remercie, d'ailleurs, Marie-France ! Encore récemment, j'étais aux prises avec un dossier extrêmement compliqué sur le mariage gai et je me suis extirpé du merdier en faisant deux bonnes journées d'auto-interview.

Tous ces tâtonnements prouvent une vieille idée toute simple : la mémoire est le meilleur outil de classement qui soit. C'est le même outil que j'utilise si je parle de ma recherche à ma mère ou à mon oncle Robert. J'ai mon interlocuteur devant moi, et je dois lui parler de ce que je fais. Et au bout de quelques phrases de blabla, les idées se mettent en ordre naturellement et vous allez dire à votre mère ou à votre oncle Robert ce qu'il y a d'intéressant dans ce truc-là et ce qu'il y a à comprendre. Et le plus drôle dans l'affaire est qu'ils vont comprendre – même s'ils n'y connaissent rien. Seuls les fous ou les personnes atteintes d'une maladie mentale ont du mal à classer l'information de façon cohérente. C'est normal : ils sont fous justement parce qu'ils ont le classeur qui déconne.

La première personne qui m'a parlé ainsi des vertus de la mémoire est Jean-Paul Lejeune, alors qu'il était rédacteur en chef de *Commerce* à mes débuts. Cela m'a pris aisément cinq ans de plus avant que je fasse vraiment confiance à ce système. Et je me suis aperçu que ceux qui écrivent vite et bien sont ceux qui ne perdent jamais de vue la-Bazzo-qui-est-en-eux – remarquez que cela peut aussi être votre mononque-Robert-intérieur, ou votre Pierre-Foglia-intérieur. Ne soyez pas élitiste, car Robert ou Germaine peuvent être d'excellents auditeurs, même s'ils font très mononque ou matante. D'ailleurs, l'intérêt de Bazzo, de Christiane Charette et de Foglia comme points de référence est qu'ils sont devenus des journalistes majuscules parce que, justement, ils ont trouvé le moyen de dire des choses souvent remarquablement profondes et complexes d'une façon qui intéresse tous les mononques Robert et les matantes Germaine que nous sommes.

En langage savant, on appelle cela la «capacité de synthèse». Moi, je dis «interviewer ma tête», mais je vous mentirais si je vous disais que cela m'est venu spontanément. Comme tous ceux qui font le métier d'écrire, je me suis beaucoup cogné le nez sur ce problème. Je me rappelle qu'entre 1994 et 1996, j'ai adopté une solution assez excentrique : au lieu d'écrire à l'ordinateur, j'écrivais à la dactylo! La dactylo n'a pas la souplesse de l'ordinateur. Un peu comme la parole, cette machine force nécessairement à la synthèse, car sinon, il faut tout reprendre et tout retaper. Alors, on y pense deux fois avant d'écrire et on choisit. Une variante consiste à écrire à la plume plutôt qu'à l'ordinateur : cela force aussi à la synthèse – Jean Barbe fait cela quand il compose ses romans. Quant à moi, je préférais la dactylo parce que j'écris tellement mal que j'ai parfois de la difficulté à me relire!

Cet acte de synthèse, c'est votre conversation intérieure entre vous et votre Bazzo-intérieure. Maintenant que j'ai compris ça, j'ai laissé tomber la dactylo et la plume, et je fais le travail à l'ordinateur, mais j'ai dû user de nombreux moyens pour arriver à reconnaître cette étape essentielle du processus d'écriture.

Le plan

Il y a une méthode fort utile pour organiser vos idées au moment de la rédaction, c'est le plan, que je pratique systématiquement après avoir interrogé ma tête. La plupart des personnes qui prétendent écrire sans plan vous mentent. Elles ont soit un plan, soit une foudroyante faculté de constituer un plan de façon spontanée et de l'adapter à mesure – mais ce n'est vraiment pas donné à tout le monde.

Jean Paré, ex-rédacteur en chef de *L'actualité*, avait une façon bien à lui de parler du plan. Selon lui, «bien écrire» consistait à se demander d'abord quelle phrase, quelle idée, quelle notion était la plus forte et la plus pertinente pour amener le sujet dont on voulait parler. Pour le reste, il suffisait de poser la question suivante : « Qu'est-ce que je dois expliquer ici pour que cela soit compréhensible ? Et comment l'expliquer ? Et une fois que j'ai expliqué cela, qu'est-ce qui suit logiquement ? » Et ainsi de suite.

Longtemps, j'ai tracé des plans paresseux qui tenaient en trois ou quatre lignes niaiseuses. Plus maintenant. Élaborer un plan peut prendre plusieurs heures : cela consiste à se poser des questions sur ce qu'on veut dire et à chercher la meilleure façon de le dire. Un bon plan pour un livre, cela peut nécessiter des semaines. J.K. Rowlings a planifié *Harry Potter* (les sept livres) pendant trois ans avant d'écrire le premier tome : elle n'est pas partie à l'aveuglette. Bien sûr, comme je me doute qu'il n'y a rien de linéaire, elle a dû beaucoup écrire pour y arriver, mais le plan est une étape essentielle. Certains auteurs comme Stephen King écrivent sans plan (ou du moins le prétendent-ils). Étant un habitué de l'univers kingesque, je puis vous assurer que ça part parfois dans tous les sens et qu'il gagnerait à se relire un peu plus. Mais il ne fait aucun doute que Stephen King a cette capacité spontanée d'organiser ses pensées dans une trame narrative (le plan classique du conte) et une capacité remarquable de l'adapter à mesure qu'il invente des trucs rocambolesques.

Avec l'expérience, on apprend assez vite à reconnaître ce qui fera la bonne accroche d'un article. Cela peut venir tard dans le processus. Par exemple, pour un portrait sur Garfield Mahood, le président de l'Association pour les droits des non-fumeurs, la bonne accroche m'est venue à la toute fin, quelques heures avant l'échéance, et j'ai modifié mon papier en conséquence. C'était simplissime : « Tous les fabricants de cigarettes veulent faire un cendrier avec la tête de Garfield Mahood. » Je la classe assez haut dans mon palmarès personnel des meilleures accroches.

Habituellement, pour un article, si j'ai bien fait mon auto-interview, la matière du plan y est déjà, et certaines parties se sont peut-être même structurées toutes seules. Alors, le plan est bien plus facile à réaliser. Mais cela fait longtemps que mon plan n'est plus gnangnan.

Avec le temps, je me suis rendu compte que j'ai bien souvent du mal à finir mes articles. Le début est assez bien circonscrit, mais ça tend à s'éparpiller vers la fin. C'est parce que, par paresse ou par négligence, je concocte un plan assez détaillé de la première moitié et je laisse le reste au hasard – et je parviens à m'en sortir en général quand je tente de refaire le plan de cette seconde moitié impossible. Quand le plan est solide, cela s'écrit tout seul. Mais c'est toujours pénible de bâtir un plan.

Cela dit, parfois, je suis paresseux et je ne veux pas me faire mal, alors je m'illusionne à croire que je peux écrire sans plan. Je finis par travailler autant et par me faire tout aussi mal à écrire deux ou trois versions du même texte. Au fond, le gros de ce processus d'écriture sans plan équivaut à m'interviewer dans ma tête et à me clarifier les idées, ce qui est légitime. Puis je m'en sors en me demandant quel est mon plan, je dresse celui-ci (voir pages suivantes) et je termine l'article ou le chapitre.

En général, le plan suit le développement d'une histoire ou d'une idée et part du concret pour aller vers le spéculatif (la polémique, le futur, etc.). Il n'est pas toujours évident de s'y dépatouiller. Pour mon dernier livre, j'ai frappé un nœud avec un chapitre, le 17, qui contenait de l'excellent matériel, mais que l'éditeur n'aimait pas – ce chapitre portait sur l'évolution contemporaine de la langue française et le débat sur le bon français. Or, à la relecture, Julie a tout de suite vu que nous étions tombés dans le panneau classique : dans la première moitié, nous abordions le débat sur le purisme, avant de discuter des changements objectifs dans la langue. Pour nous qui étions dans le dossier, le débat était plus intéressant que la description de ces changements, mais ce n'est pas le cas du lecteur lambda, qui cherche à connaître le concret avant de tomber dans la polémique – très réelle, mais qui repose finalement sur beaucoup de faussetés et de contrevérités suppositoires.

Une autre méthode que j'utilise parfois pour résoudre un problème consiste à examiner comment un bon auteur ou un journaliste chevronné s'est dépêtré d'un problème similaire. Cela ne

Un exemple de plan

Starmania : UN PLAN

ARTISTES AU COMPTOIR
LES AFFAIRES CÔTÉ JARDIN
En coulisse du showbiz, nombreux sont les artistes qui font des affaires
sans faire de scène. Rideau!
par Jean Benoît Nadeau

LEAD: Depuis 15 ans que le personnage de Starmania, Zéro Janvier, chante
qu'il aurait voulu être un artiste, on n'a toujours pas vu de businessman faire
son numéro. C'est plutôt l'inverse qui se produit. «Je veux devenir le Colonel
Sanders du nettoyage à sec!» dit le comédien Michel Forget, propriétaire de
135 buanderies au Québec et en Ontario.

1) La triple vie de Michel Forget, comédien, producteur et nettoyeur, a
commencé en 1983. Le futur «colonel Sanders» du nettoyage quittait les
répétitions du Bye Bye dans sa Porsche pour se précipiter à sa buanderie de
Fabreville et jaser taches de graisse avec Monsieur Tout Le Monde.
L'idée de faire des affaires lui est venue tranquillement, à force de
produire ses propres shows en tournée.
3 paragraphes

JUSTIFICATION: La plupart des 5000 membres de l'Union des artistes
tirent le diable par la queue, mais quelques centaines, comme Michel Forget,
font assez d'argent pour lancer une quincaillerie, un restaurant, une ligne de
produits cosmétiques ou un salon funéraire pour chien-chien. Marcel
Béliveau vend des franchises d'agence de voyages; Marcel Leboeuf, des
économiseurs d'eau. Jean Lapointe, fait dans la cablodistribution; Johanne
Blouin, dans le disque. La plupart cherchent le succès facile et perdent
parfois des fortunes. Quelques-uns agissent par passion et ne soucient pas
de perdre jusqu'à un million de dollars, comme Jean Lapointe avec les
chevaux et la philathélie. Que font-ils avec leur argent?

2) «Réussir en affaires, c'est de l'ouvrage», dit Pierre Lalonde.
Sa compagnie de cablodistribution, Bonjour USA, a été sauvée deux fois in
extremis par Jean Lapointe.- Détails.
«Quand le satellite Anik-5 s'est mis à flipper, j'ai pensé que j'étais fini.»
Propos de ses associés.
3 paragraphes

3) En affaires, les artistes ont un penchant marqué pour la restauration,
véritable miroir aux alouettes. Gignac, Filiatrault, Deschamps, Marleau,
Deschamps y ont tous englouti des sommes folles. Marguerite Blais a perdu

· 750 000 dans la faillite des Serres de Marguerite. Tout y a passé: sa maison,
son auto, tout.
«Moi j'évite le piège et je commence petit», dit Mario Lirette,
propriétaire de deux restaurants Mario's. Détails.

4) «Peu importe ce qu'on fait, il faut connaître ce dans quoi on
s'embarque», dit Dominique Michel, lessivée par une crapule qui voulait ⬛
l'aider. Détails.
Le cas de J. R. Ouellette, qui a acheté une quincaillerie avec ses frères.
Le cas Drainville, dans l'informatique.
Jacques Desrosiers a fait fortune dans le lottissement dans les
Laurentides. «J'aime ça, ouvrir des chemins, comme mon père. Si on
m'offrait un usine, je dirais non.»
– 2 paragraphes

5) Les artistes en affaires sont très forts en marketing et en mise en
forme (packaging). On ne verra jamais Céline Dion ou Shirley Théroux
tripoter les chaudrons et même les comptes. Détails.
«Je suis un homme de flair», dit Charlebois, actionnaire d'Unibroue, qui
fabrique la Blanche de Chambly..
Charlebois, lui, est convaincu qu'en tout artiste sommeille un
businessman: «Un chanteur en tournée avec 15 camions, c'est un capitaine
d'industrie.» Décision difficile ⁚jeter 35 000 caisses en plein mois de juin.
Propos de l'associé de Charlebois chez Unibroue (la Chambly)
– 2 paragraphes

6) Leur faiblesse: les chiffres. Quand on les presse de questions, on est
bien en peine d'obtenir des réponses précises. Forget est comme ça. Ils sont
tous dit à *L'actualité* qu'ils ne pensent jamais aux chiffres. Quand on
demande à Curzi combien il a payé ses 4 acres et ses serres à fleurs, il ne se
rappelle pas qu'il a payé 357 000 dollars. Ni Marie Tifo d'ailleurs. À les
écouter, ils sont tellement bêtes que leur succès tient du miracle. En vérité,
il ne faut pas trop les croire. Ils disent avoir horreur des chiffres pour
soigner leur image. Ils savent au contraire très bien compter. Yvon
Deschamps et Michel Rivard ont fait 800 000 chacun avec un placement de
5000 dans Softimage.

7) «Depuis que je fais des affaires, ça oriente mes choix. J'ai plus les
moyens de niaiser.»
Raconter le cas Leboeuf, qui a investi 1,2 M dans un théâtre. Associé avec
Drainville et Chouinard. Il veut maintenant distribuer un économiseur d'eau.
Propos des associés de Leboeuf. Drainville, notamment, a perdu une
fortune dans une affaire d'informatique.

revient pas à copier mais à imiter – c'est-à-dire à bien comprendre ce qu'un autre a fait pour ensuite adapter son procédé. Par exemple, pour mon reportage sur Yves Laforest, premier Québécois à escalader l'Everest, l'angle principal était bien évidemment Yves Laforest. Mais je me suis aperçu que si je n'approfondissais pas deux autres angles – l'Everest et la grimpe –, le papier manquerait de relief ! Cet exercice de jongler avec trois angles est périlleux, et cela ne peut être fait n'importe comment. Heureusement, quelques mois auparavant, j'avais lu un article de Georges-Hébert Germain sur un homme de foi, Jean Vanier, dans lequel Germain avait brillamment entremêlé le portrait de Vanier, son œuvre sociale et sa foi. J'ai imité son texte en adaptant la forme, et le résultat a été excellent – j'ai gagné quelques prix pour l'article sur Yves Laforest. C'est une autre bonne raison de lire beaucoup. Et encore récemment, j'ai refait le coup dans le cas d'un dossier complexe sur le mariage gai, pour lequel j'ai étudié de près comment François Guérard avait traité du racisme dans un autre papier de *L'actualité*.

Le fignolage

Après avoir établi le plan, j'écris un premier jet de l'article – ou du chapitre – sans même consulter mes notes. J'essaie de formuler le moins de suppositions possible et de m'en tenir aux faits, mais de mémoire. Quand cette étape est terminée, je me relis pour voir si les idées se suivent. Si ça ne tient pas la route, c'est que je me suis écarté du plan – parfois avec raison, parfois à tort. Si ça colle, alors je fais une chose : j'imprime mon texte sur une toute petite colonne de huit ou neuf centimètres, en petits caractères (9 ou 10 points). Cela me donne une page avec une simple colonne de texte et beaucoup de blanc.

Car maintenant, je passe à l'étape de soumettre mon texte à mon rédacteur-en-chef-intérieur. Lui n'aime rien de ce qu'il lit, il questionne tout et il me renvoie ma copie. Alors, je révise toutes

Un exemple de version intermédiaire

[CARTE]

Autochtones
LA TROISIÈME SOLITUDE

par Jean-Benoît Nadeau

LEAD : C'était un bien mauvais jour pour visiter ~~Rémy~~
~~Kurtness, le négociateur des Innus avec le gouvernement~~
~~autochtones. Kurtness contenait mal sa colère.~~ C'est que, ce
matin-là, Jacques Parizeau venait de publier sa fameuse
lettre-charge contre l'entente. La veille, le premier ministre
Landry venait de créer une commission parlementaire sur
l'avenir de l'entente sans même en avoir avisé les leaders
Innus. Et ce matin-là, un animateur de radio de Chicoutimi
venait de se livrer à une nième blague raciste du genre :
« Savais-tu que j'ai du sang indien... Ah ouais? Ouais, sur
le hood de mon char. »
« C'est fou raide de manger des claques sur la gueule
comme ça, sans pouvoir rien faire. Ça fait 20 ans qu'on
négocie, et on n'a jamais été si près d'une entente. ~~On ne~~
~~veut pas un nouveau Oka,~~ mais si les opposants font
capoter l'entente ~~et que~~ les jeunes ~~se révoltent, ils auront~~
raison et je serai derrière eux! »

Le document qui suscite tant de colère ~~et d'espoir, c'est~~
l'entente de principe d'ordre général, un document paraphé
par le fédéral, le provincial et Kurtness. ~~Sur les 177 tables~~
~~de négociation en cours au Canada, celle avec les Innus est~~
~~l'une des plus avancée.~~ Cette entente touche le Saguenay,
le Lac Saint-Jean et la Côte-Nord au complet, le quart de la
superficie du Québec, où vivent 380 000 Blancs et 15,000
Innus. Difficile de résumer ce document complexe, mais
l'entente confirme la juridiction du Québec sur cet
immense territoire, ce qui levait l'incertitude ~~sur ce secteur~~
~~et bloquait tous les projets de développement depuis 10 ans.~~
L'entente créera également un gouvernement autonome
innu, une structure nouvelle à mi-chemin entre la
municipalité et la province, qui jouira d'une prépondérance
limitée sur ses 2500 km2 de territoires exclusifs. L'entente
abolit également les réserves, ce qui signifie que les Indiens
ne seront plus des pupilles du gouvernement fédéral.
Le Québec est en train de redéfinir ses rapports avec les
autochtones, ce en quoi il a connu deux bons succès, avec
les Cris et les Inuits. Les ententes Innu, Inuit et Cris auront
leur bénéfices sur 10,20,30 ans et les perspectives que ça
ouvre. D'autres discussions avec les Attikamekw et les
Algonquins se feront selon les mêmes lignes directrices. ~~Il~~
~~s'agit d'entente différentes, fonctionnant selon des~~
~~principes très distinct. Le fil unificateur, c'est la volonté du~~
~~gouvernement d'enterrer la hache de guerre et de régler un~~
~~dossier pourri pour un siècle ou deux.~~
Or, dans le cas des Innus, tout le dossier dérape depuis
~~2000, et la confrontation entre les Blancs et le~~
~~gouvernement du Québec devient vociférante.~~ « On n'est
pas contre l'idée d'une entente avec les Indiens. Il en faut
une, mais pas celle-ci! » s'exclame Russel Bouchard, un
historien de Chicoutimi, qui est le grand animateur de ce
moment d'opposition multiforme. « On ne reconnaît aucune
légimité au gouvernement de Montréal de négocier en
secret et en notre nom, à nous des régions! »
À la veille de l'ouverture de la Commission
parlementaire sur l'entente innu-Québec et alors que le

1

mes notes, je réponds aux questions de mon rédacteur-en-chef-intérieur, je tente d'ajouter ce que j'ai oublié, je corrige les citations mal faites, les mauvais chiffres (voir ci-contre). Puis je reprends tout et, au bout du processus, j'ai un article qui se tient.

Habituellement, je réimprime et je fais une nouvelle lecture pour corriger l'orthographe et la grammaire. Je remets en question aussi le choix des mots et la syntaxe, car j'aime bien que mes phrases soient claires.

J'ai longtemps commis l'erreur, idiote, de ne pas imprimer et de corriger à l'écran d'ordinateur. Or, cela va contre le processus mental de lecture : je ne l'invente pas, j'ai pris ça dans des livres sur la lecture. Si jamais vous lisez sur la lecture, vous découvrirez que les bons lecteurs ne lisent pas, mais «reconnaissent» le texte. Si vous lisez, mot à mot, lettre à lettre, cela va très lentement. Cela va beaucoup plus vite si vous reconnaissez. Regardez la phrase précédente : votre œil a reconnu «beauc», puis «p» et «v» et votre cerveau en a déduit «beaucoup plus vite». Votre œil ne s'est pas arrêté sur chaque lettre : b-e-a-u-c-o-u-p-p-l-u-s-v-i-t-e. C'est épuisant. Depuis la petite école, votre cerveau dit aux muscles de votre œil de chercher les formes du texte et de sauter ainsi d'une forme à l'autre. Toute votre éducation est orientée vers la reconnaissance de formes et de formules beaucoup plus complexes. Et les cours de lecture rapide ne visent qu'à vous entraîner à cultiver ainsi votre œil. Votre cerveau limitera la tâche d'épeler lettre par lettre aux mots abscons ou exotiques, comme xanthoderme ou parallélépipède –, qui deviendront rapidement reconnaissables. Il en va de même pour la grammaire, que vous avez appris à reconnaître sans lire. Pareil aussi pour les anomalies et les fautes : un lecteur attentif les reconnaît bien avant de les voir. Mais c'est un talent spécial, et c'est pourquoi il y a des réviseurs et des correcteurs spécialisés – qui savent reconnaître à un niveau supérieur. J'ai un ami avocat qui est aveugle et qui réussit dans sa profession grâce à un logiciel qui transforme tout texte écrit en version vocale. Or, ce qu'il entend, lui, est un charabia incompréhensible pour le commun des mortels : cela défile à un débit trois, quatre ou cinq fois supérieur à la parole normale. C'est parce que Frédéric s'est entraîné, comme pour la lecture rapide, à reconnaître des formes vocales et à n'écouter réellement que ce qu'il ne reconnaît pas.

Ce processus méconnu de reconnaissance est la raison fondamentale pour laquelle on se corrige mieux sur un texte imprimé qu'à l'écran d'un ordinateur. Car cette reconnaissance est beaucoup plus aisée sur un texte fixe que sur un texte mouvant. Quand vous corrigez à l'ordinateur, votre page est sans cesse modifiée – physiquement parlant – et donc mouvante, et votre cerveau doit lire beaucoup plus, car il lui est plus difficile de reconnaître. Alors, forcément, il ira au plus facile et sautera les anomalies – et vous ne voyez plus rien. Si votre page est imprimée, elle ne bouge plus : s'il y a une faute, votre regard a plus de chance de la reconnaître quand le texte est fixé.

On peut vouloir corriger les fautes de langage, mais on peut aussi vouloir corriger les fautes de style. Là encore, la page imprimée est plus fiable que la page-écran. Encore mieux : la lecture à voix haute. La voix est un révélateur brutal : si vous lisez avec assurance, c'est bon. Si votre voix faiblit ou se tait, il y a une partie de votre cerveau qui vient de déceler un problème qui avait échappé à votre correcteur intérieur. Flaubert appelait ça son gueuloir, sauf que lui gueulait toutes les versions de son texte – il était un peu fou, Flaubert, mais il faut lui donner ça : il est devenu Flaubert. Vous, on ne vous demande que de gueuler la dernière version.

Julie et moi partageons le même bureau depuis trois ans. Alors au lieu de gueuler, je passe tout au correcteur automatique. J'ai longtemps dénigré le correcteur automatique, mais j'ai trouvé désormais comment bien m'en servir. Cela s'apparente beaucoup au gueuloir. En général, je ne me contente pas de simplement accepter ou refuser les corrections suggérées. La petite fenêtre me force à regarder chaque phrase pour ce qu'elle est, indépendamment du reste, et j'y vois alors des problèmes qui ne m'étaient pas sautés aux yeux – et je corrige.

En général, quand c'est terminé, je repasse l'article ou le chapitre, mais seulement en lisant les premières phrases de chaque paragraphe, pour voir si les idées s'enchaînent – de toute façon, le texte du paragraphe est censé expliquer l'idée exprimée ou annoncée dans la première phrase. Je ne relis le paragraphe au complet que si je suis insatisfait de la première phrase, ou de la dernière, car cela indique bien souvent que l'idée n'est pas claire et que les phrases ne se suivent pas.

J'ai fait une découverte vers le milieu des années 1990. J'écrivais ailleurs que chez moi, en voyage, et un type me regardait écrire. Plus tard, il est venu me parler pour me raconter qu'il avait déjà nourri des prétentions littéraires, mais qu'il avait cessé parce que « ça ne sortait pas comme il faut ». Or, c'est en m'observant qu'il avait compris – quinze ans trop tard – qu'il n'était pas nécessaire « que ça sorte comme il faut » pour « bien écrire ». En fait, c'est très rarement impeccable au premier jet. Au contraire, bien écrire consiste simplement à pouvoir s'autocorriger jusqu'à ce que ce soit bien, ce qui est très différent. Je considère que la tortue gagne toujours à cette étape.

Dans le domaine du livre, ce type de correction par paliers pose un problème, car la masse du texte est énorme et la qualité du rendu d'un premier jet est très variable. Certaines parties sont illisibles et incompréhensibles ; d'autres sont bien articulées, mais bourrées de fautes ; certaines sont correctes, mais laissent à désirer quant au ton ; et quelques-unes sont quasi impeccables sur tous les plans. Ma première relecture vise donc, habituellement, à découvrir ces rares parties qui sont sorties correctement du premier coup. Le reste du travail consiste à relever tout le reste au niveau des parties qui sont bonnes. Je trouve cette approche moins décourageante et plus rapide que de tout jeter et de recommencer à neuf. Mais cela fonctionne à condition que l'on puisse regarder le tout sans complaisance.

Quand je suis satisfait ou que je ne peux plus revoir le texte, je le remets à la rédaction ou à l'éditeur. C'est ici qu'intervient le concept de « bien écrit », qui est très relatif. Par exemple, j'ai connu des rédacteurs en chef pour qui « bien écrit » signifiait avant tout que l'on s'était conformé à la longueur commandée. Ils avaient dit 3 000 mots (12 feuillets), ils en voulaient 3 000, mais se souciaient du rendu comme d'une guigne. Par contre, Jean Paré de *L'actualité* était moins pointilleux sur la longueur, mais il fallait que ce soit d'une clarté limpide et impeccablement écrit. Il était féroce sur ce point. Vous vous apercevrez avec l'expérience qu'un article bien écrit à *Voir* ne sera pas nécessairement vu comme un article bien écrit à *Châtelaine* et vice-versa.

Ce genre de différence existe partout. De très grands écrivains sont incapables d'écrire un article de quatre feuillets pour *L'actualité* et inversement : de très grands journalistes de *L'actualité* ont du mal à pondre un livre. Il y a là-dedans une question de genre. Le genre journalistique est porté sur la concision : la place est mesurée, et il en reste peu pour les effets de style dans le langage. Le style y sera davantage dans ce que vous aurez choisi de regarder et de ne pas regarder, et comment – c'est d'ailleurs pourquoi bien des lecteurs trouvent que j'ai un style particulier, même si je me conforme au format d'une publication. Par contre, cette sécheresse du style journalistique est insuffisante pour la plupart des livres, dont le lecteur veut une conversation d'une vingtaine d'heures avec un auteur, et il y cherchera autant de saveur que de substance.

Aussi je vous conseille de donner à lire votre papier à un collègue ou à quelqu'un de vos amis qui est un bon lecteur : ce n'est pas un rédacteur en chef, mais il vous faut un mononque-Robert-extérieur à ce stade, à plus forte raison si vous êtes un débutant. Si quelque chose ne va pas, votre lecteur devrait vous le dire. Ces bons lecteurs peuvent être difficiles à trouver. Il ne s'agit pas toujours d'un collègue : j'ai des amis journalistes qui sont de mauvais lecteurs. Et il y a des non-journalistes qui sont d'excellents lecteurs, qui voient plus clairement comment un article est écrit et qui sont plus sensibles aussi à leurs mouvements intérieurs – pourquoi est-ce que je ne comprends pas? qu'est-ce qui n'est pas clair? – et qui n'ont pas peur de heurter vos sentiments. Personnellement, mon bon lecteur est en général ma femme, qui est également ma collègue. Mais il arrive qu'elle se trompe, puisqu'elle n'est pas la rédactrice en chef ou l'éditrice.

Le danger du fignolage est de trop en faire : comme ce menuisier qui, à force de polir sa planche, n'a plus de meuble. Pendant des années, j'ai tenté de me conformer à la longueur commandée en me forçant à couper, couper, couper, pour me faire dire ensuite que j'avais trop coupé, que l'article avait l'air tronqué, qu'il manquait des choses. C'est normal : à force d'être dans son sujet, on en arrive à manquer de recul. Les arbres masquent la forêt. Et il y a le danger de surécrire : tuer le papier à force de faire trop d'ajustements.

Il y a deux solutions à ce problème : soit je laisse dormir l'article ou le chapitre une semaine pour tout revoir à tête reposée; soit je le soumets au rédacteur en chef ou à l'éditeur «pour avis». Cette lecture «pour avis» vise à demander conseil : l'article est trop long, et je ne sais franchement pas où couper. Personnellement, je préfère consulter le rédacteur en chef assez tôt dans le processus pour deux raisons : de toute manière, cela prendra une semaine; et si ça passe, je suis plus avancé. Si je traite avec un client que je ne connais pas, je m'assure de lui demander s'il est à l'aise avec cette approche. D'ailleurs, je fais la même chose pour le livre : je soumets assez tôt mon manuscrit à l'éditeur : je sais tout de suite ce qui marche et je trouve plus rapidement ce qui cloche, au lieu de m'arracher les cheveux pendant des mois à réécrire, au risque de tuer la chose.

L'expérience m'a appris qu'il vaut mieux demander que de supposer. Pour simplifier la tâche du rédacteur en chef, je choisis parfois des sections du texte que je juge superflues et je les mets entre doubles crochets [[ ]]. [[Ces parties contiennent des informations que je juge assez intéressantes pour y être, mais qui pourraient paraître gratuites, et qu'il faudrait couper s'il faut effectivement se conformer à la longueur X.]] Les rédacteurs en chef apprécient en général cette approche et il arrive souvent qu'ils finissent par en prendre plus long que le texte commandé – encore une modification au « contrat ».

Bien sûr, je m'efforce toujours de rendre l'écriture la plus correcte possible, mais il y a un boutte à toutte. Il y a longtemps que j'ai compris qu'un bon écrivain n'est pas quelqu'un qui pond l'article parfait au premier jet, ni qui remet un article absolument impeccable – « avec pas de faute », comme le dit si bien Mario Tremblay. C'est souhaitable, cela arrive souvent, mais ce n'est pas toujours possible – ne serait-ce que parce qu'on se bat constamment contre des échéances. Dans un monde idéal, j'aurais le luxe d'attendre cinq mois de plus avant de me relire une dernière fois avec tout le recul nécessaire. Ce n'est pas toujours possible et c'est pourquoi l'idée même d'un article « bien écrit » est un concept relatif.

Certains hésitent à faire ce geste de demander l'avis de la rédaction. J'y vois de la fausse pudeur : si vous voulez écrire pour vivre, il faudra bien vous mettre à nu et montrer à votre client – rédacteur en chef ou éditeur – que vous n'êtes pas parfait. Vous aurez alors une surprise : vous découvrirez qu'ils savent déjà que vous n'êtes pas parfait et qu'ils apprécient au contraire que vous en soyez conscient ! J'ai d'ailleurs assez peu de pudeur sur ce point : le point de vue de l'autre est essentiel pour parvenir au texte bien écrit, et quel meilleur point de vue que celui du rédacteur en chef, dont c'est le travail de me donner son opinion ? Cela s'apparente un peu au climat d'une salle des joueurs : si vous voulez faire partie de l'équipe, il faut que vous preniez votre douche tout nu avec tout le monde. Si vous arrivez avec un maillot de bain, ils vont se demander quel est votre problème.

Le moment le plus dur dans la vie d'un journaliste ou d'un écrivain est de se faire dire par le rédacteur ou l'éditeur que ça ne va pas, que tout est là mais qu'il faut tout reprendre. Si vous avez bien suivi les étapes de communication au chapitre 15, ce problème ne devrait pas se produire très souvent – mais il se peut que certaines parties soient moins limpides que d'autres, c'est tout à fait normal. Tout le chapitre 15 sur la communication vise au fond à s'assurer que le lien mental entre vous et votre éditeur est maintenu et que vous êtes demeuré sur la même longueur d'onde. Mais il se peut que vous ayez mal traduit ce que vous vouliez dire pour une partie du texte ou la totalité.

Avec près de 1 000 articles publiés, il m'arrive très rarement de me tromper sur toute la ligne. Le plus souvent, les difficultés concernent certains points précis ou une section de l'article, à la rigueur. À mes débuts, c'était souvent l'article au complet. Dans un tel cas, je me contentais très rarement de commentaires du genre : « C'est pas bon, reprends tout. » Je demandais à parler ou à rencontrer le rédacteur en chef pour revoir ce qui clochait. En général, nous arrivions à nous mettre d'accord, et je parvenais souvent à écrire une seconde version de cet article en quelques heures. C'est pénible, mais atteindre au « bien écrit » est à ce prix. Cela peut supposer certaines discussions, car le rédacteur en chef ou l'éditeur peut se tromper sur certains points. Encore que, contrairement à ce qui s'est produit pendant la négociation, ils ont malheureusement presque toujours raison à ce stade, mais pas nécessairement sur tout.

Cela dit, je le répète, si vous avez bien communiqué avec eux lors de votre recherche, leur point de vue quant au résultat final ne devrait pas trop diverger du vôtre – à moins que vous ayez de gros problèmes d'écriture ou que vous souffriez du syndrome de *L'actualité.*

Une difficulté assez typique que j'ai souvent eu à surmonter a été de croire que je serais bon pour tous les genres parce que je gagnais bien ma vie comme journaliste. Même après avoir publié mon premier livre, j'ai dû m'adapter pour chacun. Par exemple, la première version de *Les Français aussi ont un accent* faisait 580 pages, alors que l'éditeur en voulait 325. Il aimait le ton, l'écriture, le style, mais c'était trop long et il avait raison. Je surprends bien des gens quand je leur dis que j'ai fait la coupe en deux jours! Mais j'ai insisté pour que l'éditeur fasse son travail et me dise précisément ce qu'il trouvait de trop. Pour le convaincre, j'ai même dû avoir recours à un subterfuge vieux comme le monde : j'ai joué à l'imbécile, en prétendant que j'allais couper des parties que je savais qu'il voulait que je garde! Ça l'a secoué et il s'est dit : « Il faut que je lui dise quoi faire! » Et j'ai pu éliminer d'emblée sept des trente chapitres, ce qui me laissait cinquante pages à couper dans le reste – un gros travail en deux jours, mais quand on y va à coups de paragraphes et de pages entières, cela va plus vite.

Deux livres plus tard, quand Julie et moi avons remis le manuscrit final de notre dernier livre, l'éditeur nous l'a retourné avec des questions qui étaient toutes mineures, sauf pour le début de l'introduction et l'ensemble du chapitre 17, où il voyait des problèmes de forme assez sérieux pour nous demander de réécrire ces parties. Nous avons examiné la chose, il avait raison, et cela s'est réglé en quelques jours.

Puis vient le mot magique : « Oui. » L'article ou le livre est accepté. C'est fini... mais pas tout à fait!

Lectures utiles

AUDET, Noël, *Écrire de la fiction au Québec*, Montréal, Québec Amérique, 1990, 199 pages.

Dirigé par CLARK, Tom, William BROHAUGH, Bruce WOODS et Bill STRICKLANDS *The Writer's Digest Handbook of Novel Writing*, Cincinnati, Writer's Digest Book, 1992, 260 pages.

MARTIN-LAGARDETTE, Jean-Luc, *Informer, Convaincre : les secrets de l'écriture journalistique*, Paris, Syros, 1987, 191 pages.

SORMANY, Pierre, *Le métier de journaliste : Guide des outils et des pratiques du journalisme au Québec*, Montréal, Boréal, 2000, 494 pages.

ZINSSER, William, *On Writing Well : The Classic Guide to Writing Nonfiction*, 6ᵉ édition, New York, Harper Collins, 1998, 308 pages.

Chapitre 18

Ouvert jusqu'aux petites heures

Encore plus de trucs
pour survivre à la révision

Yogi Berra, ex-joueur de baseball devenu célèbre pour ses aphorismes, a dit un jour : « *It ain't over til it's over* (c'est pas fini avant la fin). » Cette maxime est sans doute vraie si vous avez pour métier de taper des balles dans un champ. Mais s'il avait écrit pour vivre, Yogi Berra aurait sans doute dit : « C'est jamais fini, même après la fin ! »

Car, en effet, une fois la tartine livrée et acceptée, il reste encore le service après-vente, c'est-à-dire la révision et la mise en marché. Le processus de révision est assez similaire pour un article ou un livre, si ce n'est que l'échelle est bien sûr différente. Les journalistes débutants, qui travaillent souvent sur une base d'entente verbale, sont souvent surpris par l'ampleur de ce travail. La révision est pourtant nécessaire. En fait, elle est tellement importante que les éditeurs, eux, en font une obligation dans le contrat.

Un mal nécessaire

Il est très rare qu'un article ou un livre soit publié tel quel, sans correction ni révision. Dans le cas des magazines et des maisons d'édition de bon calibre, ce sera même deux fois plutôt qu'une. Voire trois fois plutôt qu'une.

Le document suivant (voir pages suivantes) vous montre ce qu'en font les rédacteurs quand ils aiment un de mes textes. Voyez les ratures ! Si vous lisez sous les ratures, vous constaterez qu'il s'agit d'un texte assez bien écrit. Mais les rédactions ont un travail d'emballage à faire, et elles ont une équipe de réviseurs dont c'est le travail de réviser, alors ils révisent ! Les vieux de la vieille reconnaîtront sur cet exemple la lourde plume de Jean Paré, ex-rédacteur en chef de *L'actualité*, qui annotait ses copies avec sa plume Mont-Blanc. Jean Paré n'est plus à la barre depuis 2000, mais on dit encore au magazine que le texte passe au « Mont-Blanc » pour parler des révisions substantielles. Comme ils sont plusieurs à passer sur un texte, chacun des rédacteurs et des réviseurs de *L'actualité* utilise une couleur de stylo différente pour que l'on puisse retrouver qui a fait quoi dans le texte. Toutes les publications ne révisent pas autant que *L'actualité*, mais si vous voulez publier dans des revues à fort tirage et ayant une qualité d'écriture élevée, vous devrez vous y soumettre.

De nos jours, les corrections se font moins à la plume et davantage à l'ordinateur, mais la révision n'en existe pas moins ! Certains articles sont moins raturés que d'autres, mais ces ratures font partie de la mise en forme normale de la publication. Il y en aura forcément plus si la rédaction a accepté une version un peu plus brute de l'article soumis pour avis ou si l'article a été pondu à la vapeur dans l'urgence du moment. C'est normal.

Ces ratures, ces révisions, ces corrections et les questions qui les accompagnent relèvent de la vie d'écrivain. On s'y habitue. Je connais certains journalistes et auteurs qui, malgré les années d'expérience, considèrent la révision comme une tracasserie sans fin, si ce n'est du harcèlement. À mon avis, ils sont masochistes.

Un exemple de copie révisée

OK
Réviser par JBN
-bree
Top edit.

Vendre, dans Rédaction-Articles
Reçu par modem de 1er novembre 1995

Vendent-ils le Québec?
Vendre le Québec?

Les entreprises québécoises se vendent aux plus offrants,
généralement des Américains. Nos «bâtisseurs» sont-ils en train de
débâtir le Québec?

par Jean Benoît Nadeau

Après 35 ans de Révolution tranquille et 25 ans d'entrepreneurship,
Jue.
le Québec est à vendre. Et ce sont toujours les meilleurs qui partent:
Softimage, Prévost Car, Venmar, Laflamme et frères. Les PME se
bradent 13 à la douzaine. Depuis septembre, IBM et Amdahl se
DHR...

01/11/95 : 12:44 *que font-ils?* Nadeau / 1

~~disputent le contrôle du~~ Groupe DMR, un consultant en informatique de Montréal qui emploie 2800 personnes. ~~Quand le boeuf avale la grenouille.~~

Les dirigeants de Cascades, Quebecor, Jean Coutu et compagnie attendent-ils aussi leur prix? «Jamais», dit Bernard Lemaire, président du conseil de Cascades, à Kingsey Falls, une affaires de deux milliards de dollars ~~bâtie en 32~~ ans, et qui exploite 75 usines de carton et de papier au Canada, aux États-Unis et en Europe. «~~On se lance en affaires pour montrer que c'est possible.~~ Ça me fait mal au coeur de voir DMR se vendre. Il faut un noyau de fierté.»

La fierté n'est pas tout. ~~Chaque~~ décision d'affaires comporte un impact social, économique et politique. Des petits pays comme la Suisse (Nestlé) et la Suède (Ericsson, Volvo) ~~l'ont bien compris et~~ gardent jalousement le contrôle de leurs multinationales. Sous prétexte de mondialisation des marchés, les néo-millionnaires québécois préparent-ils une nouvelle exode des sièges sociaux?

«J'aime mieux voir une galaxie de petits entrepreneurs que deux ou trois milliardaires québécois», dit ~~le quincailler~~ Pierre Michaud, président du Groupe Réno-Dépôt, qui se bat pour défendre son marché contre le géant américain Home Depot.

«J'étais déjà numéro un. On fait quoi après?» dit Icaro Olivieri, président du conseil de Canstar Sports, ~~un~~ fabricant de patins et d'équipement de hockey ~~qui s'est~~ vendu à Nike pour 545 millions de dollars canadiens en décembre 1994. Icaro Olivieri ~~en~~ a touché 253 millions ~~personnellement~~. Vingt fois ~~plus que~~ le gros lot de la ~~Loto~~ 6/49. De quoi assurer ~~son~~ avenir ~~et celui~~ de plusieurs générations de Olivieri. Nike, ~~elle~~ a ~~mis la main~~ sur les trois quarts

Ce sentiment est beaucoup plus typique des débutants, qui vivent très mal cette étape de la révision, car elle les force à choisir le moindre de deux maux : soit vous marchez sur votre amour-propre, soit vous acceptez qu'on porte atteinte à votre réputation en prêtant le flanc à la critique pour vos erreurs factuelles ou d'écriture. Je dirais d'ailleurs que les débutants qui ne s'y habituent pas sont presque assurés de rester débutants longtemps !

Le fait est qu'il y a plusieurs métiers dans l'écriture : celui de journaliste ou d'auteur, qui expose ou explique les faits ; celui de rédacteur, qui tranche si c'est bon ou pas ; celui de réviseur, qui s'assure que tout est en ordre. Si vous avez l'orgueil de vous offusquer des commentaires de la rédaction ou des corrections des réviseurs, c'est que vous avez la conviction – totalement irrationnelle – *que vous maîtrisez tous les métiers de l'écriture*, ce qui est rarissime. Vous ne pouvez pas être bon journaliste, bon auteur, bon rédacteur ou éditeur et bon réviseur à la fois. Votre rédacteur et votre réviseur le savent et ils vous admirent sans doute pour avoir pu rendre un morceau de réalité comme vous l'avez fait. Mais comme ils sont vos premiers lecteurs, c'est leur travail de se poser toutes les questions de tous les lecteurs de tous les degrés d'intelligence, ce qu'ils savent faire mieux que vous. Et vous devriez en être reconnaissant.

Quant à moi, je n'ai jamais cru que la perfection était de ce monde. Il y a habituellement place pour l'amélioration. J'ai toujours été assez scrupuleux sur l'exactitude des faits et sur l'écriture, mais tout le monde peut se tromper. Je considère comme dangereux de ne pas être révisé ou, pire encore, d'être mal révisé.

Par exemple, pour mon livre en anglais sur les Français, *Sixty Million Frenchmen Can't Be Wrong*, j'avais beau connaître la France comme peu d'étrangers la connaissent, j'ai distraitement écrit que le Périgord se trouvait à l'ouest (plutôt qu'à l'est) de Bordeaux, c'est-à-dire dans l'océan Atlantique ! Je connais pourtant le Périgord pour y avoir séjourné deux semaines. Et ma coauteure, Julie, n'a même pas remarqué l'erreur non plus : il y a tant de choses à soupeser et c'était une telle évidence... Malheureusement, la révision de mon éditeur américain, Sourcebooks, a été tellement brouillonne qu'un bon nombre d'erreurs niaiseuses du genre n'ont pas été repérées avant l'impression – et ce sont les lecteurs qui les ont vues. Heureusement, notre livre était assez fort pour conserver sa crédibilité malgré cette tare de naissance, mais j'ai toujours trouvé que l'édition originale en langue anglaise avait un côté cru et qu'elle aurait pu être mieux polie si l'éditeur avait accompli son travail. Bref, nous avons joué de chance, car si un critique avait repéré ces erreurs la première fois, nous étions cuits.

Je vois un autre avantage important à cette étape qu'est la révision : elle permet la mise à jour. Comme je suis assez consciencieux, j'avise la rédaction ou l'éditeur des faits d'actualité qui influencent le papier en bien ou en mal, et à plus forte raison s'ils montrent que « l'œuvre » conserve sa pertinence et continue de s'inscrire dans l'actualité – un ingrédient crucial de toute bonne idée, souvenez-vous ! Par exemple, vous écrivez un papier sur une entreprise qui pollue tout le voisinage et, pendant que vous révisez, les voisins lui intentent un recours collectif. Cette information est importante, car elle renforce votre angle et devrait être ajoutée au papier : un bon réviseur en voit tout de suite le mérite. Cette mise à jour est encore plus vitale pour le livre, rarement publié moins de six mois après sa remise, et qui doit pourtant conserver toute son actualité !

La vérification

Cette négligence de l'éditeur américain était d'autant plus surprenante que, dans la tradition anglo-américaine de l'édition en général, et en particulier du magazine, le texte passe alors le test de ce qu'on appelle le *fact-checking* (la vérification des faits). Toutes les revues anglophones de calibre moyen ou supérieur procèdent ainsi : tous les faits sont vérifiés. Pour ce faire, la rédaction embauche un journaliste-réviseur qu'elle paie 15 ou 20 dollars l'heure pour questionner tous les faits avancés.

Y avait-il vraiment 1 100 spectateurs à cette représentation ? Les profits de Couche-Tard étaient-ils vraiment de 32 millions de dollars cette année-là ? Le ministre Trucmuche était-il réellement travailleur social de métier ou psychologue ? Le colonel Moutarde a-t-il réellement tué Miss Scarlett avec le *wrench* dans le *ballroom* ?

Cette précaution maniaque est amplement renforcée par la culture du litige qui s'est développée aux États-Unis, où tout le monde et son chien poursuit n'importe qui et sa chatte pour n'importe quoi et son auto. Cette vérification est une politique d'assurance. Elle est aussi une affaire de crédibilité. Ce souci pointilleux, voire puritain, explique largement la pertinence et les tirages foudroyants de grandes publications américaines comme *National Geographic,* qui est la revue la plus lue du monde. Elles paient très cher les articles et dépensent des sommes folles pour s'assurer de leur exactitude. Le recherchiste Claude Marcil m'a raconté un jour que pour un dossier sur la rivière George, *National Geographic* avait demandé une relecture à un savant québécois pour vérifier certains aspects. Le savant l'avait lu et commenté, et la revue lui a envoyé – sans qu'il l'ait sollicité – un chèque de 500 dollars. C'est ce qui explique en grande partie qu'un article du *National Geographic* sera une référence dans son sujet pour des années, sinon des décennies.

Pour le journaliste, cette étape de la révision factuelle est toujours franchement pénible, car vous devez fournir à la rédaction les noms de toutes vos sources, qui sont toutes mises à contribution pour corroborer ce qu'on dit d'elles. Certaines publications vont même jusqu'à vérifier les citations auprès des principaux intéressés, ce qui équivaut pratiquement à de l'autocensure dans le cas des sujets litigieux ou controversés, car certaines personnes interviewées peuvent alors se dédire – cette partie de vérification peut souvent faire l'objet de discussions assez âpres entre le journaliste et la rédaction.

Aucune publication francophone ne va aussi loin. La seule qui le fait est *Sélection du Reader's Digest,* qui applique la formule avec une précaution maniaque, à tel point que les journalistes-vérificateurs sont des employés à temps plein qui travaillent dans leur section avec leurs classeurs et leurs sources documentaires. On ne niaise pas. Toutes les vérifications de *Sélection* sont inscrites sur des feuilles jaunes et le dossier de vérification est parfois plus long que l'article. Tout y passe. Certains se moquent souvent du côté gnangnan du *Reader's Digest,* mais soyez assuré d'une chose : si c'est écrit dans le *Sélection,* c'est du béton. Si vous lisez que « ce matin-là, Pierrette Leduc sortit de son bungalow avec sa tasse de café suivant son habitude et remarqua combien le ciel était res-plendissant », c'est parce que les vérificateurs de *Sélection* ont appelé Environnement Canada pour vérifier le temps qu'il faisait ce matin-là à cet endroit-là. Et ils auront aussi appelé Pierrette Leduc pour savoir si elle s'appelle bien Leduc et pas Tremblay, si elle vit bien dans un bungalow, et si elle sort bien habituellement avec sa tasse de café (et pas de thé). Naturellement, *Sélection* exige désormais, aux fins de vérifications, que toutes les entrevues soient enregistrées : le procédé est lourd, mais il a au moins le mérite que les vérificateurs n'ont pas besoin d'appeler les intéressés pour corroborer leurs propos. Cela pose bien évidemment un problème si vous avez obtenu l'aveu ultime après l'entrevue formelle pendant que votre interlocuteur marchait vers sa voiture avec vous – un classique du genre. Dans un tel cas, vous auriez intérêt à vérifier vous-même que votre interviewé a bien dit ce qu'il vous a dit la veille et à enregistrer sa réponse sur bande magnétique. Autre-ment, il y a de fortes chances que la rédaction vous coulera votre papier... sans remords.

Le fond, la forme et la langue

Alors, si les questionnettes des réviseurs québécois vous embêtent, respirez par le nez en vous disant que c'est toujours

« moins pire » que si vous écriviez pour des publications anglophones.

Idéalement, la révision s'effectue en deux étapes : celle du fond et de la forme, puis celle de la correction langagière – ce que font toutes les publications et les éditeurs de bonne tenue. Bon nombre de petits éditeurs et de petits et moyens magazines sont moins scrupuleux et ne font qu'une seule révision, et tout y passe d'un coup : le fond, la forme, l'orthographe et la grammaire. C'est forcément moins bon, mais c'est mieux que rien. Car il s'en trouve qui publient leurs textes tels quels, sans rien toucher – ce qui est très dangereux. Heureusement, les bons rédacteurs et les bons éditeurs sont consciencieux et ils savent reconnaître les journalistes et les auteurs qui le sont également.

La révision de fond et de forme vise à s'assurer que tout est en place et que tout est compréhensible pour le commun des mortels, et que vos faits paraissent exacts. S'il faut couper, c'est également à cette étape que ça se passe. Il n'est pas rare que le premier réviseur vous appelle pour vous demander de clarifier verbalement certains points. Cela peut demander que vous retourniez fouiller dans le dossier, dans un livre ou sur une carte – pour essayer de savoir si la commune de Ndiaganiao, au sud de Dakar, est bien au nord-est ou à l'est de Joal ; ou vérifier si Léopold Sédar Senghor avait 42 ou 41 frères et sœurs (il en avait 41). Dans le domaine du livre, où l'on est moins pressé par le temps et où le contrat qui lie les parties est beaucoup plus clair, cette révision, faite par l'éditeur lui-même, peut souvent avoir lieu avant l'acceptation du manuscrit. Mais même après l'acceptation, il arrive que l'éditeur soumette votre manuscrit à cette première révision.

Cette révision de forme et de fond est très utile, car elle permet de repérer des cas d'illogismes ou de tournures fautives. Les bons réviseurs ont d'ailleurs un sixième sens pour repérer qu'un journaliste est évasif sur un point parce qu'il suppose. Le réviseur se pose aussi des questions d'illogisme ; par exemple, j'ai longtemps eu l'habitude d'écrire : il y avait « dix fois moins » de monde le lendemain que la veille. On peut certes dire qu'il y en avait dix fois plus, mais s'il y en a moins, ce ne peut pas être dix fois moins, mais un dixième, ou dix pour cent.

À cette étape, les réviseurs sont particulièrement attentifs à ce qui engage la responsabilité de l'entreprise. Car l'éditeur et l'auteur sont, en principe, conjointement responsables en cas de poursuites en diffamation. Si vous attaquez la multinationale Robichaud inc. en affirmant que le père Robichaud était bien connu pour ses pots-de-vin, il est fort probable que votre éditeur ou votre rédacteur vous demandera de lui fournir quelques preuves. (Dans ce cas-ci, le fait que d'autres journaux ou éditeurs l'aient écrit noir sur blanc et n'aient pas fait l'objet de poursuites et ne se soient pas rétractés peut constituer une « preuve » suffisante que les risques de procès en diffamation sont réduits et qu'un juge trancherait en votre faveur s'il y avait recours en justice.)

Dans le cas des articles controversés et délicats, où vous sortez des informations litigieuses en exclusivité, la rédaction ou l'éditeur soumettra même l'article ou le manuscrit à un avocat, qui le lira en avocat. Il se peut qu'on vous demande alors d'étayer certaines de vos affirmations qui peuvent porter préjudice, sinon on vous demandera peut-être de les rayer. Et si tout votre travail repose sur ces affirmations non corroborées par des preuves, on coulera le papier sans autre forme de procès. À moins que votre rédacteur ou votre éditeur veuille réellement partir en croisade, ce qui est également possible, et vous décharge d'avance des conséquences d'une poursuite certaine – c'est rare, mais ça arrive.

Dans le cas des livres, les contrats d'édition contiennent bien souvent une clause qui dégage l'éditeur en cas de poursuite en diffamation. Néanmoins, les éditeurs restent prudents car une telle poursuite pourrait avoir des conséquences financières importantes si, par exemple, un magistrat requérait que le livre soit corrigé ou retiré du marché – ce qui représente un coût élevé même pour un tirage mineur.

Il s'agit de possibilités de poursuite théoriques dont je n'ai jamais souffert par le passé, parce que j'ai toujours pu appuyer mes affirmations sur des faits démontrables que j'étais à même de corroborer. Un jour, dans le cas de mon papier sur les artistes en affaires, j'avais reçu un appel de l'artiste Joël Denis qui se plaignait de mes commentaires sur son service de crémation pour petits animaux. Joël Denis s'était offusqué que j'écrive qu'il aimait moins administrer sa société que d'en faire la promotion : « Il préfère courir les salons du caniche en dénonçant les vétérinaires qui "vendent les carcasses aux fabricants de savon et de cosmétiques "». Ce qu'il avait pourtant bel et bien dit. Il m'a même menacé de poursuites et nous nous en étions expliqués au téléphone. Ses menaces sont restées sans suite.

(Depuis que mon frère est avocat, j'ai appris que l'on peut aggraver sa situation en discutant avec la partie prétendument «lésée». Surtout si l'autre partie est de mauvaise foi et discute pour tenter de vous soutirer des aveux. Ce n'était bien évidemment pas le cas de monsieur Denis, ce qui l'honore. Toutefois, si cette tempête dans un verre d'eau se reproduisait, je serais plus prudent et ma conversation téléphonique se limiterait à lui dire de porter plainte par écrit à la rédaction.)

Enfin, votre tartine passe à la révision finale – où d'autres experts moulinent votre langage pour repérer la moindre faute orthographique ou grammaticale (voir pages suivantes). Cette révision est particulièrement utile, car, encore une fois, il est prétentieux de croire que votre texte était parfait – cela arrive, mais rarement. D'ailleurs, je sais d'expérience que 90 % des gens qui prétendent bien écrire – ce qui est le cas de 100 % des journalistes et des écrivains – «écrivent bien» parce qu'ils ignorent certaines exceptions grammaticales et orthographiques trop ésotériques, que les réviseurs, eux, connaissent! Mon niveau de langage est très bon, mais j'ai tendance à pratiquer l'homonymie : j'écris « ses » au lieu de « c'est », ou « ma neige » au lieu de « manège ». Je suis très

Un exemple de copie à la révision finale

MAQ
2006-02-21

1

DÉVELOPPEMENT

calque

Donner des CLACS

CA 2006-02-22
RD 2006.02.23

Sous-titre à venir

par Jean-Benoît Nadeau

«Vous verrez, c'est vieux, poussiéreux et pas climatisé», m'avait-on prévenu. Effectivement, ce fut ma première réflexion en entrant dans l'espèce d'entrepôt qui sert de bibliothèque à la petite commune de Ndiaganiao, au Sénégal.

Il y a là-dedans, tout au plus, 4 200 livres, cinq tables, 35 chaises et un ventilo. Mais les apparences sont trompeuses: malgré sa modestie, la bibliothèque de Ndiaganiao est l'une des grandes institutions publiques du Sénégal et le centre d'une vie communautaire originale. Elle sert de garderie à plus de 100 enfants. On peut y louer des jeux de société. Les profs viennent y emprunter, qui le squelette en plastique, qui la mappemonde, pour préparer leurs cours. Entre les caisses de livres, il y a aussi trois ordinateurs, branchés sur le seul lien internet du village.

Bienvenue dans le petit monde des CLAC — les centres de lecture et d'animation communautaire. Celui de Ndiaganiao, ouvert en 1988, fut le premier des 16 CLAC du Sénégal. Le réseau en compte 212 dans 18 pays, tous d'Afrique à l'exception du Liban et d'Haïti.

«Pour le prix d'une Toyota Land Cruiser [environ 60 000 dollars], j'ouvre un CLAC tout équipé», affirme le Belge Éric Weber, coordonnateur du programme CLAC à l'Agence internationale de la francophonie. Cette agence, basée à Paris, regroupe 53 pays et gouvernements membres — dont le Canada et le Québec — autour du projet commun de promouvoir le français dans le monde et de favoriser le développement local, notamment par l'alphabétisation et le soutien à l'éducation.

C'est le Québec qui a inspiré l'idée des CLAC — l'un des programmes phares de l'Agence, tant par son originalité que ses résultats. Une étude réalisée au Burkina Faso a démontré que les jeunes qui fréquentent un CLAC ont un taux de réussite scolaire de 1,8 à 4 fois supérieur à la moyenne nationale. «Le succès est tel que je reçois même des demandes de pays qui ne sont pas membres de la francophonie!» assure Weber.

Le réseau de la région de Thiès, près de Dakar, compte huit CLAC, dont celui de Ndiaganiao. «La lecture est notre vocation première, mais chaque centre a sa personnalité, sa vocation communautaire», explique Horace Dacosta, coordonnateur de cette région. À Joal, on présente des concerts. À Thiénawa, on s'adonne à la lutte traditionnelle: on espère même former un champion national! À Homol, on fait de la radio communautaire. Et le centre de Ndiaganiao est très fier d'avoir monté un cours de santé publique, en 2000, après qu'une trentaine de morts de femmes et d'enfants aient été attribuées à de mauvaises conditions hygiéniques.

Le CLAC de Joal (une petite ville de pêcheurs au sud de Dakar) est la deuxième plus grande bibliothèque publique du Sénégal... avec 7000 reconnaissant aux réviseurs d'intercepter ce genre de niaiseries embarrassantes.

C'est généralement à ce stade que l'on repérera vos tics de langage et vos tournures fautives. Pour mon *Guide du travailleur autonome*, je me rappelle par exemple que j'employais le mot «manifestement» au moins deux fois par chapitre. Un tic, manifestement. Neuf ans plus tard, pour ce livre-ci, mon tic avait changé et c'était «*a fortiori*» et «toujours est-il» qui revenaient deux, trois fois par chapitre. Toujours est-il que les auteurs ont tous besoin d'un réviseur : *a fortiori* s'ils ont des tics fétiches. Manifestement.

Dans le cas des articles délicats sur des sujets qui présentent un fort potentiel de diffamation, il y a gros à parier qu'il y aura une dernière révision à l'étape des épreuves – les articles montés et prêts à paraître sur les «bleus», ainsi appelés parce que ces pages étaient jadis quadrillées en bleuté. Et soyez assuré que les éditeurs consciencieux révisent personnellement les «bleus», les pages montées sur lesquelles figure la publicité. Jean Paré m'a ainsi raconté une fois avoir constaté qu'un article sur le judaïsme était accompagné d'une publicité sur les BBQ de jardin – ce qui aurait pu être mal interprété – et il a demandé à son équipe de déplacer cette publicité.

Approuvé!

Après quoi, le fruit béni de vos entrailles, fort remuées, vous est retourné pour approbation finale. En fait, les publications ou les éditeurs sérieux vont même jusqu'à vous soumettre votre écrit pour approbation entre la première et la seconde révision finale, si des coupures ou des changements importants ont été effectués – simplement pour être certain que la révision langagière se fera sur une version du texte avec laquelle vous êtes d'accord.

Cette étape de l'approbation finale est très importante, car il se peut que l'éditeur ou la rédaction aient introduit, par inadvertance, un contresens ou aient poussé un peu trop loin une anecdote. Il m'est déjà arrivé de constater que le rédacteur, qui trouvait que mon papier n'était pas assez critique, avait ajouté tout un paragraphe de dénonciations à l'emporte-pièce et sans fondement : j'ai demandé que ce paragraphe soit rayé, purement et simplement, en expliquant pourquoi. Et le paragraphe a été retiré. Je connais des cas de journalistes qui ont eu à vivre avec des rédacteurs en chef moins scrupuleux qui leur ont imposé ce genre d'ajout et qui ont eu à en subir les conséquences sur leur réputation, mais cela arrive rarement et vous pouvez toujours dire non puisque le texte est, ultimement, votre propriété. De toute façon, si l'éditeur publie malgré vous sous votre nom des informations que vous savez fausses ou diffamatoires, vous gagneriez à lui signifier votre refus explicite. Cela vous aidera à vous dégager en cas de poursuites.

Certaines publications, en plus de ne faire qu'une révision assez brouillonne, ne vous soumettent même pas le papier avant sa parution. C'est assez cow-boy, car votre signature engage votre responsabilité. Vous devriez exiger de voir le papier et, encore une fois, vous avez le gros bout du bâton, puisque vous en êtes le propriétaire. Ces mauvaises publications justifient leur négligence en prétendant que vous devriez être sûr de vos faits quand vous écrivez. Un rédacteur qui prétend une telle chose est un paresseux ou un incompétent : car vous aurez beau être le meilleur journaliste du monde, vous souffrirez toujours d'un certain manque de recul au moment de la remise du texte, que le rédacteur vous a peut-être demandé d'écrire à la sauvette. Si bien que l'on devrait toujours vous soumettre l'article pour approbation, même si la rédaction n'a absolument rien retouché au texte.

Les éditeurs de livre, en général plus respectueux de l'écrit que la presse, vont presque toujours soumettre la révision finale du livre pour approbation – c'est l'étape du bon à tirer, appelée ainsi parce que, traditionnellement, quand la page d'épreuve comportait votre griffe, l'imprimeur était autorisé à la «tirer», c'est-à-dire à l'imprimer.

L'un des arguments fréquemment invoqués pour ne pas faire approuver le texte final avant impression est que «c'est trop compliqué». Ce n'est pas compliqué du tout, mais ils ne sont surtout pas habitués à le faire. D'ailleurs, la correction des épreuves est maintenant assez simple grâce à l'informatique, ce qui n'était pas le cas jadis. Quand j'ai fait mes débuts à *Voir* en 1987, nous commencions tout juste à travailler avec les ordinateurs. Nous utilisions des Macintosh 512 et le texte était imprimé en colonne. Les feuilles étaient passées dans une «cireuse», une sorte de machine qui les enduisait de cire. La colonne était ensuite découpée à l'Exacto et collée sur le «bleu»: la feuille montée. Puis les «rédacteurs» relisaient les colonnes pour être certains que les monteurs n'avaient pas échappé des lignes ou des paragraphes en chemin et que tout se suivait. Quand on constatait un manque, ou pire une veuve (un mot d'une syllabe seul sur sa ligne), il fallait découper le mot, puis découper des huitièmes d'espaces entre les mots précédents pour tout rebouter sur la ligne. Un travail de dingue! Alors, vous savez, quand une publication me dit que c'est trop compliqué de soumettre le texte au journaliste pour approbation, c'est qu'ils raisonnent encore comme dans les années 1950!

À la décharge des rédacteurs et des éditeurs, le mot «compliqué» s'applique aussi aux auteurs et journalistes «compliqués» qui traînent de la patte ou qui remettent la moindre correction en question. À cette étape de la révision, vous marquerez des points auprès de votre rédacteur en chef ou de votre éditeur si vous répondez rapidement à ses demandes. Sinon, vous passerez pour un auteur difficile, voire impubliable – particulièrement dans la presse, où les vérifications sont nombreuses.

Cela implique aussi que, si vous devez vous absenter pour une longue période après la remise de votre article ou de votre manuscrit, vous devriez aviser la rédaction ou l'éditeur de vos déplacements et leur donner le moyen de vous joindre. Il m'est arrivé nombre de fois qu'on me joigne pendant mes vacances pour vérifier un fait ou l'autre, parfois même pour me télécopier la version finale d'un papier pour approbation. C'est un peu ennuyeux, mais je considère que cela aussi est de ma responsabilité.

Cela fait partie du service après-vente, au même titre que la promotion.

Lecture utile

Editing Canadian English, Toronto, McClelland Publishing, 1997, 280 pages.

Chapitre 19

Aide-toi et le ciel t'aidera

La nécessité de prendre le temps de faire sa publicité

J'ai toujours été connu, tant comme journaliste que comme auteur, pour donner un bon « service après-vente ». On a vu au chapitre précédent la question de la révision, qui est le minimum de base – en fait, si vous refusez d'y participer parce que c'est trop de travail, vous risquez de ne pas être publié du tout. Mais il y a une autre sorte de service après-vente, qui se passe avant, pendant et après la publication, et qui fait également toute la différence : c'est la publicité.

La publicité paraît bien mystérieuse aux auteurs et aux journalistes, mais elle se résume à deux types d'activité : l'emballage et la mise en marché. L'emballage, c'est tout ce qui concerne la mise en forme : titre, illustrations, communiqués. La mise en marché, c'est tout ce qui concerne la campagne de publicité : les interviews que l'on vous demande de donner, mais aussi la façon de définir les publics cibles et de les atteindre.

Cet ouvrage parle beaucoup des nombreux points de ressemblance entre le journalisme et l'écriture de livres, mais il a tout de même décrit certains points de différence importants quant au synopsis, au contrat et à la longueur du travail. Le dernier point est l'effort publicitaire – minimal pour le journaliste, mais considérable du côté des auteurs. À tel point que tout le chapitre suivant est consacré à l'emballage et à la promotion du livre.

Que vous soyez journaliste ou auteur, la publicité excède très largement les balises de votre contrat. Mais il est faux de croire que c'est un extra sans importance ou qu'elle ne concerne que votre petite gloriole personnelle. Elle est au contraire d'une importance stratégique considérable. D'abord parce qu'elle permet à votre création d'atteindre son public, ce qui met en jeu votre réputation. Ensuite parce qu'elle met en cause votre capacité future d'améliorer les conditions financières dans lesquelles vous réaliserez vos prochaines «œuvres».

Avant d'entrer dans les dédales de l'emballage et de la campagne de publicité au chapitre suivant, ce chapitre-ci expliquera pourquoi elle est un mal nécessaire pour les auteurs. Mais expédions d'abord la question pour les journalistes, qui l'ont beaucoup plus facile sur ce point.

Les chanceux du magazine

Contrairement au livre, qui doit se défendre tout seul en librairie contre les 25 000 nouveautés de l'année, l'article s'inscrit dans un tout beaucoup plus large qui s'appelle le magazine, l'hebdo, le journal – qui en concurrence environ 3 000 autres dans les kiosques. À moins que vous publiiez une primeur qui sera reprise le lendemain dans toute la presse du pays, voire du monde ou qui provoque une crise politique monstre, votre article aura peu d'impact direct sur les ventes totales de la publication, en grande partie parce que la plupart des lecteurs s'intéressent à d'autres sections du journal et sont des abonnés qui reçoivent leur numéro chez eux par camelot ou par la poste.

Tout de même, un bon journaliste peut déployer certains efforts qui lui permettront de se distinguer.

Question emballage, tout est décidé selon le format de la publication – et c'est ce format (que l'on appelle aussi une politique éditoriale) qui explique pour une grande part les révisions et les corrections dont votre article a fait l'objet. Toutefois, les rédacteurs et les directeurs artistiques des magazines aiment bien connaître vos suggestions sur le titre et l'illustration de votre article, si vous avez des idées là-dessus. Car un bon titre-choc, un chapeau bien fait, une image bien choisie sont autant d'informations qui attirent le lecteur vers votre article (et la publicité qu'ils ont collée autour). Cet effort d'emballage n'est absolument pas requis de votre part, mais les rédactions apprécient le fait que vous vous en souciiez. Votre suggestion de titre, si elle est dans le ton de la publication, pourrait être retenue. Mais même si elle ne l'est pas, elle aidera la rédaction dans son travail de remue-méninges.

Bernard Faucher, ex-rédacteur en chef adjoint de *L'actualité*, me citait souvent en exemple à propos d'un papier que j'ai fait pour lui en 1988 alors qu'il était rédacteur en chef de *Voir*. L'article portait sur la vente aux enchères d'une toile de Van Gogh, *Les Tournesols*, qu'un Japonais venait de payer 49 millions de dollars! Tout bonnement, j'avais proposé l'idée d'une photo d'un crâne quelconque, avec en légende : « Portrait de l'artiste à l'heure de son succès »! C'était tout à fait dans le ton. Comme j'ai un côté irrévérencieux assez fort, j'ai toujours eu de meilleures idées d'illustration pour *Voir* que pour *L'actualité*, mais je ne manque jamais de le dire quand il m'en vient une – la contribution est appréciée, même si elle est rarement retenue.

Par contre, je ne suis jamais pressé de prendre des photos pour illustrer mon article ou mon reportage. D'abord, je ne suis pas photojournaliste, ce n'est pas mon métier. Comme la plupart des journalistes, je ne suis pas un très bon photographe : je fais d'assez bonnes photos en amateur, mais je n'ai pas de technique et je ne comprends rien aux finesses du format photo pour un magazine. De plus, les publications payent assez mal ce service venant des journalistes, sinon pas du tout – même *L'actualité*, qui est pourtant une publication assez juste en matière de paiement. Je prends des photos pour eux seulement dans le cas où je vais dans un bled lointain où ils ne pourront ni dépêcher un photographe ni sans doute en dénicher un bon localement. Mais je grince des dents chaque fois que je vois une de mes photos reproduite et impayée, alors je ne fournis que très peu d'efforts en ce sens, ce qui ne m'encourage pas à m'améliorer.

Dernier point dans le service après-vente du journalisme : la mise en marché. Encore une fois, votre rôle ici est assez limité, sauf si bien sûr votre article suscite l'intérêt de la presse, auquel cas vous serez sollicité pour donner des entrevues comme contributeur du magazine. Ne négligez pas de le signaler à la rédaction quand vous recevez de telles demandes. Ça ne peut pas nuire à votre réputation que l'équipe de rédaction sache que vous devenez une vedette et que vos dix minutes de gloire rejaillissent sur eux. En réalité, c'est aussi, un peu, le contraire : car c'est souvent la réputation de la publication qui vous aura valu l'entrevue au premier chef. Tout de même : c'est à vous qu'on l'a demandée, pas au rédacteur en chef ni à l'éditeur !

Vous avez aussi intérêt à prévoir du temps pour ce faire, surtout si vous sortez un scoop. J'ai appris cela en 1989 lorsque *Voir* a publié ma première grande enquête, *Les Drogués de Dieu* – qui racontait l'histoire d'une secte qui faisait de l'endoctrinement sous couvert de centres de désintoxication pas très nets. C'était la première fois que *Voir* produisait une couverture non artistique. La rédaction avait envoyé 500 communiqués dans toute la presse pour annoncer le coup, et le rédacteur en chef m'avait prévenu la veille de la parution de ce qui se tramait. Et moi, niaiseusement, je suis allé à mes cours le lendemain sans leur dire où me trouver et sans me rapporter. Ce qui devait arriver arriva : ils ont reçu une douzaine de demandes d'entrevue immédiate, et je n'ai pu répondre qu'aux deux ou trois demandes les moins urgentes.

Personne ne m'a reproché ma bourde, car j'étais le premier à en subir les conséquences, mais je me suis juré que l'on ne m'y prendrait plus. Il est bien rare qu'un reportage suscite un tel engouement, mais la chose est souvent prévisible. Si c'est le cas, de grâce, rendez-vous disponible, avisez la rédaction du meilleur endroit où vous joindre, ou rapportez-vous au besoin!

Il n'est pas fréquent que les journalistes se préoccupent ouvertement de publicité, mais cela arrive. Mon exemple favori est celui de Normand Lester, l'ex-fouille-merde vedette de Radio-Canada. On ne reste pas une vedette pour rien : Lester est l'un des meilleurs journalistes d'enquête du monde. Il est couillu comme on en voit rarement, et il est également doté d'un sens inné de la publicité. Car on sait moins que, avant la diffusion de ses enquêtes, Lester en annonçait la teneur sur Telbec (ou n'importe quel autre service de communiqués), souvent à ses frais. En cela, il excédait largement son mandat d'employé de Radio-Canada, surtout quand il payait de sa poche le communiqué. Mais Lester avait compris l'importance de la publicité, non seulement pour sa gloire personnelle (et son salaire), mais aussi afin que ses enquêtes aient l'impact qu'il leur souhaitait auprès du public. Bien des écrivains gagneraient à prendre exemple sur lui – les journalistes, certes, mais à plus forte raison les auteurs, qui négligent fréquemment et tragiquement tout effort publicitaire.

Rouages et ingrédients

Pour la parution de mon livre *Les Français aussi ont un accent*, je m'étais démené comme un beau «'iab'e» pour obtenir que le Centre culturel canadien à Paris m'organise un cocktail de lancement. Un truc très simple et de bon goût, pour lequel le Centre culturel et l'éditeur avaient convié quelques médias, et surtout tous les copains. Un auteur avait accepté de présenter mon livre et l'attaché de presse avait convaincu l'ambassadeur canadien, Raymond Chrétien, de venir faire son petit tour. Mon éditeur, Payot, avait fourni le pinard. Ça a été une soirée sympathique, où j'ai prononcé une brève conférence très rigolote, tout à fait dans le ton du livre. Il n'y est venu aucun représentant de la presse, mais je savais que mes meilleurs vendeurs, les *amigos*, étaient tous là. Surtout, mon éditeur et l'attaché de presse ont ainsi pu m'entendre m'exprimer sur mon livre et ils ont vu que j'avais du bagou. À tel point que mon attaché de presse m'a demandé s'il pouvait utiliser le texte de la conférence pour relancer les médias, ce qui nous a valu quelques invitations de plus dans les radios françaises.

Parmi l'assistance, un ami à moi, Jacques Chabert, était un peu amer. Traducteur littéraire, c'est lui qui m'avait introduit chez Payot. La cause de son amertume était qu'il venait de publier une de ses meilleures traductions et que la critique en avait fait peu de cas. Il avait été extrêmement déçu de voir que l'éditeur n'avait déployé aucun effort particulier pour promouvoir son livre. Vers la fin de la soirée, je suis allé remercier Jacques pour toute l'aide qu'il m'avait apportée, et c'est là qu'il m'a révélé ce qui le taraudait. « En te regardant aller, j'ai compris comment ça marche et ce que j'aurais dû faire... mais il est trop tard. »

Je ne connais pas d'auteurs qui parlent en bien de leur éditeur. Ils se plaignent tous que leur éditeur n'investit pas assez dans la promotion. Et il est vrai que les éditeurs pourraient parfois faire un peu plus. Pourtant, si ces mêmes auteurs étaient plus réalistes quant à leurs attentes et quant à leur rôle dans la mise en marché de leur livre, cela annulerait la moitié des raisons de leurs critiques !

Comme 90 % des auteurs de livre, Jacques assumait que la mise en marché était la responsabilité de l'éditeur et pas la sienne, et que son rôle se bornait à attendre les entrevues. Malheureusement, c'est bien souvent l'implication de l'auteur à ce stade qui fait la différence entre le succès et le bide. Surtout dans le cas de vos premiers livres et à plus forte raison si aucune réputation ne vous précède. Je dis « malheureusement », car cette contribution à la mise en marché excède amplement vos obligations contractuelles. Et je dis « malheureusement », parce que vous devez aussi prendre le train quand il passe. Rares sont les livres qui ont soudain trouvé leur public sans crier gare, et qui sont devenus des best-sellers des années après leur parution, comme *Le Seigneur des anneaux*. Rares, pour ne pas dire rarissimes. Et dans tous les cas, cela arrive de façon fortuite, sans que personne ne l'ait vu venir, en général à cause d'un événement qui réactualise le livre ou parce que la société vient de changer de valeurs. Dans le cas de Tolkien, ce sont les hippies qui se sont amourachés de son œuvre dix ans après sa parution! Autrement dit, le seul moment pour pousser le livre, c'est celui de la parution. Après, les lecteurs le poussent tout seuls.

Le but n'est pas tant de vous rendre célèbre (même si ça peut être le fun) que de faire en sorte que votre livre trouve son ou ses publics. Pour cela, toute une série de rouages interviennent dans sa mise en marché : l'éditeur, l'attaché de presse, le service commercial, le distributeur et ses représentants, les libraires, la critique, le bouche à oreille. Si chacun de ces rouages fonctionne correctement, votre livre devrait ne pas passer inaperçu *et trouver son public*.

Dans la petite liste qui précède, j'ai sciemment omis le rouage le plus important. Quel est-il?

L'auteur, torrieux! Car parmi toutes ces personnes qui poursuivent 20 lièvres à la fois, l'auteur est le seul « spécialiste de son livre », le seul qui ne poursuit qu'un lièvre à la fois. Vous seul pouvez « vendre votre livre » au personnel qui sera chargé de le vendre. Votre travail n'est pas de vous substituer à l'attaché de presse, au libraire ou au directeur commercial, mais comme auteur, vous êtes la personne la mieux placée pour assurer une coordination efficace entre ces divers rouages et relayer l'information – car la main droite ne sait pas toujours ce qui se passe à gauche, et vice-versa.

Nombre d'auteurs répugnent à « s'abaisser » à la commercialisation ou à la mise en marché, qui relève selon eux de l'intendance. C'est encore un autre de ces mythes tenaces issus du romantisme du XIXᵉ siècle selon lequel un véritable artiste ne s'intéresse pas à l'argent et vit d'amour et d'eau fraîche. C'est manifestement faux, mais tout le monde y croit. C'est le même mythe qui fait qu'on ne lit même pas son contrat. Mais il y a une différence. Que vous ne lisiez pas votre contrat, cela ne concerne que vous, et votre éditeur peut vous passer un sapin sans même que vous le sachiez. Par contre, le refus de s'impliquer dans la commercialisation du livre a des conséquences directes pour l'éditeur, qui a engagé des fonds pour produire votre livre et qui aura du mal à écouler le premier tirage si son principal rouage publicitaire ne fonctionne pas. Et cela aura bien évidemment un impact sur votre capacité future de produire un autre livre dans des conditions meilleures – l'avance, on l'a vu, est déterminée par le potentiel estimé du livre, et ce potentiel sera toujours meilleur si vous êtes un auteur « qui vend » (dont les livres se vendent) qu'un auteur « qui ne vend pas » (qui laisse quelques livres se vendre tout seul).

Pendant que je négociais avec Québec Amérique le contrat de ce livre, le directeur général, Luc Roberge, m'a lancé une remarque qui résume bien la situation : « Il est très difficile de vendre un livre sans auteur. » Il citait le cas patent des traductions, dont l'auteur est si absent que l'éditeur ne se risque à traduire que des livres qui sont déjà des succès de librairie confirmés. Je m'étonne d'ailleurs que les traducteurs, qui ont souvent droit à une part des redevances sur leur traduction, ne s'impliquent pas eux-mêmes davantage dans la mise en marché de leur livre, à l'instar de mon ami Chabert.

Il est idiot pour un auteur de refuser de s'impliquer dans la commercialisation de son livre, car cela équivaut à s'en remettre à la chance. Entendons-nous bien : il est tout à fait permis de faire des petits livres qui se vendent petitement, mais je ne pense pas que vous ayez acheté *Écrire pour vivre* pour vous contenter de 300 exemplaires vendus – ou même de 3 000.

Pour certains journalistes qui deviennent auteurs, cela peut poser un problème éthique, surtout s'ils sont un peu puritains sur les bords. Car la déontologie journalistique leur interdit le conflit d'intérêts et les encourage à préserver jalousement leur indépendance. Les journalistes entretiennent donc une sainte horreur des relationnistes, publicitaires et autres marchands du temple qui courent constamment après eux pour qu'on leur « fasse une publicité ». Il s'agit bien évidemment de tentatives de manipulation des médias, et les journalistes sont tout à fait justifiés de tenir les barbares à distance. Or, dès qu'un journaliste écrit un livre, il se retrouve du côté des barbares : il a soudain intérêt à ce que l'on parle de son livre et que d'autres journalistes lui « fassent une publicité ». Cette contradiction apparente est insupportable pour certains. Mais c'est, à mon avis, un faux problème éthique. Après tout, un livre est aussi un produit d'information (à plus forte raison si c'est un livre documentaire). Je ne vois pas pourquoi ils se priveraient de la répandre, cette bonne nouvelle ! C'est leur travail de journaliste de « faire savoir » ! Heureusement pour eux, il y a des attachés de presse qui existent pour prendre sur eux-mêmes les tentatives ouvertes de manipulation des médias. Les auteurs-journalistes peuvent donc se concentrer sur les aspects plus « nobles » de la mise en marché qui leur sont éthiquement plus acceptables, comme la rédaction d'articles d'opinion ou la confection de listes de contacts.

C'est le romancier Dany Laferrière, un des maîtres dans le domaine de la publicité, qui disait qu'un livre est certes une œuvre d'art, mais aussi une marchandise. Laferrière était encore un immigrant récent au moment de la parution de son premier livre, *Comment faire l'amour avec un nègre sans se fatiguer*. Il avait fortement conscience qu'il jouait littéralement sa vie sur ce premier livre. Devant le premier photographe de presse, il est même allé jusqu'à se dévêtir – ce qui était tout à fait dans le ton, vu le sujet et le titre de son livre. Cela lui a assuré une certaine presse, d'autant plus qu'il est physiquement bien fait.

Même si je ne suis pas certain que je me dévêtirais pour épater la galerie, je n'en pense pas moins : un bon auteur est un bon artiste et un bon vendeur de souliers. Si on veut vivre de son écriture, on ne peut pas penser autrement. Je n'ai jamais vendu moins de 12 000 exemplaires pour aucun des livres que j'ai produits – et ce chiffre porte sur le tout premier. Mon second s'est vendu à 25 000 exemplaires, le troisième à 200 000 en quatre langues, et le quatrième, qui n'est pas encore publié, part avec un tirage minimal de 50 000.

J'en suis très fier, car cela dépasse de beaucoup le seuil très bas, environ 3 000 exemplaires, que la plupart des éditeurs et des auteurs considèrent comme un succès – au Québec et même ailleurs. Pour justifier ce faible chiffre, qui ne fait pas vivre son auteur, on invoque souvent l'étroitesse du marché québécois. Or, c'est un faux motif, puisque la moyenne des ventes par livre en France et aux États-Unis est à peine plus élevée! Tous les livres américains ne sont pas le *Code Da Vinci*. Les livres qui dépassent cette très basse moyenne sont ceux dont l'auteur a fait au moins une des trois choses suivantes : il a pensé au marché dès la conception du projet; il a écrit un livre écœuramment bon; il a assumé son rôle de vendeur de chaussures.

Julie et moi étions très fiers en avril 2001, à la signature de notre contrat d'édition pour *Sixty Million Frenchmen Can't Be Wrong*: l'éditeur américain nous offrait ce que nous croyions être la somme mirobolante de 11 000 dollars d'avance. Quelques jours plus tard, notre agent, Ed Knappman, lui-même ex-éditeur, nous a fait parvenir une grosse enveloppe qui contenait trois ou quatre articles photocopiés, tirés du *Writer's Digest*, en tout une vingtaine de pages, qui portaient sur la mise en marché du livre! Alors qu'il n'était même pas écrit! Ce n'était pas tombé dans l'œil d'un aveugle, surtout que j'avais déjà lu deux des quatre articles du dossier!

Pour être un bon vendeur de livres, il faut du bagou, certes, mais aussi un talent de coordonnateur. Une machine de mise en marché implique plusieurs personnes qui ont toutes des tâches spécifiques et qui ne se parlent entre elles que quelques fois par semaine, au mieux, et qui oublient de se dire les trois quarts de ce qu'elles avaient à se dire. Dans bien des cas, vous serez la courroie de transmission de l'information. Par exemple, lors de la parution de la version française de *Sixty Million Frenchmen Can't Be Wrong* (*Pas si fous ces Français!*), mon attachée de presse au Seuil m'appelle un lundi matin pour me féliciter de l'excellente critique reçue de Bernard Pivot. La première chose que j'ai faite ensuite a été d'appeler le directeur commercial du Seuil pour m'assurer qu'il avait bien lu le machin et lui suggérer d'utiliser ce nouvel argument auprès des libraires. La seconde a été d'envoyer le document à l'attachée de presse du distributeur québécois, Dimédia, qui préparait la campagne de presse au Québec, prévue cinq semaines après le lancement à Paris. Peu avant mon retour au Québec, personne à Paris n'avait une idée nette de ce qui se tramait pour le lancement québécois – sauf moi. C'est moi qui ai avisé le directeur commercial qu'il tomberait à court de livres. Au départ, quand je lui ai annoncé la chose, il m'a ri au nez – poliment, mais il était clair qu'il croyait que j'exagérais. Mais quand je lui ai mis les chiffres sur la table, il a demandé la réimpression immédiate de 3 000 nouveaux exemplaires, ce qui était insuffisant mais tout de même mieux que rien. Finalement, les libraires québécois ont manqué de livres peu avant Noël, mais si je ne m'en étais pas mêlé, ils en auraient manqué au début de décembre, et ils n'en auraient pas eu d'autres avant janvier.

La seule raison légitime de répugner à s'impliquer dans la vente est l'ignorance : la publicité, cela paraît compliqué, et on ne sait pas très bien comment s'y prendre. Heureusement, cela n'a rien de sorcier. Le simple fait de vous manifester et de dire « présent » fait toute la différence !

Au moment de la signature du contrat ou de la remise du livre, tous les éditeurs se livrent à un petit rituel un peu tannant. Ils vous prennent par le bras et vous font faire le tour de la boîte, pour vous présenter à tout le monde. C'est normal : ils sont dans la business du livre et ils devraient aimer les auteurs. Les auteurs sont souvent embarrassés, car ils n'en ont généralement rien à fiche de parler au directeur commercial. Sauf que, en réalité, l'éditeur est en train, poliment, de vous présenter le squelette de la mise en marché et de vous donner, sans que vous vous en rendiez compte, les noms des personnes clés qui feront le succès de votre livre. Bref, il est en train de vous montrer comment la boîte fonctionne! Certes, il se peut que vous n'ayez pas encore la tête à ça. Alors, demandez-leur leur carte. Ce sera toujours ça de pris.

Car il est important que vous sachiez qui fait quoi si vous voulez que les choses bougent et si vous voulez jouer efficacement votre rôle de coordonnateur. L'attaché de presse (qui s'occupe de la critique) n'est pas nécessairement la publicitaire (qui s'occupe de la publicité), ni le directeur commercial (qui s'occupe des relations avec le distributeur et les libraires), ni la responsable des droits (qui s'occupe des ventes d'extraits ou des droits de traduction). Toutes ces personnes ont un rôle à jouer; elles sont toutes débordées; et ce n'est pas parce que l'attachée de presse a bien compris l'intérêt de votre livre que les autres l'auront vu – physiquement, même.

Dans le feu de l'action, il est parfois nécessaire de se rappeler qui fait quoi. La parution des extraits en est un bon exemple. Il s'agit d'une façon très efficace de publiciser un livre. Habituellement, c'est la prérogative de l'attaché de presse. Or, lors de la parution de *The Story of French* au Canada, Julie a découvert au détour d'une conversation que cette affaire relevait plutôt d'un autre employé, la personne responsable de la revente des droits! Nous avons donc communiqué avec l'intéressé, qui nous a dit qu'il ne pouvait rien faire avant un mois. Julie lui a tout de même envoyé le résumé du livre (il ne l'avait pas vu passer!), et il a été tellement impressionné qu'il nous a rappelés dans l'heure pour nous dire qu'il se mettait au travail sur-le-champ!

Mais pourquoi la contribution de l'auteur est-elle nécessaire? N'est-ce pas la responsabilité de l'éditeur de le vendre, ce maudit livre? N'est-ce pas l'objet du maudit contrat?

Oui et non, et voici pourquoi.

Rappelez-vous le chapitre 3, où l'on parlait des ingrédients d'une bonne idée : l'histoire, son actualité, l'originalité et la personnalité de l'auteur. C'était vrai pour convaincre la rédaction ou l'éditeur. Mais maintenant, c'est votre livre qui devient un objet potentiel de nouvelle, et vous, en tant qu'auteur, en devenez donc un des ingrédients principaux. Alors, forcément, l'équipe de mise en marché chez l'éditeur, puis les journalistes et Joe public sont en train de flairer votre livre pour savoir quels ingrédients il recèle, et ils ne se tâteront pas longtemps parce que leurs sens seront nécessairement attirés vers la chose qui comporte ces ingrédients – et plus la dose est forte, plus la force d'attraction est grande.

C'est d'ailleurs pourquoi Luc Roberge disait qu'il est si difficile de vendre un livre sans auteur : il y manque l'ingrédient de la personnalité, d'une part, et l'auteur n'est pas là non plus pour faire valoir les autres ingrédients. Par contre, du moment que tel auteur estonien est de passage à Montréal pour la sortie de son livre et qu'en plus il parle français, voilà une dimension de la personnalité qui attirera nécessairement certains journalistes de façon presque mécanique – ou chimique (c'est l'ingrédient).

Même quand votre attachée de presse est compétente, celle-ci (ce sont souvent des femmes) doit gérer les perceptions de centaines de journalistes et de milliers de lecteurs potentiels. Si vous ne faites rien et que vous laissez faire, votre livre a toutes les chances de mourir au champ d'honneur. Si vous ne lisez même pas le communiqué de presse, vous aurez peut-être des ennuis. Ce n'est pas bien difficile à lire : cela fait une page! Dans le cas de *Sixty Million Frenchmen Can't Be Wrong*, l'attachée de presse avait rédigé les premiers communiqués de presse en les destinant au lecteur touristique – «Paris, ville lumière», «Ah Paname», « *Gay Paree*», et tous les stéréotypes anglophones du genre béret, baguette et Bergères. Pourtant, ce livre est très clairement une analyse fouillée, même si le rendu est de facture populaire plutôt qu'académique. Bref, il y avait erreur de casting! Julie et moi avons donc tiré la sonnette d'alarme et corrigé le tir. Écrire un bon communiqué n'a rien de sorcier; le lire non plus. Or, combien d'auteurs négligent même un geste aussi simple? La moitié, les trois quarts, 90 %?

L'étude de marché

Un éditeur de taille moyenne publie un livre par semaine en moyenne, parfois plus. C'est énorme. Même avec la meilleure des volontés, sa compréhension de votre livre, de ses multiples ressources, de ses publics, de la façon de l'exploiter ne peut jamais être aussi fine et subtile que la vôtre à titre de spécialiste de votre livre. Vous êtes la personne la mieux placée pour faire valoir ces ingrédients.

Dans le domaine de l'édition canadienne, les subventions ont souvent encouragé davantage la production de livres que leur mise en marché et leur succès commercial. Cela se défend, mais cela veut dire que le service de presse de votre éditeur a probablement moins de personnel que vous le souhaiteriez. Mais ce manque chronique de ressources dans le service de presse n'est pas qu'un problème de subvention : les services de presse des éditeurs américains, britanniques ou français sont aux prises avec exactement les mêmes difficultés. Le service de presse est sursollicité et il arrive bien souvent que les attachées de presse ou les relationnistes n'ont lu le livre qu'en diagonale.

Les profanes à qui je parle du milieu de l'édition s'étonnent toujours que les éditeurs ne fassent pas d'études de marché. Pourquoi pas, en effet? Or, de tous les articles que j'ai lus sur le sujet, il y en a un, qui remonte à plus de vingt ans, qui énonçait cette vérité fondamentale résumant tout : «L'ÉTUDE DE MARCHÉ,

C'EST LE PREMIER TIRAGE. » Sentence fort sage que tout auteur en herbe devrait mémoriser.

Les éditeurs investissent peu de ressources dans la vente d'un livre ou dans des études de marché pour la simple et bonne raison que la Cadillac des études de marché, qui coûte le prix d'une Cadillac, ne leur garantira pas que votre livre touchera son public. C'est là tout le dilemme des produits artistiques, dont la valeur n'est démontrable que lorsqu'ils ont été soumis à l'épreuve du public. L'industrie du cinéma ou de la musique a trouvé une solution à ce problème en organisant des lancements mondiaux gigantesques et coûteux, mais cela ne fait que masquer le problème, qui reste entier : le public aime ou n'aime pas, et on peut rarement prédire qui et pourquoi, quelle que soit l'ampleur du lancement.

Si l'on remonte dans l'histoire, on constate que l'un des effets induits par Jean Gutenberg et sa presse à imprimer a été de transformer le livre-objet d'artisanat en produit artistique de masse – le premier du genre. Il s'en est ajouté d'autres, dont le film et le disque. Mais dans la ligue des produits artistiques de masse, le livre a deux particularités : il coûte le moins cher à produire, mais il coûte le plus cher à reproduire (en proportion de l'original). C'est pourquoi il se publie chaque année une telle variété de livres, mais en assez faible quantité, car il s'agit de coller à la demande au plus serré pour ne pas être pris avec un trop grand stock d'invendus.

Conséquence pratique : cette contrainte économique signifie aussi qu'on n'investira jamais dans un livre les ressources de marketing d'un film, à moins que son succès soit assuré – comme celui de franchises en béton genre *Harry Potter,* dont la série fait littéralement vivre des milliers de personnes dans le milieu de l'édition. La sagesse de base des éditeurs est que *l'étude de marché ne peut être que le premier tirage,* surtout dans le cas d'un petit livre ordinaire pour lequel ils ont mobilisé peu de ressources. Par contre, s'ils voient que le public l'achète, ils réimpriment et soudain, davantage d'employés chez l'éditeur prennent conscience que vous existez. Si ça se met à s'envoler, l'éditeur commencera à y consacrer des ressources plus conséquentes. C'est assez ingrat, mais c'est ainsi.

Seules deux choses peuvent convaincre un éditeur d'investir des ressources importantes avant publication. La première est la taille de votre avance. Plus celle-ci est forte, plus l'éditeur doit s'efforcer de vendre pour récupérer sa mise, faire ses frais et justifier sa décision initiale. La seconde est que l'auteur s'implique très tôt pour faire valoir les ingrédients du livre et emporte l'enthousiasme du personnel qui touche à la mise en marché.

La fiche de l'auteur

Un auteur qui prend la peine de *définir* et de *montrer* à son éditeur et aux employés chargés de la publicité les publics potentiels de son livre, et en quoi son livre intéressera ces publics, produit un effet d'entraînement irrésistible à l'interne, presque par simple inertie. On pourrait même dire «par défaut», ne serait-ce que parce que la plupart des auteurs sont attentistes et ne lèvent pas le petit doigt. L'éditeur, le service de presse, le service commercial et le distributeur – qui sont les principaux intermédiaires entre vous et les lecteurs – seront heureux de vous entendre leur expliquer le potentiel et les ressources de votre livre, les créneaux auxquels il s'adresse, comment il s'inscrit dans l'actualité. Il n'y a pas de magie là-dedans, on est encore dans le très simple.

Une bonne part de ce travail initial de communication est constituée par *la fiche d'auteur*. Il s'agit d'un questionnaire souvent assez long qui est remis aux auteurs soit après la signature du contrat, soit à la remise du manuscrit, et qui doit être rempli dès que votre éditeur a accepté ce dernier. Cette fiche d'auteur vous demande votre adresse et la meilleure façon de vous joindre. Mais on vous demande surtout d'expliquer comment vous avez écrit le livre, à quels publics il s'adressera, comment vous le résumeriez, etc. Vous y racontez votre vie, votre formation, ce qui vous a amené à écrire le livre, vos idées de mise en marché, vos antécédents. Bien souvent, vous y développerez des pistes qui se trouvaient déjà dans votre proposition de livre, mais que, ayant écrit le livre, vous êtes mieux à même de présenter et d'élargir. Si vous y répondez avec application et inventivité, l'éditeur verra tout de suite que vous savez vous rendre intéressant – ce qui n'est pas rien – et les responsables de la mise en marché et de la publicité verront quelles sortes d'ingrédients recèle votre livre. Ils se rendront compte aussi que vous savez communiquer : cela tombe bien, vous êtes écrivain et on vous demande de vous vendre d'abord par écrit !

Vous devriez d'ailleurs chercher l'occasion – quitte à le demander à votre éditeur – de faire la présentation de votre livre au distributeur. Chaque année – une ou deux fois –, l'éditeur rencontre son distributeur (ce n'est pas la même chose) qui place le livre en librairie. C'est bien souvent le distributeur qui parle aux libraires – dans le cas du distributeur de Québec Amérique, Prologue, ils invitent chaque été 200 ou 300 libraires pour leur dévoiler leur programmation. Un autre distributeur, Dimedia, pousse le bouchon assez loin en invitant tout le monde au Ritz. Cela peut être fait de façon impersonnelle par le représentant de l'éditeur ou du distributeur, mais il arrive fréquemment qu'on y invite un auteur, surtout si l'on sait qu'il en a dedans et qu'il pourra parler de son livre de façon claire, enthousiasmante et avec un peu d'humour. Les libraires raffolent des auteurs : c'est pour ça qu'ils sont libraires. Et ils veulent, comme tout le monde, connaître les ingrédients de votre livre.

Dès que vous manifestez votre intérêt pour ces questions, vous insufflez une dynamique nouvelle. Déjà, tout le monde est un peu plus encouragé si l'auteur est là pour donner des idées. Et si en plus vous vous impliquez dans l'emballage (en demandant à voir le projet de couverture) et la campagne de presse (en lisant le communiqué), alors là, vous passez sur le haut de la pile et les auteurs absents resteront absents. La raison pour laquelle vous vous retrouvez sur le dessus de la pile est que vous facilitez la tâche de tout le monde : il est plus facile de vendre un livre quand l'auteur dit « présent », et le plus tôt est le mieux. Si vous vous engagez dans la mise en marché seulement deux semaines avant la parution du livre, vous avez déjà perdu un temps précieux et l'affaire sera peut-être mal engagée de façon irrémédiable – mais peut-être pas non plus.

Il y a d'ailleurs un type d'auteurs qui causent un tort irréparable à leur propre mise en marché : ce sont les gérants d'estrade. Eux ne font rien (pour toutes sortes de raisons), mais quand ils voient que ça ne va pas, ils inondent le service de presse et l'éditeur de récriminations du genre « Comment ça, je ne fais pas *Tout le monde en parle ?* » ou « Pourquoi vous n'avez pas pensé que c'était le 25ᵉ anniversaire ? » La réponse à cette dernière question est le plus souvent : parce que vous ne l'aviez jamais dit, ou que vous auriez peut-être dû le redire quand c'était le temps, avant le 25ᵉ anniversaire. Les éditeurs redoutent tous ce genre d'auteurs, qui croient que leur rôle ne consiste qu'à mettre l'équipe publicitaire sous pression. C'est d'ailleurs une preuve de grande incohérence : de telles récriminations prouvent que vous n'assumez pas l'attitude attentiste prise au début. Bref, les gérants d'estrade veulent le beurre, l'argent du beurre et les faveurs de la beurrière. Dites-vous toujours que vos attachées de presse font en général ce qu'elles peuvent, et qu'elles pourraient sans doute plus si vous n'aviez pas raté plusieurs belles occasions d'y mettre du vôtre – *avant*.

Je ne connais pas de grands auteurs qui ne pensent pas à la mise en marché et à l'emballage. Un Réjean Ducharme, qui refuse même qu'on le voie en photo, prend en fait une position très osée de marketing – qui fonctionne parce qu'il est réellement brillant. L'auteur de science-fiction Isaac Asimov, dans son autobiographie, affirmait qu'il ne participait pas aux campagnes de presse, car il était trop occupé à écrire des livres. Je le crois : le gars a signé plus de 400 ouvrages au cours de sa carrière ! Cependant, il raconte aussi combien il s'est impliqué dans les diverses associations d'auteurs de science-fiction, dans l'écriture d'articles d'opinion et surtout dans les conférences – il était un brillant conférencier et orateur, qui percevait des honoraires délirants pour ses conférences. Or, même si tous les gestes d'Asimov ne visaient pas nécessairement un livre, il était très présent comme auteur dans l'établissement et l'entretien de son image de marque. Par exemple, très tôt dans sa carrière, Isaac Asimov a refusé de recourir à un pseudonyme, alors que c'était la mode, dans le marché de la science-fiction, d'américaniser son nom pour faire moderne et concis. Asimov a décidé de rester Asimov dès la fin des années 1930, même s'il était juif d'origine russe, et malgré la fièvre anticommuniste qui sévissait déjà aux États-Unis. Il s'est vite distingué, grâce à ses livres, bien sûr. Mais il décrit longuement dans sa biographie la façon dont son nom même a contribué à le distinguer auprès du grand public. Il a vite saisi que l'on lisait ses nouvelles et achetait ses livres parce que c'était un Asimov. Il était très fort. Donc, même Isaac Asimov, malgré ce qu'il prétend, participait à une forme de campagne de presse d'un niveau très élevé où lui, l'auteur, ne se bornait pas à vendre un livre, mais développait son nom et son renom. Les marketeux appellent cela du *branding*, la création d'une marque reconnaissable et forte.

Je nous souhaite tous d'en arriver là un jour, mais il faut bien débuter quelque part, et comme le disait mon grand-père qui était bûcheron, ce n'est pas le «bouleau» qui manquera. Car outre la fiche d'auteur, vous aurez souvent l'occasion de vous impliquer dans les rouages de la mise en marché, et cela commence avec l'emballage.

Chapitre 20

Pour que votre ramage se rapporte à votre plumage

Comment s'emballer et faire le *New York Times*

L'une des raisons pour lesquelles je suis allé faire de la recherche pour mon livre en France à l'hiver 2004 était que *Sixty Million Frenchmen Can't Be Wrong* paraissait aux Pays-Bas en traduction néerlandaise à la fin de février puis, à la fin de mars, en version originale anglaise chez un éditeur londonien. Les deux éditeurs concernés étaient absolument comblés que nous soyons disponibles, surtout que nous avons fait des pieds et des mains en parallèle pour organiser des conférences ou divers machins à Amsterdam et à Londres. Nous avons découvert que notre éditeur néerlandais publiait notre livre pendant un festival littéraire national qui mettait la France à l'honneur, alors nous avons fait jouer nos contacts à l'ambassade de France et aux consulats. Comme nous étions disponibles, notre éditeur néerlandais a même trouvé la façon de faire organiser une petite table ronde sur notre livre dans une galerie d'art sous le haut patronage de la Veuve Cliquot! Dans le cas de l'édition britannique, j'avais fait de même avec les services consulaires français, dont l'ambassadeur nous a reçus à déjeuner en compagnie d'une demi-douzaine de journalistes de la grande presse britannique.

De même pour la parution de la traduction française de ce livre, *Pas si fous ces Français*, à l'automne 2005, j'ai pris six semaines avec Julie pour aller à Paris – nous écrivions notre prochain livre tout en nous rendant disponibles pour la campagne de presse. Les gens du Seuil en ont été ravis – d'autant plus que nous avons fait bien davantage que de simplement nous rendre disponibles, puisque nous avons organisé non pas une mais trois conférences !

Dans ce chapitre, nous ne parlerons que du livre, car les efforts de mise en marché des journalistes pour leurs articles sont beaucoup moindres et surtout beaucoup moins nécessaires. Par contre, comme bon nombre de journalistes publieront au moins un livre dans leur vie, ce chapitre ne s'en adresse pas moins à tout le monde, car il explore autant la question de l'emballage que la campagne de lancement.

L'emballage du livre

J'ai mentionné plusieurs fois le terme d'« emballage », car il précède longuement la campagne de presse. C'est tout ce qui concerne la couverture, la quatrième de couverture, les communiqués. Tout est lié. Les maisons d'édition sérieuses déterminent ces éléments trois ou quatre mois avant la publication, car toute la communication tournera autour d'eux.

En principe, les contrats d'édition stipulent que ce travail est du ressort de l'éditeur, qui a le dernier mot même sur le titre. Sauf qu'en réalité, votre pouvoir est immense, surtout si l'éditeur est convaincu que votre contribution comme auteur sera considérable. Cela, il l'aura vu en lisant votre fiche d'auteur (dont nous avons parlé au chapitre précédent).

1) *La couverture*. Elle comporte trois parties : le titre, la maquette et le nom de l'auteur. Le titre et la couverture sont la clé de

voûte de l'emballage du livre et d'une bonne partie de la mise en marché. Un titre et une couverture peuvent *faire* ou *défaire* un livre. De mauvais choix peuvent s'avérer ruineux. Tous les contrats d'édition stipulent clairement que la couverture et la titraille – en fait, tout l'emballage – sont la prérogative de l'éditeur, qui a le dernier mot. Mais si l'éditeur voit que l'auteur ne veut pas se borner à être un simple ingrédient, qu'il s'implique bien davantage, il n'a pas intérêt à aller contre vous – surtout si vous jugez la couverture nuisible. Le titre et la couverture d'un livre sont le premier test pour voir si vous êtes sur la même longueur d'onde que votre éditeur : vous devrez parfois argumenter et débattre de ses choix.

J'ai toujours considéré le titre comme vital dans la conception de mon projet de livre et tous les titres de mes livres viennent de moi – de nous quand c'est écrit en tandem avec Julie. Une seule fois j'ai eu à en débattre, avec Payot, pour *Les Français aussi ont un accent*. J'avais un faible pour mon autre suggestion, *Soixante millions de Français, et moi, et moi, et moi*. Dans ce cas, les deux idées de titre en question venaient de moi. Mais la référence à la chanson de Jacques Dutronc, quoique amusante, était moins neuve que mon autre idée de titre, celle qui a été choisie. Nous en avons beaucoup discuté et je lui ai donné raison, un peu à regret : il ne s'est pas trompé.

Il peut arriver que l'éditeur veuille mettre un sous-titre pour expliciter le titre. Dans le cas de *Sixty Million Frenchmen Can't Be Wrong*, c'est l'éditeur américain qui nous a imposé un sous-titre, que j'ai toujours jugé dévastateur : *Why we love France but not the French* (pourquoi on aime la France, mais pas les Français), qui était à l'opposé de la thèse du livre. Julie et moi avons été trop polis sur cette question, alors qu'il faut au contraire être ferme. Nous avons seulement réussi à leur faire enlever le mot *hate* (détester) dans la version primaire : *why we love France but hate the French*. C'était un sous-titre idiot, et nous avons passé toute la campagne de presse à corriger la fausse impression produite par ce sous-titre nul. Lorsque l'édition britannique du livre est arrivée en préparation, Julie et moi n'avons eu aucune peine à convaincre l'éditeur britannique de revenir au sous-titre original : *What makes the French so French* (pourquoi les Français sont si français), qui colle mieux au livre et qui est aussi un peu plus humoristique. Je ne me suis jamais surpris du fait que l'édition britannique ait trouvé son public beaucoup plus aisément que l'édition américaine.

Cela dit, l'éditeur connaît généralement son marché : dans le cas de notre dernier livre, *The Story of French*, les éditeurs canadien et américain ont adopté notre titre dès le départ, mais l'éditeur britannique a jugé que ce titre serait trop académique pour le public britannique, surtout que notre livre précédent avait été un best-seller. Ce dernier avait un titre assez spirituel, qui avait beaucoup contribué à son intérêt. J'ai cependant insisté pour que le concept « Story of French » demeure en sous-titre. Nous avons donc jonglé avec quelques cas d'expressions françaises courantes en anglais, comme *Force Majeure*, *Beau Parler* et autres *Bons Mots*. L'éditeur a essayé de nous convaincre de prendre *This Thing Called French*, par allusion à la comédie musicale *This Thing Called Love* (cela me plaisait, mais pas à Julie). Finalement, nous avons considéré deux possibilités : *170 million Francophones Can't Be Wrong* (170 millions de francophones ne peuvent avoir tort) ou *Plus ça change... : The Story of French from Charlemagne to Cirque du Soleil*. Bizarrement, l'éditeur et Julie ont eu cette seconde idée le même jour, mais chacun de leur côté. Finalement, l'équipe de marketing s'est prononcée pour *Plus ça change* à l'unanimité. Je ne suis pas entièrement convaincu qu'ils font une bonne affaire, mais il faut être cohérent : nous avons choisi de faire directement affaire avec un éditeur britannique pour le marché britannique, alors il faut assumer qu'il connaît mieux son monde que nous !

Ce genre de truc arrive partout dans l'édition et le cinéma. Par exemple, le premier *Harry Potter* s'intitule *The Philosopher's*

Stone (La pierre philosophale) partout dans le monde sauf aux États-Unis, où le titre est *The Sorcerer's Stone* (La pierre du sorcier). Si ce genre de différence passe pour JK Rowlings, je ne vois pas pourquoi je ferais des caprices. Cela dit, Julie et moi ne les avons pas laissés faire n'importe quoi non plus !

La maquette de couverture est également une bonne source de discussion. J'ai regretté amèrement de ne pas avoir cogné du poing quand l'éditeur américain de *Sixty Million Frenchmen Can't Be Wrong* nous a proposé une maquette de couverture particulièrement insignifiante, mais qui avait le mérite d'être accrocheuse. Quand l'édition française du livre est parue, j'avais appris la leçon et j'ai mené une bataille serrée, mais conduite poliment (voir pages suivante). Le Seuil nous a proposé une première maquette de couverture dont ils étaient très fiers, mais qui était ridicule : l'image était une espèce de Bob-l'Éponge crispé en forme de drapeau français, avec une espèce de chien noir qui chiait carrément sur le sol. « Ouache ! » dîmes-nous. Une seconde version n'était guère mieux : elle représentait une sorte de Louis XIV qui parle dans un téléphone cellulaire, avec un cabot couché. « Eurk ! » rétorquâmes-nous. Dans la troisième version, ils ont ensuite rajouté de la couleur, et un avion sur la manche du personnage. Voyant que l'éditeur persistait, j'ai demandé à l'agente française de lui passer le mot. Et j'ai carrément prévenu l'éditrice du Seuil que si elle m'imposait une couverture contre mon gré, elle allait perdre son meilleur vendeur – c'est-à-dire moi. L'argument avait du poids, puisque l'éditeur avait beaucoup investi dans l'avance et la traduction. Les éditeurs sont souvent entêtés et certains sont même bornés, mais ils sont toujours de bonne foi et ne veulent surtout pas être en guerre avec leur meilleur vendeur. Le Seuil a changé la maquette pour une quatrième version, qui était un compromis correct, où ils avaient maintenu le personnage ridicule, mais où le titre prenait le plus de place.

Quatre versions d'une maquette de couverture

Cela dit, les impératifs du marketing sont bien différents de ceux de l'édition comme telle et l'éditeur cherche toujours une manière de faire en sorte que votre livre se distingue parmi des milliers d'autres, et vous devez en tenir compte aussi dans vos commentaires. « Cette couverture est laide » est un motif de refus peu convaincant, car une couverture laide peut être accrocheuse – ce qui était le cas de *Sixty Million Frenchmen Can't Be Wrong*. Par contre, si vous dites : « Votre couverture va nuire aux ventes » et que vous êtes capable de soutenir votre point de vue avec des arguments, vous allez probablement convaincre.

Un élément important de la maquette de couverture est bien sûr le nom de l'auteur, qui sera mis plus ou moins en valeur selon votre réputation. Vous avez très peu de pouvoir sur ce point. Dans le cas d'un livre de Stephen King, le nom de l'auteur est plus gros que le titre lui-même : King est carrément une marque reconnaissable. On achète d'abord un Stephen King. Mais cela n'a pas toujours été le cas. À moins que vous soyez une grande personnalité publique, comme Michel Tremblay, Robert Lepage ou Dominique Michel, votre nom sera plus petit que votre titre. Pour notre dernier livre sur la langue française, il s'est produit une chose curieuse : nos éditeurs ont choisi d'indiquer sous nos noms la référence « auteurs de *Sixty Million Frenchmen Can't Be Wrong* », un signe qu'ils capitalisaient sur un public précis auprès duquel notre livre a acquis une forte réputation.

2) *La quatrième.* Si le titre et la maquette font leur travail, le lecteur prendra le livre et la première chose qu'il lira sera la « quatrième de couverture » – le texte au dos du livre, aussi appelé *backcover* en bon français. Dans le jargon, on dit « la quatrième » parce qu'elle occupe la quatrième position sur le feuillet qui compose la couverture, la tranche et le dos du livre. Cette quatrième peut prendre plusieurs formes. S'il s'agit d'un livre à couverture cartonnée, la reliure est alors

couverte d'une jaquette à rabats, qui peut contenir beaucoup de texte. Dans ce cas, la quatrième contiendra probablement un texte de présentation du livre et un bon nombre de citations de presse ou de personnalités qui diront que votre livre est « très merveilleux, très unique, très excellent » et autres « très beaucoup » et « plus mieux ». En général, on évite de dire que c'est juste « pas pire pantoute ». Les rabats contiendront votre photo, des éléments biographiques et d'autres détails sur le livre. Si l'éditeur opte pour une édition brochée et non cartonnée, la maquette ne comporte pas de rabats, ce qui signifie moins de texte.

Sur ce point, l'éditeur décide des éléments à y mettre : photo, biographie de l'auteur, texte de présentation, citations. La couverture et le contenu de la quatrième doivent former un tout cohérent. Si vous publiez un livre sur le canot, une photo de votre binette devant une bibliothèque ne fait pas aussi sérieux que dans un canot – et vice-versa. Si vous publiez un livre qui s'intitule *Comment faire l'amour avec un nègre sans se fatiguer*, la photo de l'auteur est presque nécessaire s'il est effectivement noir. Et il pourrait être « pertinent » qu'il se laisse poser nu, ce que Dany Laferrière a fait.

Il y a trois points sur lesquels vous aurez de l'influence : le texte de présentation du livre, le texte de présentation de l'auteur et la photo. Pour certains de mes livres, c'est carrément moi qui l'ai écrit. Pour d'autres, pas nécessairement – mais j'ai toujours vérifié de ce que l'éditeur y mettait et j'ai toujours révisé ces documents pour m'assurer qu'ils ne disaient pas de niaiseries. Quant à la photo, j'essaie toujours de voir ce que veut l'éditeur, mais je peux orienter ses choix. Dans le cas de *Pas si fous, ces Français*, l'une des photos que j'ai présentées nous montrait, Julie et moi, en chiens de faïence, nous pointant mutuellement du doigt dans un geste d'affrontement amical. France Loisirs a trouvé l'idée rigolote et a tout de suite choisi cette photo, mais le Seuil a d'abord dit non pour finalement se rendre compte que ce portrait, très original, était tout à fait dans le ton de l'ouvrage. À mon avis, cette cohérence d'ensemble a beaucoup contribué au succès du livre.

3) *Le communiqué.* Les Français appellent cela un « argumentaire » sans doute parce qu'ils aiment argumenter, mais les Québécois communiquent par communiqué. C'est l'élément final de l'emballage, qui établit le pont entre l'emballage et la mise en marché. Ce texte est souvent très proche de ce qui se trouve en quatrième de couverture, mais il peut reprendre aussi d'autres éléments du texte selon le point de vue que vous voulez faire valoir. Ce premier communiqué général est fréquemment le document de base qui vous permettra d'introduire diverses variantes de communiqués, selon le public visé. Dans bien des cas, ce premier communiqué est repiqué du texte de présentation de votre livre que vous avez rédigé dans la fiche d'auteur. Habituellement, le premier public visé ici n'est pas la presse mais le distributeur et ses représentants, à qui il présentera votre opus quelques semaines ou quelques mois avant la parution du livre.

Si vous n'avez pas la chance d'écrire ce communiqué, vous devriez à tout le moins demander à le lire, pour vous assurer que l'éditeur maîtrise bien le message du livre. Un bon communiqué devrait dire exactement ce qu'est votre livre, sans prétention. Si vous avez cosigné la biographie de Dominique Michel, il serait parfaitement ridicule que votre communiqué affirme que votre livre est un monument littéraire. Mais il gagnerait à être au moins un peu drôle. À l'inverse, un mauvais communiqué n'est que négatif et ne fait que dire ce que votre livre *n'est pas*, ce qui laisse tout le monde sur sa faim, car on voudrait bien savoir de quoi il s'agit.

4) *Les extra.* Enfin, dans l'emballage, j'ajoute toujours deux extra, qui ne sont pas nécessaires mais qui sont ma touche personnelle. Je me fais toujours faire une carte professionnelle qui

reprend l'illustration et le titre de mon livre – cela impressionne toujours tout le monde, et ça ne coûte pas cher. De même, je produis un carton de correspondance à l'image du livre, qui me sert pour tous mes courriers et que j'utilise aussi parfois dans les séances de signatures.

Et j'investis dans une adresse de site web, genre sixtymillionfrenchmen.com et autres passifoucescrancais.com, en vue de la réalisation du site web du livre – à mes frais. Ce dernier point me coûte plus cher que la carte professionnelle, mais je le considère comme très utile compte tenu de la nature des publics très diversifiés auxquels mes livres s'adressent. Par contre, comme Julie et moi accélérons le rythme, cela commence à faire beaucoup, alors nous avons décidé de nous fabriquer un site NadeauBarlow.com, qui sera le réceptacle de tous nos livres dans toutes les versions, traductions, adaptations – les noms de domaines StoryofFrench.com et Ecrirepourvivre.com s'y rapporteront.

Le plan de campagne

Outre l'emballage comme tel, il y a le plan de marketing qui se résume à deux questions : à quels publics votre livre est-il destiné et comment les touchera-t-il ?

L'initiative et l'exécution du plan de marketing devraient normalement être la prérogative de votre éditeur. Mais vous devez vous impliquer lourdement là-dedans pour y faire votre marque en tant que spécialiste de votre livre, en particulier pour vos premiers livres. Et si cela fonctionne bien, vous acquerrez une réputation qui fera que l'éditeur considérera chacun de vos nouveaux livres comme le principal titre de son catalogue, celui auquel il consacrera le plus de ressources parce qu'il a déjà investi dans l'écriture du livre. Et vous, vous pourrez désormais faire comme Isaac Asimov et travailler « votre nom » plutôt que la mise en marché d'un livre en particulier.

Mais comme vous n'en êtes pas encore là, et moi non plus d'ailleurs, vous devez dresser la liste des contacts de presse mais également des publics auxquels votre livre s'adressera. Un bon plan comprend la liste des tâches à accomplir pour l'organisation de conférences et d'autres activités de la campagne de presse, et également quelques idées alternatives pour relancer votre campagne publicitaire si l'affaire est mal engagée.

Pour mon premier livre, j'ai établi ce plan très tard, au moment de la parution du livre, ce qui était presque trop tard. Heureusement, les publics auxquels il s'adressait étaient bien définis, de sorte que j'ai été «chanceux» et que le livre a marché. L'idéal est de rassembler vos idées sur ce point six mois d'avance et de les exécuter au fur et à mesure, quand c'est le temps. Ainsi, au moment de la parution, vous êtes prêt, vous avez les coudées franches pour agir. Pourquoi six mois? Tout simplement parce que les organismes qui peuvent supporter la parution de votre livre auront besoin de ce délai pour vous inscrire dans leur programme, parmi leurs conférenciers par exemple.

1) *La liste des contacts de presse.* Il ne s'agit pas nécessairement de journalistes que vous connaissez ou de la liste des critiques littéraires, mais de journalistes de la presse que vous savez que votre livre peut intéresser, ce qui n'est pas la même chose. Habituellement, les éditeurs envoient votre ouvrage à la section Livres du journal ou de la radio ou de la télévision. Or, il se peut que votre bouquin soit d'intérêt moins littéraire qu'économique ou sociologique. Au début, l'attachée de presse de *Pas si fous, ces Français* a envoyé notre livre aux habituels critiques, mais je dirais qu'une bonne moitié de la couverture de presse en France est venue des faiseurs d'opinion, chroniqueurs politiques et éditorialistes. Cette recherche des bons contacts de presse est parfois compliquée, mais elle en vaut la peine. Si votre livre porte sur la cuisine, vous devriez établir une liste des principaux critiques de bouffe ou spécialistes de l'agro-alimentaire. Par exemple, si vous sortez un livre sur la cuisine

afghane, vous devriez repérer les journalistes qui ont écrit sur l'Afghanistan. Il pourrait être pertinent de leur tailler un communiqué sur mesure – variante de votre communiqué de base, mais avec des arguments distincts.

Un bon truc pour vous aider à les découvrir consiste à contacter les associations ou les organisations dont la cause se rapproche du thème ou du sujet de votre livre. Par exemple, si vous avez écrit un roman qui raconte les difficultés d'un travailleur humanitaire au Rwanda, il y a gros à parier que plusieurs organisations humanitaires québécoises connaissent des journalistes que le sujet de votre roman intéresserait.

2) *La liste des publics cibles.* Une des erreurs de base que font tous les débutants est de croire qu'il y a un grand marché québécois, un grand marché américain, un grand marché français. Il y a au contraire 1 000 marchés québécois, 100 000 marchés américains, 25 000 marchés français. Ce sont les catégories sociales, les groupes auxquels s'adresse votre livre. La raison pour laquelle nous avons fait d'excellentes ventes avec *Sixty Million Frenchmen Can't Be Wrong* n'est pas que nous avons visé le «public américain», mais que nous avons visé avant tout le public francophile américain –sept à huit millions de personnes à tout casser. Et pour notre prochain livre sur la langue française, c'est encore à eux que nous nous adresserons, à plus forte raison parce que nous avons acquis une excellente réputation parmi eux – nous sommes fréquemment invités à donner des conférences.

En pratique, déterminer les publics cibles consiste à dresser la liste des associations, entreprises, clubs, personnalités, gouvernements, organisations, syndicats, villes, célébrations, festivals, ONG, groupes religieux qui ont ou pourraient avoir un intérêt pour votre livre. Dans le cas de *Sixty Million Frenchmen Can't Be Wrong,* j'ai trouvé un allié précieux en la personne de François Guyot, qui était alors attaché de presse du Consulat général de France à Montréal. François a puissamment relayé notre livre dans les cercles diplomatiques français, surtout aux États-Unis, qui ont eux-mêmes fait jouer tous leurs contacts. Notre livre était littéralement une bouée de sauvetage : il sortait en pleine guerre irakienne, en pleine vague de francophobie aussi, avec un titre provocateur. Si vous publiez un livre qui s'appelle *Nos rituels*, tous les groupes religieux connus et inconnus doivent en être informés. Ces groupements ont tous un bulletin des membres et un site web. S'ils décident que vous êtes la meilleure chose qui leur est arrivée depuis l'invention du chouine-gomme, ils peuvent vous faire une pub d'enfer.

Internet est d'ailleurs une aide précieuse en la matière, car si vous tombez sur un site important, il est probable que les liens vous mèneront vers d'autres contacts. Si vous trouvez que ces associations ont un bulletin ou un journal associatif, il faut bien l'indiquer sur votre liste avec le nom du rédacteur en chef – souvent le directeur des communications. Personnellement, je fais aussi la démarche additionnelle de contacter les responsables des communications des principales associations pour les informer de mon livre et leur demander s'ils ne connaissent pas des journalistes sympathiques à la cause!

Soyez inventif! Tout est bon : s'il y a une fête, un festival, une célébration, un événement qui se rapproche de votre livre, vous devriez saisir la perche. La France, c'est le 14 juillet. Votre livre sur la frite, c'est le 21 juillet, jour de la fête nationale belge! Un auteur qui fait partie de l'écurie de mon agent américain avait un jour publié une biographie du marquis de Lafayette et il avait fait l'inventaire des 59 villes américaines dont le nom est Lafayette, Fayetteville et autres Fayette. Il en avait ciblé tous les médias et toutes les sociétés commémoratives ou historiques avec succès! Quand *Sixty Million Frenchmen Can't Be Wrong* est paru en Angleterre, à la fin de mars 2004, j'avais prévenu mon éditeur que cela coïncidait presque jour pour jour avec les célébrations du centenaire de l'Entente cordiale, un important traité diplomatique franco-britannique qui a changé toute la donne entre ces deux ex-ennemis. Je n'avais pas manqué de le souligner à l'éditeur, qui a misé une partie de sa communication sur ce point, assurant à notre livre une touche d'actualité salutaire – un ingrédient dont la presse raffole.

Ne négligez pas non plus d'inclure tous vos amis, connaissances, et les amis de vos amis. Vos listes peuvent comporter plusieurs centaines de noms : toutes ces personnes en connaissent d'autres et vous devriez les encourager à commander votre livre, à aller en librairie l'acheter et à en parler – et ce sera d'autant plus facile pour elles que vous leur donnez de bonnes raisons de le faire en vous rendant intéressant. La communication par Internet est tellement développée de nos jours que les trois quarts des gens ont désormais une adresse Internet, ce qui réduit considérablement vos frais.

Pour la parution de mon petit dernier, *The Story of French*, la liste canadienne seulement comportait *110 pages.* Il y avait là-dedans tous mes contacts de presse personnels ou référés, environ 20 pages serrées. Mais il y avait aussi une liste de tous les médias francophones hors Québec et de tous les médias anglophones et ethniques québécois. La section associative est au moins la moitié de la liste : il y a des associations comme Canadian Parents for French – 23 000 membres, tous parents d'un des 300 000 enfants en immersion française au Canada. J'ai relevé aussi toutes les associations ou syndicats de profs d'immersion ou de langue seconde de toutes les provinces canadiennes. Et ainsi de suite. Autre section importante : toutes les universités et cégeps anglophones du Québec, et toutes les universités francophones ou bilingues hors Québec. Enfin, les contacts principaux dans toutes les ambassades et consulats de pays francophones au Québec (France, Belgique, Suisse, Liban, Sénégal, parmi les principaux), ainsi que ceux des **bureaux et délégations** québécois. Pour les États-Unis, j'ai repris le même modèle, j'ai suivi des canaux similaires et j'ai monté une liste de *92 pages*. Saviez-vous qu'il existe un Comité des associations françaises de New York – 52 associations membres?

Grâce à de telles listes, qui représentent beaucoup de travail, mes éditeurs sont presque assurés de réaliser des ventes satisfaisantes même si notre livre n'obtient aucune couverture de presse. Or, comme je sais que le livre est bon, je sais aussi que les associations vont parler à leurs membres et que cela va se répercuter dans les médias.

Facile, vous allez me dire : c'est de l'essai et il y a une thématique claire. Je pense bien, mais je ne crois pas qu'un roman puisse s'écrire sans thématique claire également. Et combien d'auteurs de roman auraient des tirages bien meilleurs s'ils se donnaient la peine de faire un peu de recherche pour découvrir les associations se rapportant au sujet de leur livres? Prenons un roman archi-connu comme *Le Matou*. Je vois trois avenues évidentes du côté de la SPCA, des regroupements d'antiquaires et des chambres de commerce. Mettons que vous publiez un roman qui porte sur la médiocrité des mâles québécois ; il me semble que tous les regroupements masculins et féminins devraient être ciblés. Il y en a certainement qui vont mordre.

3) *Les conférences.* La plupart des auteurs commettent l'erreur de demander à leur éditeur un party de lancement. C'est flatteur, mais c'est presque toujours de l'argent mal placé. Il est préférable de demander à votre éditeur de payer un petit cocktail après une conférence que vous avez organisée (ou fait organiser) à l'occasion de la parution de votre nouveau livre. Cela revient bien moins cher et c'est bien plus efficace, surtout si la conférence est courue et bien annoncée. Un tel événement ne vous garantit pas une forte couverture, bien au contraire, mais il mobilisera tous vos amis, proches ou lointains. C'est pourquoi, lors de mon premier lancement à Paris en 2002, je

m'étais démené pour que soit organisée une telle réception par le Centre culturel canadien. Il n'était alors venu aucun média, mais cela avait beaucoup impressionné mon réseau personnel, qui avait fait alors beaucoup de bouche à oreille. Si vous communiquez avec vos publics cibles, vous serez surpris du nombre d'organismes ou d'entités qui vous inviteront comme conférencier à titre d'auteur d'un livre jugé pertinent. Les assemblées annuelles, les congrès, les foires sont des occasions en or. Ces conférences peuvent vous aider à vous établir comme personnalité parmi votre public. Si, par exemple, vous sortez un roman de canot-camping, la Fédération québécoise du canot et du kayak devrait au moins savoir que vous existez! Ces conférences ajoutent considérablement à la crédibilité de votre livre, car elles «créent l'événement». À plus forte raison si vous avez l'imagination pour appuyer votre conférence sur des faits d'actualité s'y rapportant, ce qui permettra de vous faire valoir comme spécialiste. L'organisation qui vous reçoit se trouve à endosser votre livre auprès de sa propre clientèle habituelle, et le répercute auprès de ses propres contacts dans la presse. C'est exactement ce que nous avons fait, Julie et moi, pour chacun de nos lancements. À Paris, à l'automne 2005, nous avons organisé trois conférences échelonnées à deux semaines d'intervalle : l'une dès notre arrivée avec le Centre d'accueil de la presse étrangère, l'une avec le Centre culturel canadien et l'autre avec l'Alliance française. Toutes trois ont été beaucoup plus efficaces qu'un party de lancement, car elles ont permis de créer l'événement. Parmi les 42 entrevues données en 40 jours dans toutes sortes de médias, je dirais qu'un gros tiers sinon la moitié découlaient de ces conférences que nous avions organisées.

Pour obtenir le maximum d'impact, l'idéal est de planifier ces conférences au moment de la parution de votre livre, car elles vous permettent alors de créer l'événement, ce qui est toujours le petit plus que la presse recherche : encore l'ingrédient d'actualité. Cependant, l'avantage des conférences est qu'elles vous permettent également de vous inscrire dans la durée. Les conférences sont idéales pour soutenir l'intérêt envers votre livre longtemps après sa parution. Même si votre livre n'est pas un best-seller mondial, il deviendra un *long-seller*, un livre qui acquiert une longue durée de vie dans le catalogue, chose dont les éditeurs raffolent également.

Pour la parution de *Story of French*, nous sommes allés à Toronto rencontrer les représentants d'une agence spécialisée dans l'organisations de conférences, Speakers' Spotlight, et qui cherchaient justement – tiens, tiens – à ajouter quelques conférenciers bilingues à leur écurie. Ils ont vu d'un très bon œil la liste des contacts associatifs que nous avions dressée pour notre éditeur. Et c'est d'ailleurs avec cette liste qu'ils commenceront leurs sollicitations. Beau cas de recylage de liste.

4) *Donnez votre opinion.* L'ingrédient de personnalité étant central dans l'intérêt que l'on portera à votre livre, il se peut qu'un élément important de votre stratégie soit de développer votre personnalité comme auteur. Il faudrait que toutes les radios, toutes les télés (ou du moins les émissions pertinentes) sachent que vous existez comme spécialiste du sujet. Dans ce cas-là, on vous invite pour commenter le sujet que vous connaissez par cœur et l'on vous présente comme figure d'autorité. Et en plus, comme pour les conférences, il est probable qu'on vous payera pour le faire !

Une bonne façon d'asseoir votre crédibilité en ce sens est de donner des conférences (voir le point précédent). Une autre méthode consiste à produire des articles d'opinion dans la presse écrite. Copier de tels articles vous font voir par la tranche de la population qui lit les sections éditoriales des journaux ; c'est dans ce groupe que se concentre un important bassin d'acheteurs de livres et de faiseurs d'opinion. Et ils assoient également votre crédibilité. Si votre sujet est fort, vous pouvez pratiquement ne faire que ça et gagner votre vie.

Ne vous gênez pas pour viser haut. Comme dans le cas des conférences, ces articles d'opinion vous permettent d'entretenir l'intérêt pour votre livre pendant longtemps. En mai 2003, Julie et moi avons jugé que nous étions très bien placés pour produire des articles fouillés sur la France et les Français, surtout qu'en pleine guerre irakienne et en pleine vague de francophobie, le public américain était très curieux sur cette question. Nous avons placé deux articles dans le *Toronto Star* et deux autres dans le *Christian Science Monitor*, qui ont tous contribué à nous faire voir. En dépit de son nom ridicule, cette dernière publication figure parmi les plus influentes et les plus importantes aux États-Unis pour son sérieux. Y placer un article – et même deux – était un coup en soi qui n'a pas peu contribué à renforcer notre crédibilité auprès des journaux.

Le bouche à oreille

Tous les éditeurs de tous les pays sont d'accord sur un point : c'est le bouche à oreille qui fera toute la différence. Certains livres, en dépit de campagnes de presse considérables, ne vont nulle part – souvent parce que le livre s'avère une coquille vide. Et inversement, certains livres vont loin en dépit d'une couverture de presse nulle – parce que le livre s'avère très fort et qu'il a trouvé son public. Le bouche à oreille se produit immanquablement si le livre est bon et surtout s'il trouve son public, ce qui est le point critique.

Pour toutes les étapes de votre plan de mise en marché, ne négligez pas une règle de base : soyez une vedette locale. Autrement dit, malgré vos ambitions, ne perdez pas de vue la presse locale, les associations locales, même celles dont vous êtes membre et dont le mandat n'a pas tellement de rapport avec le sujet de votre livre. Le niveau local est un concept relatif. Si vous publiez à la grandeur du Québec, le local, c'est votre ville natale, ou la ville où vous vivez, ou celle où vous travaillez. Si vous publiez dans toute la francophonie, le local, peut être le Québec entier si vous êtes québécois, ou le Nouveau-Brunswick si vous êtes acadien. De même que si vous publiez au Canada. Par contre, si vous publiez aux États-Unis, c'est le Canada qui devient du local; et dans ce local canadien, il y a encore plus local, puisqu'il ne faut pas négliger Montréal.

Le *New York Times,* c'est bien beau, mais si vous êtes de Sherbrooke et travaillez en Outaouais, vous devriez démarcher *La Tribune* et CHLT, mais aussi *Le Droit* et CFOR. Dans le cas de *Sixty Million Frenchmen...*, nous avons obtenu un article dans un autre quotidien local, *The Sherbrooke Record*, mais nous avons démarché très fortement pour obtenir le même traitement dans la *Gazette* et le *Toronto Star*. L'angle est toujours évident : un gars-de-la-place-fait-quelque-chose-quelque-part. Ce genre de papier peut être très lu par des gens qui vous connaissent, qui amorcent le bouche à oreille, et cet article peut-être repris par les autres publications s'il est bon. De même, si vous êtes un diplômé de l'UQAM, le journal des anciens de l'UQAM devrait le savoir. Si vous êtes un ancien bénévole de Centraide, le journal de Centraide devrait le savoir, d'autant plus si votre sujet est la philanthropie ou l'aide aux démunis.

Il y a trois raisons à l'importance du local.

Primo: les mathématiciens ont démontré qu'il n'y a sur terre que six degrés de séparation entre vous et quiconque. Autrement dit, si vous découvrez le bon canal, il peut n'y avoir que deux ou trois coups de fil entre vous et le président des États-Unis ou Madonna. C'est la raison pour laquelle la presse locale et les petites associations-pas-rapport-mais-où-l'on-vous-connaît ne sont jamais à négliger : les voies du bouche à oreille sont impénétrables. Toutes les ficelles sont bonnes et on ne sait pas lesquelles peuvent mener à une grosse poulie ou à un engrenage.

Secundo: l'intérêt local peut vous aider à créer l'illusion de l'événement, c'est-à-dire l'illusion qu'il se passe quelque chose autour de votre livre. Ça fait parler le monde, ce qui est très utile pour amorcer la pompe du bouche à oreille et susciter l'intérêt des paliers supérieurs dans la presse. Car si vous obtenez une entrevue au poste de télé local, ce qui est assez facile, vous aurez ensuite un clip que votre attaché de presse pourra présenter à la grande télé nationale pour leur prouver que vous êtes « montrable ».

Tertio : c'est rentable. Car le potentiel local peut aussi être assez grand, du fait que vous y êtes proportionnellement plus connu qu'ailleurs. Par exemple, pour *Les Français aussi ont un accent,* les ventes au Québec ont été aussi fortes que les ventes en France, même si ce dernier marché est plus vaste. La raison est simple : je suis mieux connu ici (l'ingrédient personnalité) et j'ai pu tirer de plus grosses ficelles. À l'inverse, pour la parution de *Sixty Million Frenchmen Can't Be Wrong,* j'ai fait confiance à mon éditeur qui disait qu'il s'occuperait du Canada. Or, dans son esprit, le Canada n'était qu'un 51e État, alors qu'au contraire un argumentaire particulier aurait dû être développé, car Julie et moi sommes un cas assez rare d'écrivains bilingues, rapprochement vital de nos deux soli-tudes, et qui ont le culot d'aller expliquer aux Américains ce que sont les Français. De plus, l'éditeur américain n'avait aucune idée des bonnes émissions de télé et de radio où l'on aurait voulu nous entendre. Julie et moi nous sommes aperçus de l'erreur au moment de la parution du livre, quand l'éditeur a rédigé un communiqué idiot pour le Canada. Nous avons corrigé le tir, mais trop tard, si bien que nous avons vendu environ 50 000 exemplaires aux États-Unis, mais seulement 3 000 au Canada, alors que le potentiel était bien plus grand. Nous nous sommes juré que l'on ne nous y prendrait plus.

Le génie en matière d'exploitation locale est René Angélil, qui contrôle absolument toute la communication sur Céline Dion au Québec. La raison fondamentale n'est pas seulement que «Céline est fine» et «qu'elle aime le Québec». Il y a aussi que le René négocie les contrats de telle sorte qu'ils préservent davantage de droits (sur les chansons, la musique, le disque) sur le marché québécois que partout ailleurs dans le monde. Il est donc extrêmement payant pour eux d'exploiter à fond le marché québécois, peut-être aussi payant que des marchés bien plus vastes où leurs ventes sont sûrement colossales, mais où, au fond, leur part des recettes est certainement moindre. (Cet exemple vous montre aussi comment la notion de propriété, dont nous avons discuté au chapitre 10, a des répercussions considérables sur la mise en marché.) Bref, si c'est bon pour Céline et René (et bientôt René-Charles), c'est bon pour vous.

Partir en campagne

Puis le livre est enfin lancé et les divers points de votre plan seront mis en application... n'importe comment!

Gardez en tête qu'une campagne de presse s'appelle une campagne par allusion à une campagne militaire dont vous seriez le général. Peu importe votre stratégie d'ensemble, vous devez vous montrer également un bon tacticien et savoir réagir aux imprévus en fonction de vos buts. En bon général, vous ne gagnerez pas la guerre tout seul : vous coordonnez le travail d'un certain nombre de soldats qui ont tous une tâche à remplir. Et vous devrez sans doute adapter votre plan : vous obtiendrez des succès inespérés à certains endroits et vous vous heurterez à des refus obstinés et inexplicables ailleurs. Dans tous les cas, comme un bon général, vous devrez pousser là où ça marche et contourner les obstacles où cela résiste. Il y a des généraux qui se font un point d'honneur de vaincre les résistances les plus acharnées et de négliger toute facilité. Ceux-là gagnent de belles batailles, mais pas leur guerre.

1) *Battez le fer pendant qu'il est chaud.* En prévision de la parution de *Sixty Million Frenchmen Can't Be Wrong*, Julie et moi avions bloqué deux mois pour nous consacrer à temps plein à la parution du livre et réaliser nos objectifs. Nous avions parfaitement compris que la parution d'un livre est le meilleur prétexte pour faire parler de lui, parce que la presse recherche d'abord la nouveauté, et il est très rare qu'un éditeur relance un livre s'il ne marche pas à sa parution. Quand l'édition originale de notre livre est parue aux États-Unis, nous n'avions ni crédibilité ni réputation d'aucune sorte, et nous publiions un livre sur la France et les Français en pleine guerre irakienne. Nous étions certains que nous ramions à contre-courant. Notre prévoyance nous a servis, car l'affaire est partie de travers : la veille de la parution de notre livre, notre éditeur a congédié notre relationniste qui avait tout préparé !

Votre disponibilité est nécessaire pour deux raisons. Si tout va bien, vous devrez répondre aux nombreuses sollicitations de la presse – que vous ne pouvez pas remettre à plus tard ! Si ça ne va pas comme prévu, vous devrez avoir du temps pour vous activer, tirer des ficelles, faire travailler vos réseaux afin que la mayonnaise prenne – et encore là, le moment idéal pour le faire est quand il y a de l'action.

Tout de même, en un mois, nous avons donné une quarantaine d'entrevues dans quelques journaux et surtout des radios américaines et canadiennes, mais c'était bien loin de faire de grosses vageer dans le vaste marché nord-américain. Alors, nous avons tiré d'autres ficelles. Par exemple, je suis allé à un congrès de journalistes canadiens à Toronto dans le simple but de toucher directement les journalistes. Comme je suis un membre de longue date de cette organisation, les organisateurs de la conférence m'ont dirigé vers certains participants qui étaient des correspondants de journaux américains. Je suis tombé sur une pigiste qui écrivait entre autres pour le *Wall Street Journal* et je lui ai parlé de mon livre, qui l'a beaucoup intéressée – à tel point qu'elle a convaincu la rédaction de parler de notre livre. Cet article dans le *Wall Street Journal* a été notre première percée importante.

Comme notre éditeur américain négligeait totalement le marché canadien, Julie et moi avons fortement appuyé sur le côté local et je dois dire qu'une part appréciable des critiques que nous avons eues découlait des efforts que nous avons déployés en ce sens. Malheureusement, nous avons pris conscience trop tard des faiblesses de notre éditeur sur le marché canadien, et nous n'avons pu que sauver les meubles. En fait, nous avons raté la règle de base citée plus haut – soyez une vedette locale. Car après tout, quel que soit votre éditeur, il ne connaîtra jamais *votre* monde mieux que vous! Nous n'aurions jamais dû négliger d'établir l'inventaire complet de nos contacts et publics cibles canadiens six mois avant la parution. Et nous avons donc raté le bateau sur ce point.

Ayez bien soin, quand vous communiquez avec des journalistes, de vous borner à leur demander si c'est bien à eux qu'il faut faire parvenir le document. Ne commencez pas à effectuer le travail de votre attachée, qui consiste à démontrer le mérite du livre et à négocier une entrevue. Vous devriez transmettre à votre attachée tous les contacts que vous dénichez pour qu'elle contacte elle-même les bonnes personnes. Il peut être pertinent que vous parliez vous-même au journaliste, surtout si vous le connaissez bien, mais seulement dans ce cas à mon avis. Il y a deux problèmes à essayer de tout faire soi-même. D'une part, vous donnerez alors l'impression de publier à compte d'auteur et de n'avoir personne qui s'occupe de vous – ce qui fait très amateur. D'autre part, les journalistes, surtout les bons, détestent se faire manipuler, même si cette interaction est nécessaire, et il est préférable que votre attachée subisse l'odieux de la chose.

2) *Prenez des initiatives.* Nous avons pris de très nombreuses initiatives, dont certaines contre l'avis de notre éditeur. Par

exemple, nous avions l'intuition que si nous écrivions des articles d'opinion dans la presse, notre profil d'auteurs s'en trouverait amélioré, mais notre éditeur Sourcebooks croyait que c'était inutile. Nous avons quand même remué mer et monde pour produire des articles d'opinion. Nous en avons fait un peu, mais pas autant que nous aurions pu ou aurions dû; toutefois, nous nous sommes bien promis que cela serait l'axe principal de notre communication pour le prochain livre sur ces marchés. Cependant, nous avions appris la leçon.

Deux ans plus tard, en France, nous avons refait exactement le même coup. Nous sommes arrivés dans ce pays la veille du début des fameuses émeutes dans les banlieues, sujet sur lequel nous avions beaucoup à dire, et nous avons proposé un article à *Libération*, au *Figaro*, au *Monde* et à *La Croix*. Seule *La Croix* l'a publié, mais l'article a attiré l'attention dans les rédactions et finalement *Libé* et *Figaro* nous ont donné un traitement flatteur dans les jours qui ont suivi.

Mais le véritable point tournant de la campagne de presse américaine de *Sixty Million Frenchmen Can't Be Wrong* a été l'article paru dans le *New York Times*, dont l'histoire est tout simplement rocambolesque. Il n'est pas facile de se tailler une place dans ce journal, mais j'avais des contacts du côté des membres de l'institut qui m'avait envoyé étudier en France, *The Institute of Current World Affairs*. Or, l'un d'entre eux était journaliste au *New York Times*. Celui-ci a fait quelques appels, et il est rapidement devenu évident qu'une journaliste voulait nous rencontrer. Cela tombait à pic : Julie et moi devions justement aller à New York pour une conférence! Pendant ce temps, nous poussions pour publier divers articles d'opinion sur les Français, et nos articles d'opinion dans le *Christian Science Monitor* ont renforcé notre crédibilité. Sachant que nous venions à New York, les gens du consulat de France à New York nous ont organisé une série de rencontres avec des journalistes, dont un *power lunch* (à leurs frais) dans un prestigieux restaurant français de la ville, en compagnie de certaines têtes des médias new-yorkais. Dont une productrice d'ABC et le rédacteur de la section culturelle du *New York Times* – Steve Erlanger qui, je me rappelle, ne pouvait pas croire que nous ayons pu si bien comprendre les Français en si peu de temps. Finalement, l'article du *New York Times* est paru un mois plus tard, à l'occasion du 14 juillet (évidemment), et Julie et moi avons rédigé un communiqué que nous avons diffusé à nos frais dans la presse canadienne pour bien répercuter la chose dans les médias d'ici.

Cet article, qui faisait la une de la section culturelle du *New York Times*, a produit des vagues. Mais il n'est pas arrivé dans le vide, puisqu'à la même période nous avions écrit quelques solides articles d'opinion qui nous ont fait voir des lecteurs de deux publications influentes : le *Christian Science Monitor* et le *Courrier international*. Et Julie, qui suivait de près Google et le site de Amazon.com, a tout de suite vu l'effet. Amazon.com tient des statistiques de fréquentation pour environ cinq millions de titres. Dans les heures qui ont suivi la parution dans le *New York Times*, notre livre est même monté au 10e rang des ouvrages les plus demandés – très brièvement. Mais il s'est longtemps maintenu dans les 500 premiers et n'est jamais redescendu depuis sous les 10 000, ce qui est le signe d'un intérêt soutenu. Cette campagne a même attiré l'attention en France, où le magazine *Lire* a publié une critique élogieuse de notre livre en septembre 2003 pour son édition en langue anglaise, ce qui nous a beaucoup aidés pour la suite des choses.

3) *Soufflez sur les braises.* Si votre campagne a été très intense, il est probable que vous aurez été à ce point bousculé que vous n'aurez pas pu mettre en application la moitié des points que vous aviez prévus. Il se peut même que vos amis n'aient pas été contactés. Quand la poussière retombe un peu, n'hésitez pas à faire ce qu'il reste à faire. Et continuez d'utiliser vos contacts, anciens et nouveaux, pour vous tailler une place

comme commentateur ou analyste à la radio et à la télé. Vos conférences et vos articles d'opinion permettront d'entretenir le feu sacré.

Après ça, on dira que vous êtes un auteur chanceux...

Lectures utiles

Les annuaires dont j'ai parlé au chapitre 8 vous seront utiles pour dresser vos listes de publications spécialisées, mais il en reste deux, spécialisés dans la communication, qui sont particulièrement utiles pour la France et le Canada (hors Québec, mais pas seulement anglophone).

Media Names and Numbers : Your connection to the media (mis à jour chaque année), Toronto, Sources, 2006, 368 pages.

MIQUEL, Françoise, *Media Sig 2004 : les 7 000 noms de la presse et de la communication*, Paris, Service d'information du Gouvernement, 2004, 487 pages.

Il existe aussi plusieurs livres de conseils pratiques sur la mise en marché du livre, dont certains nous ont été très utiles. Quelques-uns de ces livres sont carrément des livres sur l'édition à compte d'auteur : ils comportent tous une section considérable sur la mise en marché.

BROWNSTONE, David M. et Irene M. FRANCK, *The Complete Self-Publishing Handbook : a step-by-step guide to producing and marketing your own book in paper or electronic form*, New York, Plume Books, 1999, 214 pages.

FILLMORE, Cathleen et Susan SWEENEY, *Going for Gold : a Complete marketing strategy for speakers*, Toronto, Elias Press, 2000, 220 pages.

GALLOP, Angie, *Roughing it in the Market : A survival toolkit for the savvy writer*, Toronto, Periodical Writers Assocation of Canada, 2003, 91 pages.

LOCKWOOD, Trevor et Karen SCOTT, *A Writer's Guide to the Internet,* Londres, Allison and Busby, 1999, 143 pages.

ROSS, Marilyn et Tom ROSS, *Jumpstart your book sales : A money-making guide for authors, independent publishers and small presses,* Buena Vista, Communication Creativity, 1999, 348 pages.

ROSS, Tom et Marilyn ROSS, *A Complete Guide to Self Publishing : Everything you need to know to write, publish, promote and sell your own book,* Cincinnati, Writer's Digest Books, 1994, 406 pages.

STEWART, Dorothy M., *Bluff your way in publishing,* London, Ravette Books, 1993, 63 pages.

Chapitre 21

Le bagou de la Castafiore

Quelques trucs pour durer et endurer

J'ai une amie architecte, Paola, à qui il est arrivé une anecdote très amusante pendant ses études. Le premier jour du premier cours général en sciences de l'architecture, le prof demande aux élèves de remplir un questionnaire qui se révèle une sorte d'examen. La fois d'après, il remet les copies – en prenant soin d'énoncer très clairement le nom de chacun et d'annoncer sa note : « Paola, A... William, C... etc. » C'était évidemment excitant pour les meilleurs et humiliant pour les autres. À la fin de cette remise, fort appliquée, le prof s'est expliqué : « C'est la dernière fois que vous m'entendez vous donner vos notes ainsi ; mais souvenez-vous bien d'une chose : ceux qui ont eu A seront profs d'université, et les B travailleront pour les C. »

J'ai souvent constaté la même chose dans le métier d'écrivain. Que ce soit en journalisme ou dans le livre, les plus doués « sur papier » ne résistent pas toujours le mieux à l'épreuve du réel, alors que ceux qui atteignent une réputation enviable et qui parviennent à vivre de leur écriture étaient ceux dont le talent naturel était beaucoup moins évident au départ – je ne parle pas ici de la passion, mais du talent brut. Il arrive parfois que l'on croise un débutant du genre parfait : il sait tout, ses idées sont géniales, il écrit tout correctement dès le premier jet, il jouit d'un charisme, d'un bagou et d'un sens de la répartie sans pareils, et il gagne le Goncourt ou le Pullitzer au premier livre. Mais, comme tout le monde, il y a de fortes chances que vous n'ayez pas la moitié de toutes ces qualités, du moins au départ, ce qui ne vous interdit nullement de réussir, bien au contraire.

Notez bien que je ne fais pas l'éloge de la médiocrité ici : tout le monde doit tendre vers l'excellence, et il y a des A qui réussissent parfaitement, et qui embauchent des B et des C ; comme il y a aussi des B qui deviennent profs d'université et bon nombre de C qui se plantent. Mais la réussite, devant l'épreuve du réel et dans la durée, en dehors des cours d'écriture créative, de communication ou de journalisme, tient à d'autres qualités qu'au simple talent.

Jusqu'à présent, ce livre a suivi le parcours idéal de la réalisation de l'œuvre parfaite : l'idée parfaite, présentée parfaitement, négociée parfaitement, réalisée parfaitement, développée parfaitement en articles, en livres, diffusés parfaitement. On peut tendre vers la perfection, mais elle n'existe pas. Dans la vraie vie, il faut pouvoir survivre à son apprentissage et s'inscrire dans la durée. Il faut savoir éviter quelques pièges, développer des trucs. Et il faut aussi pouvoir rebondir lorsque l'on frappe un vrai mur. Il faut pouvoir faire un bon bilan après coup pour comprendre ce qui est allé de travers – ce n'est pas donné à tout le monde.

Je vous ai beaucoup parlé de mes bons coups et de mes gaffes. J'ai raconté souvent, sous plusieurs angles, mon échec de romancier. J'aurais pu vous raconter aussi pourquoi cela a foiré en théâtre, mais c'est très ordinaire comme échec. Il y a des échecs bien plus spectaculaires, voire grandioses, et il y a de petits échecs mièvres, des demi-ratages. Comme il y a des demi-succès, un peu mièvres, et des réussites spectaculaires. Il y a des échecs et des succès qui changent une vie – en bien ou en mal. Ces réussites peuvent être aussi difficiles à gérer qu'un échec, car elles vous amènent parfois à prendre du travail au-dessus de vos forces. Habituellement, quand je reçois une très bonne nouvelle professionnelle (grosse avance, rédacteur en chef ou éditeur satisfait, excellente critique prestigieuse), je suis tellement content que je suis incapable de penser à autre chose. J'arrête alors de travailler pour aller me balader : c'est une récompense et cela vaut la peine, car je ne suis plus bon à rien jusqu'à ce que l'excitation soit passée.

J'ai vu nombre de débutants prometteurs s'écraser sans jamais rien réussir, alors que des débutants pourtant moins talentueux ont au contraire fait de belles carrières. La chance est parfois au rendez-vous, mais j'espère vous avoir convaincu que l'on peut beaucoup aider la chance en prenant les bonnes décisions et surtout en s'orientant de la bonne façon.

Les vertus scoutes

On me demande souvent les pièges à éviter et les trucs qui m'ont permis de durer et d'endurer. Il y en a quelques-uns, dont je parlerai un peu plus loin, mais il m'apparaît essentiel de préciser que vous ne pourrez pas durer si vous ne faites pas montre de qualités morales. Il y a les trois vertus scoutes, qui sont Franchise, Dévouement, Pureté – mais c'est assez vague, surtout pour le dernier. Je vous propose ici mes cinq vertus scoutes à moi : patience, franchise, audace, curiosité et humilité.

1) *Patience.* C'est Félix Leclerc qui disait que la marguerite ne pousse pas plus vite si on tire dessus, et il en va de même de votre talent d'écrivain, de vos capacités en tant que journaliste ou en tant qu'auteur, ou simplement de votre compréhension d'un sujet. Il se peut que vous ne soyez pas encore à la hauteur de votre idée, et qu'elle vous dépasse, et que vous ayez besoin de temps pour la développer. Donnez le temps au temps. Pas trop, juste assez. Il y a des saisons dans la vie

comme il y en a dans le temps ! L'actualité connaît des cycles et même si vous et votre idée avez raté le train cette fois, il se peut bien qu'il repasse : vous n'avez pas nécessairement besoin de courir derrière pour le rattraper. Ce serait bête que vous vous fassiez écraser par le train suivant, alors que vous auriez pu tranquillement l'attendre.

2) *Audace*. Sans contredire ce que j'ai affirmé sur la patience, il faut parfois de l'audace pour frapper fort même si la cible paraît haute, lointaine et hors d'atteinte. J'ai toujours trouvé réconfortant que l'échec soit moins douloureux que l'idée de n'avoir pas essayé. D'ailleurs, il se peut fort bien que le fait d'avoir échoué dans une tentative au-dessus de vos forces vous permette de mieux évaluer le chemin qui reste à parcourir – à condition évidemment que l'échec ne soit pas fatal, ce qui est rarement le cas en écriture.

3) *Franchise*. Toute vérité n'est pas bonne à dire, certes. Il faut savoir être politique, parfois, et attendre de dire les choses quand les circonstances s'y prêtent. Mais si vous, vous avez un problème, il ne sert à rien de vous le cacher et de le cacher à votre rédacteur en chef ou à votre éditeur – à plus forte raison si cette difficulté compromet la réalisation du projet. La plupart des échecs viennent de là.

4) *Curiosité*. Le chroniqueur-vedette de *La Presse*, Pierre Foglia, a écrit un des plus beaux textes que j'ai lu sur le bonheur. Il affirmait ne pas croire au bonheur, n'étant pas certain de ce que c'était au juste. Mais il ajoutait que si le bonheur existait, d'après ce que les autres en disaient, il y avait trois conditions essentielles à sa réalisation : l'amour de son travail, la curiosité et la baise (dans l'ordre décroissant d'importance). Vous lisez déjà ce livre parce que vous avez la passion d'écrire et que vous voulez en faire quelque chose. Mais la curiosité, c'est ce qui entretient le feu sacré. (Pour la baise, il y a des livres, avec des images tout plein.)

La curiosité est une qualité fort utile. C'est elle qui vous aidera à vous intéresser à ce que vous faites, et c'est justement votre capacité de vous intéresser qui jouera un rôle déterminant dans la qualité du rendu (on en a parlé au chapitre 7). Mais c'est aussi la curiosité qui vous permettra de rester éveillé à ce qui se passe *autour* de ce que vous faites ; et c'est souvent dans son entourage immédiat, dans un rayon d'un kilomètre autour de soi, que l'on trouve LA bonne idée.

C'est Yogi Berra, ce génie du baseball, qui disait : « *You can observe a lot by watching* (On peut observer bien des choses en regardant). » Je ne saurais dire mieux – c'est un génie, je vous le répète. Berra parlait du baseball, évidemment, mais c'était surtout un éloge à la curiosité.

5) *Humilité.* C'est la qualité la plus difficile à comprendre. Cela n'a rien à voir avec la mentalité du petit pain ou la modestie excessive. Vous m'avez assez lu depuis vingt chapitres et une introduction pour savoir que je ne suis pas du tout le genre modeste et que je suis fier de mes succès. Je sais ce que je vaux, et c'est pour cela que je négocie bien. Pourtant, j'ai également la prétention de pratiquer mon métier avec humilité. J'assume mes responsabilités d'auteur et de journaliste – je prends même un certain plaisir aux questions de basse intendance comme la négociation ou la révision. J'admets qu'il y a toujours place à l'amélioration. Quand je frappe un nœud, je cherche avant tout à savoir si la faute est la mienne ou celle d'un autre.

J'ai vu passer des tas de débutants – auteurs et journalistes – et je puis affirmer que ceux qui sont prompts à blâmer tout le monde et son chien pour leurs problèmes sont en général à quelques mois de jeter la serviette et de renoncer devant l'adversité – puisque « tout le monde est contre eux ». C'est par cet examen, parfois assez minutieux, que j'ai pu corriger certains problèmes et surmonter certains obstacles que d'autres avaient mis, sciemment ou non, sur ma route.

Cet examen est souvent douloureux, et c'est sans doute pourquoi il est difficile. Le deuxième texte que j'ai proposé à *L'actualité* en 1988 m'est revenu avec un refus sec qui disait : «quasi illettré, presque analphabète». Pour être exact, la lettre de rejet du secrétaire de rédaction était fort courtoise, mais cette lettre était accompagnée de la copie de mon article, annotée au crayon de la main du rédacteur en chef. Par délicatesse, le secrétaire de rédaction avait effacé au verso le diagnostic global en quatre mots de son patron. Mais en utilisant le reflet d'une lampe (un truc de vieux films d'espionnage), j'avais pu lire le commentaire effacé. Cette note assassine m'avait beaucoup insulté. Bien que le ton fût excessif à souhait, j'ai bien dû admettre à la relecture de mon article que le rédacteur en chef n'avait pas tort : c'était franchement nul, tant sur le plan journalistique que sur le plan de l'écriture. J'en ai conclu deux choses : d'abord que je n'étais pas prêt à écrire pour *L'actualité;* ensuite qu'il faudrait que je maîtrise mieux mon sujet avant d'écrire. Tel MacArthur fuyant les plages philippines devant l'avancée japonaise, je me suis dit : «Je reviendrai.» Et voilà : je me suis employé à faire en sorte qu'il change d'opinion, et je dois bien dire que j'y ai réussi. Mais cela n'aurait pas marché si je n'avais pas considéré le *vrai* problème avec lucidité et si je ne m'étais pas entêté.

L'un de mes échecs professionnels les plus pathétiques est arrivé dans le cas d'un dossier que je maîtrisais pourtant bien, mais où j'ai complètement perdu de vue les impératifs de parution. Vers 1995, j'avais proposé à *L'actualité* un portrait de Pierre Falardeau, le cinéaste, qui sortait son film *Octobre*, racontant l'enlèvement de Pierre Laporte par la cellule Larose du FLQ. Un de mes bons amis, l'acteur Hugo Dubé, tenait le rôle de Paul Rose, et il avait une relation amicale avec Pierre Falardeau. Et c'est ainsi que j'avais eu accès au cinéaste. Falardeau s'est avéré absolument charmant et tout est allé sur des roulettes au moment de la recherche. Sauf que le papier a foiré lamentablement pour deux raisons : d'abord, comme j'étais bien loin d'être un critique de cinéma chevronné, il fallait que je me limite au portrait du gars. Or, j'ai mis trop de temps, et le portrait n'a été prêt qu'au moment de la sortie du film, c'est-à-dire beaucoup trop tard pour ce genre de papier. Car mon portrait était du genre qui précède le film, alors qu'un portrait qui paraît après le film doit poser d'autres questions que celles que je me posais puisque les gens l'ont vu. C'était une erreur de débutant, et le papier aurait tout de même pu être réchappé, si j'y avais mis le temps. La deuxième erreur, totalement extérieure, était que j'avais trop de pain sur la planche, et je n'ai jamais eu le temps de corriger le tir. Si bien que, finalement, j'ai travaillé pour rien et dérangé Falardeau pour rien.

Falardeau a toujours pensé que le papier avait été censuré par les maudits Anglais colonialistes de Toronto (*L'actualité* est propriété de Rogers Media). Mais je peux assurer que, au contraire, l'erreur était entièrement le fait d'un Québécois de Sherbrooke. J'aimerais bien, moi aussi, avoir le luxe de pouvoir blâmer un maudit Anglais colonialiste de Toronto de temps à autre...

Les pièges

C'est Yogi Berra, encore et toujours, qui expliquait une défaite par cet aphorisme génial : «*We made too many wrong mistakes* (nous avons fait trop de mauvaises erreurs).» Je ne sais pas s'il y a de bonnes erreurs, mais il y en a effectivement certaines qui s'avèrent pires que d'autres par effet d'entraînement : elles emportent tout le jeu de dominos !

Avant de vous parler des trucs, je vous décris trois grands pièges à éviter.

1) *N'en prenez jamais trop.* C'est précisément à cause de la qualité de votre travail que le téléphone sonne sans arrêt. D'où l'intérêt de savoir dire non. C'est un équilibre difficile : ce n'est qu'avec le temps que l'on apprend à jongler de front avec six ou sept projets à divers stades d'avancement. Mais si vous travaillez au-dessus de vos forces physiques ou intellectuelles, le résultat s'en ressentira immanquablement. Et si vous en avez trop pris parce que vous ne pouvez pas dire non, rappelez-vous qu'il y a moyen de gagner plus et de se multiplier sans nécessairement travailler plus. Si vous avez dit oui alors que vous auriez dû dire non, la franchise demande que vous rappeliez le client pour lui expliquer le problème. Et le plus tôt sera le mieux.

2) *Ne jouez pas la prima donna.* La tentation est grande, surtout que l'on vous complimente pour votre travail et que vous gagnez des prix. Les prima donna refusent qu'on touche à une seule virgule de leur texte, car leur génie souffrirait d'un tel accroc – sauf que ces prima donna oublient que dans 99 % des cas, elles doivent leur génie au fait que d'autres les ont aidées. Ce qui n'enlève rien à leur mérite, comprenons-nous bien. Nombre de rédacteurs en chef et de réviseurs m'ont raconté leurs difficultés avec des journalistes et des auteurs prometteurs, mais qui refusaient que l'on révise une ligne de leur article ou de leur livre sous prétexte que «je gagne des prix». C'est une position soutenable quand on est un génie confirmé, mais j'ai toujours eu pour politique qu'il était prudent au contraire d'agir comme si je n'étais pas un génie. Et tant mieux si certaines personnes bien placées et des lecteurs avertis trouvent génial ce que je fais.

Mon éducation me permet d'établir la distinction entre ma personne et mes actes. Car mes parents ont toujours eu la sagesse de me reprocher mes erreurs en tant qu'actions indignes de moi, non pas en me disant que l'erreur était inhérente à ma personne. Bref, ce n'est pas parce qu'on agit stupidement que l'on est stupide. C'est une attitude défensive assez commode, qui permet de sauvegarder son amour-propre. Cette attitude permet aussi de ne pas trop s'enfler la tête quand tout va bien : ce n'est pas parce que j'ai agi brillamment que je suis brillant. J'aimerais bien croire que je suis génial parce que Le Bigot, Bazzo, Charette, Foglia, Homier-Roy, Nuovo, Rioux, la gouverneure générale, le premier ministre, le président des États-Unis trouvent mon livre ou mon article génial, mais les compliments, s'ils me flattent, me convainquent rarement. Ce qui ne m'empêche nullement d'utiliser ces compliments pour me faire valoir aux yeux des autres, notez bien : la publicité, ce n'est pas la vérité, mais ça aide à vendre.

3) *Choisissez vos fréquentations.* Un client est un client et il faut se méfier de ceux qui se prétendent trop aisément vos amis – surtout quand ils vous demandent des concessions. Cela dit, cette attitude prudente n'interdit pas l'amitié, encore faut-il savoir choisir. De même que de nombreux enfants voient leur adolescence virer à la catastrophe en raison de mauvaises fréquentations, vos fréquentations dans l'enfance de votre métier peuvent également vous nuire. C'est d'autant plus difficile qu'il faut se brûler un peu de temps à autre pour apprendre. Au début, vous aurez à écrire parfois pour des publications ou des éditeurs louches – qui payent mal, dont l'honnêteté est douteuse.

Heureusement, les mauvais rédacteurs en chef ou les mauvais éditeurs présentent des traits communs assez reconnaissables : ils ne font que des erreurs qui les avantagent ; ils ne livrent jamais le fond de leur pensée ; ils ne tiennent pas leur parole ; ils changent de job tous les six mois. Les mauvais rédacteurs en chef et les mauvais éditeurs ne sont pas bien différents des mauvais journalistes ou des mauvais auteurs : ils sont mauvais au sens de néfastes et il vaut mieux s'en approcher le moins possible.

Les trucs

Au chapitre 6 sur la sollicitation en personne, j'ai assez peu développé sur la question des rapports personnels. J'ai toujours pensé que la sollicitation en personne était meilleure pour la prospection que pour la vente. Mais il y a un domaine où elle est vitale : elle sert à bâtir une relation plus solide avec votre éditeur, votre rédacteur en chef et leur équipe (dans laquelle sera recruté leur successeur).

Si vous avez une bonne relation avec un éditeur ou un rédacteur en chef, entretenez-la. Ces clients peuvent faire de vous un régulier. Cela peut valoir la peine de travailler pour eux à un tarif légèrement inférieur aux prix que vous pouvez aller chercher ailleurs. Vous les connaissez ; ils vous connaissent ; ils vous assurent du boulot régulier ; et il est plaisant de travailler pour eux. Si les choses se sont bien passées à *Voir, Commerce, Québec Science* ou *L'actualité,* c'est parce que nous sommes devenus familiers les uns des autres. Plusieurs sont aussi devenus des amis avec les années, à force d'entretenir cette belle plante que l'on appelle une relation. Je ne raconte pas cela par cynisme et j'espère que mes collègues ne croiront pas que je suis lié à eux seulement par intérêt personnel – mais je ne serais certainement pas un de leurs amis si leur commerce avait été désagréable et nuisible.

Cela ne veut pas dire que vous devez tout accepter d'eux et il se peut que leur relation devienne abusive – cela m'est arrivé. Mais comme dans toute bonne relation, on prend son pied tant que ça dure. Vous développez ainsi des habitudes. Vous savez que, d'année en année, ils publient tel spécial à telle date et vous pouvez vous y préparer ; ils vous invitent aux réunions de rédaction où l'on décide des numéros à venir ou des idées d'articles ou de livres ; vous comprenez à demi-mot les commentaires du rédacteur en chef en marge du texte. Les éditeurs sont un peu plus distants parce qu'ils n'ont pas à générer un flot constant d'idées. Mais encore là, si vous êtes proche de certains d'entre eux et que vous ne détestez pas ce qu'ils font, ne vous gênez pas pour leur rappeler votre existence de temps en temps – ils peuvent avoir une idée de livre à vous proposer. Cela ne coûte pas cher et cela peut rapporter.

Avant Internet, on livrait les papiers par la poste, par télécopieur ou en personne. J'adorais le faire en personne, cela me permettait de revoir mon monde et de faire ce que j'appelais la « tournée paroissiale » – visiter les autres rédactions du groupe de presse sur le même plancher. Je faisais ça à *Commerce* et je ne manquais jamais d'aller voir les gars de *Affaires Plus* et de *PME* à trois portes de là, et je repartais souvent avec des commandes pour trois ou quatre articles. Désormais, avec Internet, il y a moins d'occasions de contacts personnels, et on se parle même moins au téléphone. Alors, je ne rate jamais l'occasion d'une visite, pour prendre le pouls de la publication et entretenir les liens. Et j'ai conservé une variante du procédé de la tournée paroissiale : dans le cas des publications que je ne connais pas bien, je profite toujours de la remise de mon article pour leur proposer de nouvelles idées. Après tout, c'est quand j'ai leur attention que je suis mieux à même de la capter pour des projets nouveaux !

Les atomes crochus, c'est bien, mais il faut multiplier les occasions de faire en sorte que les crochets accrochent. J'aime côtoyer mes collègues dans les congrès, les réunions, les 5 à 7. Cela rompt la solitude et aide à créer des liens, qui sont chose essentielle.

Mon histoire la plus amusante concerne Pierre Duhamel, dont j'avais fait la connaissance à *Commerce*. Quand il a quitté la revue pour devenir rédacteur en chef de *Affaires Plus* (à l'autre bout du couloir), sa remplaçante était une amie à lui, Catherine Leconte. Comme j'étais un habitué, Catherine m'a appelé pour me demander de reprendre un papier qu'un autre pigiste avait raté. Elle a été très contente du résultat, au point qu'elle m'a prédit que je gagnerais un prix pour cet article – ce qui s'est avéré. Or, un jour, je reçois un appel de Jean-François Lisée, qui était journaliste vedette de *L'actualité*. Il était alors responsable de la section politique et il voulait me commander un papier. Super. Belle occasion que je n'ai pas ratée. J'étais très fier de savoir que l'on parlait ainsi de moi dans le métier, mais j'ai été encore plus surpris, à l'occasion d'un party chez Pierre Duhamel, de voir Jean-François Lisée enlacer Catherine – qui était sa femme depuis dix ans, ce que j'ignorais. J'avais toujours cru que j'étais entré sur l'écran radar de Lisée par l'intermédiaire de Pierre, qui était son ami. Mais, en fait, c'était par l'intermédiaire de Catherine. Il y a des réseaux comme ça qui se forment!

Une chose que j'ai beaucoup faite à mes débuts et que je fais encore : je ne suis pas gêné de demander conseil. Avant de préparer mon projet de documentaire, domaine où je suis néophyte, j'ai consulté quelques personnes à qui j'ai demandé candidement de m'expliquer quelques questions de base – de préférence à l'apéro ou à table. À l'inverse, je suis toujours étonné de recevoir assez peu de demandes d'aide de débutants et je sais que nombre d'auteurs et de journalistes vétérans n'en reçoivent jamais non plus. C'est d'autant plus étonnant que nous connaissons tous les problèmes auxquels vous faites face, puisque nous sommes tous passés par là. Cela dit, il y a toujours une bonne et une mauvaise façon de demander. Il est très difficile de répondre à une demande du genre : «J'ai de la misère, qu'est-ce que je fais de pas correct?» Dans un tel cas, je peux répondre si la personne qui demande est intéressante, et l'un des critères est qu'elle puisse m'expliquer les efforts qu'elle a fournis. Si je vois qu'elle n'a déployé aucun effort, il n'y a pas beaucoup de raisons de me déranger. La seule réponse à donner est : «Suivez le séminaire, lisez le livre.» Par contre, je vais répondre rapidement à une demande spécifique, du genre : «Comment calcule-t-on les droits dérivés d'un article pour un livre?» ou «Comment se faire payer par un client qui ne paye pas?»

En général, j'ai remarqué que ceux qui sont assez motivés pour accomplir cette démarche et qui prennent les moyens font en général bonne figure dans le métier. Il y en a un, René Lewandowski, qui m'a même payé pour que je lui donne individuellement le cours que je donnais à un groupe de 30. Or, il se trouve que René fait une belle carrière. Parmi toutes les choses que je lui ai dites, il en a pris et il en a laissé. Je ne prétends nullement que mes conseils aient été déterminants dans sa carrière ; mais je sais une chose : il faut un bon mélange d'audace et d'humilité pour s'exposer ainsi, demander conseil et insister pour avoir une réponse, et le geste même démontre que l'on a plusieurs des qualités essentielles qui font le succès.

Enfin, ne négligez surtout pas les concours pour des prix ou des bourses, qui constituent une excellente façon de se faire voir. Tous les bons annuaires de journalisme ou les sites des associations d'écrivains ou de journalistes – dont j'ai dressé la liste au chapitre huit – en font état dans le détail. Il ne vous sert à rien d'être faussement modeste et de ne pas vous présenter sous prétexte que vous êtes débutant et que vous n'avez aucune chance. Si c'est bon, c'est bon.

En 1991, lors du premier congrès de l'Association québécoise des éditeurs de magazines (AQEM), on avait créé une vingtaine de prix divers récompensant des articles, des photos, des maquettes, des couvertures, etc. J'avais soumis une quinzaine d'articles dans une dizaine de catégories et cela m'avait coûté facilement 400 dollars. À la remise des prix, tout le gratin du monde des magazines québécois était là, c'était très sérieux. Je me suis retrouvé finaliste dans huit catégories ce soir-là pour cinq articles et j'ai gagné un premier prix et deux seconds prix. Non seulement le chèque a-t-il couvert l'investissement initial, mais cela m'a procuré une excellente publicité. D'autant plus que les copains de *Voir*, qui me connaissaient le mieux et qui avaient pris deux tables, n'arrêtaient pas de m'applaudir chaque fois qu'ils entendaient mon nom.

Et c'est précisément depuis cette date que je suis considéré comme un incontournable. Il faut dire que j'ai ramé très fort, mais j'ai aussi surfé quand j'ai pu. Je ne rate jamais l'occasion de soumettre ma candidature dans un concours où j'ai une chance de gagner. Souvent, il arrive que la publication soumette un article à ma place, ce qui représente une économie, mais si je ne suis pas d'accord avec leur sélection, j'envoie moi-même un article qui fera concurrence à l'autre qui est soumis – si bien sûr le règlement du concours le permet !

Même si vous ne remportez pas le premier prix, vous y gagnez toujours : d'abord parce que le jury est habituellement composé de vos pairs, qui voient votre nom passer. Et surtout, même le fait d'être en nomination est une récompense en soi. D'ailleurs, c'est Jean Paré, de *L'actualité*, qui disait que la mise en nomination est une marque objective de qualité : parmi les 25 ou 30 articles soumis, le vôtre fait partie des trois ou cinq meilleurs. Quant au premier prix lui-même, il est en général beaucoup plus subjectif, car les articles en nomination sont souvent incomparables – et la seule raison pour laquelle le jury décerne un premier prix est qu'il faut un « gagnant ». Les bons rédacteurs en chef ne s'y trompent pas et portent une attention particulière aux débutants qui apparaissent sur ces listes de nomination.

Outre les prix, il y a une foule d'autres petits gestes qui comptent. Je me rends toujours disponible pour les réunions de rédaction auxquelles je suis convoqué, même celles pour lesquelles je ne suis pas payé. Il s'agit de réunions où la rédaction discute d'idées de reportage, d'un projet futur ou de ses orientations. C'est très formateur, car on y examine l'intérêt d'un synopsis : on y voit la rédaction réfléchir, littéralement. Et si ce n'est pas formateur, cela vous informe tout de même sur la façon dont ça roule ou pas à la rédaction.

À l'automne 1987, *Voir* a voulu créer son premier numéro spécial Nouvel An. J'avais été convié à cette réunion, et le cahier visait à publier une revue assez irrévérencieuse de l'actualité. Je me suis arrangé pour mettre le grappin sur le contrat de recherche préalable (il fallait éplucher toute la presse de l'année 1987 et produire un rapport). Et une fois le rapport produit, j'étais en bonne position pour mettre le grappin sur la rédaction d'au moins la moitié du dossier. J'ai refait le coup en 1989 et en 1990. Il s'agissait de commandes pas très payantes (le tarif est passé de 20 à 50 dollars le feuillet pendant cette période, ce qui n'était pas encore les gros chars). Mais je me reprenais sur la longueur de la commande – dans les 40 ou 50 feuillets, la dernière année. C'est le genre de commande juteuse que l'on n'obtient que lorsqu'on fait partie du noyau dur d'une publication. C'est bien joli, encore faut-il y arriver.

Vous voyez que finalement ce n'est pas bien difficile de durer et d'endurer. Mais vous seriez surpris d'apprendre que même aux réunions de *L'actualité,* je suis très souvent le seul pigiste présent parmi ceux qui sont invités...

J'ai écrit plus tôt que 90 % des journalistes et des auteurs en herbe ratent une cible pourtant très simple qui consiste à produire un article ou un livre bien écrit, bien documenté et remis à temps. Mais si vous atteignez cette cible, que vous prenez la peine de bien préparer votre affaire (ce dont traite la première moitié de ce livre) et que, par-dessus le marché, vous suivez ces quelques conseils pour durer et endurer, vous figurerez nécessairement dans le lot de ceux qui, longtemps, écriront pour vivre et auront les moyens de vivre pour écrire.

Lectures utiles

Janelle, Claude, *Prix littéraires du Québec : Répertoire 2000,* Gouvernement du Québec, 2000, 94 pages. Cet annuaire est assez âgé, mais il existe deux sources récentes : l'UNEQ met à jour un répertoire similaire tous les trois ans, et la Bibliothèque nationale du Québec tient un registre à jour également. Pour les journalistes, les deux meilleures sources sont le site web de la Fédération professionnelle des journalistes du Québec (FPJQ) et Sources (également cité dans le chapitre sur la recherche) :

Sources, Toronto, Sources, 2006, 336 pages.

Conclusion

Où l'auteur prend la position du vieux singe sur la montagne

Ce livre bouillonnait en moi depuis des années et j'ai eu beaucoup de plaisir à vous le distiller. Aussi, j'éprouve une certaine angoisse à l'idée de la séparation, comme tous les auteurs. Voici venu le moment de prendre l'attitude du vieux singe sur la montagne, le temps d'un laïus socratique. J'ai mentionné plus tôt les six W du journalisme : *Who, What, Where, When, Why, How* (qui, quoi, où, quand, pourquoi, comment). Or, maintenant que vous avez lu les vingt et un glorieux chapitres de cet opus remarquable, je vous donne en prime trois autres W.

Il s'agit de *Wow* et de *What for* (pour quoi).

Wow, c'est le contraire de bof, et il en a été tellement question aux chapitres 1 à 21 qu'on ne reviendra pas là-dessus. *Wow* est tellement important que le sous-titre de ce livre aurait très bien pu être *La Quête du Wow*. Pour tout dire, *Wow* contient deux W. Ce n'est pas rien.

What for est plus difficile à comprendre. « Pour quoi », ce n'est pas « pourquoi » : c'est au sens de « pour quoi faire ? » Cela pose la question de votre finalité, de vos buts, d'ayoussé que vous vous en allez de même. Car une fois que vous aurez terminé la phase d'apprentissage et que vous serez en mesure de livrer un travail bien écrit, bien documenté et remis à temps, le téléphone ne dérougira pas. Vous aurez alors le problème du temps. Et vous devrez faire des choix. Mais en fonction de quoi ? Et c'est ainsi que la vie vous posera, miraculeusement et douloureusement, la question du but que vous cherchez à atteindre.

Car on n'exerce pas de la même façon les milliers de petits choix quotidiens du journaliste selon qu'on veut devenir employé, lancer sa revue ou publier à l'étranger. Un auteur de livre ne fera pas son travail quotidien d'écriture de la même façon selon qu'il veut créer une série documentaire, s'enrichir ou réinventer le genre. Il n'y a rien de déshonorant à décider que l'on ne veut pas dépasser le Québec, ou encore que l'on veut faire de la nouvelle pour la nouvelle, sans autre considération que celle de nourrir le Monstre, mais c'est un choix qui en exclut d'autres.

Si vous étiez prof de danse sociale, vous ne pratiqueriez pas votre métier au quotidien de la même façon selon que vous voulez juste être prof, lancer une chaîne d'écoles de danse sociale, remporter les olympiques de la danse sociale, faire en sorte que vos élèves les gagnent, créer une chaussure spéciale de danse sociale. C'est pareil pour vous comme écrivain – que vous soyez journaliste ou auteur.

Dans les livres de gestion, on appelle cela faire un plan d'affaires – j'ai écrit tout un chapitre là-dessus dans mon *Guide du travailleur autonome*. Mais le plan d'affaires est un document assez lourd, verbeux et pompier, qui est fait pour impressionner des banquiers ou de futurs associés ou invertisseurs. Vous, vous n'avez pas besoin d'écrire vos objectifs et de tartiner des pages d'explications, de réflexions et de recherche (à moins de vouloir tenir un journal). Vous avez *simplement* besoin de vous demander ce que vous voulez dans la vie, ce qu'il vous manque pour y arriver, par quel chemin vous allez passer et si vous avez l'étoffe et les ressources pour y parvenir. Moi, je suis le genre à toujours bâtir des plans : pour trois heures, trois jours, trois semaines, trois mois, trois ans, trois décennies, trois vies, et je révise fréquemment. Je trouve utile de connaître mes buts, car cela m'aide à continuer quand je ne vois pas très clairement où je m'en vais.

Cela demande du discernement, parce qu'il y a une différence entre un moyen et un but, et la différence est parfois subtile. Certains de mes buts ne sont en fait que des moyens pour atteindre autre chose. Pendant toutes les années 1990, je publiais beaucoup d'articles et l'on me complimentait beaucoup pour mon succès – ce qui me choquait, parfois. Car, voyez-vous, le journalisme n'était, pour moi, que le moyen d'atteindre mon vrai but, qui était de publier des livres à fort tirage. Donc, oui, je réussissais dans le journalisme en tant que moyen, mais il m'aura fallu cinq ans de plus et un exil pour toucher le but réel – quant à la réussite, je dirais que cela va très bien merci, même si cela pourrait toujours aller mieux.

Je me rappelle avoir dit un jour à ma femme, au début de nos fréquentations, qu'il fallait que j'aie la gloire. Cela l'avait indignée, mais c'est parce qu'elle n'avait pas une idée claire du métier d'écrivain, ni des moyens pour arriver à en vivre. La reconnaissance est un de ceux-là : plus on est connu, plus les gens vous lisent, mieux vous gagnez votre vie, et les projets que vous êtes à même de réaliser sont bien plus intéressants. Souvent, on croit que je joue les faux modestes quand j'affirme que la reconnaissance ne me flatte pas, ou me flatte peu. Cela fait un petit velours, certes, je m'arrange toujours pour que l'on dise du bien de moi, mais ce n'est pas mon moteur premier, ce n'est qu'un outil : celui qui me permet d'obtenir plus ou mieux. Le journalisme ? Pas tant un but qu'un moyen aussi, celui de m'exposer et de gagner ma vie tout en me formant et en m'informant. Je vous dis cela d'ailleurs de façon très candide en sachant très bien que certains collègues journalistes, pour qui le journalisme est un but et un absolu, pourraient désapprouver et condamner mon attitude. Mais l'essentiel est que chacun *se* comprenne. Vos buts, votre finalité, vos moyens seront très différents des miens et des leurs, et forcément les vôtres et ceux de personne d'autre.

Cette question de vos buts est intensément et douloureusement personnelle, car elle exige que vous interrogiez vos goûts et sachiez mesurer vos limites. Cela fait référence au « Connais-toi toi-même » de Socrate. Il est parfaitement louable que vos objectifs soient modestes ou en deçà de vos capacités, à condition de l'accepter. De même, il se peut que vous n'ayez pas l'étoffe pour réaliser votre rêve avant d'avoir mangé un char de croûtes !

Cette question de vos buts et de vos capacités vous demandera sans doute de faire le deuil d'une partie de vos rêves. Comme tous les écrivains, j'ai voulu être romancier et j'ai écrit pendant dix ans un roman raté. Ce n'est qu'avec le temps que je me suis rendu compte que l'on pouvait être un auteur tout aussi bon en n'essayant pas de faire du roman et en faisant du livre documentaire ou encore de l'essai humoristique, deux genres où je suis nettement meilleur, mais qui ne sont pas le Roman majuscule. (Remarquez que je n'ai pas entièrement fermé la porte, mais je suis bien plus réaliste quant à mes capacités et aux moyens de réaliser mon rêve.) De même en journalisme, j'avais pour fantasme de débutant d'être un correspondant de guerre et de couvrir l'actualité internationale, sauf qu'à m'y frotter un peu, j'ai découvert que je déteste faire de la nouvelle pour la nouvelle et que je n'aime pas être dérangé. Une échéance d'une semaine est une échéance courte pour moi, ce qui me disqualifie comme journaliste de presse quotidienne, et en particulier comme correspondant de guerre !

J'ai donc fait le deuil de certaines parties de moi pour en réaliser d'autres. Ne vous y trompez pas : je ne sache pas qu'aucun écrivain ou journaliste talentueux l'ait eu facile. Cela suppose beaucoup de travail d'écriture et beaucoup de choix douloureux. Pierre Foglia a déjà écrit que son talent particulier consiste à produire des chroniques courtes de quatre feuillets : ce n'est pas un petit talent, c'est juste le sien. Mais il est clair en filigrane qu'il a dû accepter de ne pas être un de ces romanciers qu'il admire tant. À moins qu'il publie sous un pseudonyme ou par prête-nom interposé – je spécule, je n'en sais rien. À quarante-deux ans, je commence à avoir l'idée que j'ai un talent spécial pour les gros papiers biscornus et pour ces très, très longs reportages qui prennent la forme de chroniques humoristiques, de livres documentaires ou d'essais. Mais je sais assez bien dans quoi je ne suis pas bon.

Ce livre partait de la prémisse que la personne qui gagne 250 000 dollars ne travaille pas dix fois plus que celle qui en gagne 25 000 – elle peut même travailler moins. La différence est que l'une a trouvé le moyen de se multiplier ; mais vous, vous ne pourrez pas vous multiplier efficacement si vous n'avez pas décidé de vos buts, de votre finalité, de vos moyens de façon réaliste – c'est-à-dire en fonction de vos limites et de vos goûts. (Je fais l'économie de vous répéter tout ce que j'ai écrit plus tôt sur la génération des idées, la négociation et la réalisation.)

Le choix est une action pénible parce qu'il exclut le reste – on ne peut pas être tout et son contraire. Il est également pénible parce qu'une fois qu'on a choisi, il faut accepter les contingences, les conséquences de ses choix. Cela en déprime certains, mais si vous n'aimez pas réviser, vous n'êtes peut-être pas un vrai écrivain. Connaissez-vous des ébénistes qui détestent polir et laquer leur meuble ? Ils peuvent aimer cela plus ou moins, mais ils ont besoin d'être bien entourés s'ils n'en sont plus capables.

Je ne sais pas pour vous, mais moi, je suis de ceux qui croient que l'on n'est vraiment libre que six ou sept fois dans sa vie, au moment où l'on procède à ses grands choix : ceux qui décident des orientations importantes de sa vie (le métier, l'âme sœur, sa sexualité, ses ambitions, sa résidence). On peut éluder la question en prétendant ne pas choisir. Mais c'est aussi un choix que de ne pas choisir, et c'est alors la vie et les autres qui choisissent pour vous. J'écrivais plus tôt qu'écrire, c'est choisir. Mais bien avant que de vous mettre à tartiner des pages et des pages, vous avez fait un autre choix bien plus fondamental : celui d'écrire. Car en fait, vous auriez pu faire autre chose pour passer le temps, je ne sais pas, moi : coudre, bricoler, jogger, pédaler, prier. J'espère que vous n'avez pas choisi d'écrire pour ensuite vous laisser dériver sans rien choisir. Ce serait dommage de s'arrêter à mi-chemin.

Vous rappelez-vous le film *Zorba le Grec* ? À la fin, l'Anglais est ruiné et sa tentative d'exploiter sa mine de lignite s'est soldée par un échec total. Lui et Zorba, sur la plage, contemplent les décombres et Zorba, interprété par Anthony Quinn, dit à l'Anglais : « Je n'ai jamais vu un échec aussi spectaculaire. » Et cela se termine par les deux hommes qui dansent sur la plage au son d'une musique imaginaire (nous, on l'entend). La première fois que j'ai vu ce film très dur et très drôle a été pour moi une sorte de révélation : j'y ai toujours puisé une leçon de vie. Car je considère qu'il est plus intolérable de n'avoir pas essayé que d'avoir échoué.

Mais je n'aimerais pas terminer en laissant une telle impression de sévérité austère – ce n'est pas tellement le genre de la maison. Car il faut rêver ! Il faut essayer ! Viser haut ! Se cogner le nez ! S'entêter ! Recommencer ! Il faut ambitionner ! Exagérer !

Trop embrasser, mal étreindre !

Avoir la dent longue !

Vouloir la poule et l'œuf !

Tout bouffer !

Péter plus haut que le trou !

Avoir les yeux plus grands que la panse !

Aspirer à des lendemains qui chantent !

Surtout, surtout, il faut écrire pour vivre *et* vivre pour écrire.

Aphorismes de vieux singe

Quelques maximes
tirées d'écrire pour vivre

Une bonne idée, c'est une idée intéressante.

N'ayez jamais peur du rédacteur en chef ou de l'éditeur

Ce que vous écrivez est à vous, même si l'idée vient d'un autre

La propriété de l'œuvre revient automatiquement au créateur

Le bon prix est celui que le client accepte de payer

*Le client n'a pas toujours raison; il a même souvent tort,
surtout quand il négocie.*

*Le mot cher au bon négociateur : non.
Autre mot important : oui.*

Tout contrat verbal a valeur légale

La règle de base du contrat écrit : lisez-le

*La cible : des textes bien écrits, bien documentés et remis à temps.
90 % des auteurs et des journalistes la ratent*

Si vous avez besoin d'aide, dites-le

Pour pouvoir bien écrire, il faut tuer le recherchiste

Personne ne peut être à la fois bon journaliste, bon auteur, bon rédacteur, bon éditeur et bon réviseur.

L'étude de marché, c'est le premier tirage

Ne faites jamais la prima donna.

MARQUIS

Québec, Canada

RECYCLÉ
Papier fait à partir
de matériaux recyclés
FSC® C103567

Imprimé sur du papier Enviro 100% postconsommation
traité sans chlore, accrédité ÉcoLogo et fait à partir de biogaz.